The New Capitalism

Rising, Crisis and Future of
the Global Financial Capitalism

新资本论

全球金融资本主义的兴起、危机和救赎

向松祚◎著

中信出版社 · CHINA CITIC PRESS · 北京 ·

图书在版编目（CIP）数据

新资本论 / 向松祚著. —北京：中信出版社，2015.1（2023.10 重印）
ISBN 978-7-5086-4908-5
I. ①新… II. ①向… III. ①国际金融 – 文集 IV. ①F831-53
中国版本图书馆 CIP 数据核字（2014）第 251528 号

新资本论

著　　者：向松祚
策划推广：中信出版社（China CITIC Press）
出版发行：中信出版集团股份有限公司
（**北京市朝阳区东三环北路 27 号嘉铭中心　邮编　100020**）
（CITIC Publishing Group）
承 印 者：北京通州皇家印刷厂

开　　本：880mm × 1230mm　1/32　　印　　张：19.75　　字　　数：521 千字
版　　次：2015 年 1 月第 1 版　　印　　次：2023 年10月第 8 次印刷
广告经营许可证：京朝工商广字第 8087 号
书　　号：ISBN 978-7-5086-4908-5 / F · 3292
定　　价：68.00 元

服务热线：010-84849555　　服务传真：010-84849000
投稿邮箱：author@citicpub.com

目录

The New Capitalism

卷二

全球金融资本主义的危机

卷三

全球金融资本主义的救赎

自　序

The New Capitalism

几年前的一个夏日，一位年轻朋友和我闲聊。临别时他告诉我，他决定离开北京回老家寻找机会，因为北京房价太高了，自己买不起房，结不了婚，父母临近退休，收入微薄，也无法支持他买房。他问我：为什么房价涨得这么快？为什么房价总是比收入涨得快？您是经济学者，能给我一个答案吗？

这位年轻朋友名校毕业，是一家知名IT（信息技术）企业的工程师，年收入超20万，在北京算是中等收入水平，因为买不起房而放弃北京的职业发展令人惋惜。我不知道，每年中国有多少这样的青年因为买不起房而被迫放弃北京、上海、广州、深圳等中心城市的发展机会，但我知道，按照今天一线城市的房价，绝大多数工薪阶层是完全没有能力购买住房的。根据国家统计局的数据，2013 年北京、上海、深圳、广州的人均年收入分别是 40 321 元、43 851 元、44 653 元、42 049 元，平均月工资分别是 5 793 元、5 036 元、5 218 元、5808 元。就是说，这些城市三口之家的平均可支配收入总和大约为 12 万元。按照这些城市平均房价每平方米 3 万元计算，即使购买一套 70 平方米的房子，也需要花费三口之家近 18 年的全部收入，一般工薪阶层不吃不喝需要差不多 30 年。当然，确实有些低收入工薪阶层买了房子，但都要依靠父母的积蓄甚至是夫妻双方父母的积蓄。正如一名房地产商所说，在中国住房已经成了富人的事情，穷人不要谈房子！

与此形成鲜明对照的是，房地产商则成为中国最富有的一群人。稍微统计一下五花八门的各种富豪榜就会发现，65% 的中国富豪是房地产商，另外 20% 是煤老板和其他矿主。前 20 名房地产商，最低身家也超过 500 亿元人民币，最高则超过 1 000 亿，等于中心城市人均年收入的 200 万倍，等于中心城市三口之家平均年收入的 60 万倍！这是一个超乎任何人想象的巨大差距。

那位年轻朋友的疑问令人揪心和困惑：为什么房价总是比普通百姓收入涨得快？这也是个一般性的问题，是一个世界性的普遍问题：为什么资产价格涨幅总是比百姓收入的增速快得多？有些国家和有些年份是房地产价格涨幅大大超过普通百姓收入的涨幅，另外一些国家和另外一些年份，则是股票价格的涨幅大大超过普通百姓收入的涨幅。当然，还有所有资产价格的涨幅都大大超过普通百姓收入涨幅的时候。例外的情况当然有，但是并不多见。

从更广阔和更一般的视野来看，则是虚拟经济、虚拟资本、金融资产的增速或积累速度远远超过实体经济（真实经济）、物质资本、人力资本的增速或积累速度。西方发达国家出现这个奇特现象已经有30多年了，新兴市场国家出现这个现象则是过去十多年的事情。譬如，中国过去10年来，全国平均房价涨幅超过6倍，一线城市超过10倍，而同期居民可支配收入的涨幅却不到3倍，有些地方甚至不到2倍。资产价格的涨幅远远超过国内生产总值、人均可支配收入、平均工资的涨幅。其他类型流动性金融资产（包括可买卖的股票、债券、外汇、衍生金融产品等）的增长速度甚至还要超过房地产价格的增幅。

根据全球多个渠道的统计，自1980年以来，几乎所有金融资产的增速都大大超过实体经济的增速。全球范围的流动性金融资产总额与国内生产总值之比从1980年的109%上升到2013年的350%。全球流动性金融资产的年均复合增长率超过12%，全球国内生产总值的年均复合增长率却不到5%。以美国为例，2012年美国全部金融资产已经达到国内生产总值的11倍，1980年的时候还不到4倍。

当然，这些统计数据不可能那么准确，分类也不是那么严格，但是，无论采取哪种分类和哪个统计，都能够证实一个世界性的普遍现象，那就是金融资产的规模和价格涨幅远远超过真实国内生产总值、人均可支配收入和人均工资的增长速度。这就是今天人们广泛谈论的世界经济的“脱实向虚”现象。

全球经济的“脱实向虚”有许多表现形式。其一，金融业对国内生产总值的贡献度越来越大。其二，金融业的地位从实体经济的“仆人”变成“主人”，虚拟经济和虚拟资本主导和支配着实体经济和物质资本的投资和积累，货币和金融市场成为最具威慑力的市场。其三，利率和汇率等最重要的价格信号与实体经济的基本面脱节，资产市场和金融市场的投机和预期决定汇率和利率，它们反过来左右和决定实体经济的投资和消费。其四，虚拟经济和虚拟资本的积累速度远远超过真实国内生产总值、人均可支配收入和人均工资的增速，导致收入差距和贫富分化日益恶化。

能够参与虚拟经济和虚拟资本投资和积累的人，绝大多数都是那些有能力获得信用资源的富人。越是富有的人，越能够获得信用资源（包括各种银行贷款、基金、债券、股票）。信用资源越是朝着少数富人集中，虚拟经济膨胀就越快，因为富人的边际消费趋向很低，他们获得信用资源主要是为了投机炒作和投资，而不是为了普通的日常消费。虚拟经济膨胀得越快，资产价格就涨得越快，富人和普通百姓之间的收入差距就越大，财富鸿沟就越深。

无论是股票价格上涨，还是房地产价格上涨，金融资产规模的快速扩张和资产价格的快速上涨所带来的收益，主要由少数富人获得。各国统计数据皆表明，股票市场的散户投资者，至少 90% 从来没有赚过钱。2008 年金融危机之后，各国采取所谓量化宽松货币政策来挽救金融危机，刺激经济复苏，原本指望股价上涨的财富效应能够促进经济复苏。然而事实上，股票价格快速上涨的收益和所谓“财富效应”，超过 90% 都落入极少数富人的腰包，低收入者和穷人几乎没有享受到任何所谓的“财富效应”。各国（包括中国在内）房地产价格暴涨的岁月里，那些本来有钱投资房地产和能够借钱投资房地产的人当然赚得盆满钵满，然而绝大多数低收入者和穷人根本就没有钱投资房地产。结果是房地产价格涨得越高，富人就越富，穷人就越穷，收入差距和贫富两极分化就越严重。

我将这样的经济体系概括为三个两极分化的经济体系，即虚拟经济和实体经济的两极分化，真实收入和财富分配的两极分化，信用资源分配的两极分化。三个两极分化互为条件，相互加强，能够很好地解释当今世界各种令人困惑也是最重要的经济和社会现象，譬如：收入差距和贫富分化加速恶化；金融体系和经济体系日益动荡，资产价格泡沫和泡沫破灭频繁引爆金融危机和经济危机；物质资本积累速度远远低于虚拟经济和虚拟资本积累速度，真实国内生产总值增速持续下降，特别是金融危机之后，全球经济陷入长期衰退和低速增长；各国真实消费普遍疲弱，失业率居高不下，增长性失业或结构性失业成为常态；各国货币政策和财政政策的边际效果大幅下降，政策空间日益缩小；政府公信力快速下降，普通百姓对政府缩小收入差距、缓解贫富分化、增加就业和改善民生的决心和能力缺乏甚至丧失信心。

三个两极分化的经济体系是资本主义经济制度自身演变的必然结果。它有三个核心的推动力量：一是人类财富理念的深刻改变，虚拟财富和虚拟资本成为支配性的财富和资本理念；二是国际货币体系崩溃，完全信用货币（无锚货币）和浮动汇率时代来临；三是以信息科技和互联网为核心的第三次工业革命，重塑了全球产业链和产业分工体系。

一切为了资本，一切依靠资本，一切来自资本；一切为了股东，一切依靠股东，一切来自股东；一切为了市值，一切依靠市值，一切来自市值。这是支配当代人类经济体系的核心价值观和方法论。当代人类社会则演变为公司社会、股东社会、市值社会、虚拟资本社会和资产组合社会。这样的经济体系当然不是人类所期望的理想体系，它是一个令人忧虑的体系，是一个令人憎恶的体系，是一个已经导致政治、社会和生态全面危机的体系，是一个践踏人文价值，缺乏基本公平和正义的体系，是一个亟须救赎和改变的经济体系。

我曾经尝试用多个名称来概括以“三个两极分化”为核心的当代人类经济体系，最后决定将它命名为“全球金融资本主义”。本书旨在系统分析全球金融资本主义的兴起、危机和救赎，从这个意义上说，“新资本论”似乎是一个别无选择的书名。书分三卷，分别阐释全球金融资本主义的起源、危机和出路。章节目录已经清楚地说明了全书的逻辑结构，此处不再赘述。

是为序。

向松祚

The New Capitalism

卷一

全球金融资本主义的兴起

序　章　划时代巨变——全球金融资本主义的崛起

百多年来，马克思和恩格斯始终是资本主义经济制度最全面的阐释者和最深刻的批评者。1848年，两位年轻的革命导师联名发表经典著作《共产党宣言》，以令人惊叹的洞察力和横扫千军的锐利笔锋，揭示出现代资本主义经济体系的基本特征。

马克思和恩格斯标举出资本主义经济制度与以往一切经济制度的根本不同，首先是它史无前例的生产力增长和令人惊叹的财富创造能力：

> 资产阶级在它的不到100年的阶级统治中所创造的生产力，比过去一切世代创造的全部生产力还要多，还要大。自然力的征服，机器的采用，化学在工业和农业中的应用，轮船的行驶，铁路的通行，电报的使用，整个整个大陆的开垦，河川的通航，仿佛用法术从地下呼唤出来的大量人口……以往哪个世纪料想到在

社会劳动里蕴藏有这样的生产力呢？①

当马克思和恩格斯写下这些震撼人心的经典文字之时，资本主义的强大引擎才刚刚启动，全球资本主义制度才刚刚露出曙光。如果马克思和恩格斯从天堂俯视过去100多年来人类生产力的飞速进步，他们应该不会修改《共产党宣言》的文字，只会在那些著名的论断后面多加上几个惊叹号！

经济学者详尽的统计数据表明，现代资本主义降生之前，要经历漫长的630年，西欧的人均国内生产总值水平才会翻一番，世界范围的人均国内生产总值水平要翻番，则需要长得多的时间。现代工业革命和资本主义经济制度诞生以来，人类才开始见证史无前例的快速经济增长。②人均国内生产总值翻一番的时间迅速缩短到50~60年。其中美国用了40年，日本用了25年。改革开放之后的中国，国内生产总值翻番则只用了不到10年。现代工业革命和资本主义市场经济为何能够创造如此惊人的经济增长？经济增长的秘密究竟是什么？这都是扣人心弦的研究课题，许多经济学者和历史学者为之着迷。

马克思和恩格斯另一个更为深刻、更具预见性和洞察力的论断，是资本主义必然发展成为一个超越国界的经济体系，必然演变为一个全球性的经济体系。马克思和恩格斯对此有许多精彩阐述：

美洲的发现，绕过非洲的航行，给新兴的资产阶级开辟了新天地。东印度和中国的市场、美洲的殖民化、对殖民地的贸易、交换手段和一般商品的增加，使商业、航海业和工业空前高涨，

---

① 马克思、恩格斯，《共产党宣言》第一章，人民出版社，1997年第3版。

② Thomas K. McCraw, *Creating Modern Capitalism: How Entrepreneurs, Companies, and Countries Triumphed in Three Industrial Revolutions.*

因而使正在崩溃的封建社会内部的革命因素迅速发展。

> 市场总是在扩大，需求总是在增加……大工业建立了由美洲的发现所准备好的世界市场。世界市场使商业、航海业和陆路交通得到了巨大的发展。这种发展反过来又促进了工业的扩展。同时，随着工业、商业、航海业和铁路的扩展，资产阶级在同一程度上得到发展，增加自己的资本，把中世纪遗留下来的一切阶级排挤到后面去。①

马克思和恩格斯超越常人之处，乃是他们在资本主义引擎刚刚启动之际，在全球资本主义经济体系初露曙光之时，就透彻地预见到资本主义经济制度将创造一个真正意义上的全球性原材料市场、全球性生产要素市场、全球性金融市场和全球性产业分工体系。全球性的资本主义经济制度必然将人类生活的每一个层面都卷入全球分工体系的庞然大物之中，地球的每一个角落都将被纳入全球市场和产业分工体系之中。

> 资产阶级，由于开拓了世界市场，使一切国家的生产和消费都成为世界性的了。使反动派大为惋惜的是，资产阶级挖掉了工业脚下的民族基础。古老的民族工业被消灭了，并且每天都还在被消灭。它们被新的工业排挤掉了，新的工业的建立已经成为一切文明民族的生命攸关的问题；这些工业所加工的，已经不是本地的原料，而是来自极其遥远的地区的原料；它们的产品不仅供本国消费，而且同时供世界各地消费。旧的、靠本国产品来满足的需要，被新的、要靠极其遥远的国家地带的产品来满足的需要

① 马克思、恩格斯，《共产党宣言》，人民出版社，1997 年第 3 版。

> 所代替了。过去那种地方和民族的自给自足和闭关自守状态，被各民族的各方面的互相往来和各方面的互相依赖所代替了。物质的生产是如此，精神的生产也是如此。各民族的精神产品成了公共的财产。民族的片面性和局限性日益成为不可能，于是由许多种民族的和地方的文学形成了一种世界的文学。[①]

马克思和恩格斯关于全球资本主义的第三个超越时代的深刻见解是他们认识到，资本主义经济制度内在演化的核心动力是技术进步。《共产党宣言》如此写道：

> 资产阶级，由于一切生产工具的迅速改进，由于交通的极其便利，把一切民族甚至最野蛮的民族都卷到文明中来了。它的商品的低廉价格，是它用来摧毁一切万里长城、征服野蛮人最顽强的仇外心理的重炮。它迫使一切民族——如果它不想灭亡的话——采用资产阶级的生产方式；它迫使它们在自己那里推行所谓文明，即变成资产者。一句话，它按照自己的面貌为自己创造出一个世界。[②]

《共产党宣言》发表之后的20多年里，马克思倾尽全部精力和天才，全面深刻剖析资本主义经济制度运行的内在规律。四卷本恢宏巨著《资本论》，至今依然是关于资本主义经济制度运行规律最具雄心、最具洞察力和内涵最丰富的著作。《资本论》以大量篇幅阐述技术进步推动资本主义制度从家庭手工业发展到工场手工业，再发展到机器大工业。马克思关于资本主义的许多经典命题，包括资本有机构成不

---

① 马克思、恩格斯，《共产党宣言》，人民出版社，1997年第3版。

② 同上。

断提高，机器不断取代劳动者，产业后备军不断扩大，资本主义企业内部生产的高度有效性和整个经济体系的无序性，社会平均利润率不断下降，高度社会化的大生产为社会主义经济制度取代资本主义经济制度创造前提条件，资本主义经济体系必然具有内生的周期性的经济波动等，皆以资本主义内生的技术进步和生产力增长为基本条件。技术进步和技术创新决定了资本主义经济体系是一个动态演化、非均衡、非线性的经济体系。熊彼特正是深受马克思思想灵感的启发，将资本主义经济制度的本质特征概括为创新、企业家精神和创造性毁灭。

马克思和恩格斯的深刻洞见，是我们思考当今人类经济制度和全球经济体系的最佳起点。

《共产党宣言》发表一个半世纪之后，马克思和恩格斯所深刻预见的全球资本主义经济体系，才开始呈现出完整的形态。20 世纪后半叶，一个真正的全球商品市场、全球产业分工体系、全球货币和金融市场体系开始形成，开始左右每个国家和地区的经济政策、金融政策、货币政策以及政治制度和国家战略。1997 年，全球著名咨询机构麦肯锡的研究人员出版《无疆界市场》，系统阐述了无疆界市场或一个真正的全球市场正在如何加速改变世界各国的经济面貌和经济政策：

> 一个真正全球形态的经济，在公元 2000 年左右终于出现。越来越有流动性的资产之波，推动了全球资本主义的浪潮，加速了产品、服务与劳力在全球的流通。并不令人意外的是，这段时期里，各国政府因为不知如何应对如此强大的全球资本市场，不仅显得手忙脚乱，而且制造出不少乱象。
>
> 不论个人意愿如何，我们正在经历一场全球性资本革命。全

> 球资本市场，就好像一个正在成长却还不知道如何运用肌肉的青少年一般，笨拙地横冲直撞，在尝试与错误中发现自己的力量和潜力。全球性巨变最强大的推动力量是越来越强大的全球性资本市场。全球资本市场不仅规模宏大，而且整合力量恢宏，将创造强大的单一市场，使得各国市场失去本身的特性，不得不奋力融入全球市场之中。
>
> 全球金融市场中可交易的资产，包括股票、债券、货币等等，早在1994年就已经超过41万亿美元，而且始终处于快速增长之中。全球流动性金融资产的增速，比实体经济增长要快3倍以上。股票大量发行，政府债券数量不断增加，银行贷款等过去被视为不可流通的金融资产也成为可交易资产，再加上加入全球市场的国家数目不断增加，市场规模因此更加庞大。1992年，全球流动性金融资产大约为32万亿美元，相当于经合组织成员国国内生产总值总额的两倍。到2000年，全球流动性金融资产预计将达到80万亿美元，为经合组织所有成员国国内生产总值总量的至少3倍。展望未来，全球流动性金额资产的增速将持续超过实体经济的增长速度。①

麦肯锡研究人员的分析预测有先见之明。全球流动性金融资产的高速增长，是过去数十年来全球经济体系的一个基本特征，是经济、金融和货币全球化的最显著特征。

全球流动性金融资产的增长速度远远超过实体经济增长速度，是全球金融资本主义兴起的关键和秘密。它曾经被许多人欢呼为人类经

---

① 洛威尔·布莱恩和戴安娜·法雷尔，《无疆界市场》，台湾时报文化出版企业股份有限公司，1999年，第26~28页。

济的福音，它确实对人类经济发展有重要贡献，然而，更大程度上，全球金融资本主义却是人类经济的“妖孽”或“魔鬼”。

全球流动性金融资产的高速增长，不仅改变了资本的结构和性质，改变了经济体系的价格结构和市场权力结构，改变了全球产业分工体系，而且改变了人们的财富理念，改变了货币政策和财政政策的传导机制。更重要的是，全球金融资本主义导致实体经济增速持续下降，贫富分化和收入差距加速扩大，金融危机频繁爆发，社会、政治、人文和生态危机日益严峻。

全球金融资本主义是资本主义发展的一个崭新阶段，它是资本主义经济体系或人类经济体系内在规律决定的必然结果。它已经是一个现实，不以人们的意志为转移。然而，这并不意味着人类在资本主义或人类经济体系内在规律面前只能被动跟随和毫无作为；相反，如果我们希望遏制全球金融资本主义这匹“脱缰的野马”，充分利用它那无限的活力和冲击力，同时防止它频繁制造金融危机以及随之而来的经济、政治、社会、人文和生态危机，那么，我们就必须改造我们的财富理念，改造经济学的哲学和道德基础，改造我们的政策理念和工具，重启人类和自然的新对话，重启东西方文明的新对话。这当然不是一项简单的工作，而是一项系统的长期工程。第一步的工作就是全面系统研究全球金融资本主义的兴起及其运行机制，剖析它的内在矛盾和危机根源。这就是本书的基本任务。

这里我们先简要总结一下全球金融高速增长的一些特征，以便读者对于全球金融资本主义时代里，全球货币总量、金融资产总量、金融交易量的高速增长态势先有一个概要的了解。后面的章节将详尽分析全球金融高速增长的事实和逻辑。数据主要是以美国为例，其他发达国家甚至新兴市场国家均呈现类似趋势，只是幅度比美国略小。

第一，美国金融业对国内生产总值的贡献，从 1950 年的 2.8%，增长到 1980 年的 4.9%，2006 年达到最高值 8.3%。2007 年爆发次贷危机和 2008 年爆发金融海啸之后，美国金融业对国内生产总值的贡献短期有所下降，很快（自 2010 年起）又开始快速上升。金融业成为各国复苏最快的行业，各国政府甚至期望金融业的复苏能够带动实体经济的复苏。

第二，1980 年，美国金融资产总价值达到国内生产总值的 5 倍，到 2007 年翻了 1 倍多，金融资产总价值超过国内生产总值的 11 倍。金融危机之后，美国金融业率先复苏。股票交易、债券交易、大宗商品和衍生金融工具交易量均超越危机前的水平，屡创新高。金融资产总量与国内生产总值之比继续快速攀升。

第三，美国公司市盈率和市值大幅度增长，增长速度远远超过国内生产总值增速和企业利润增速，导致金融资产总值与实物资产（资本）价值之比大幅上升。金融学者总结出美国和全球金融市场的“摩尔定律”：1929~2009 年，美国股票市值每 10 年翻 1 倍，最近 30 年，股票市值每 2.9 年就翻 1 倍。①

第四，金融资产管理和证券是美国金融行业快速增长的领头羊。2007 年，美国证券业产出达到 6 761 亿美元，增加值达到 2 412 亿美元。其中资产管理是最大项，达到 3 419 亿美元，与 1997 年相比增长了 4 倍多，而 1980 年之前，资产管理业务还闻所未闻。资产管理增加值包括投资顾问费和资产管理费。资产管理则包括各种共同基金、退休基金、信托、托管业务等。资产管理为什么会出现快速增长呢？主要是金融资产总规模大幅上升，尤其是股票市值急剧上升，

① Andrei A. Kirilenko and Andrew W. Lo, “Moore’s Law versus Murphy’s Law: Algorithmic Trading and Its Discontents,” *Journal of Economic Perspective*, Spring 2013, pp. 51–72.

它本身又来自股票市盈率的大幅飙升。与此同时，资产管理或理财业务快速从个人投资者向机构投资者集中，从业余投资者向专业投资者集中。

第五，1980 年以来，美国和全球证券行业的快速增长呈现出一个显著特征，那就是与实体经济增长关系密切的证券承销收入占比快速下降。与此同时，证券交易量和交易收入却上升了 4 倍多。1980 年证券行业增加值占国内生产总值的比例只有 0.4%，2001 年达到 1.7%。2007 年之后，占比超过 2.0%。

第六，家庭信贷占国内生产总值的比例从 1980 年的 48% 上升到 2007 年的 99%。家庭信贷增长主要源自住房抵押贷款，其次是消费信贷（汽车、信用卡、学生贷款），还有以家庭住房资产为抵押的消费贷款。家庭信贷飙升反过来促进资产证券化、证券发行和交易、固定收益产品、衍生金融工具等多种金融产品的快速增长，它们反过来进一步大幅增加了金融交易收入和资产管理收入。

第七，外汇市场交易急剧飙升，达到天文数字规模的交易量。目前，全球外汇市场日交易量超过 5 万亿美元，年交易量至少达到 900 万亿美元，甚至超过 1 000 万亿美元。与此同时，外汇市场和货币市场以利率掉期为主体的金融衍生产品交易量亦屡创历史纪录。衍生金融产品的市值规模已经突破 400 万亿美元（还有统计说已经突破 650 万亿美元）。

第八，债券市场总规模和交易量、大宗商品市场总规模和交易量同样快速增长。全球债券市场总规模从 20 世纪 80 年代的数万亿美元，扩展到 2008 年金融危机时的数十万亿美元。债券市场交易量自然更大，从 1980 年的不到 10 万亿美元规模，快速扩张到金融危机前的百万亿美元。1990 年之前，大宗商品交易几乎可以忽略不计，金融危机之前，大宗商品交易量超过10万亿美元。仅参与大宗商品交易的对冲基金规模就超过5 000亿美元。大宗商品日益显现出金融化的趋势，金融投机炒作成为决定大宗商品价格的重要力量甚至关键力量。

第九，债务违约掉期（CDS）的发明，极大地促进了衍生金融产品和交易市场的扩张，债务违约掉期本身的名义市值最高曾经突破62万亿美元。金融机构和投资者购买债务违约掉期之后，相信资产质量得到改善和保障，反过来疯狂扩张资产负债规模。几乎所有大型银行和金融机构的资产负债规模均急剧膨胀。与此同时，各种所谓量化交易、高频交易、对冲交易、套利交易风起云涌，层出不穷，交易量达到令人惊叹的天文数字水平。

第十，全球外汇储备（以美元储备为主）高速扩张。1971年全球外汇储备仅仅480亿美元，目前已经超过12万亿美元，增长近300倍！ 2008年金融海啸之后，各国以宽松货币政策来挽救危机和复苏经济，储备货币总量的增长速度创造新的历史纪录。金融危机之前，全球储备货币总量不到7万亿美元，危机之后5年时间里，净增长近6万亿美元。

本书旨在系统深入分析全球金融资本主义的兴起和危机，并探讨面向未来的救赎之策。一个重要的基本论点是，1971年主导西方世界的国际货币体系——布雷顿森林体系崩溃，浮动汇率时代随之降临。布雷顿固定汇率体系的崩溃既是金融市场不断开放和全球化的历史起点，亦是全球金融持续动荡和金融危机频繁爆发的历史起点，是全球性虚拟经济与实体经济加速背离的历史起点，是全球金融资本主义开始快速兴起的历史起点。其中，无锚货币时代全球储备货币的急速增长，又是刺激全球金融资本主义迅速崛起的关键因素之一。

第十一，当全球金融资产尤其是全球流动性金融资产高速增长之时，全球实体经济增长速度却逐渐降低。美国 1950~1973 年真实国内生产总值增长速度为 4%，1974~2002 年下降到 3%，2003~2007 年下降到 2.7%，2008~2012 年只有 0.5%。日本 1950~1973 年真实国内生产总值增长速度高达 9%，1974~2002 年下降到 3%，2003~2007 年下降到 1.8%，2008~2012 年则萎缩（负增长）0.3%。德国 1950~1973 年真实国内生产总值增长速度达到 5.8%，1974~2002 年下降到 1.8%，2003~2007 年下降到 1.7%，2008~2012 年只有 0.6%。其他发达经济体皆出现类似趋势。全球整体来看，1950~1973 年全球真实国内生产总值增速为 4.3%，1974~2002 年下降到 3%，2003~2007 年反弹到 3.5%（主要源自以中国为首的新兴市场国家的快速增长），2008~2012 年金融危机之后下降到只有 1.7%。与此相对照，同一时期，非洲、拉美、亚洲等新兴市场国家的真实国内生产总值增长，没有出现上述发达国家所呈现的长期持续下降趋势。中国尤其是一个最重要的例外。

然而，整体上看，全球范围的虚拟经济与实体经济背离则是当代人类体系一个最显著的事实和最醒目的特征。本书的重要任务就是深入理解全球范围内虚拟经济与实体经济严重背离或严重脱节的内在机制。只有深刻理解这一内在机制和内在规律，我们才能真正理解全球金融资本主义的运行规律、金融危机和经济危机爆发的总根源。

本书的核心主题是：以全球性货币金融市场、全球流动性金融资产、全球范围内虚拟经济与实体经济相背离为显著特征的全球金融资本主义经济体系，已经成为支配整个人类社会的经济体系。

最先洞察而且深度参与全球金融市场体系的人，主要是跨国公司的高级管理人员，以及全球货币和金融市场的投资者或投机者。他们不仅是全球市场的参与者，而且本身就是全球市场的创造者。他们以实际行动一直提醒和告诫宏观经济决策者和经济学者，人类经济、金融和货币体系的基本架构和运行机制已经发生革命性变化，然而，经济学者和政治决策者却总是很难跟上时代的步伐。全球性经济体系尤其是全球性货币和金融体系，对各国政府的牵制力、影响力和控制力越来越大，主权国家对全球金融货币市场的控制力和影响力则越来越小，越来越弱。

20 世纪 80 年代初期的拉美债务危机、1997 年的亚洲金融危机、2007~2008 年的全球金融危机，以及其间超过百次的各种金融危机、货币危机和银行危机，越来越清晰地揭示出一个重大事实：主权国家对利率、汇率、货币供应量、物价水平等关键经济指标的影响力和控制力日益削弱。许多国家被迫重新实施资本管制，试图以此夺回对本国经济政策的主导权和控制权。重新实施资本管制，短期内有些效果，长期看则收效甚微，甚至适得其反。

在全球金融资本主义时代，如何制定妥善的宏观经济政策和国际经济金融战略，既能有效利用经济和金融全球化所创造的历史机遇，促进本国经济和国民福利持续增长，又能有效防范全球金融动荡给本国经济和金融安全造成巨大冲击，是各国政府和政治精英们面临的首要课题之一。

随着全球流动性金融资产和虚拟经济规模日益庞大，各国中央银行越来越难以预测和把握利率、汇率、货币供应量、通货膨胀等关键经济指标，甚至从根本上无法定义和量度这些指标。具有先见之明的经济学者 20 多年前就已经预见到，随着全球性金融和货币市场体系的快速整合和规模日益增长，我们根本无法知道、无法量度本国货币供应量以及全球货币供应量。经典的货币数量论不仅不再适用于本国经济，亦很难适用全球经济体系。

在全球金融资本主义时代，如何制定货币政策、设计政策工具、完善操作程序，妥善应对全球资本流动对本国货币市场和金融市场的冲击，确保本国货币政策的相对独立，维护本国货币市场和金融市场相对稳定，避免本国利率、汇率和通胀水平大起大落，特别是避免本国被动输入通胀或通缩，已经成为各国中央银行面临的头号难题。

当代人类经济体系面临的另外一个根本性问题，就是产业分工体系、贸易体系、货币和金融体系的日益国际化与主权国家试图坚守和捍卫宏观经济政策独立性和主导性之间的矛盾。换言之，就是货币金融体系日益国际化和各国经济政策日益民族化之间的矛盾，就是各国经济政策的自主权和独立性与全球经济政策协调和配合之间的矛盾。主流经济学基于封闭经济模型，假设主权国家能够完全独立控制宏观政策，能够完全自主调节本国利率、汇率、货币供应量和其他宏观经济指标。面对日益全球化的货币和金融体系，主流经济学无法提出恰当的政策和策略。

在全球金融资本主义时代，各国财政政策不再是完全独立的主权政策，国际金融市场的风吹草动不仅会影响各国发行外债的规模和利率，而且会影响本国债券市场的利率水平和流动性，从而左右各国政府对内发行国债的规模和成本。如何妥善管理本国财政赤字，加强国际财政政策协调，建立和完善具有高度流动性和良好信誉的国债市场，以防止主权债务危机爆发摧毁各国和国际金融体系，已经成为各国政府宏观财政政策的当务之急，成为二十国集团和其他国际经济、金融协调组织的头号任务。欧债危机和美国“财政悬崖”至今仍然没有得到妥善和圆满的解决，其他国家出现债务危机的可能性却又持续上升。主权债务危机将是威胁全球经济复苏和稳定的长期和巨大隐患。

然而，直到2008年全球金融海啸爆发，尤其是危机爆发之后，各国经济皆经历了漫长而痛苦的失衡、失业、衰退、停滞和通缩，才迫使经济学者和政治决策者开始真正关注人类经济体系已经发生和正在发生的深刻变革。

2008 年金融海啸过去多年之后，越来越多的经济学者和政治决策者终于开始醒悟过来，他们习以为常的理论模型和思维方式已经过时。全球金融资本主义经济体系正以排山倒海、雷霆万钧之势，猛烈冲击着封闭经济模型和旧的思维方式。如果不站到全球性产业分工体系、全球性商品和服务市场、全球性货币和金融市场体系的新视角和新高度，我们就完全无法理解今天人类经济体系所面临的根本性难题，更无法找到改革全球经济治理、实现全球经济持久复苏的正确方略。

第一章　人类经济新时代

2008 年席卷全球的金融海啸是全球金融资本主义时代里第一次真正意义上的全球性金融危机。其爆发之突然，冲击之强烈，蔓延之迅速，损失之巨大，震撼之广泛，后果之深重，均超过之前历次金融危机。美联储前主席格林斯潘认为，2008 年金融海啸是“百年仅见的金融危机”，甚至是“人类历史上最严峻的金融危机”。他说：“尽管 20 世纪 30 年代导致了全球经济活动更大范围的崩溃，然而，2008 年金融海啸期间，全球范围内短期金融市场几乎瞬间崩溃和关闭，却是史无前例的惊人现象。短期金融市场正是所有商业经济活动赖以运转的血液循环和神经中枢系统。”①

事前人们没有预料到金融海啸的爆发，事后亦没有预料到金融危

① Alan Greenspan, *The Map and the Territory: Risk, Human Nature and the Future of Forecasting*, The Penguin Press, 2013, pp. 1–12.

机所带来的经济衰退会如此严重。[①]格林斯潘的新著《地图和疆域：风险、人性和经济预测的未来》[②]，旨在深入总结金融危机的教训和当代经济学和金融学的局限。他将全书主题浓缩为一篇文章，发表于美国《外交》杂志，标题直截了当，赫然醒目："我们从来没有预见到金融危机即将到来——为什么金融危机让经济学家大惊失色"。

事实无情地摧毁了所有人的乐观判断和预测，危机之前如此，危机之后亦如此。危机爆发之初，数之不尽的机构和学者曾经齐声预测金融危机将很快结束，经济复苏将很快到来。于今回顾，这些判断和预测之无稽，足以让预测者无地自容。

远为重要的是，没有哪个国家和地区能够免受危机的冲击。人们经常将2008年金融海啸与1929年华尔街股市崩溃以及随后波及全球的大萧条相提并论。然而，2008年全球金融海啸以及随后的经济衰退，其范围之广，远超20世纪30年代的全球大萧条。只是世界各国经过数十年的较快经济增长，承受危机冲击和损失的能力大大增强了；世界各国政府尤其是中央银行应对危机的经验更加丰富，手段更加多样，反应更加快捷了，至少部分程度上遏制和缓和了危机的巨大破坏力。

---

① 关于是否有人和机构预测到2007年次贷危机和2008年全球金融海啸，众说纷纭。总是有人声称自己曾经准确预测到危机的爆发。事实上这些"自我夸耀"和"自我肯定"的事后诸葛亮是难以令人信服的。此处我仅仅举出几个例子。2013年4月，我在北京与阿根廷前央行行长和财政部长多明戈·卡瓦洛先生共进晚餐。他也是全球中央银行家俱乐部三十人集团（G30）的成员，2007年曾经作为东道主主持当年的三十人集团年会。他告诉我：当年年会期间，各国央行行长和与会顶级经济学者均对世界经济表示非常乐观，没有任何人提到"危机"一词！结果半年之后，美国次贷危机爆发，紧接着就是全球金融海啸。

② Alan Greenspan, *The Map and the Territory: Risk, Human Nature and the Future of Forecasting*, The Penguin Press, 2013.

2008 年爆发的金融海啸以及随后超越多数人预测的经济衰退和萧条，彰显出当今人类经济体系所面临的令人困惑的重大难题：席卷全球的金融海啸和金融危机已经过去多年，世界各国采取了能够采取的一切宏观经济政策，货币扩张和财政刺激规模史无前例，实体经济复苏却依然疲弱乏力，各国实体经济面临持续低速增长甚至长期衰退的严峻风险，发达经济体和新兴市场经济体皆不例外。虽然中央银行家、政治家和经济学者一直在为他们实施和建议的经济政策辩护，然而，现实中各种宏观经济政策的有效性持续下降，却是不争的事实。

2008 金融危机与大萧条的异同

金融危机和经济危机自有其内在的规律。对比 2008 年之后的大衰退和 20 世纪 30 年代的大萧条，我们会看到许多惊人的相似之处。

首先是经济增速急剧下降乃至负增长，随后就是漫长的低速增长。1929 年华尔街崩盘，立刻导致主要经济体的产出大幅度萎缩。仅 1930 年一年时间里，当时主要经济体的工业产出就出现大幅度下降。其中美国下降 30%，德国下降 25%，英国下降 20%。1929~1933 年的 4 年时间里，世界主要经济大国的真实国内生产总值下降超过 25%。[①]与此类似，2008 年金融海啸爆发之后的三个季度里，世界贸易和主要经济体的国内生产总值皆出现大幅度负增长。

其次是失业率急剧飙升。伴随经济危机和经济衰退的失业率飙升，是历次重大经济危机最显著的特征，是大萧条最可怕的社会性传染病，直接导致许多国家政府垮台、政权更替、社会动荡、极端主

① Barry Eichengreen, *Golden Fetters: The Gold Standard and the Great Depression 1919-1939*, Oxford University Press, 1995, pp.258–287.

义思潮蜂拥而起。1929 年华尔街崩盘之后一年时间里，各国失业人口直线上升。美国失业人口高达 500 万，英国高达 200 万，德国高达 450 万。到 1933 年，全球主要经济体的成年男性劳动力失业率高达 25%。①同样，2008 年金融危机爆发之后，失业率飙升亦是最骇人听闻的事实。2009 年美国失业率超过 10%，其中黑人劳动力失业率超过 16%，西班牙裔劳动力失业率超过 12%。危机过去 5 年多之后，美国失业率依然高达 7.3%，危机发生 6 年后，美国失业率才降到 7% 以下。而且失业率下降的重要原因之一是部分失业人口永久性离开劳动力市场，不再被纳入政府失业人数的统计范畴。欧盟和欧元区的情况则更加严峻。经过全球金融危机和主权债务危机的连续冲击，欧元区平均失业率达到 12.2%。其中西班牙、葡萄牙、希腊、爱尔兰等遭受危机最沉重打击的国家，平均失业率超过 20%，年轻人失业率最高甚至接近 50%，比 20 世纪 30 年代的大萧条还要严重！创造就业，降低失业，成为世界各国政府的头号重大任务，亦是头号重大难题。

再次是实体经济的信用萎缩。1929~1933 年，美国银行信用收缩幅度高达 40%。许多国家银行体系完全崩溃。②发展中国家几乎都出现了债务违约。中欧和东欧普遍违约。德国当时是世界第三大经济体，国际债务全面违约。银行信用和债务危机波及世界每一个角落。与此类似，2008 年金融危机之后，各国尤其是发达国家信用规模急剧萎缩，特别是针对房地产市场和实体经济（譬如制造业和服务业）

---

① Liaquat Ahamed, *Lords of Finance—The Bankers Who Broke the World*, The Penguin Press, 2009, pp.298–320; Barry Eichengreen, *Golden Fetters: The Gold Standard and the Great Depression 1919–1939*, Oxford University Press, 1995, pp.258–287.

② Barry Eichengreen, *Golden Fetters: The Gold Standard and the Great Depression 1919-1939*, Oxford University Press, 1995, pp.258–287.

的信用规模快速萎缩。尽管各国量化宽松货币政策对信用萎缩趋势有所缓解，然而量化宽松所释放的天文数字般的流动性，绝大多数都滞留于银行体系，没有转化为实体经济的信用供给或信用能量。

最后是通货紧缩。1929 年华尔街崩溃之后，原本已经开始的通货紧缩急剧恶化。仅仅一年时间里，包括咖啡、棉花、橡胶等在内的全球大宗商品价格平均下降 30%，立刻导致大宗商品主要生产国首先出现经济衰退！巴西、阿根廷、澳大利亚是当时全球主要的大宗商品供应国，经济衰退开始最早。1930~1933 年，全球商品价格下降幅度达到 50%，消费物价指数下降 30%，工资水平下降超过 1/3。[①]同样，2008 年金融危机爆发之后，主要大国先后陷入持续的通货紧缩恶性循环之中而难以自拔。美国直到 2012 年才出现逐渐摆脱通货紧缩的迹象，欧元区则持续陷入通缩陷阱，迫使欧央行史无前例地开启负利率货币政策。

令人吃惊的事实是，2008 年金融危机之后，世界主要中央银行持续量化宽松长达 5 年之后，发达经济体的通货紧缩反而更加严峻。到 2013 年底，欧元区通胀水平下降到只有 0.7%，远低于欧洲央行设定的 2%的目标通胀率水平。美国核心通胀率也只有 1.5%，美联储设定的目标却是 2%。持续的量化宽松没能成功地刺激经济“重新通胀”（reflate）起来，以至于英国《经济学人》杂志 2013 年 11 月发表文章《通货紧缩的困扰》，呼吁各国中央银行采取更大规模的量化宽松，或者探讨其他更具威力的非常规货币政策，包括中央银行实施负利率货币政策。所谓“负利率货币政策”，就是中央银行对商业银行

---

① Liaquat Ahamed, *Lords of Finance—The Bankers Who Broke the World*. The Penguin Press, 2009, pp.298–320; Barry Eichengreen, *Golden Fetters: The Gold Standard and the Great Depression 1919–1939*, Oxford University Press, 1995, pp.258–287.

的存款准备金不仅不支付利率，而且还要征收费用，以此迫使商业银行向企业和家庭个人放款。其实早在2008年金融海啸爆发不久，就有学者建议美联储直接入市购买房地产，甚至直接向经济体系发放贷款。当然，后来美联储没有采取如此极端的货币政策，而是采取了零利率的量化宽松货币政策。

与20世纪30年代的金融危机和大萧条相比，2008年的金融海啸和随后的大衰退有两个显著不同。其一是2008年金融海啸之后，各国政府紧急出手挽救银行和金融机构，避免了全球范围内的银行和金融机构大规模破产倒闭。其二是以美联储为首的各国中央银行，打破一切中央银行的禁忌和惯例，大规模实施量化宽松货币政策。各国中央银行的资产负债规模均创造史无前例的扩张纪录。

然而，正是上述两个不同特点，给我们提出了最难的问题：既然银行和金融机构没有大规模破产倒闭，为什么实体经济的信用规模依然出现大幅度萎缩？为什么实体经济体系的投资和消费需求始终疲弱？既然各国中央银行不顾一切地实施量化宽松货币政策，为什么发达经济体依然陷入越来越严重的通货紧缩泥潭之中？试图以量化宽松和零利率货币政策来刺激经济的“再通胀”措施为什么没有见效，或者效果甚微？

人们不禁会问：人类经济体系（或者更具体地说，以欧美为代表的发达经济体系）究竟出了什么问题？患上了什么病？周期性金融危机和经济危机是否是人类经济体系不可抗拒的内生（内在）规律？金融危机和经济危机是否是人类难以摆脱的宿命和噩梦？人类迄今为止所发明的宏观经济政策工具是否有能力避免金融和经济危机？或者至少能够抹平经济体系的周期性波动？人类是否永远也不可能找到某种制度安排和政策机制，确保经济永远持续快速增长下去？我们从历史上反复发生的金融危机和经济危机里面究竟吸取了什么教训？

完整地回答这些重要问题，绝非易事。总结和吸取金融危机和经济危机的深刻教训，一直是经济学者矢志以求的高远理想，然而，我们至今仍然没有得出一致公认的结论。2008 年全球金融海啸爆发以来，经济学者忙于探索金融危机的根源。

粗略总结一下，关于 2008 年全球金融危机的起源，目前经济学者至少提出了 14 个假说：个别金融机构的不慎经营（个人犯错假说）、金融创新过度假说、金融监管不足假说（与此相关的还有金融监管过度或金融监管失效假说）、市场失灵假说（此假说与监管不足假说相关）、货币扩张过度假说或流动性泛滥假说、信用扩张过度假说、全球经济和金融失衡假说、全球经济政治权力重新分配假说、资本主义经济制度最终失败和彻底崩溃假说、国际货币体系失败和崩溃假说、银行家和金融家天生贪婪假说、金融体系内生不稳定性假说、经济理论和金融理论失败和误导假说、政府宏观经济政策失败或失效假说。①

究竟哪个假说是正确的解释呢？究竟哪个理论揭示了人类经济体系的内在规律呢？还是每一个假说都只能揭示金融危机的部分原因？或者就像著名的“瞎子摸象”寓言所昭示的那样，人类永远不可能真正完整准确地认识经济体系的内在规律和运行机制？永远不可能认识到那渊深微妙的绝对真理的全貌？对于这些重要问题，人们将持续争论下去。

我们必须从一个完全崭新的角度，来深入剖析和理解今天的人类经济体系，才有可能提出一个崭新的理论假设，以全面系统地解释金

① *What Caused the Financial Crisis*, edited by Jeffrey Friedman, University of Pennsylvania Press, 2011, pp.1–69.

融危机的根源，评估挽救金融危机的策略，预测人类经济的未来，设计和规划未来的经济政策。

人类经济体系：全球化+第三次工业革命+金融资本主义

当今人类经济体系究竟是一个怎样的经济体系呢？对于此问题，我们虽然没有一个简单和显而易见的答案，却可以清晰地看到人类经济体系的显著特征。

经济、贸易、科技、货币、金融、资源配置和产业分工日益国际化，已经和正在持续创造一个真正的全球经济体系。20世纪70年代以来的40多年，是人类第二次真正的全球化时代。第一次真正的全球化时代起自19世纪下半叶，终结于第一次世界大战。

全球化是当今人类经济体系的第一个基本现实，无论你是否喜欢，是否愿意，是热爱还是憎恨，是主动还是被动，是积极还是消极，是拥抱还是逃避，都无法摆脱全球化这个最基本的现实。深刻认识当代人类经济体系，首先就是要深刻理解全球化的内生动力和内在机制，理解全球化对各国经济政策、产业分工体系、贸易结构、金融和货币市场的深远影响，理解全球化对全球金融、货币和资源配置及价格机制的深远影响。

从根本上说，全球化是人类历史发展的必然趋势，它根植于人类的本性，根植于贸易的本性，根植于市场的本性，根植于经济生活的本质。从1492年意大利人哥伦布发现美洲新大陆，1519~1522年葡萄牙航海家麦哲伦首次完成环球航行壮举，到1602年英国东印度公司和荷兰东印度公司相继创立，再到荷兰西印度公司、法国密西西比公司以及众多其他远洋贸易专营垄断机构如雨后春笋般喷薄而出，以至随后数个世纪无数令人惊叹的全球探险和商贸活动，最直接的动机就是寻找和掠夺财富，具体说就是发现和掠夺黄金白银和各种珍稀物产。发现和掠夺财富、开拓新市场、探索新的商业机会，是全球探险的永恒主题。当然，人们总会情不自禁地给这些远洋贸易和探险活动披上神秘和高贵的外衣，愿意从中探寻出某些人类的高贵品质和神圣动机，愿意从中发现人类本性之善、对未知世界永恒的好奇心、对人类自身能力极限毫不退缩的永恒挑战和不懈跨越。

没有人会完全否认这些高贵动机。然而，过去500年来人类在全球化道路上狂奔，最直接和最根本的动机就是赤裸裸的金钱利益、疯狂残忍的殖民征服和令人发指的烧杀抢掠。任何稍知一点西班牙、葡萄牙、英国、荷兰、法国、德国等西欧列强殖民征服历史的人，都绝对不会对那些残暴贪婪的殖民者所推进的全球化怀有好感，只会是难以遏制的愤怒和谴责。这是毋庸置疑的事实。

然而，事物总是具有两面性。正如亚当·斯密和他的前辈学者反复阐述的那样，人性之恶往往也可能创造出对人类有益的结果，或者说是对人类有益的副产品。西欧列强疯狂的海外殖民和残忍的财富掠夺，客观上创造出一个全球性的贸易网络、资金网络和经济体系。欧洲殖民者从南美洲所掠夺的白银，滚滚流入西欧，从根本上改变了西欧的社会结构和产权结构，为第一次工业革命创造了必要条件。荷兰人和英国人对北美的殖民，将阿姆斯特丹和伦敦创造出来的金融技术带到纽约华尔街，跨大西洋的货币和金融体系开始形成。欧洲人对亚洲各国的侵略和压迫客观上刺激亚洲各国开始学习和引进现代科学技术，追随欧洲先进国家开创的工业革命之路。

跨国公司是开拓和征服全球市场的急先锋。1602年成立的英国东印度公司和荷兰东印度公司，算是当今世界跨国公司的鼻祖。早期公司需要国王授权，是一种垄断特权，不仅承担着抢夺财富、争夺市场的经济使命，而且还承担着军事征服和管理殖民地的政治职能。随着第一次和第二次工业革命的突飞猛进，争夺世界市场逐渐取代赤裸裸的殖民掠夺，跨国公司的作用则愈加重要。

时至今日，跨国公司已经主导了全球贸易和投资。尤其是20世纪70年代以来的数十年，跨国公司海外销售额、雇员人数和资产都呈现快速增长，其平均增长速度超过全球国内生产总值和贸易的增速，表明人类经济正在逐渐从国别经济转向全球经济。

在马克思和恩格斯宣告资本主义经济体系天然就是一个全球经济体系之后仅仅10年，著名的苏伊士运河工程就正式开工。那是当时全世界闻所未闻的巨大工程。苏伊士运河全长大约101公里，总共有150万人参与建设，数千人为此献出生命，历经10年才大功告成。苏伊士运河成功贯通埃及、连接地中海和红海，从此之后，欧亚交通不再需要绕道非洲好望角，极大地降低了远洋运输的成本，尤其是时间成本，对全球贸易的增长发挥了不可估量的巨大推动作用。30多年之后，法国人尝试开启另一项伟大工程，开挖巴拿马运河，很快由美国人接手，最终也是历经10年竣工，数十万人参与建造，5 609人为之献身。巴拿马运河成功贯通大西洋和太平洋，远洋贸易商船不再需要绕道美洲最南端的麦哲伦海峡。

成功修建苏伊士运河和巴拿马运河，只是人类矢志不渝创造一个全球性经济体系的标志性工程。海底光缆的铺设和全球通信体系的建立、远洋商船建造技术的日新月异、飞机尤其是大型喷气式客机的发明、英国和欧洲大陆海峡隧道的开通，以及正在规划之中的横跨太平洋的海底隧道等，让我们离一个真正的地球村确实是越来越近了。目前，西班牙和摩洛哥一直在商讨建造连接欧非两个大陆的直布罗陀海峡隧道。俄罗斯和美国亦在筹划建造白令海峡隧道，隧道将贯通西伯利亚和阿拉斯加，总投资额将超过 120 亿美元，项目还包括一条连接欧亚大陆和美洲的高速铁路。如果这些工程能够顺利完工，一个完整的立体式全球物流网络就将展现在人类面前，全球商业、贸易和旅游业将得到空前的推动。

当代人类经济体系的第二个基本现实正是以电脑、互联网和无线通信为核心的全球信息科技革命，也称为第三次工业革命。我们正处于第三次工业革命或新工业革命的汹涌浪潮之中。

从大历史角度进行粗略划分，人类第一次工业革命从 1750 年到 1840 年，第二次工业革命从 1840 年到 1950 年，第三次工业革命从 1950 年至今方兴未艾。第一次工业革命的领导者是英国，欧洲大陆和美国紧随其后；第二次工业革命的领导者是美国、英国和德国；第三次工业革命的领导者是美国。第一次工业革命的主导产业是纺织工业、煤炭工业、蒸汽动力和火车铁路工业；第二次工业革命的主导产业是火车铁路、电力工业、电报电话、石油化工、汽车工业、飞机工业、造船工业、家用电子工业等；第三次工业革命的主导产业则是电脑、无线通信和互联网，核心力量是互联网。

第三次工业革命就是以互联网为核心的产业革命，其飞速发展超出所有人预料。它持续开创出许多前所未有的新兴产业和超乎想象的商业模式，深刻改造着第一次和第二次工业革命所开创的所有产业，改造着人们的生活方式，改造着金融和贸易运行模式，改造着人们参与政治生活的基本方式乃至人类的政治生态和政治制度。熊彼特将资本主义动态演化历程形象地描述为创造性毁灭。第三次工业革命正在以迅雷不及掩耳之势，“创造性毁灭”着或改造着数之不尽的传统产业、传统商业模式、传统理论、传统政策和思维方式。

与以往一切时代一样，全球金融资本主义最根本的动力同样是科技创新。科学家和经济史学家将改变人类历史进程的重大技术创新称为“通用技术”。自有历史以来，人类总共创造出30项通用技术（见下表）。其中20世纪独占11项，显示20世纪人类科技进步速度超越以往时代。20世纪的11项通用技术中，20世纪后半叶又独占7项。其中最重要的就是计算机和互联网。今天，人们广泛谈论的新工业革命和第三次工业革命，本质上就是以互联网为核心的新科技革命和新产业革命。互联网正是全球金融资本主义的核心动力，恰如人体的心脏脉搏一样，互联网技术的每一次重大飞跃，都必然引爆全球资本主义经济模式的新跨越和新突破。

公元前1万年至今的人类通用技术类型

序号	技术名称	问世时间	GPT类型
1	植物培育	前9000~前8000年	Pr
2	动物驯化	前8500~前7500年	Pr
3	矿石冶炼	前8000~前7000年	Pr
4	车轮	前4000~前3000年	P
5	书写	前3400~前3200年	Pr
6	青铜	前2800年	P
7	铁	前1200年	P
8	机械齿轮	前500年	P
9	犁	8世纪	P
10	水轮	中世纪早期	P
11	三桅帆船	15世纪	P
12	印刷术	16世纪	Pr
13	蒸汽机	18世纪晚期~19世纪早期	P

（续表）

序号	技术名称	问世时间	GPT 类型
14	工厂组织	18 世纪晚期~19 世纪早期	O
15	铁路	19 世纪中期	P
16	蒸汽铁船	19 世纪中期	P
17	内燃机	19 世纪晚期	P
18	规模化炼钢	19 世纪晚期	Pr
19	电力	19 世纪晚期	P
20	机动车	20 世纪	P
21	化学合成	20 世纪	P
22	飞机	20 世纪	P
23	大规模生产	20 世纪	O
24	计算机	20 世纪	P
25	半导体	20 世纪	P
26	激光	20 世纪	P
27	精益生产	20 世纪	O
28	互联网	20 世纪	P
29	生物科技	20 世纪	Pr
30	纳米科技	20 世纪	Pr

注：以上所列是自公元前 1 万年以来人类发展的 30 种通用技术。GPT 类型：P 表示产品，Pr 表示工序，O 表示组织。引自（英）彼得 · 马什《新工业革命》（中译本），中信出版社，2013 年 4 月第 1 版，第 264 页。

互联网已经和正在深刻而迅猛地改变人们做生意的方式、交友的方式、学习的方式、思考世界的方式、从事政治活动的方式。利用社交网络、微博、微信等新兴通信和交友方式宣扬观点、筹集资金、拉拢选民，已经成为许多国家政治竞选的新模式。2008 年，几年前还默默无闻的巴拉克·奥巴马异军突起，旋风般成为美国第一位非裔总统，其成功的关键之一就是充分利用互联网来筹集资金和传播理念。互联网亦是中东和非洲所谓“茉莉花革命”的幕后推手。

当然，受互联网改造最显著和最深刻的领域是全球商业模式和全球金融模式。从经济学原理上看，互联网最主要的优势是降低交易费用，它能够让全球任何一个角落的消费者和生产者联系起来、互动起来，它能够以最低的成本、最短的时间，将无数个性化的需求反馈给产品设计师和制造商，设计师和制造商反过来亦能够以最低的成本和最短的时间寻找到自己满意的生产商和分包商。互联网大幅度降低全球商业和金融的交易费用，极大地促进了全球化商业网络和全球金融体系的形成。我们之所以能够完全肯定全球金融资本主义时代业已来临，肯定一个全球性的商品和服务市场、一个全球性的产业分工体系、一个全球性的货币和金融体系已经形成，正是因为互联网不可思议的巨大威力。

互联网时代，全球最具威力的企业是年轻的创新企业譬如脸谱网（Facebook）、谷歌（Google）、亚马逊（Amazon）、苹果（Apple）、阿里巴巴、百度、腾讯等。它们相当于钢铁时代的美国钢铁公司、蒂森公司，汽车时代的梅赛德斯–奔驰、通用汽车、福特、克莱斯勒，电子时代的通用电气、西门子、飞利浦、松下电器、索尼，电脑时代的IMB（国际商用机器公司）、惠普、英特尔和微软。过去十多年来，互联网精英成为许多国家的创业英雄、创富神话和时代偶像，成为新时代的动力和象征。

互联网引领的新工业革命与以往时代的工业革命具有一个根本不同，那就是它们从一开始就是全球性的企业。脸谱网、谷歌、亚马逊和苹果从来就是全球性企业，尽管从法律上看，它们是在美国某个州注册的公司。脸谱网超越10亿注册用户里，美国以外的用户数占据半壁江山。谷歌不仅是美国首屈一指的搜索引擎，而且从一开始就几乎是支配全世界的搜索引擎，它的市场从一开始就是全球性的市场，它所整合的信息资源是全球信息资源。目前，谷歌是中国和日本以外全球几乎所有地区最大的搜索引擎和信息整合平台。人们会说，这主要源自英语的霸主地位。英语作为全球通用语言对于谷歌的全球性垄断地位固然是一个重要条件，不过最核心的因素还是互联网天生所具备的全球性、其商业模式的无限延展性和包容性。这的确是令人惊异的事实，甚至在某种程度上是一个非常可怕的事实。谷歌给自己确立的使命是"整合全球信息"，短短十多年时间，它在很大程度上就已经为完成这个宏大和可怕的使命铺平了道路。它的信息整合能力甚至让许多国家的政府和军事情报部门望而生畏，它正在从根本上颠覆许多国家管理信息、控制媒体和获取情报的制度和模式。

互联网正在全球范围内改变着每一个行业的商业模式，正在飞速地创造着全新的全球性商业模式，创造着新的企业、新的企业家、新的资本和新的资本家。互联网颠覆了我们对企业、企业家、资本、资本家的传统看法，新的企业和企业家、新的资本和资本家理念正在快速崛起。从斯密到马克思，从奈特、科斯再到弗里德曼，西方经济学所信奉和传承的资本和企业、资本家和企业家理念正在快速退出历史舞台。互联网时代将是一个"人人皆是企业、人人皆是企业家，人人皆是资本、人人皆是资本家"的新时代。正如《第三次工业革命》的作者杰里米·里夫金所精辟阐释的那样，互联网时代的基本特征就是"组织的扁平化、经济的民主化、产品的个性化和生活的全球化”①。

理论思维和政策行动经常滞后于现实生活。事实上我们早已开始生活在一个全球化时代，然而我们的理论和政策思维却仍然以封闭经济体系为基本范式，我们的经济和金融政策思维仍然是封闭经济的思维。理论解释不了现实，政策无法产生预期效果，甚至与预期效果完全相反。抛弃习以为常的理论思维和政策模式是一个困难和痛苦的过程。

2008年的金融海啸和随之而来的全球性经济危机和经济衰退，迫使我们必须全面深刻地反思经济理论和经济政策。无论是凯恩斯主义、新凯恩斯主义，还是古典学派、新古典学派、货币主义和理性预期学说，无论是政府干预主义还是市场原教旨主义，都不能完全令人满意。当然，各个理论学派亦并非全错，它们皆从不同视角深刻揭示了人类经济体系的某些内在特征和某个侧面的基本规律。我们亦不可动辄轻易否定各个理论和思想流派的价值，天底下没有任何一个理论和思想学派能够穷尽人间一切真理，古往今来，概莫如是。

从经济角度观察，第三次工业革命已经和正在深刻改变全球价值创造体系和财富分配体系，深刻改变全球价值链和产业分工体系，深刻改变各国之间的贸易和金融关系，改变着各国之间的贸易和金融平衡。国际分工格局和产业结构的深度调整，贸易和金融的重新平衡，既是金融危机爆发的深层次根源，又是金融危机必然导致的结果。如果不深入理解第三次工业革命对全球产业、贸易和金融格局的深刻影响，我们就不可能真正理解困扰当今世界的金融危机和经济衰退。

当代人类经济体系的第三个基本现实是全球金融资本主义体系。

---

① Jeremy Rifkin, *The Third Industrial Revolution: How Lateral Power Is Transforming Energy, the Economy, and the World,* Palgrave Macmillan, 2011, p.168.

我们今天生活其中的世界经济体系，是一个全球资本主义经济体系。资本主义经济制度的定义包括三个特征：其一，经济活动所依赖的生产资料主要为私人所有，私有产权制度为整个经济体系的基石；其二，生产和经营活动的主要或唯一动机是追求利润最大化或者股东价值最大化；其三，生产经营活动的协调和融通，主要依赖市场竞争的价格信号，尤其是依赖金融市场的价格信号和货币信用的融通。货币和信用创造是资本主义经济制度或者市场经济制度的核心特征。货币信用和金融体系犹如资本主义经济体系的造血系统和血液循环系统。借用熊彼特的著名譬喻，“货币市场是资本主义经济体系的司令部”，全球货币金融市场就是当今全球资本主义经济体系的司令部。

所有市场里，全球化程度最高者当属货币市场和金融市场。它首先表现为全球主要金融中心或金融市场的高度相关性。纽约、伦敦、法兰克福、巴黎、新加坡、香港、上海、东京等全球主要金融市场从交易时间、交易产品、交易工具（技术手段）等所有方面皆实现了几乎无缝对接。尽管不同金融市场之间仍然存在收益率差距和套利机会，然而电脑和互联网所创造的高频交易和对冲交易（套利交易），已经让全球金融市场之间的利差越来越窄。

全球性金融市场正在不断趋近“利率平价定律”或金融产品“全球一价定律”所描述的理想状态。

同一种股票、货币、衍生金融合约、债券、大宗商品、期货合约等五花八门的金融产品，越来越接近于形成一个全球市场的统一价格，利差收窄到千分之一、万分之一以至更低。一个真正全球性市场的基本定义，是同一种商品和金融产品在全球任何一个角落，皆以统一价格买卖或交易。现代经济学的一些最重要命题或假说都是基于“全球单一市场”或“全球一价定律”这个最基本的假设，譬如货币汇率的购买力平价理论、利率平价理论以及贸易理论登峰造极的学说——要素价格均等定理——背后的基本假设都是全球单一市场或全球一价定律。全球化时代的货币和金融市场，已经非常接近全球单一市场的理想模型，其背后的终极推动力量则是以电脑和互联网为核心的信息技术的革命性进展。

全球性货币和金融体系的主要支柱是美元本位制所主导的国际货币体系。很大程度上，美元就是一种全球单一货币或全球记账单位和交易手段，美联储就是事实上的“全球中央银行”。全世界超过 70 个国家的货币汇率与美元直接挂钩，还有许多货币汇率与美元间接挂钩。全球外汇交易差不多一半以美元计价交易和结算，全球性股票、债券、衍生金融产品、大宗商品尤其是石油、期货合约等，绝大多数皆以美元计价交易和结算。许多国家对美元所享受的特殊地位和霸权非常不满，然而它事实上为全球经济提供了一个统一的基准，客观上大大促进了全球货币和金融市场的一体化。

一方面，美元作为全球统一货币，美联储作为事实上的全球中央银行，对于协调全球经济运转、降低全球贸易和金融交易费用，发挥了极其重要的作用。另一方面，由于担负全球经济和金融协调重任的储备货币是一个主权国家的货币，发行和管理该储备货币的中央银行是一个主权国家的中央银行，它很自然就形成了该国所独享的货币霸权、金融特权和巨额利益。从理论上和乌托邦意义上说，如果美联储和美元货币政策由一个全球理事会来管理，那么，美元就能够成为真正意义上的“超主权世界货币”，美联储就能够成为真正意义上的“超主权世界中央银行”。正如美联储前主席沃尔克所说：“一个真正全球化的经济需要一种真正全球化的货币。”理论上，未来人类和全球经济必然产生一个超越主权的国际统一货币和超越主权的世界中央银行。然而从现实看，无论是方案设计还是具体实施，都将极其艰难甚至难以想象。

20 世纪 70 年代开启的第二次全球化时代，恰好是美元本位制跃居巅峰的时代。在这个时代里，美元对人类经济全球化的作用，与 19 世纪后期第一次全球化时代的黄金（或英镑）的作用非常类似，尽管二者有着巨大的差别。黄金是第一次全球化时代世界主要经济体最重要的外汇储备和本币发行基础，美元则是当今许多国家最主要的外汇储备和本币发行基础；黄金给 19 世纪的全球经济带来某种“和谐和统一”，美元至少为第二次全球化时代的世界经济带来某种“统一”（也许谈不上和谐！）。

美元和黄金的主要区别在于，黄金的供应受到自然储存量和冶炼技术的刚性约束，任何中央银行皆无法随意操控，正是这个最基本的特点，让黄金长期被人们公认为稳定货币供应量和通货膨胀水平的“定海神针”。国际货币历史上有著名的黄金常数，就是指金本位制时代，世界总体物价水平能够在很长时期内维持稳定。黄金常数至今为许多中央银行家和货币理论家所憧憬和迷恋。相反，美元货币供应量则取决于美国首都华盛顿特区宪法大道上那座著名“神庙”里 12 位“神父”的一念之差，尤其是取决于“神父”之首——美联储主席的个人判断和决策。

金本位制时代的物价稳定历史时常勾起人们的美好回忆和无限感慨，美元本位制时代的价格动荡、资产泡沫和金融危机则让人们痛心疾首。然而，金本位制时代黄金供应量缺乏弹性，亦时常导致通货紧缩、经济衰退乃至金融危机；美元本位制时代的货币供应量具有高度弹性，中央银行则能够尽其所能管理流动性和应对金融危机。换言之，究竟是金本位制优越还是美元本位制优越，是有锚货币制度优越还是无锚货币制度优越，人们至今仍然没有形成一个基本的共识。确定无疑的是，人类已经彻底告别有锚货币时代，进入完全无锚的信用货币时代，没有可能再回到有锚货币时代了。2008 年全球金融海啸之后，回归金本位制的呼声再起，然而那不过是对现实不满的另一种表达。

美元给全球货币和金融市场所带来的高度统一性，意味着全球金融市场、货币供应量、通胀水平，尤其是各国货币政策深受美联储一举一动的影响。美联储货币政策与世界各国货币政策的相关性和相互影响机制，是全球金融资本主义体系运行机制的基本支柱。

依照上述定义，我们可以肯定当今人类经济体系是以资本主义经济制度为核心的经济体系。全球化则包括产业分工全球化、贸易全球化、股权配置全球化、资源开发和使用全球化、货币市场全球化和金融体系全球化。

金融资本主义+全球化=一个真正的全球金融资本主义经济体系。全球金融资本主义经济体系覆盖和笼罩了世界几乎所有国家和地区，它是史无前例的人类新现象。

全球化+第三次工业革命+金融资本主义，共同构成当代人类经济体系最基本的制度特征。从这个意义上，我们可以说，2008 年的金融海啸和金融危机，是全球金融资本主义体系第一次系统性的金融危机和经济危机，对于危机产生的根源和传播扩散的机制，人们依然争论不休。许多根本性的问题，我们至今还没有明确和肯定的答案。譬如，全球金融资本主义经济体系赖以运行的支柱是什么？运行的内在机制是什么？是全球产业分工、跨国资本投资、全球商品和服务贸易、全球性技术转让？还是全球货币体系、货币市场和金融体系全球化？还是以互联网为代表的信息科技革命？全球金融资本主义经济体系为什么会深陷危机？它为什么突然失去动力，又长期复苏乏力？一个全球性的金融资本主义经济体系究竟是会大幅度提升全人类的经济发展和福利水平，还是只会增加人类经济体系的风险，从而导致人类整体经济发展速度和福利水平下降？每当全球化浪潮汹涌澎湃之际，总有一部分人欢呼它为人类新福音，另一部分人则谴责它为人类新魔鬼。即使是最杰出的经济学者和坚定的市场经济支持者也不例外，譬如诺贝尔经济学奖得主斯蒂格利茨就曾经撰写《全球化及其对它的不满》，对全球化提出相当激烈的批判。①

全球金融资本主义经济体系是一个动态演化、非均衡、非线性的复杂体系，它的动力引擎出了什么毛病？人类是否有能力创造、改变和调节全球金融资本主义的运行机制，从而避免金融和经济危机再度发生？全球金融资本主义将保障全人类共同富裕、和谐发展，还是会加剧全球经济失衡，加剧收入分配差距和贫富两极分化？全球金融资本主义是能促进人类和谐和平共处，还是会激化全球地缘政治冲突，制造新的战争威胁和灾难？全球金融资本主义需要一个全球性制度安排和全球治理机制，人类是否有意愿、有能力、有机会创造和保障这样一个机制？

以封闭经济体系为研究对象的主流经济学，难以揭示全球金融资本主义的运行规律和内在矛盾。无论是凯恩斯主义、货币主义，还是理性预期学派和新凯恩斯主义，研究范式和思维模式都是局限于国别经济的封闭经济体系。全球金融资本主义是一个真正开放的经济体系（或者说是地球上唯一的封闭经济体系），任何一个国家和地区经济都被卷入这个开放的经济体系，都是全球金融资本主义经济体系的一个

① Joseph E. Stiglitz, *Globalization and Its Discontents*, W. W. Norton & Company, 2002.

组成部分。任何一个国家和地区的宏观经济政策及其效果，皆不可避免地受制于其他国家和地区的宏观经济政策，同时皆不可避免地影响其他国家和地区的经济政策。封闭经济模型下能够成立的许多理论和政策建议，在全球开放经济条件下就会部分或全部失效。譬如，封闭经济模型下的汇率政策（以邻为壑式的竞争性贬值）、独立货币政策（利率调节）、扩张性财政政策（增加赤字和债券发行）等，在全球金融资本主义的开放经济条件下，其效果将非常不同，部分失效甚至完全相反。

为什么量化宽松货币政策没能达到预期效果？为什么赤字财政扩张政策没能及时奏效，反而恶化各国财政状况，导致异常严峻的主权债务危机？为什么浮动汇率和竞争性汇率贬值不仅没有刺激本国出口，反而严重阻碍全球贸易增长？为什么量化宽松不断增加货币供应量和全球流动性，而实体经济的信用创造、信用供给和信用需求却依然萎靡不振？为什么许多国家名义利率已经降低到零水平甚至成为负利率，却仍然无法刺激实体经济？为什么美联储和欧洲央行每次宣布实施新一轮量化宽松之时，美元和欧元汇率不是贬值反而升值？为什么购买力平价理论和利率平价理论几乎完全失效、无效预测汇率和利率的走势？

上述诸多疑问，正是全球金融资本主义新时代，我们所面临的诸多重大新问题。

第二章　全球金融资本主义

为了回答上述诸多问题，我们就需要全面系统地分析全球金融资本主义给人类经济、金融、社会、政治以及财富观念所带来的重大和深刻的变化。

自 1971 年布雷顿森林体系崩溃以来 40 多年，全球经济体系的内在结构终于从量变实现突变，资本主义经济体系决定性地转变为全球金融资本主义体系。自 16 世纪现代资本主义经济诞生以来，资本主义经济体系大体经过三次突变和三个阶段。第一次突变是商业资本主义从传统经济体系中蜕变和崛起，逐渐成为占据支配和主导地位的经济形态，商业资本逐渐成为占据支配和主导地位的资本形态。第二次突变是产业资本主义或工业资本主义取代商业资本主义，成为占据支配和主导地位的经济形态，产业资本取代商业资本成为占据支配和主导地位的资本形态。第三次突变则是全球金融资本主义崛起，成为占据支配和主导地位的经济形态，金融资本则取代产业资本成为占据支配和主导地位的资本形态。更准确地说，是金融资本和产业资本的融合所创造的全球性垄断资本，成为占据支配和主导地位的资本形态。第一次突变起自15世纪后期，完成于18世纪中期；第二次突变起自18世纪中期，完成于20世纪中期；第三次突变起自20世纪中期，至今方兴未艾。

全球金融资本主义：假说和现实

人们总是渴望真正洞悉人类经济体系演变的内在规律，渴望能够找到一个统一的理论（或者最一般的理论）来解释全部人类经济现象，渴望内在规律和统一理论能够帮助我们准确预测未来。渴望一个完整统一的基本理论以解释尽可能多的真实世界的现象，是人类心灵和思维的内在需求，亦是所有科学家梦寐以求的高远理想。

同任何科学理论一样，经济学理论的目的就是要将纷繁复杂的日常经验事实和内在逻辑一致的理论体系对应起来，或者说，就是要寻找到一个内在逻辑一致的理论体系，来统一解释纷繁复杂的经验事实或现象。

爱因斯坦曾经说："一种理论的前提越简单，它所涉及的事物的种类越多，它的应用范围越广，它就越能吸引人。"物理学如此，经济学亦如此。经济学历史上最吸引人的理论范式之一是斯密的"看不见的手"原理，它的确概括了人类经济体系的某种本质特征，至少从表面上看起来，它概括了尽可能多的人类经济活动的经验事实，它覆盖的事物和现象的种类足够多，应用范围足够广，所以200多年来始终是经济学的中心课题和经济学者的兴趣焦点。由"看不见的手"进一步深化和细化的"人性自私假说"和"效用最大化原理"为经济学提供了一个统一和完美的数学结构。迄今为止，人性自私假说和效用最大化原理是经济学者所能够运用的最一般的理论范式。经济学者习惯性地将人类一切经济行为（乃至一切政治行为和社会行为）归结为自私动机的驱使和效用最大化选择的必然结果。当然，所谓“自私”或“效用”近乎成为一种形而上学意义上的抽象理念，只是因为经济学者确实需要一个描述人类行为的统一变量和理论范式，自私和效用恰好满足了人类思维的这个基本诉求。至于自私和效用的真正内涵究竟为何，至于经济学者心目中如何具体定义自私和效用，则始终争论不休。

马克思的“剩余价值范式”、“生产力—生产关系范式”以及“人类经济制度五阶段划分理论”亦具备同样的特征，从这些范式所推导出来的许多命题和假说，确实能够解释人类经济体系的许多重要特征，同时还具有深刻的哲学思辨价值。熊彼特的“创新和创造性毁灭”思维范式，抓住了人类经济体系尤其是商业历史动态演变历程的某种本质特征，遂成为数十年来广受经济学者、管理学者和商业历史学者尊重和喜欢的思维范式之一。

如何从最一般的角度来把握当代人类经济体系的本质特征？这是经济学者、历史学者、政治学者和战略家都必须关注的重大问题。当然，人们可以轻而易举地回避这类问题，转而研究某个具体的特殊问题，譬如经济增长的历史轨迹、经济周期的频率和波幅、经济危机的多样性原因等。然而，每当沿着具体问题深入追问下去时，我们会立刻发现，对任何具体问题的解答都必然要溯源到对人类经济体系历史演变规律的宏观整体把握。物理学有宏观规律和微观规律之分，经济学的宏观与微观之别则更加显著和重要。掌握了经济体系演变的宏观规律，必然有助于理解具体经济现象的微观规律，如果不能掌握经济体系演变的宏观规律，我们甚至无法理解具体和个别经济现象的微观规律。事实上，对于经济学而言，只有那些宏观规律和宏观思维范式才是普适的。宏观规律落实到具体和个别经济现象之时，则变成某种具体的普遍性或者具有力度的具体真理，因为宏观规律落实到具体的经济个体之时，必然要深受经济个体的思维、情感、预期的深刻影响。每个经济体（譬如各国经济、各个企业和个人）体现宏观经济规律的方式、强度和内容有很大差别。

仍以斯密“看不见的手”原理为例，它是一个具有普适性的宏观规律或宏观原理，然而不同时代、不同国家、不同行业乃至不同企业内部，“看不见的手”原理所表现的方式、内容和力度各不相同。实际上，经济学者200多年来孜孜以求的目标，主要就是研究不同国家、不同时代、不同行业里“看不见的手”原理的具体表现形式。再如“货币数量论”曾经长期被视为一个普适规律或普遍原理。然而，由于不同国家和不同时代的货币制度安排差距极大，货币本身随时代和国别不同而不同，“货币数量论”的具体表现方式亦差别巨大。全球金融资本主义时代里，货币数量论是否还是一个有效的理论，已成巨大疑问。

每个时代，都有数之不尽的学者孜孜以求地追寻人类经济体系的普适特征和普适规律。以当代人类经济体系为例，学者们试图以多种名称或理论来概括当代人类经济体系的普适特征，譬如“后工业资本主义时代”、“新经济时代”、“第三次工业革命”、“新工业革命”、“全球化时代”、“无疆界市场”等等。

本书以“全球金融资本主义”来概括当今人类经济体系的普适特征，并试图探求它的某些普适规律。所有的努力或许都是徒劳的，但是，它至少见证了一个经济研究者的内心渴求和梦想。

全球金融资本主义包括三个基本含义：其一，当代人类经济体系总体上是一个资本主义经济体系，即以私有产权和市场竞争为基本运行规则的经济体系；其二，当代人类经济体系是一个全球化的经济体系，产业分工体系、贸易体系尤其是资本市场都已经发展成为一个真正的全球性体系；其三，当代人类经济体系是一个金融市场和金融资产价格主导和支配的经济体系。

自亚当 · 斯密以来，人们始终相信货币金融变量由实体经济变量所决定，实体经济变量主导和支配货币金融变量，金融资产价格仅仅是实体经济收入和利润的反映（贴现值）。①实体经济是头，金融资产（虚拟经济）是脚；实体经济是主人，金融资产（虚拟经济）是仆人。

然而，金融资本主义将头和脚、主人和仆人的关系完全颠倒过来。货币金融体系、资本市场、金融资产（虚拟经济）从脚变成头，从仆人变成主人；实体经济则从头变成脚，从主人变为仆人。货币金融变量和资产价格成为左右整个经济体系运行的支配信号和关键变量，决定着实体经济体系的供给与需求、消费与生产、储蓄和投资，决定着所有商品、服务、实物资本、人力资本和企业自身的价格（企业的市值）。

正是因为头和脚的关系、主人和仆人的关系完全颠倒过来，不仅西方主流经济学故老相传且经久不衰的“货币—实体经济二分法”不再成立，而且“货币金融只是实体经济的一层面纱”或“实体经济支配货币金融”的基本原理亦不再成立。换言之，整个西方经济学的许多重要定律和原理都需要重写。本书重点关注的是货币数量论、利率

---

① 实际上，经济学者很早就认识到，普通商品和服务的价格决定机制与金融资产的价格决定机制非常不同。我们很难用简单的供求分析来决定资产价格。直到 20 世纪后半叶，资产价格才逐渐成为经济学的一门独立的分支学科。

理论、购买力平价理论、利率平价理论等西方宏观经济学或货币理论的主要支柱。

与此同时，全球化经济体系和金融资本主义结合起来，构成全球金融资本主义体系。货币市场、债券市场、股票市场、大宗商品市场、外汇市场、期货市场等金融市场和各种金融资产价格变成真正的全球性市场和全球性现象，“无国界公司或无疆界公司”（跨国公司）和“无国界市场或无疆界市场”成为全球金融资本主义时代的主角，它们日益摆脱主权国家政府的约束监管，反过来越来越影响着甚至左右着主权国家的宏观经济政策、监管理念和监管架构。换言之，面对全球金融资本主义的全新现象，基于封闭经济体系的西方主流经济学的解释能力急剧下降。[①]

全球金融资本主义：动力和契机

全球金融资本主义的兴起有多个重要契机和推动力。

一是 1971 年布雷顿森林体系或固定汇率体系的崩溃，开启了全球性无锚货币和流动性泛滥的崭新时代，从而开启了全球性金融时代或金融的全球化时代。无论从哪个角度观察，全球无锚货币时代都是人类货币体系的“勇敢新时代”，虽然我们至今对全球无锚货币体系的内在运行机制还知之甚少。

二是新兴市场国家争先恐后从高度集权的计划经济和命令经济转

① 迄今为止，各国货币政策和财政政策的理论基础，主要是封闭经济体系宏观经济学的IS-LM模型。本书的基本论题就是，全球金融资本主义时代里，封闭经济的IS-LM模型基本失效。全球金融资本主义经济体系是一个完全的开放经济体系，我们需要基于开放经济体系来制定经济政策。

向以私有产权为基础的自由市场经济。尽管许多国家至今还不承认自己是资本主义经济，然而，如果资本主义经济的本质特征就是私有产权和市场竞争，我们就可以公正地说，当代世界绝大多数国家大体上都是资本主义经济体系。

三是自 20 世纪 70 年代后期开始，持续多年的“滞胀”和能源危机，迫使西方主要国家（主要是英国和美国）开始长达数十年的管制放松和私有化浪潮，所谓“撒切尔革命”和“里根经济学”成为西方发达经济体系放松管制和私有化浪潮的理论基础和政策指南，最终演变为以市场原教旨主义为核心理念的“华盛顿共识”，客观上催生和刺激了全球性的金融和资本市场开放，越来越多的新兴市场国家卷入经济和金融全球化，逐步放松资本管制，开放国内金融市场，全身心拥抱股票市场、债券市场、衍生金融市场、外汇市场等所有源自发达国家的现代金融市场和金融工具，全球化的金融市场和资本市场遂成为人类经济全球化新时代的急先锋。

四是现代经济学和金融学理论的突飞猛进和金融技术令人目眩的伟大创新，开辟了人类金融的“奇丽新世界”，人类金融创新迎来史无前例的黄金时代。以资产组合选择理论、资本资产定价理论（CAPM）、期权定价模型、有效市场假说等为代表的各种新金融理论，为金融套利、高频交易、资产证券化、期货交易、利率掉期、对冲基金等数之不尽的创新金融工具奠定了坚实的理论基础，提供了有效的交易策略，创造出数百万亿乃至数千万亿美元的金融市场交易量，各种衍生金融产品层出不穷，从根本上改变了人类的金融模式和金融版图。

五是以电脑、互联网和无线通信等信息科技革命为核心的第三次工业革命，不仅彻底改变了全球产业分工体系，而且彻底改变了金融和实体经济之间的关系，改变了全球所有金融市场人士观察和理解全球经济金融的哲学理念和价值准则。以风险投资和私募基金为代表的新金融工具，日益成为决定产业发展方向的关键力量。以股东价值最大化或企业市值最大化为核心的新企业价值观念，则成为全球企业家、投资者和金融市场新的“神圣戒律”或金科玉律，由此进一步改变了全球分工体系和产业格局。

六是以信息科技革命为核心的第三次工业革命，极大地降低了全球性金融市场的交易成本，为全球性金融市场提供了最可靠的技术支持和保障，为从根本上解决信息不对称难题开辟了广阔前景。没有个人电脑的发明，就不可能将金融学和经济学的崭新理论付诸实践，就不可能创造出数百万亿美元的金融衍生产品，就不可能创造出一个全天候 24 小时连续无缝对接的全球性金融市场。

简言之，全球金融资本主义是人类经济体系演变的一个崭新阶段。我们需要从多个角度，去探寻和理解其内在运行机制。

第三章　全球金融资本主义的特征

英国著名财经媒体《金融时报》（*Financial Times*）的广告词如此写道："We are living in Financial Times."（今天我们生活在一个金融时代。）准确地说，我们今天生活在一个全球金融资本主义的新时代。作为一个基本的理论假说，全球金融资本主义有许多重要含义。

特征一：金融市场成为整个经济体系中最重要的市场

全球金融资本主义的第一个特征：全球金融资本主义时代，以货币市场、债券市场和股票市场为代表的金融市场成为支配整个经济体系的最重要的市场。

从大历史角度考察，资本主义经济体系的动态演进历史，就是一部科技和金融创新的历史，技术创新和金融创新是资本主义经济动态演变的两大核心动力。

16 世纪开始兴起的商业资本主义，其主要金融创新包括合伙制、无限责任公司、有限责任公司、商业银行和投资银行、股票市场和债券市场。有限责任公司、公司债券市场和现代商业银行是商业资本主义时代的三大核心金融创新，极大地推动了商业资本主义向产业资本主义转型。商业资本主义时代的全球金融中心是荷兰的阿姆斯特丹。到了产业资本主义时代，全球金融中心则逐渐从阿姆斯特丹转到伦敦和纽约。

产业资本主义时代的主要金融创新包括现代股份有限责任公司、现代债券市场、现代股票市场、现代商业银行和投资银行。最关键的金融创新也有三个，那就是股份有限公司、具有高度流动性的股票市场和现代投资银行。现代公司制度是人类伟大的制度创新之一。公司制度创新本质上是金融制度和金融工具的创新。推动公司制度演变的直接动力就是融资的需要，股份转让和股票交易所的建立则是公司制度顺理成章的自然发展。我们应该从金融创新角度来重新考察公司制度的起源和公司治理机制。产业资本主义时代同时是伟大的金融创新时代，新型金融产品和金融工具的发明为第三次工业革命和全球金融资本主义时代开辟了康庄大道。

以电脑、无线通信和互联网为核心的第三次工业革命不仅开启了人类产业革命的新时代，而且开启了人类金融创新的新时代。第三次工业革命的三大核心金融创新分别是风险投资（VC）和创业板市场（以纳斯达克为代表）、私募股权投资（PE）和股权激励机制、垃圾债券市场和资产证券化。

三大金融创新从根本上改写了人类的金融行业版图和金融游戏规则。其一是千变万化的基金业迅猛崛起，人类的金融资产组合发生革命性巨变；其二是风险投资、私募股权、对冲基金、高频交易、跨期套利、跨区套利等新兴金融产品的发明改变了人类的投资理念；其三是资产证券化将世间一切转化为可交易的资产；其四是私募基金和风险投资迅猛地改变着传统产业格局，不断催生出崭新的产业；其五是互联网金融有可能开创金融个性化和人性化的全新时代，让人人皆能成为资本家和金融家。

从商业资本主义到全球金融资本主义，经过数百年的金融创新，金融市场已经演化为一个异常复杂、异常多样、无缝对接的全球性金融市场体系，金融市场、资本市场或信用市场真正成为全球性市场。全球金融市场所发出的各种资产价格和利率信号，随时影响和改变着全球产业分工体系、各国货币财政政策和无数企业与个人的投资决策。如果说市场经济的基本定义是市场机制在资源配置中起决定性作用，那么，真正起决定性作用的市场则是金融市场，真正起决定性作用的价格信号是资产价格或利率信号。

特征二：三大关键价格信号——利率、汇率、资产价格

全球金融资本主义的第二个特征：全球金融资本主义时代，三大关键价格信号决定着每个国家的资源配置、经济结构、产业发展和收入分配。

这三大价格信号就是利率、汇率和资产价格，它们正是由全球金融市场所决定，时刻处于剧烈动荡之中。三大价格信号之间的关系是经济学和金融学研究的重心。虽然至今我们仍然无法完整把握利率、汇率和资产价格之间的关系，有一些基本的结论却足以帮助我们把握全球金融资本主义的运行机制。

第一，正如人类经济体系大多数基本变量（如价值、效用、财富、成本、收益等）一样，利率、汇率和所有资产价格皆是主观变

量，皆是面向未来的决策变量，皆由决策者的预期所决定，皆反映着经济决策者的主观判断、心理预期和“动物精神”[①]。由此可见，寻求所谓均衡利率、均衡汇率[②]和均衡资产价格是完全徒劳的，更不存在所谓绝对利率、绝对汇率和绝对资产价格，所有这些变量皆是相对变量或相对价格。

第二，既然利率、汇率和资产价格皆由主观预期和“动物精神”所决定，它们就完全可以脱离所谓“基本面”而自我变化和波动。利率、汇率和资产价格与经济基本面究竟是什么关系，始终是经济学面临的重大难题，金融学者至今没有找到令人满意的答案。众所周知，利率和汇率的变化经常会出现所谓“过度调节”（overshooting），资产价格则经常出现泡沫（正向泡沫和负向泡沫）。[③]所谓“泡沫”，其实就是过度调节或过度波动。过度波动、过度调节、周期性的泡沫兴起—泡沫疯狂—泡沫破灭，是金融危机的典型特征，是全球金融资本主义经济体系的典型特征。

第三，纵然我们事后能够很好地解释利率、汇率和资产价格的波

---

① 动物精神（animal spirit）最早见于凯恩斯《就业、利息和货币通论》，2008 年阿卡洛夫和席勒以此为题出版讨论金融危机和宏观经济学的著作《动物精神——人类心理如何驱动经济以及它对全球资本主义的重要性》。格林斯潘 2013 年新著《地图和疆域：风险、人性和经济预测的未来》亦基于对动物精神的详尽分析。“动物精神”一词已经成为行为经济学和行为金融学的代名词。参见 Alan Greenspan, *The Map and the Territory: Risk, Human Nature and the Future of Forecasting*, The Penguin Press, 2013。

② 关于均衡汇率的争议，参见向松祚《不要玩弄汇率》，北京大学出版社，2005 年。

③ 经济学者和金融学者讨论“过度调节”、“泡沫—破灭”的文献可谓汗牛充栋。关于汇率“过度波动”的经典论文，参见多恩布什的相关论文。关于资产价格泡沫及其对货币政策的影响，参见向松祚、邵智宾编著，《伯南克的货币理论和政策哲学》，北京大学出版社，2007 年。

动，事前我们却很难预测它们的走势；纵然我们能够比较准确地推测利率、汇率和资产价格的长期趋势，我们却很难或不可能推测它们的短期走势。由此可见，从经济学方法论上说，事后解释和事前推测不完全是一回事，我们需要从人类思维的本质上来深入思考解释和推测的不同。[①]重要的是，利率、汇率和资产价格是金融资本主义体系的决定性变量，决定了经济体系的生产与消费、储蓄和投资、经济增长和收入分配。既然这三大变量无法事前推测，金融资本主义体系本质上就是一个无法事前推测的经济体系。所谓预测或推测大体上是一种相当不靠谱或极不准确的猜测或趋势外推，它解释了为什么当代最权威的研究机构亦无力推测金融危机的爆发。[②]既然我们无法（哪怕是稍微准确地）推测经济和金融体系的整体运作，经济金融政策就不能基于某种推测或预测，而应该基于某些最基本的原则和理念。假如接受这个基本现实，必将意味着人类经济政策理念的革命性变化。[③]

第四，随机波动的利率、汇率和资产价格是左右经济周期的关键变量，时刻影响或决定着世界每个角落的投资、消费、增长和产业方向。金融市场所决定的利率、汇率和资产价格天然具有随机波动的动态特性，因此，全球金融资本主义时代的人类经济必然是一个内在高度不稳定和不确定的经济体系。

第五，全球金融资本主义时代，利率、汇率和资产价格主要由全球金融市场来决定。三大价格信号不仅可以完全脱离经济的基本面，而且可以完全脱离主权国家的宏观政策影响，然而，各国政府和中央

---

① 关于实证经济学方法论，参见张五常《经济解释》卷一《科学说需求》。

② 参见前引格林斯潘的著作。

③ 凯恩斯主义经济学兴起和宏观经济预测模型大行其道，让经济政策变成某种例行公事似的机械预测。

银行的财政与货币政策又试图控制和调节利率、汇率和资产价格，主权国家宏观政策目标与全球金融市场之间的冲突和博弈，将进一步加剧全球经济体系的内在不稳定性和不确定性，降低主权国家宏观政策的有效性。

特征三：企业行为准则为市值（或股东价值）最大化

全球金融资本主义的第三个特征：在全球金融资本主义时代，企业的行为准则不再是利润最大化，也不是管理者利益（效用）最大化，而是市值最大化或股东价值最大化。与此相应，在全球金融资本主义时代，企业的核心激励机制就是股权或期权激励机制。

投资者或股东可以不必关心（或很少关心或没有能力关心）企业的经营活动、战略和策略、产品和市场，甚至可以不必关心企业是否能够创造收入和利润。他们唯一关心的就是企业的股价、市值或股东价值。全球金融资本主义时代里，在越来越多人的心目中，企业股票价格和市值几乎已经成为衡量企业是否卓越和管理者是否优秀和称职的唯一标准，甚至成为他们判断行业是否具有长远发展前景的唯一标准。投资者关系、股价管理和市值管理则成为越来越多公司内部必不可少的一项重要职能，股票上市则成为越来越多或几乎所有创业者的梦想。

市值文化或者股价文化或股东价值文化，正以日益强大的威力和威胁，迅速改造着企业家、投资者和社会公众的价值观、资产观和财富观，迅速改造着无数公司的商业模式和无数产业的内部结构。

一家公司的产品和服务、商业模式和经营战略，如果不能被资本市场所认可，不能转化为资本市场的股价和市值，该公司不仅会失去重要的融资渠道，而且极可能被其他上市公司收购或兼并。许多公司从创业开始，目标直接指向首次公开募股（IPO）。许多公司积极引入风险投资、私募基金和成功的资本市场投资者作为自己的股东，核心目的就是为了成功实现首次公开募股。许多长期不能实现首次公开募股的公司，最终难逃被兼并或收购的命运。随着全球金融资本主义浪潮席卷全球，越来越多的公司难以抗拒首次公开募股的诱惑和压力。私募基金和风险投资就像老鹰寻找猎物那样，它们锐利的眼睛时刻搜寻着下一个可能的首次公开募股公司目标，搜寻着下一个微软、雅虎、苹果、谷歌、亚马逊、脸谱、腾讯、百度和阿里巴巴。

股价或市值最大化的哲学和投资理念，极大地强化了资本市场原本就存在的“马太效应”和“赢家通吃”现象。私募基金和风险投资的至理名言是：永远要努力寻找投资行业的领袖企业或行业第一名。研究发现，任何行业的第一名，往往享受着比同行业其他公司高得多的市盈率。行业第一名或领袖公司所享受的高市盈率和高股价，吸引和激励着大批追随者去模仿领袖公司的商业模式。资本市场对行业第一名或领袖企业的高市盈率和高股价奖赏，往往深刻影响甚至决定着行业的发展方向。股价和市值文化正在深刻影响着越来越多大学教授和科学家的研究方向，越来越多的科学家成立自己的风险投资公司，并试图将自己的科技创造转化为股票市值。

起自 20 世纪 80 年代的全球性收购兼并浪潮，背后动力就是以华尔街为代表的全球性资本市场，是私募基金、风险投资、共同基金等所奉行的股东价值最大化。许多（甚至全部）收购兼并的动机就是为了提升公司的股价和市值。试图寻找托宾 Q 值小于 1 的公司并成功收购和兼并，然后进行价值发现和价值重估，不仅是许多金融家和投资家的职业使命，而且确实创造了历史上许多惊人的财富神话。

私募基金和风险投资的主要套现渠道或退出方式就是公司上市或兼并收购。努力实现所购买的股票和所投资的公司的市值不断增长，或者至少跑赢大市，则是衡量投资业绩的唯一标准。确保公司顺利上市，或者上市之后确保公司股价和市值持续上涨，则是全球投资者和财经媒体评价公司首席执行官的核心标准甚至唯一标准。相反，未能确保公司股价和市值稳定持续上涨的首席执行官，则很快会被投资者抛弃，被董事会扫地出门。

全球金融资本主义时代，金融家和企业家创造出许多令人眼花缭乱和叹为观止的“市值创造模式”。市值创造模式与收入创造模式和利润创造模式有相似之处，亦有许多重大差别。众所周知，收入与利润、利润与市值并非线性比例和对应关系。市盈率是市值创造模式的基本准则。如何让公司所处的行业和公司的“创业故事”赢得最高的市盈率，是许多首席执行官面临的重大挑战，亦是股票分析师和风险投资家孜孜以求的目标。

20 世纪 90 年代互联网狂飙和疯狂时期，华尔街投资者和股票分析师对市值创造模式做出革命性创新，发明出“市梦率”。因为许多互联网初创企业根本没有利润，有些连收入都没有，如何给公司估值呢？“市梦率模式”认为，公司股价和市值不再取决于收入和利润，只取决于公司网站的点击率、访问次数，甚至只取决于投资者对公司未来前景的狂热“梦想”或“幻想”。一些没有利润甚至巨额亏损的公司，一些产品和服务没有任何实际使用价值的公司，只是因为它们的商业模式符合华尔街金融家的预期或市值创造模式，就立刻身价百倍，市盈率可能高达数十、数百乃至数千倍，成为真正意义上的市梦率。互联网狂飙和泡沫时代，人们见证了许多纯粹的“概念公司”或“模式公司”，它们没有任何收入和利润，却可以轻而易举地到华尔街或其他资本市场上市，市值高达数亿乃至数百亿美元。2000 年初，华人首富李嘉诚亦经不住诱惑，斥资进军互联网。完完全全只有一个概念、刚刚才宣布注册的“tom.com”公司轻易实现首次公开募股，吸引数十万人排队抢购股票，实在是一个人间奇迹，亦是金融资本主义时代市值创造模式和市梦率模式疯狂的最佳案例之一。

当然，2000 年互联网泡沫破灭之时，许多基于市梦率的公司终归黄粱一梦，破产关闭。然而，市梦率的理念确实开创了市值创造模式的崭新时代，市梦率的概念至今仍然影响着资本市场和投资者对新型行业和新创公司的价值评估。任何行业一旦出现疯狂投资热潮，市梦率概念就会卷土重来。

相反，许多利润丰厚、具有优秀产品和服务的公司，却会遭到资本市场的唾弃，只是因为其产品、服务、商业模式、经营战略和策略不符合华尔街资本市场所钟爱的市值创造模式，没有受到华尔街金融家和投资家的青睐或首肯。一些公司选择永远不进入资本市场，还有一些上市公司因为无法适应资本市场的市值创造模式而选择退市，重新私有化。

市值文化、股东价值最大化理念和市值创造模式深刻改变了公司治理结构和公司文化。公司治理结构历来是经济学和管理学研究的重要课题，核心就是如何协调股东、管理者、公司职员和社会公众的利益。有关理论和学说五花八门，精彩纷呈。市值文化和股东价值最大化理念似乎找到了一个公认的标准，将所有公司相关者的利益统一起来，背后的理论基础则是著名的有效市场假说，最有效的制度安排则是股权激励机制。股权（股票期权）激励机制将首席执行官和管理团队（乃至所有重要员工）的收入与公司股价完美地结合起来，公司股价和公司市值的持续上涨不仅符合股东的最大利益，亦符合公司高管和员工的最大利益。股东价值最大化和市值最大化如何也符合社会公众的最大利益，则通过另外的渠道得到解决，譬如越来越多公司的捐赠不再采取现金方式，而是采取股票捐赠方式。

股票期权激励机制让工资和奖金不再是上市公司高管们的主要收入来源，股票期权和股价上涨才是他们滚滚财富的不竭之源。过去30多年里，上市公司高管们的收入达到令人叹为观止的天文数字，动辄以数千万和数亿美元计，工资和奖金所占比例几乎可以忽略不计，更有许多著名首席执行官承诺一分钱工资也不要，只要股票期权。

然而，被欢呼为最符合激励相容理论的股权激励机制，却创造出历史上最可怕的股票市场欺诈丑闻、内幕交易和管理者操纵，原本以为很好甚至完美解决了信息不对称和激励不相容难题的股权激励机制，却反而催生出新的信息不对称和激励不相容。首席执行官和公司管理团队为了实现自己任期内的期权或股权价值最大化，刻意追逐短期利润，制造公司长期繁荣的假象，甚至蓄意欺诈一般投资者和小股东。

最经典的案例当属2001年轰动全球金融市场的安然破产案。2001年宣布破产之前，安然是一家位于美国得克萨斯州休斯敦市的能源公司，曾经拥有超过21 000名雇员，是世界上最大的电力、天然气和电信公司之一，2000年披露的营业额达1 010亿美元之巨。公司连续6年被《财富》杂志评选为“美国最具创新精神的公司”。然而，就是这个资产超千亿美元、营业额超千亿美元的巨型公司，却在几周内轰然崩溃、宣布破产，不仅成为美国历史上最大的一宗破产案，而且成为公司欺诈和堕落的象征。安然公司蓄意欺诈最终导致破产的核心原因就是持续多年精心策划乃至制度化和系统化的财务造假。而财务造假的目的就是要营造公司高盈利、高成长的假象，目的自然就是为了维持公司的高股价和股价持续上涨，背后的总根源当然就是安然公司高管所拥有的巨额期权和股权。高盈利、高回报、高奖金、高期权，一句话，金钱至上和股票价格至上的企业文化，最终葬送了安然公司。安然财务造假和最终的崩溃，以最醒目的方式，深刻揭示了股价或企业市值最大化背后所隐藏的人性的极度贪婪，以及股权激励机制的内在缺陷。

从安然公司和许多其他案例里，我们能够深刻地认识到，全球金融资本主义时代里，市值最大化或股东价值最大化是没有任何道德和伦理底线的。全球金融资本主义是资本主义发展的最高阶段，资本的贪婪本性终于演变到无以复加、登峰造极的地步。当马克思撰写《资本论》之时，资本家的主要目标还是榨取尽可能多的利润，所以《资本论》引用过一段著名的评论："资本家害怕没有利润或利润太少，就像自然界害怕真空一样。一旦有适当的利润，资本家就胆大起来。如果有10%的利润，他就保证到处使用；有20%的利润，他就活跃起来；有50%的利润，他就铤而走险；为了100%的利润，他就敢践踏一切人间法律；有300%的利润，他就敢犯任何罪行，甚至冒绞首的危险。如果动乱和纷争能带来利润，他就会鼓励动乱和纷争。走私和贩卖奴隶就是证明。"①

全球金融资本主义时代里，我们必须修改马克思对资本家贪婪本性的生动描述：只要能够快速和永远提升公司的股价和市值，资本家和企业家就胆敢践踏人间一切规则和法律，就胆敢跨越人间所有道德和伦理底线。

① 马克思《资本论》（第一卷），中共中央马克思恩格斯列宁斯大林著作编译局译，人民出版社，2004年，第829页脚注。

金融市场尤其是股票市场的发达，让资本家和一切投资者不再满足于利润和分红。股票市场的最大秘密是市盈率。股东价值或市值=利润 × 市盈率，则成为全球金融资本主义时代最神圣的价值公式，其神圣程度堪比物理学领域著名的爱因斯坦质能方程式$E = mc^2$。如何才能赢得或制造最高的市盈率？这是所有金融投资家或一切公司股东最感兴趣的问题。无论是风险投资、私募股权投资还是公司上市和日常股票买卖，市盈率都是最关键的变量。市盈率亦成为全球金融投资者最常用的投资语言，市盈率决定一切，市盈率成为衡量每家公司在资本市场成败的试金石。

美国学者杰拉尔德 · 戴维斯指出："金融方面的考量亦即股东价值或企业市值，是决定企业边界和战略的唯一推动力量。企业必须集中做对一件事情，这件事情通常就是由股票市场说了算。如果一家同时经营汽车和金融的企业被股票市场低估，唯一解决之道就是将该公司分拆。"①

全球金融资本主义时代的"新共识"或"新华尔街共识"就是股东价值最大化。"围绕股东价值的新共识清晰地定义了公司的使命，决定性地推动了美国制造业经济的历史性转型。"②耐克公司前任首席执行官曾经生动地描述了金融资本主义时代企业所背负的神圣使命或神圣枷锁："华尔街可以轻易消灭你。他们是规则制定者，他们有自己的思想和偏爱。但是，很大程度上，他们判断公司的标准也在不断演化。现在他们决定，如果一家公司能够以最少的资产创造最多的利润，他们就愿意给该公司以更高价格。我又如何能抗拒呢？"③

---

① Gerald F. Davis, *Managed by the Markets: How Finance Re-shaped America*, p.93.

② Ibid.

③ Ibid., p.86.

特征四：核心理论基础为有效市场假说

全球金融资本主义的第四个特征：全球金融资本主义的核心理论基础是有效市场假说。

2013 年 10 月 14 日，瑞典皇家科学院宣布将该年度诺贝尔经济学奖授予芝加哥大学教授尤金 · F · 法马、拉尔斯 · 汉森和耶鲁大学教授罗伯特 · 席勒。三位学者因对资产价格波动的实证分析而获此殊荣。瑞典皇家科学院简要概括三位学者的贡献："尽管预测股票和债券几天或几周后的价格是不可能的，然而预测资产价格的长期走势却是可能的，譬如三五年后的价格。今年的获奖者构建并运用了这一神奇而又看似矛盾的理论。"三位获奖者的理论和实证贡献各有所长：汉森首创分析资产价格波动的统计技术，席勒以研究"非理性繁荣"和资产价格的长期趋势而知名，法马则作为"有效市场假说"的开创者著称于世。

有效市场假说荣获诺贝尔经济学奖，可算是全球金融资本主义时代的一个标志性事件，因为有效市场假说（其实应该准确地称为"金融市场有效假说"）正是全球金融资本主义最重要的理论支柱。如果说全球金融资本主义是资本主义经济体系发展和演变的最高阶段，那么，有效市场假说则是资本主义自由放任经济理论演变和发展的巅峰之作。

简而言之，有效市场假说认为资产价格（股票和债券的价格）完美地反映了与资产的价格、价值和未来收入流相关的一切信息，或者说，市场买卖所形成的资产价格完美地包含或覆盖了与资产的价格、价值和未来收入流有关的一切信息。

金融理论家将有效市场假说分为从弱到强三种形式。其一是所谓“弱势有效市场假说”，认为资产价格充分反映了资产的所有历史信息，包括成交价、成交量、买空卖空量、融资金额等。其二是所谓“半强势有效市场假说”，认为资产价格充分反映了资产的所有未来信息，尤其是公司的经营战略和赢利前景。其三是所谓“强势有效市场假说”，认为资产价格不仅充分反映了资产的所有历史信息，而且充分反映了资产的所有未来信息，换言之，资产价格充分反映了资产的一切相关信息。

有效市场假说最初只是金融学者对股票价格走势所做出的一个经验假说，其思想根源是故老相传的股票价格“随机漫步理论”。

股票价格（或一般性的资产价格）的随机漫步理论，其实就是经济学的最基本假说——“理性人假说”直接和简单的推论。理性人假说运用到金融资产领域，则又换了一个新词，叫作“预期效用最大化假说”。从一般均衡角度看，预期效用最大化牵涉到投资、消费、储蓄的跨期决策和时间偏好（时间偏好就是利率的本质），数学推演可以非常复杂，现实含义却一目了然。

如果人人皆理性，人人皆自私，人人皆追求效用或预期效用最大化，人人皆追逐资产收益（或者风险权衡的资产收益）最大化，那么，每个理性投资者必然费尽心机，利用一切可以利用的技术，挖掘一切可以挖掘的信息，以图买低卖高，获取最大股票差价和收益。每个市场参与者皆完全理性地这么干，结果却是没有哪个理性投资者能预测市场，击败市场。任何时点的股票价格皆瞬间吸收和消化任何有关的一切信息，股票价格则呈现完全“随机漫步”的状态，完全不可预测。因为，只要有任何套利机会，理性投资者必然蜂拥而至，股票价格则瞬间均衡。

要而言之，有效市场假说基于三个基本假设：一是投资者皆理性（理性人假说）；二是一切信息唾手可得（信息获取成本为零）；三是市场调节瞬间完成（投资者消化信息、将信息转化为价格的速度无穷快）。

显而易见，三个基本假设皆是空中楼阁，与现实毫不相干。基于三个基本假设的有效市场假说亦属海市蜃楼，与现实相距万里。正因如此，以自有效市场假说首创之日起，反对之声就此落彼起；正因如此，有效市场假说和非理性繁荣假说两个相互矛盾的理论同获诺奖，让学界和投资界颇为愕然；正因如此，很多人甚至将 2008 年全球金融海啸归罪于有效市场假说对投资者和政策制定者的误导；正因如此，以伯南克和曼昆为代表的美国新凯恩斯主义者对有效市场假说嗤之以鼻，认为该假说与宏观经济现实毫不相干，完全不能作为任何经济政策的理论基础。①

空中楼阁、海市蜃楼般的理论假说，为何却能纵横天下、睥睨当代、大行其道，成为金融学和经济学一个威力巨大、影响深远的假说呢？此诚属学术思想领域一个极为有趣和极为重要之问题。经济学历史上有许多类似的理论假说或学说，与有效市场假说一样，看起来与真实世界离得很远，甚至毫不相干，却总是具有经久不衰、挥之不去的影响力。萨伊定律、货币中性假说、理性预期假说、要素价格均等定律等皆属此类。

对此重要和有趣的现象，我们可以提出如下解释。

其一，人的思想和思维的本性总是渴求简洁和统一的理论假说。复杂的世界需要简单的理论来阐释，是实证科学的一个基本原理，更

① 伯南克多次批评莫迪格利安尼–米勒金融市场不相干假说、理性预期假说和有效市场假说。三者的逻辑基础皆是理性经济人、市场瞬时调节和信息免费可得。参见向松祚、邵智宾编著，《伯南克的货币理论和政策哲学》，北京大学出版社，2007 年。

是人的思想和思维的内在要求。[①]人的思想能否直接把握实质，纯粹思维能否把握现实的客观规律（包括自然现象和人类现象的规律），关键在于纯粹思维能否构建或发现简单和统一的理论。[②]

其二，实证科学的基本原则是，理论假说是否真实并不是最重要的，最重要的是看理论假说所推导出的各种含义或命题，是否与真实世界的现象相吻合，是否能够解释真实世界，或者是否能够被真实世界的现象所证伪。萨伊定律、货币中性假说、理性预期假说和有效市场假说等，皆能推导出许多重要含义或命题，这些含义或命题至少部分符合现实，某些含义或命题能够很好地解释真实世界的现象。譬如从货币中性假说推导出来的货币数量论，确实能够很好地解释历史上多个重要的通货膨胀周期。

其三，简单和简洁的理论假说往往具有美妙的数学结构。数学结构之美则让人们情不自禁地相信这个理论假说确实是对真实世界规律的准确描述。与自然物理现象具有各种令人惊奇的对称性一样，人类经济金融现象亦具有各种美妙的对称性。经济理论假说之美妙的数学结构，则是源自经济现象自身的对称性。譬如萨伊定律、瓦尔拉斯定律、古诺定律、供求定律等，都是对经济现象对称性的直接描述。人类所有行为里最具备对称性特征的现象，或许就是经济金融。

其四，简单和简洁的理论假说，往往很快脱离实证科学的范畴，演变成为一种信念或规范原则，成为政策和法律的指南。此时人们不再追问该理论假说是否符合现实，而是觉得世界应该依此原则运转。

---

① 张五常经常强调，复杂的世界要用简单的理论来阐释。参见张五常《经济解释》卷一《科学说需求》。

② 人类思想史上，纯粹思维深刻把握实质的最经典例子是爱因斯坦的狭义相对论和广义相对论。

譬如从萨伊定律引申出来的“自由放任”政策原则，从货币中性假说和货币数量论引申出来的货币政策准则，从理性预期假说和有效市场假说引申出来的自由市场和市场原教旨主义理念，皆成为许多人深信不疑和信守不渝的原则和信条，早已脱离实证经济学的理论假说范畴。

有效市场假说正是这样一个重要的理论假说。原本只是一个描述股票价格波动现象的试探性假说，却逐渐演变成为自由市场和市场原教旨主义的理论基石。金融学者往往过度夸大有效市场假说的重要性和有效性。譬如著名金融学者、哈佛大学教授迈克尔·詹森就宣称：“任何科学领域里，都找不到一个比有效市场假说更加完备的理论假说！”①还有学者声称，有效市场假说告诉我们：资本市场能够将过去的一切和未来的一切都转化为此时此刻的资产价格。当任何个人参与资本市场交易之时，他们将所有对过去的回忆带入市场，并且根据他们对未来的所有最好的预期来采取行动。②

然而，有效市场假说之所以成为全球金融资本主义最重要的理论基石，主要还是因为它的几个重要推论。

推论一：股票价格是衡量公司经营好坏和公司价值的唯一或最好的指标。公司股价最好地体现和反映了公司的过去、现在和未来，以及公司的经营战略和策略。公司首席执行官和管理团队所采取的任何经营行动和战略改变，皆瞬时反映到公司股价变动之上。正确决策和行动表现为股价上涨，错误决策和行动则表现为股价下跌。依照有效市场假说，股票价格或股票市值终于为我们判断和衡量公司经营业绩

---

① Gerald F. Davis, *Managed by the Markets: How Finance Re-shaped America*, pp.32–48。

② Ibid.

提供了最简单、最直接、最可靠、最明白的指标，终于为解决困扰公司治理结构的信息不对称难题和委托人—代理人难题提供了最有效的办法。股票价格不再仅仅是一个随机波动的资产价格，而是衡量公司经营好坏、产业前景乃至整个国家经济的“神圣指标”！

推论二：根据有效市场假说，股票市场或资本市场是一个“信息有效市场”（informationally efficient），所有投资者皆是理性投资者或理性经济人，他们会竭尽全力获得最大的投资收益。金融学者甚至还创造出另外一个名词——“预测市场”（prediction market）——来描述所谓的信息有效市场，金融市场或资本市场只是众多信息有效市场或预测市场中的一个。信息有效市场或预测市场不限于资本市场或股票市场，举凡选举结果、电影票房、创业成功、体育比赛等，皆能够通过创造一个信息有效市场来准确预知其结果。有效市场假说的支持者认为，股票市场是众多预测市场里最有效的一个，它能够准确预知股票价格的未来。

推论三：有效市场假说认为，既然一个信息有效市场或预测市场所决定（或形成）的股票价格是衡量公司经营状况的最佳指标，那么尽可能扫除有效市场的障碍、促进有效市场的形成，尽可能完善激励机制或惩罚机制，鼓励所有投资者或利益相关者尽其所能地挖掘和披露信息，就是非常重要的政策目标。有效市场假说的这个重要推论深刻地影响了各国金融市场的监管理念。准确及时的信息披露是所有证券发行者的最基本要求，亦是各国资本市场监管者矢志不渝追求的核心目标。

推论四：金融市场的参与者越多，市场越开放，规模越大，流动性越好，交易越频繁，交易手段越丰富，就越有利于形成信息有效市场。因此，金融市场开放就是一个非常重要的政策目标。过去 40 年来，金融市场开放成为全球性潮流，成为经济全球化时代的主要标志，有效市场假说则是推动这个潮流的重要理论基础。

推论五：既然股票价格和公司市值是判断和衡量公司经营业绩的最佳指标，既然股票价格完美地解决了公司治理的委托人—代理人难题，那么股东唯一应该关心的就是公司的股价或市值。如果股东对公司股价不满意，则可以抛掉股票，用脚投票，从而迫使公司首席执行官和管理团队改变经营策略。根据有效市场假说，普通股东甚至不需要知道公司在哪里、具体业务和产品是什么，只需关注股票价格和用脚投票。

正是基于上述各项推论，经过 40 年的演变和发展，有效市场假说已经成为推动全球金融市场开放、放松金融市场管制、鼓励金融市场创新、提升金融市场效率、增加金融市场流动性、尽可能促进公司上市交易等各项金融政策的理论基石。有效市场假说事实上已经成为市场原教旨主义和"华盛顿共识"的理论支柱，成为全球金融资本主义经济体系的理论基石。

特征五：全球金融资本主义重塑了全球产业模式和产业分工体系

全球金融资本主义的第五个特征：全球金融资本主义通过市盈率原则、股东价值文化、企业市值准则重新塑造了全球产业模式和产业分工体系。

全球金融资本主义时代，全球产业分工体系和全球价值链最大的变化就是所谓"微笑曲线"的扭转。这个扭转起自 20 世纪 70 年代，恰好与全球金融资本主义时代的降临同步。微笑曲线最初由台湾著名企业家、宏碁集团创办人施振荣先生提出，用来描述国际产业分工体系的历史性巨变。这是中国企业家对产业分工学说和企业管理战略理论的重要贡献。

经典的国际贸易理论即李嘉图–俄林–赫克歇尔–萨缪尔森产业分工和贸易理论，是基于国家要素禀赋差异的最终产品分工和贸易理论，即各国要素禀赋差异形成不同的生产比较优势，各国依据比较优势生产不同的产品，然后进行贸易。经典贸易理论是一个封闭经济理论，即各国经济本质上都是一个大而全或小而全的经济体系，各国皆生产最终产品，世界贸易是最终产品之间的贸易。

然而，自第二次工业革命或产业资本主义时代起，基于最终产品的世界贸易结构就开始改变，全球性产业分工体系开始逐渐取代全球最终产品贸易体系，全球产业链和价值链逐渐开始取代各国大而全或小而全的产业分工体系和价值链体系。这个长期和剧烈的转变源自技术革命、经济革命和金融革命三大力量的推动。

技术革命极大地降低了全球运输成本和通信成本。运输技术革命造就了以集装箱远洋运输和大型客机为主要手段的全球运输体系，大幅度降低了零部件、中间件和原材料的运输成本，让基于生产要素分工的全球产业体系成为可能。电报、电话、无线通信、互联网等信息科技革命极大地降低了全球信息沟通和管理协调的成本，让全球性的产业分工协调成为可能。

经济革命则将世界几乎每个角落卷入全球化生产体系之中。自 20 世纪 70 年代开始，越来越多的国家实施经济革命（改革和开放）。1978 年中国改革开放的总设计师邓小平发动的经济革命，毫无疑问对世界经济具有最强大和最深远的影响力。市场化改革和开放性经济是各国经济革命的基本出发点或基本目标。据不完全统计，20 世纪 70 年代以来，各国的经济开放政策向全球市场释放了近 20 亿人的廉价劳动力，刺激了人类历史上规模最庞大的经济竞争浪潮。数十亿廉价劳动力加入全球竞争，对全球产业分工体系和跨国公司价值链布局的影响，可能远远超过运输技术和通信技术的革命，尽管我们无法准确量化这个影响。20 世纪 70 年代世界各国掀起的经济革命浪潮，开启了真正的全球化时代，是全球金融资本主义兴起的关键。

如果说 20 世纪 70 年代的经济革命主要由新兴市场国家（或曾经长期实施完全公有制和计划经济的国家）发动，那么，20 世纪 70 年代开始的金融革命则主要由以英美为首的发达国家开启，放松金融管制、鼓励金融开放和金融创新是金融革命的核心内容。一个真正全球性的金融市场体系开始形成，为跨国公司的全球化经营和全球产业链的日益细化提供了全方位的金融服务。

跨国公司是驱动产业全球化和全球产业分工体系的主要引擎。跨国公司是全球对外直接投资、全球技术转让和世界贸易的主要承担者。1980 年，全球对外直接投资只有 500 亿美元，2007 年（全球金融海啸之前）达到 1.9 万亿美元，2010 年降低到 1.4 万亿美元。2010 年，跨国公司全球生产增加值达到 16 万亿美元，占全球国内生产总值的 1/4。跨国公司外国子公司产值占全球国内生产总值的 10%，占世界出口的 1/3。

根据联合国有关跨国公司的最新报告，跨国公司控制着全球 1/3 的生产活动，2/3 的国际贸易，70% 的对外直接投资，70% 的专利和其他技术转让。20 世纪 80 年代以来，跨国公司不断掀起全球并购浪潮。20 世纪 90 年代则是私募基金的黄金时代，私募基金和跨国公司联手，开启全球行业大整合时代，开启全球银行和金融业大整合的时代，深刻地改变了全球产业格局。譬如，1995~2007 年，仅跨国银行并购的总金额就超过 500 亿美元，制造业的跨国并购金额至少是跨国银行并购金额的5倍。事实上，全球性并购浪潮始终没有结束。即使是2008年全球金融海啸之后，跨国并购仍然非常活跃。譬如2010年，全球跨境并购金额与2009年相比上升36%，尽管仍然低于2007年全球跨国并购高峰的1/3。进入新兴市场国家的跨国并购增长近一倍，成为全球并购最活跃的地区。全球金融危机之后，跨国公司和跨国经营继续扩张，速度超过全球经济平均增速，成为全球经济复苏的关键推动力量。

从全球金融资本主义角度考察，跨国公司对全球经济和金融最深远的影响是全球产业分工体系的日益深化和细化。

其一，一个基于要素比较优势的全球产业分工体系已经完成。全球分工体系不再基于产品成本的比较优势而构成（譬如基于初级产品—中间产品—最终产品各自的生产成本比较优势而形成分工体系），而是基于高度细化和深化的产业链分工和价值链分工。任何一个产品都由众多零部件或中间件构成，每一个零部件或中间件的生产都可以分布到世界不同国家或地区。每个零部件或中间件的设计和生产又构成独立的产业链和价值链，它们可以继续深化和细化分工，直到经济和技术上不再允许继续细化分工为止。

以著名的苹果公司iPhone手机为例。该手机使用的众多零部件或者中间件分别来自美国、日本、德国和韩国等国家，而每个国家所生产的零部件或中间件又可能是全球多个地区所生产的零部件的组合产品。这些零部件从世界各地运到中国，由中国公司组装成最终产品。组装过程也包含中国企业所进行的少量工程设计或配件。如果算上苹果手机最终使用时所包含的一切配件或增值服务软件，它的全部环节和生产地点恐怕连苹果公司的最高领导人也不一定说得清楚。每一个部件生产过程的分工细化和层层分包，已经达到令人难以置信的程度。

其二，大体而言，我们可以将全球产业链和价值链划分为五个主要环节：研发—设计—生产—销售—服务。①每个环节自身又可以继续深化和细化分工。施振荣先生创造性的微笑曲线理论正是基于产业链和价值链的五个环节划分。微笑曲线形状如下：

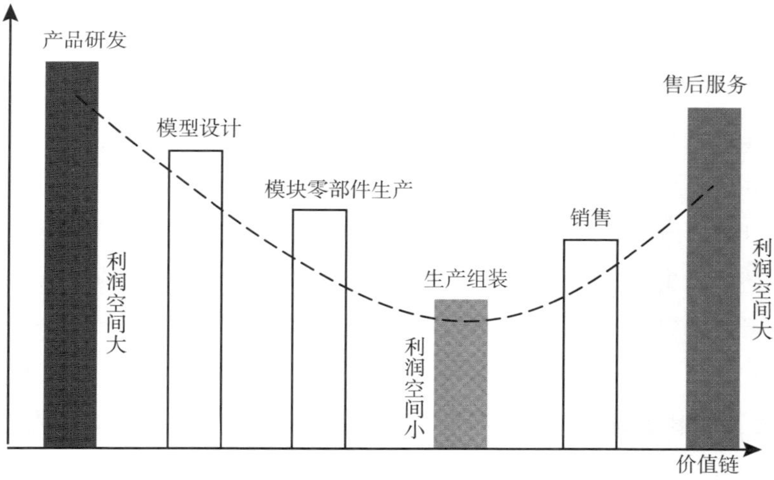

全球产业价值链的微笑曲线

资料来源：高梁《中国装备制造业的自主创新和产业升级》第二章

上述微笑曲线可以看作第三次工业革命或新工业革命或全球金融资本主义时代产业分工体系最简要、最精确的概括。产品研发和设计、销售及售后服务居于产业链和价值链的高端，获得整个产业链利润的绝大部分，生产组装过程则居于产业链和价值链的低端，只能获得很低的利润或加工费。

① 具体还可以分得更细：产品研发—模型和平面设计—零部件生产—产品组装—产品销售—售后服务。

仍以苹果iPhone手机为例。一部美国市场售价500美元的手机，制造成本为179美元，毛利为321美元。321美元的毛利，苹果公司（负责产品研发和设计）拿走一半（160美元），分销商和零售商（负责产品销售和售后服务）拿走一半（160美元）。179美元的制造成本里，172.5美元是源自日本、德国和韩国等的各种组件。负责组装苹果手机的中国企业只获得剩下的6.5美元。①iPhone手机以相当极端的方式，诠释了当代全球产业分工体系的微笑曲线。

第三次工业革命或新工业革命时期的微笑曲线，与第一次工业革命和第二次工业革命时期的微笑曲线相比，形状恰好颠倒过来。第一次和第二次工业革命时期的主流生产模式，是标准化、大规模、大而全、小而全的生产模式。“试图将生产、设计和研发的功能予以分离的设想会被视为愚蠢之至，或者近乎不可能。”②

其三，全球产业分工体系日益深化和细化的最显著标志是所谓“无工厂制造商”或所谓 “OEM”（原始设备制造商）模式的兴起。该模式又被称为“耐克模式”，因为它最早源于美国著名的体育用品公司——耐克。自从1964年创办以来，耐克公司几乎从不在自己的工厂进行生产，它自己的工厂最多只是生产样本或试验生产。相反，它始终把精力集中在产品开发设计和市场营销上。起初，耐克将制造外包给日本运动鞋制造商鬼冢虎公司，然后逐渐建立起覆盖世界各地的制造网络。耐克公司自身拥有的34 000名员工从事设计、营销和管理遍布全世界的耐克连锁店。制造业务则全部外包给分布全世界33个国家的700个工厂，近一半工厂设在中国、泰国、越南、印尼

① 彼得·马什，《新工业革命》（中译本），中信出版社，2013年4月，第274~275页。

② 同上，第260页。

和印度，全球为耐克制造产品的员工高达 80 万人！

OEM 模式迅速扩展，越来越多的跨国公司效仿。包括苹果、三星、思科、戴尔、丰田汽车、众多服装品牌、中国最近兴起的小米手机等，皆采用 OEM 模式。

OEM 模式的兴起，深刻重塑了全球产业分工体系和产业布局，很大程度上迫使新兴市场国家长期位居全球产业链和价值链低端，难以挑战发达国家在技术研发、产品设计、品牌创造和全球营销方面的优势地位。一方面，源自发达国家的跨国公司凭借对研发、设计、营销和品牌的垄断，获取高额利润，有能力投入巨资持续研发创新产品，开拓新的品牌，从而始终占据产业价值链高端。相反，新兴市场国家只能获取极少的甚至可怜的一点儿加工费，自然没有能力投入巨资展开研发设计和品牌创造。全球产业价值链客观上存在着垄断、寡占和被固化的趋势。

仍以苹果公司为例。前述苹果产品 321 美元的毛利，一半被苹果公司拿走。根据不准确的估计，苹果公司将每部手机纯利润的一半或 2/3 投入产品研发设计，苹果公司拥有数以万计的高级研发工程师，他们的工资水平是制造或组装工人工资的数倍乃至数十倍。换言之，全球产业分工体系 OEM 模式里，掌控研发设计专利技术者才是整个价值创造过程中的最大受益者，亦是专利和品牌的最大垄断者。

其四，以 OEM 模式为主导的新型全球产业分工体系，已经和正在深刻改变全球贸易格局、贸易收支和国际收支的真正含义。事实上，美国政府的经济分析人员正在重新设计美国制造数据、贸易收支和国际收支的统计方法。

仍以苹果产品为例。2009 年，中国组装苹果手机 1 120 万部，以出厂价 179 美元出口到美国。中国对美国出口的 iPhone 手机的贸易额达到 20 亿美元，或者看似创造了 20 亿美元的贸易顺差。然而，如果将iPhone的价值链分拆，我们就会发现，中国与美国之间的iPhone贸易其实是逆差。原因很简单：20 亿美元的销售额里，包含美国博通和恒忆公司运到中国的 1.215 亿美元的部件，以及来自德国、日本、韩国等地高达 19.32 亿美元的各种组件，将这些全部扣除，实际上中国与美国的iPhone贸易是逆差 5 350 万美元，并非 20 亿美元的顺差。

其五，全球金融资本主义时代，风险投资和私募股权投资日益成为创造新产业和重塑传统产业的急先锋和中坚力量。风险投资和私募股权投资的兴起或许是第三次工业革命和全球金融资本主义时代最重要的金融创新。尽管风险投资和私募股权投资的资产规模至今也不能与传统商业银行和投资银行的资产规模相提并论，然而，它们推动全球产业创新的巨大威力，却绝非传统商业银行能望其项背。

以全球最著名的风险资本——红杉资本（Sequoia Capital）为例。1972 年创始于硅谷的红杉资本，堪称全球风险投资和产业资本的典型和传奇。40 多年来，红杉资本投资的公司超过 500 家，近 200 家成功上市，惊人的投资业绩让同行艳羡。远为重要的是，红杉资本曾经投资和帮助成长壮大的众多公司，正是第三次工业革命的急先锋和生力军，包括苹果、谷歌、思科、甲骨文、雅虎、领英（LinkedIn）等数之不尽。红杉中国投资的企业包括新浪网、阿里巴巴、京东商城、唯品会、聚美优品、奇虎 360 等，皆是中国创新行业的佼佼者。

很大程度上，正是以红杉资本为代表的风险投资创造了全新产业，开启了新工业革命，重塑了全球产业分工体系。人们会争论：究竟是风险投资或天使投资成就了创新企业，还是创新企业成就了风险投资？二者其实是相互促进和相得益彰。

除上述五大特征外，全球金融资本主义还有如下特征：

- 全球金融资本主义通过市盈率、股东价值最大化或企业市值最大化原则，重新塑造了整个商业价值观和社会价值观，甚至重新塑造了整个社会意识形态和生活方式。
- 金融资本主义时代，金融市场成为左右或支配政府和中央银行宏观经济政策的关键力量。一切金融企业似乎都获得了某种“特权地位”。“大而不能倒”和“小而不能倒”的文化意识根源就是金融市场的特殊性和极端重要性。
- 金融资本主义创造出一个所谓的“轻资产”经济体系或经济模式，传统的“重资产”经济模式早已成为夕阳产业，不再受金融市场的重视，甚至完全遭到唾弃。如果一家企业没有资产（或者说没有传统意义上的资产），却能够创造出巨大的市值或股东价值，它就是金融资本主义时代的最佳企业。
- 全球金融资本主义是典型和极端的裙带资本主义，它以华尔街金融寡头为核心，形成一个囊括风险投资、私募投资基金、主权财富基金、对冲基金、各种数之不尽的股票投资基金、退休基金、共同基金等各类机构投资者的全球性金融网络，它们管理着全球数百万美元的金融资产，是当今全球金融资本主义基金体系真正的主宰者。
- 全球金融资本主义还有一个以英文财经媒体为主导的全球化信息网络。以《华尔街日报》《金融时报》、彭博资讯、汤森路透等英文主流财经媒体为核心，构成全球金融资本主义庞大的宣传机器和造市工具，成为全球金融投资者或全球所有股东共同的信息源。

- **全球金融资本主义时代，人类的财富观念发生了革命性变化。**
- **全球金融资本主义时代，国家的本质和功能开始发生巨变。**

英国社会学家安东尼·吉登斯（Anthony Giddens）说："当今世界经济确属史无前例。我们可以称之为全球电子化经济体系。基金经理、银行、公司乃至无数个人投资者，只需要点一下鼠标，顷刻之间就能够将天量资金从地球一边转移到另一边。当他们如此快速转移资金时，看似坚如磐石的各国经济往往遭受重创，陷入动荡，正如我们在亚洲金融危机期间所看到的那样。"①

一切为了资本，一切依靠资本，一切来自资本；一切为了股东，一切依靠股东，一切来自股东；一切为了市值，一切依靠市值，一切来自市值。这就是全球金融资本主义时代最响亮的时代宣言和最可靠的行为准则。

公司社会、股东社会、市值社会、资本社会、资产组合社会、虚拟资本社会……这就是全球金融资本主义的各种别名。

---

① Gerald F. Davis, *Managed by the Markets: How Finance Re-shaped America*, Oxford University Press, 2009, p.37.

第四章　全球金融资本主义的经济生态链

下面我们从经济生态链的角度，继续考察全球金融资本主义如何支配和主导全球经济。

所谓“支配和主导”具有三方面的重要含义：一是对产业分工体系和产业发展方向的支配和主导；二是对价格体系和资源配置体系的支配和主导；三是对收入和财富分配体系的支配和主导。从经济生态链[①]的角度考察，占据支配和主导地位的经济形态和资本形态，居于全部产业生态链和产业价值链的最高端。

对于人类经济体系的第三次突变，我们需要特别强调它的特征形态是全球金融资本主义。[②]资本主义经济体系只有发展和演变到金融资本主义形态，才彻底成为一个真正全球意义上的经济体系。商业资本主义和产业资本主义同样具有相当程度的全球化性质。商业资本主义正是源自地理大发现开启的全球性商业和殖民活动，尤其是美洲白

① 对经济生态链的详尽分析，参见下文。

② 关于全球经济体系的三次形态突变，参见本卷第二章开篇的论述。

银大发现所刺激的全球性市场和全球货币大循环。产业资本主义的崛起则开启了人类第一次真正的全球化进程[①]，产业资本主义开始构造出一个真正的全球性产业分工体系，产业资本或工业资本开始从全球角度来整合和配置资源，跨国公司开始成为主导全球经济格局的关键力量，一个真正全球性的货币和金融体系开始形成，并逐渐与产业资本或工业资本融合，形成全球性垄断资本。

然而，只有人类经济体系演变到金融资本主义，人类经济体系的全球化才彻底完成，原因是金融和货币体系的全球化最为彻底，笼罩了全球经济体系的每一个产业、每一个环节和每一个角落。人类货币金融体系经过漫长时期的演变和发展，到20世纪后半叶，一个真正全球性的货币和金融体系完全形成，这是人类经济历史上具有划时代意义的崭新现象。[②]

全球金融资本主义：一个崭新的经济生态系统

一个真正全球性的货币和金融市场对人类经济各个方面究竟具有怎样的意义和影响，我们至今还知之甚少。毫无疑问，唯有从全球货币金融体系的角度，才能真正理解金融危机爆发和传导的机制，理解各国贸易和国际收支的结构及其宏观政策含义，从而真正理解国际资金流动对各国经济的深刻影响，理解汇率动荡的本质；唯有从全球货

① 学界公认19世纪下半叶到20世纪初期（1860~1914年）为人类历史上第一次真正的全球化进程，恰逢人类第二次工业革命巅峰时期。

② 第一次全球化时代，人类经济体系的核心支柱之一是国际金本位制。金本位制是一个全球性的货币体系。然而，那个时代的国际资金流动非常有限，金融产品创新和交易量还处于相当原始的状态，与20世纪后期以来的金融创新和全球性金融市场完全不可比拟。

币体系和金融体系的角度，才能理解当今世界各国的财政货币政策所面临的外部约束[①]，我们才能制定正确的国际经济和产业战略，制定恰当的经济和金融安全战略。

产业资本主义时代催生的技术创新、全球性产业分工体系和贸易体系为全球金融资本主义体系的崛起提供了基础条件，全球金融资本主义的崛起反过来极大地推动了技术、产业和贸易的全球化，并开始迅速支配和主导全球产业分工、贸易、价格、资源配置和财富分配体系。

全球金融资本主义体系是一个崭新的经济生态系统。这个全新的经济生态系统已经和正在重塑全球产业价值链、价格和资源配置体系、财富和收入分配体系，重塑每个国家的宏观经济战略、货币金融和汇率政策、产业发展策略。今天，世界上没有哪个国家能够忽视国际货币金融体系哪怕是微弱的变化，没有哪个国家能够忽视国际资金流动和汇率动荡，各国货币政策皆深受国际货币金融体系的制约，甚至是决定性的影响。

与此同时，全球金融资本主义的新经济生态体系正在颠覆传统的经济理论和政策思维。我们所熟悉的货币数量理论、凯恩斯IS-LM模型、购买力平价和利率平价理论，以至整个经济学，都是基于以各个国家为主体的封闭经济体系。经济学家的基本思维范式是各个封闭国家之间的贸易、货币和金融平衡（均衡），西方经济学的所有宏观模型皆源自这个基本的封闭经济假设。然而，全球金融资本主义体系

① 美联储百年诞辰之际（2013 年），美国国民经济研究局主席马丁 · 费尔德斯坦对美联储前主席沃尔克做了一番精彩访谈。谈及布雷顿森林体系的崩溃、美国的国际收支赤字以及美国的货币政策时，沃尔克反复强调必须从国际货币体系角度去分析和理解，可惜他没有深入阐述。

将所有国家的经济彻底改造成为开放经济体系，没有哪个国家能够封闭起来，只有全球金融资本主义经济体系本身才是一个封闭的经济体系。基本封闭经济假设的所有经济模型皆失去解释能力。

全球金融资本主义时代，货币数量论无法解释全球或个别国家的通胀或通缩，购买力平价理论无法解释汇率的波动，利率平价理论无法解释各国利率和汇率变动的关系，汇率波动和生产力增速差异亦无法解释各国的贸易和国际收支变动，IS-LM模型无法作为国家宏观经济政策的基础和指南，风险分散模型无法阐释国际资金的流动方向，边际生产力学说无法解释全球和各国的收入和财富分配失衡。

最麻烦的是，数百年来的西方经济学理论，始终回避或忽视物理学和生物学所揭示的宇宙自然和生命演化的规律和真理，将人类经济体系与宇宙自然和生命演化过程完全隔绝开来，经济学变成基于抽象人性假设的象牙塔学问，甚至成为一种纯粹的数学游戏。很多时候，当我们试图运用所谓主流经济学来解释金融危机、经济衰退、贫富分化、汇率波动、资金流动和其他众多全球性经济现象时，我们发现变量之间的逻辑关系似乎完全颠倒过来了。我们确实需要全新的经济理论来解释全球金融资本主义的运行机制。

地球自然生态系统的演化和突变历史表明，新的自然生态体系突变和崛起并占据支配和主导地位①，占据自然生态链的高端②，将

① 作为最高级智慧生物——灵长类动物——人类的崛起，应该是地球生态体系和生命体系最具革命性的突变。从此之后，人类的生产方式和生活方式开始决定性地改变整个地球的生态系统。许多旧的生态系统开始消亡。随着人类不断“侵占”和开拓自身的生存版图，许多动植物被彻底消灭。

② 处于生态链或生物链不同环节的生物，吸取或消耗能量的方式与效率非常不同。自有人类以来，人类始终处于整个生态链的最高端。处于生态链最高端的具体含义是：人类的生存消耗着最多的能源或价值。

持续不断地侵略、毁灭、蚕食和改造旧的生态体系。譬如人类崛起之后，逐渐形成以人类为中心的地球生态体系和生态链，从根本上改变了地球生态系统。与此同时，人类生态体系和生态链亦必然深受其他生态体系和生态链的影响和制约。

同样，新经济生态体系[①]的出现，必然重塑整个人类经济体系的价值链和生态链。蒸汽机的发明和煤炭的广泛使用，石油的发现和重化工的兴起，电力的发明和人类生活全方位的电力化，内燃机和汽车的发明，公路网的兴建，电报电话和无线通信的发明，电脑互联网的崛起和人类生活全方位的数字化，皆是新经济生态体系崛起并全面重塑经济生态链和价值链的经典故事。

然而，新生态体系的突变和崛起，并不意味着旧的生态体系消失殆尽。旧的生态体系可以继续存在，与新的生态体系共存共生，只是新生态体系将居于整个自然生态体系的支配地位。

商业资本主义的兴起，并没有完全消灭传统的经济形态和市场交换模式，传统经济形态和市场交换模式长期存在，只是商业资本主义经济形态开始主导资源配置、收入分配和价格体系，商业资本家开始主导各国经济政策；工业资本主义崛起，亦没有消灭商业资本主义，只是工业资本开始主导资源配置、收入分配和价格体系，工业资本家开始左右和支配国家的经济政策；金融资本主义兴起之后，工业资本主义继续存在，然而金融资本开始主导商业资本和产业资本，金融资本家开始成为资源配置、国家经济政策、收入分配和价格体系的主导

① 经济生态体系是一个非线性、复杂、动态的演化体系，最好的对照就是地球生态体系。研究人类经济体系或地球经济体系的变化，应该采取与研究地球生态体系类似的方法，而不是采取经济学者惯常使用的机械体系方法。经济学者总希望用几个简单的、静态的方程和方程组来描述整个经济体系，由此得到许多错误的假说和理论。

者和决定者；全球金融资本主义兴起之后，全球金融资本和货币体系开始主导全球产业分工体系、资源配置和价格体系、收入和财富分配体系以及各国的宏观经济政策。全球金融资本与产业资本相融合，形成各个行业的垄断资本，形成财雄势大、富可敌国的跨国公司或全球垄断企业，纵横世界。

本书开篇引用了马克思和恩格斯《共产党宣言》对全球资本主义必然兴起的著名预言。某种程度上，商业资本主义和工业资本主义都是全球性的资本主义体系。然而，只有当资本主义演变到金融资本主义阶段，资本主义经济体系才真正成为一个全球性体系。商业资本主义的全球化程度相当有限，产业资本主义的全球化程度大幅提升。金融资本主义兴起之后，不仅彻底改变了金融资本本身，而且彻底改变了产业资本和商业资本。商业资本和产业资本随着金融资本的全球化而彻底全球化。

深入认识全球金融资本主义的兴起及其内在机制，我们需要深入理解经济生态体系的三个层级结构：产业分工的层级结构，市场功能的层级结构，价格体系的层级结构。不同经济生态体系的本质区别，就在于三个层级结构的构成不同。具体言之，不同经济生态体系的区别，主要看哪些产业居于经济生态链的高端和支配地位，哪些市场居于市场体系的高端和支配地位，哪些价格居于价格体系的高端和支配地位。

我们首先分析产业分工层级结构或产业价值链层级结构的本质。产业分工体系就是产业价值链结构或价值链体系。价值是经济学的基础概念，亦是经济体系赖以运转的枢纽，是人类经济生活的本质。价值容易定义却很难度量。理论上，凡是能够满足人类一切精神物质需求者，皆是价值。如此定义的价值，无法以数值度量。经济学者发明的国民收入核算体系或国内生产总值度量体系，仅仅能够衡量价值的一小部分，即人类劳动本身所创造的那部分物质财富或价值，自然所赋予我们的宝贵价值，譬如美轮美奂的自然、潺潺清澈的流水，清新甜美的空气等，皆无法准确量度。自有历史以来，人类所创造和积累的宝贵精神财富，譬如伟大的中华文明、古希腊文明、古印度文明、古埃及文明，世界各大宗教所传承的精神价值，一切文学、音乐、建筑和绘画等，没有人能够准确量度其价值。然而，如果没有这些宝贵的自然和人文精神价值做最后的基础，人类一天也无法生存下去。现代国内生产总值崇拜症的根本谬误就在于过度重视人类所创造的那点儿物质财富，忽视乃至无意和蓄意破坏人类赖以生存的自然天赋价值和人文精神价值。

其实，价值链的理念不必局限于物质生产（企业或产业）领域。自然天赋价值和人文精神价值同样具有价值链。从宏观经济生态体系角度，我们可以将人类一切活动概括为价值的创造、交换、分配、传播和消费（享受）。人类经济生态体系是物质流、能源流、信息流和价值流四者合一的动态体系。所谓价值链，就是经济生态体系中价值流的流动方向，亦即价值创造、交换、分配、传播和消费的方向和结构。一切经济活动的本质，都是能源的转换、交换和耗散（废弃），经济价值流的方向和结构必然与能源流的方向和结构相一致。因此，任何经济生态体系里，占据主导和支配地位的能源形态、与该能源形态相关的一切技术和资本，必然居于经济生态体系价值链的高端。人类经济从传统经济演化和突变为商业资本主义、产业资本主义和金融资本主义生态体系，背后的核心动力源泉则是能源形态以及与之相关的技术、产业和金融的演化和突变。

任何自然生态体系都具有核心动力源，并以此为中心形成独特的生态链或生物链，人类经济体系亦具有独特的核心动力源，并以此为中心，形成独特的产业分工生态链和价值链。价值链是一个能源转换和交换体系，一个能源耗散体系，一个热力学体系，一个技术体系，一个管理体系，一个价格和资源配置体系。地球生态体系里，处于生物链或生态链最高端的生物或生命形态之生存和发展，对价值链中其他生物或生命形态具有决定性影响一样。经济生态体系里，处于产业或企业价值链最高端的产业、企业、资本或个人，就决定了整个产业链的资源配置、价格体系、管理模式、财富和收入分配格局，对于整个经济生态体系的生存发展具有决定性作用。

能源和宏观经济生态体系的演变：从传统经济形态到金融资本主义

能源形态以及相关的技术、资本和产业，自始至终处于整个经济生态体系的最高端。每一次能源形态和能源转换方式的变革，都必然触发整个经济生态链和产业价值链的革命性变革。经济史学家的研究表明，西欧商业资本主义崛起的核心原因，正是传统能源形态（木材）无法满足人口逐渐增长所带来的巨大需求，迫使人们向外扩张寻找新的生存空间。数千年（或许数万年）以来，人类赖以生存的主要或唯一能源就是木材。人口快速增长，木材的生长却无法满足人口增长必然导致的日益增长的能源需求，人们不得不寻找替代能源。煤炭逐渐取代木材，成为主要能源。新能源煤炭的开采、运输和有效运用，刺激了蒸汽动力和火车的发明，带动了第一次工业革命。第一次工业革命的本质特征，正是创造出以煤炭为核心能源的经济生态体系，逐渐取代了以木材为核心能源的传统经济生态体系。时至今日，第一次工业革命近300年之后，以煤炭为核心的能源结构和技术体系，仍然主导着许多国家的经济生态体系、产业结构和价值链。任何经济体系的产业结构调整，必然首先取决于能源结构的调整。

煤炭、石油、电力和清洁能源的不断兴起和相互替代，蒸汽机、内燃机、电动机以及围绕能源革命所不断发明和演化的庞大技术和工程体系，完全重新塑造了整个人类的经济体系、生活方式和人类文明。围绕能源和动力系统持续演化出来的庞大技术和工程体系，是历次产业革命的枢纽，亦是刺激和推动全球产业资本主义和全球金融资本主义兴起的关键技术力量。

荷兰阿姆斯特丹是西欧商业资本主义的货币金融中心。16~17世纪的阿姆斯特丹不是产业资本中心，而是全球贸易资本中心。商业资本主义时代的代表性机构（17世纪初期先后创办的荷兰东印度公司、荷兰西印度公司和英国东印度公司），从来没有从事过任何生产创造。它们的收入和利润完全来自基于殖民掠夺的远洋贸易。以煤炭为核心能源的工业革命兴起之后，伦敦迅速取代阿姆斯特丹成为西欧乃至全球的货币金融中心，产业资本逐渐取代商业或贸易资本，成为伦敦金融市场的主导资本形态。产业资本家逐渐成为货币金融资本或货币金融机构（商业银行、投资银行和股票交易所）的幕后力量或直接股东。与此同时，产业资本主义兴起之后，金融业和经济其他部门之间的分工日益精细，每个行业内部的分工体系日益精细，金融机构快速多元化，金融产品创新日新月异，金融交易手段不断丰富。这些多元化的金融机构、产品和交易创新，为全球金融资本主义的崛起奠定了基础。

煤炭取代传统能源拉开了现代工业革命和产业资本主义的序幕，精彩纷呈的伟大剧幕即将上演。石油的发现和重化工的诞生，电力的发明和人类经济生态体系全面彻底的电气化，才是工业革命和工业资本主义的真正主角。煤炭、石油和电力共同构成了现代文明的能源基础，重塑了整个经济生态体系的能源流、物质流、信息流和价值流，重塑了所有产业的价值链，开创了前所未有的无限产业前景，创造了令人叹为观止的庞大技术体系和工程体系。毫不夸张地说，人类现代文明就是石油文明和电力文明（煤炭被大规模转化为电力）。从此之后，工业化和现代化的核心含义就是电气化和石油化。

没有电力，人类几乎一切产业和经济活动都将完全停止，汽车无法启动，飞机无法起飞，工厂无法开工，商场、酒店和餐厅无法营业，电梯、空调、暖气、电脑、互联网等所有一切陷入停顿，连最普通的家庭也无法生活下去。电力对人类文明的改造是如此完全和彻底，以至于没有人会愿意想象一下，假如国家或全球的电力系统全部瘫痪，我们将有怎样的替代生活方式。只有当某些国家或地区出现暂时性和局部性的断电，给那个地区人的生活造成重大乃至灾难性影响时，我们才会感觉到电力对人类生活的极端重要性。

电力重塑了所有产业，创造了无数新产业，它本身自然成为每个国家最重要的战略和命脉产业。电力是许多国家的国有垄断企业，是最具政治和经济影响力的企业。即使是允许私人资本自由进入电力行业的国家，电价往往都是被高度管制。理由似乎非常充分，电力是典型的自然垄断行业，最重要的是，电力价格的任何变化，必然影响和传导到经济体系的每个产品和每项服务。没有人怀疑电力行业始终居于整个经济生态体系价值链的最高端。

20世纪被称为“炭化氢世纪”，人类被称为“炭化氢人”。自从石油被发现以来，没有哪个能源行业曾经如此深远地改变了世界政治、军事、外交、经济、货币和金融，这种改变还将持续下去。1853

年人类首次正式发现石油。37年之后（1890年），洛克菲勒的标准石油公司就成为全美国乃至全世界资产最大、利润最丰厚、最具影响力的跨国公司，洛克菲勒成为全球最富有的人。丹尼尔·耶金写道："洛克菲勒是石油工业独一无二的最重要人物。我们甚至可以说他是美国工业发展史和现代公司发展史上独一无二的最重要人物。"[①]洛克菲勒开创的石油工业深刻地影响了美国和全球的金融行业和货币体系。标准石油公司曾经是纽约三大银行的主要"金主"和客户。"石油是世界上规模最庞大和渗透最广泛的产业，是19世纪最后数十年兴起的最伟大的产业。到19世纪末，标准石油公司已经完全主导了美国石油工业。进入20世纪之后，石油工业迅速扩张，从瞎冲乱撞到处碰运气的野猫式探油者、油嘴滑舌的石油产品推销商、不可一世的企业家到官僚机构式的巨型石油公司和国有石油企业，无所不包。石油工业是20世纪企业演化历史、公司战略和国际经济体系的化身和标志。"[②]

石油迅速催生出许多改变人类经济版图的新型行业，包括铁路、重化工、汽车、飞机和庞大的军事工业，正是这些行业让美国崛起成为全球第一制造大国和第一大经济体，让华尔街金融市场成为全球最强大的金融市场。纽约取代伦敦的核心原因，就是铁路、重化工、汽车等新兴行业刺激出庞大的资金需求，以摩根为代表的金融家将欧洲资金源源不断引入美国市场，推动纽约迅速取代了伦敦的国际金融中心地位，推动美元迅速取代英镑成为全球储备货币。没有石油的发明，就不会刺激出对铁路运输的巨大需求，不会刺激出杜邦化学等一

① Daniel Yergin, *The Prize: The Epic Quest for Oil, Money and Power*, Free Press, 1991, p.35.

② Ibid., p.13.

系列巨型重化工企业，不会有庞大的现代汽车业和飞机产业，也就不会有现代国际资本市场的飞速发展。这些行业天生就是庞大的规模经济，需要庞大的外部资金支持。现代企业制度和股票制度应运而生。铁路、企业、重化工和钢铁行业诞生之前，纽约股票交易所其实没有“股票”，交易的产品都是政府债券和外汇。

石油的发现不仅改变了许多国家的经济生态体系，而且彻底改变了全球经济生态体系，改变了全球产业价值链和产业分工格局。石油公司是最早实现完全彻底跨国经营的企业。洛克菲勒的标准石油公司被分拆之后所派生的多家石油公司，始终高居世界500强企业前列，埃克森石油公司一直是全世界市值最高的企业。石油定价权和石油美元是美元货币霸权的核心支柱。全球金融资本主义的重要特征之一，就是以石油为主要代表的大宗商品被彻底金融化和美元化。这正是以石油美元为支柱的美元霸权体系演变的必然结果。

全球金融资本主义的崛起，与石油有着最重要的关系。美国是最早发现石油和大规模使用石油改造整个经济体系的国家，它很快成为高度依赖石油的经济体，从军事经济到民用经济都无例外。正是美国对石油的过度依赖，驱使美国政府、石油巨头和金融大亨联合起来，向全世界疯狂扩张以寻找稳定的石油进口来源，从而让美国石油巨头和金融企业成为最具国际化经营能力的跨国公司，让美元自然而然成为石油产品的定价和交易货币。正是“二战”之后美国对石油的过度依赖和过度浪费（美国曾经长期消耗超过世界1/3的能源和近一半的石油），才导致美国长期出现贸易逆差和国际收支逆差，最终引发美欧之间的国际收支失衡和货币冲突，导致布雷顿森林体系崩溃，从而诱发全球金融资本主义的迅猛扩张。正是以美国为首的西方各国政府、金融机构和石油巨头长期以极低价格肆意掠夺发展中穷国的石油资源，才最终导致20世纪70年代的多次石油危机，彻底摧毁了任何重建国际货币体系的希望和努力。正是以摩根财团和花旗银行为代表的美国银行，将中东滚滚流出的“石油黄金”转化为“石油美元”，源源不断地高息借给发展中国家，导致了20世纪80年代大规模的债务危机，并大大加深了所有新兴市场国家对发达国家货币金融和资本市场的依赖。正是1982年纽约商品交易所首开石油期货交易，最终将全球石油定价权从生产国或石油输出国组织（OPEC）手中决定性地转移到金融投机家手上。因此，金融市场的一举一动对各国物价水平、经济增长、货币政策和财政政策都具有日益举足轻重的影响。石油美元还是美国国债市场和全球债券市场的核心推手，是金融衍生产品快速发展的重要力量，是带动全球资本流动的领头羊，是各国汇率动荡的重要驱动力。

石油不仅重塑了全球产业格局、货币金融格局、地缘政治格局，而且重塑了整个人类文明。面向未来，产业格局的调整、货币金融格局的变迁、地缘政治势力的再划分和再平衡，仍然取决于全球能源结构的调整和变迁。最近兴起的页岩气革命，方兴未艾的清洁能源，包括分布式发电、生物能源、太阳能、地热能、热核聚变等，最终必将改变全球产业分工格局、全球金融货币格局、全球资本主义生态体系和地缘政治格局。新能源已经成为各国竞相争夺的新战略制高点。

页岩气革命和新能源崛起，已经开始改变全球产业分工体系。能源价格的大幅度下降，开始抵消美国的高劳动成本，部分制造业开始回流美国，美国竞争力上升。制造业开始回流美国，对全球产业分工体系影响巨大，虽然我们今天还不能详细评估影响究竟如何。美国决心到2020年基本实现能源自给自足，不再从国外进口一分钱能源，而且还将大量出口能源。如果美国能源自给自足并且大量出口，必然对美国的国际收支产生深远影响，进而深刻改变国际货币金融体系。

美国联邦能源信息署预计，到 2019 年，借助页岩油的快速增长，美国石油产量将重新回到 1970 年的生产水平（1970 年美国石油产量每天 960 万桶，随后一直下降到 2008 年每天 500 万桶）。国际能源署更加乐观，认为到 2020 年，美国将取代沙特阿拉伯，成为全球第一大石油生产国（目前沙特每天的石油产量是 1 160 万桶）。事实上到 2013 年，美国已经取代俄罗斯，成为全球最大能源生产国（以石油和天然气总产量计）。2013 年，页岩油产业给美国国内生产总值增长贡献了 0.3 个百分点，到 2020 年，每年至少贡献 0.1~0.2 个百分点，总共创造超过 170 万个新工作岗位。①

页岩气革命和新能源革命改变的不仅仅是经济版图，影响的不仅仅是就业和国内生产总值增速，而且会深刻改变地缘政治格局和国际货币金融体系。譬如，由于美国页岩油的快速增长，美国原油进出口赤字占国内生产总值的比例已经下降到 1.7%，而欧洲却增长到 4%。原油进出口赤字曾经是美国贸易收支和国际收支赤字的主要构成部分。假如美国因为大量出口石油和天然气（美国自 1975 年以来禁止出口原油）而出现大规模贸易收支和国际收支顺差，那将是国际货币体系的革命性变化。

从宏观经济生态体系价值链到微观产业和企业的价值链：从产业资本主义的企业治理结构到金融资本主义的企业治理结构

经济生态体系特有的层级结构价值链或生态链，必然表现为生

① *The Economist*, February 15–21, 2014, pp.33–34.

产组织尤其是企业组织特有的纵向价值链和横向价值链。现代企业理论曾经深入研究的纵向整合和横向整合，就是产业或企业内部价值链的整合，是产业内部（劳动）分工的深化和细化。技术进步和技术创新会彻底改变产业的价值链，从而改变企业组织或一般性生产组织的层级结构，改变纵向整合和横向整合的方向，钱德勒对美国企业历史的著名研究《看得见的手》，正是基于技术创新改变企业内部价值链和外部价值链。无论是内部价值链还是外部价值链，都必然形成特有的层级结构，从价值链的最高端一直延伸到价值链的最低端。能源结构对人类经济生态体系或全球经济生态体系的主导，必然衍生或演变为具体产业或企业的价值链或生态链结构。产业链低端的生产者高度依赖产业链高端的发明者和生产者。譬如，自从石油和重化工兴起之后，全球农业逐渐形成对化肥和农药的高度依赖，亦即对石油和天然气的高度依赖。石油和天然气价格的变动必然影响化肥和农药的成本与价格，从而影响农产品的价格和农民的收入；汽车工业和飞机航空业同样高度依赖石油，石油价格的变动不仅深刻影响了汽车和飞机制造业的产业结构和产品设计制造的技术体系，而且深刻改变了人们对汽车和民用航空的消费偏好。面向未来，如果新能源的崛起能够改变制造业对石油的依赖，必然重塑整个汽车业和航空业。如今，人们已经对新能源汽车充满期待。

处于价值链高端的企业和企业家拥有主导产业发展方向的话语权和决定权，拥有整个产业链各个产品和服务的定价权、资源配置权和收入分配权。处于产业链高端的资本获得超额利润，处于产业链高端的劳动者亦享受相对高收入或高工资。价值链高端的企业主导整个产业链的价格结构和分配体系。价值链顶端的企业往往拥有垄断或者至少寡占的特殊地位，顺着价值链越往下走，竞争必然越激烈，价值链的最低端则非常接近经济学者所研究的“完美竞争”。价值链高端的企业，通过合约分包刺激竞争，能够最大限度地压低价值链中低端企业的产品和服务的价格，从而获取超额利润。

整体（宏观）经济生态体系的层级价值链或产业链，必然体现、延伸和扩展为企业和产业内部的价值链或产业链，进而扩展为市场的层级结构、价格的层级结构和资本的层级结构。从商业资本主义到工业资本主义再到全球金融资本主义的演化和突变，正是整体经济生态体系的宏观价值链层级结构、产业层级结构、市场层级结构、价格层级结构和资本层级结构的演化和突变。宏观价值链或生态链、产业、市场价格和资本层级结构的演化和突变，就是全球的产业分工体系、资源配置体系、价格体系、财富和收入分配体系的演化和突变。

技术进步和技术创新不仅必然改变企业和产业内部的价值链、分工体系和层级结构，而且必然改变整个经济体系的价值链、分工体系和层级结构，从而改变地区和国家的比较优势，创造出崭新的地区、国家和全球产业分工体系和产业布局。地区、国家和全球的产业分工体系亦是一个动态演化的生态经济体系，必然有某些地区和国家处于全球产业链或价值链的高端，另一些地区和国家则处于全球产业链或价值链的中低端。过去200多年来，凡是开启和领导新工业革命的地区和国家，必然居于全球产业链或价值链的高端，不仅获取高额利润，而且产业价值链的独特优势必然转化为贸易、货币和金融优势。从商业资本主义到工业资本主义和金融资本主义，技术创新始终是决定性因素。技术创新必然转化为产业优势、贸易优势、货币和金融优势。

企业理念和治理结构的革命：从利润最大化到管理者目标最大化再到股东价值最大化（市值最大化）

没有能源革命，就没有工业革命；没有工业革命，就没有现代资本和金融革命；没有资本和金融革命，就没有现代产业资本主义；没有现代产业资本主义，就没有后来的金融资本主义和全球金融资本主义。

以石油和电力为代表的现代能源结构决定了产业资本主义的基本制度结构。能源革命开启产业和经济生态价值链革命，同时就开启了企业内部治理结构的革命。企业内部治理结构的革命包括四个层面：资本市场的金融革命、企业所有权和经营权的分离、职业经理人阶层的兴起、企业内部组织结构的层级化和官僚化。

现代管理资本主义的兴起，正是铁路、石油、钢铁、电力、汽车、飞机、重化工、大型连锁超市、现代食品加工企业兴起之后的必然结果。所有这些新兴产业都具有一个共同特征：企业规模越来越大，越来越垄断或寡占，内部控制越来越集权化、官僚化和层级化；与此同时，股东数量却越来越多，越来越分散，单个股东所持有的股份比例越来越小，单个股东的权力越来越小。越来越多的大型公司董事长和首席执行官都不是企业的股东，更不是控股股东。职业经理人日益成为主导现代经济社会最具权威和影响力的一群人。与家族和业主资本主义时代相比，这自然是具有划时代意义的重大变革。不具有股东身份的职业经理人如何能够确保股东的利益，如何具有动机和动力将企业经营好和管理好，股东、职业经理人、员工和消费者的利益如何协调，遂成为现代经济社会最复杂亦是最重要的课题之一。

企业治理结构只是整个经济生态体系的一个环节或组成部分，它必然取决于经济生态体系的价值链或产业链结构，正如个别生物有机体的内部组织必然取决于自然生态体系的价值链或生态链。生物有机体的内部组织是自然生态体系演化的结果，企业内部治理结构亦是经济生态体系演变的结果，核心则是能源结构所决定的技术体系和工程体系。

产业资本主义时代或大工业时代的企业治理结构必然是高度集中的控制模式，是一种高度官僚化的层级模式。[①]充分利用股票市场进行融资的企业，内部组织结构则与分散的股票市场完全相反。高度集中控制的内部组织形式与高度分散的股权结构，形成产业资本主义时代经济组织的一个显著特征。与此同时，商业银行和投资银行对产业发展方向和企业内部决策有着决定性影响。商业银行和投资银行通过向企业派驻董事和管理人员来发挥影响，政府则要么直接拥有和经营企业，要么成为企业的大股东，要么直接拥有和控制商业银行，通过商业银行来控制企业。要而言之，产业资本主义时代，即使是资本市场或金融市场相对发达的美国和英国，货币金融市场对产业发展方向和企业内部决策的影响也是间接和有限的。经济学者和管理学者经常谈论企业融资和企业控制的银行模式和金融市场模式。所谓“银行模式”，就是商业银行主导企业融资和企业内部决策，方式就是向企业派驻董事和管理人员；所谓“金融市场模式”，就是货币金融市场主导企业融资和内部决策，方式则是分散的投资者以“用脚投票”的方式、市场的兼并收购等，迫使企业管理者按照投资者的意愿行事。经济学者通常将德国、日本和韩国的经济发展模式称为“银行主导模

① 诺奖得主奥利弗 · 威廉姆森毕生的研究重心就是企业内部的层级结构。参见威廉姆森的著作《资本主义经济制度》。

式”，或者一般而言称之为“东亚模式”；将英美或盎格鲁–撒克逊经济发展模式称为“市场主导模式”。然而，为什么一些国家会采取银行主导模式或东亚模式，另一些国家则采取市场主导模式或盎格鲁–撒克逊模式呢？经济学者的解释包括文化传统、增长战略选择、后发国家追赶策略、产业政策等。

事实上，这种分析是似是而非的。如果深入分析最典型的盎格鲁–撒克逊模式——美国，我们就会发现，即使是拥有最发达货币金融市场或资本市场的美国，产业资本主义时代里，企业治理或经济组织结构同样是高度集中控制模式或者银行主导模式。譬如从19世纪末到20世纪初（正值美国第二次工业革命的巅峰时期），仅摩根财团合伙人就拥有112家美国顶级公司的72个董事席位，涵盖金融、铁路、运输、钢铁和公用事业等几乎所有领域。第一国民银行（花旗银行前身）老板乔治 · 贝克是40多家美国顶级公司的董事！[①]类似情形不胜枚举。产业资本主义时代，商业银行和投资银行向大企业派驻董事和管理人员，几乎是一种惯例和规则，甚至直到20世纪70年代，美国大商业银行和投资银行仍然向大企业派驻董事。

高度集中的企业管理和控制模式，是大工业时代的必然结果。管理者价值最大化或管理者目标最大化。管理者的目标可能是自身金钱利益、创建和维持公司帝国、员工利益、股东利益、顾客诉求、社区发展、国家战略等，也可能是上述各种利益的某种组合。

① Ron Chernow, *The House of Morgan*, Simon & Shuster, 1990, p.151–152.

现代管理资本主义的本质特征就是所有权和经营权的分离。[①]所有权和经营权分离、管理者主导的企业治理结构是工业资本主义时代占据主导和支配地位的企业治理模式，经过复杂和漫长的演变，发展到金融资本主义时代的股东价值最大化和企业市值最大化。

① 事实上，所有权和管理权的分离，不仅仅是管理资本主义企业治理结构的本质特征，而且也是社会主义国家国有企业治理结构的本质特征。二者的区别只在于所有者行使最终控制权的方式根本不同。现代管理资本主义企业股东行使最终控制权的方式是“用脚投票”，即通过资本市场买卖股票、兼并收购等方式来制约管理者行为。社会主义国家的国有企业股东理论上则只能通过全民的代表（国会、人民代表大会或政府）来监督管理者。

第五章　金融市场的权力结构

20 世纪 80 年代，西方世界许多人欢呼里根和撒切尔经济学的胜利，他们为此还创造出一个新名词“市场的胜利”，以庆祝自由市场竞争终于战胜政府权力管制。

实际上，从全球经济生态体系的演化角度看，所谓“市场的胜利”其实是金融市场的胜利。里根和撒切尔政府所奉行的自由放任的市场原教旨主义经济政策，为市场的胜利和金融市场的胜利奠定了基础。本质上，市场的胜利尤其是金融市场的胜利的根源，是第三次工业革命。第三次工业革命，尤其是以电脑为核心的信息科技革命，才是市场胜利和金融市场胜利的核心推动力量。与产业资本主义时代一样，宏观经济生态体系的变革必然带来整个价值链的变革，从而引发市场结构和市场权力的变革。

全球金融市场的胜利超越了所有人的想象。的确，“二战”之后《关贸总协定》的签署和许多国家经济的快速增长，推动国际贸易快速增长，贸易和金融结算达到史无前例的巨大规模。自 20 世纪 70 年代以来，跨国流动金融资产的规模迅速超过贸易规模，从数千亿美元急速扩张到数万亿和数十万亿美元。世界各国竞相开设股票市场和外汇市场。1980 年以来，全球超过 50 个国家创立了股票市场、外汇市场和衍生金融交易，包括许多之前实施计划经济的国家（譬如中国、越南、俄罗斯、匈牙利），拉美和非洲的低收入国家（萨尔瓦多、洪都拉斯、马拉维等），中东（阿曼、科威特），加勒比海国家（特立尼达和多巴哥、巴巴多斯），就连人口仅 33 万的冰岛也在 1985 年建立了股票交易所。发达国家股票投资者对新兴市场国家的股权和股票投资迅猛增长。发达国家对新兴市场国家的股票投资 1980 年之前几乎为零，到 20 世纪 90 年代就达到数千亿美元，目前超过万亿美元。股票投资遍及世界每个角落，从靠近北极圈的冰岛国民到世界屋脊的中国投资者。各国股票市场的创立和投资者全球范围内的股票投资组合，共同创造出一个真正全球性的金融市场。

如果说全球产业资本主义时代的一个显著特征是公司跨国经营，那么全球金融资本主义时代的一个显著特征是公司跨国上市，以及各类投资基金和私人投资者加速实施跨国投资组合。数千家外国公司选择海外上市。20 世纪 90 年代，到纳斯达克和纽约股票交易所上市的外国公司就有数百家，包括 60 多家以色列公司和两家智利公司。到 2005 年，全球最大的 25 家公司有 23 家选择在纽交所上市。20 世纪 90 年代后期到 21 世纪，多家中国公司纷纷登陆纳斯达克和纽交所，目前到美国和其他海外股票市场上市交易的中国公司已达数百家。与此同时，伦敦、香港、东京、法兰克福、新加坡等金融中心，千方百计争夺和吸引各国公司到本地上市。海外上市甚至成为衡量公司成功的耀眼标志和最佳广告宣传活动。

公司跨国上市进一步加速了股票和股权投资的全球化。自 20 世纪 80 年代以来，以美国风险投资基金和私募股权基金为首的跨国股权投资，迅速成为股权投资全球化的急先锋和主要力量。它们激发了许多国家的IT和互联网革命，刺激许多国家创设股票交易所，大幅度开放本国金融市场。20 世纪 90 年代中期以来，IT和互联网成为中国最具活力、发展最为迅猛的产业。几乎每一家成功的中国互联网企业，都有跨国投资基金作为它们的天使投资者。跨国风险投资和私募股权投资是全球金融资本主义时代最具活力和创造力的力量，具有四两拨千斤的神奇威力，往往数百万或数千万美元的资金就能够创造一个新的商业模式，甚至是一个新的产业。举凡苹果、谷歌、脸谱等无数改变当代全球产业格局的伟大公司，创业资金都是来自风险投资基金和私募股权基金。

全球市场的权力结构

我们可以将当代全球经济和金融市场体系划分为相互区别又紧密联系的五个层级的市场体系或价格体系，它们构成一个相互交错、层次分明的金字塔式的全球经济和金融市场体系，以及全球金融市场的价格体系。

第一层：全球最终商品和服务的市场体系和价格体系。

第二层：全球战略资源（包括石油、天然气、铁矿石等大宗商品）和其他生产要素（包括人力资本和科学技术）的市场体系和价格体系。

第三层：全球企业股权（包括公司股票、私募基金、风险投资、收购兼并等）的市场体系和价格体系。

第四层：全球债券（包括交易量异常庞大的国债、公司债、地方政府债以及由此派生的衍生金融等）的市场体系和价格体系。

第五层：货币发行体系、货币市场体系和货币价格体系。主要是全球基础货币发行市场和发行机制、交易量巨大的外汇市场以及汇率制度安排等。

上述五个层级的全球市场体系和价格体系里，第五层最具决定性，是全球价格体系金字塔的最顶层。五个层次构成一个金字塔式的全球市场体系和价格体系，其皇冠明珠就是美元本位制或美元储备货币的发行和美联储的货币政策。

全球货币金融价格体系的传导机制是：美元储备货币的价格决定或左右全球其他国家的货币和信用价格（利率和国债收益率）；利率和国债收益率决定或左右全球股权市场价格；利率、国债收益率和全球股权市场价格决定全球战略资源的价格；利率、国债收益率和全球战略资源价格决定各国货币汇率和全球通胀水平，亦即全球最终商品和服务的价格。我们可以简要描述一下全球金融货币市场的价格传导机制。

第一步：美联储决定美元储备货币的发行量和价格。此处所谓“储备货币的价格”，是一个广义的价格指标，包括美元汇率水平和利率水平、国债收益率和长期通货膨胀预期。虽然美联储货币政策目标中不包括任何汇率指标，“双目标原则”只包括长期通胀水平和失业率，但是，关联储的任何政策动作客观上都会改变美元汇率、国债收益率和长期通胀预期。

第二步：由于全球超过 70 个国家的货币汇率与美元直接挂钩，由于欧元—美元汇率是全球金融市场最重要的价格，由于欧元区和欧洲许多国家的货币汇率与欧元挂钩，美联储所主导的美元价格或美元汇率、国债收益率、长期利率和预期通货膨胀率，立刻传导到全球所有金融市场，迅速改变其他国家的货币汇率、利率、债券收益率和通胀预期，也就是迅速改变或决定全球信用市场的价格体系。美联储确定的基准利率水平或联邦基金利率水平，迅速改变或决定世界各主要金融中心的基准利率水平，譬如LIBOR（伦敦同业银行拆借利率）、HIBOR（香港银行同业拆借利率）水平等。基准利率水平反过来决定各商业银行对客户的贷款和存款利率水平。美联储的货币政策同样决定了全球债券市场的价格水平和收益率水平。

第三步：汇率、长期利率、国债收益率等信用市场的价格水平决定或改变全球企业股票市场的兴旺发达和全球资金的流向。对股票市场最具影响力的价格信号就是利率、汇率和预期通胀率。数十万亿美元的私募基金、风险投资、收购兼并市场，以及全球股市的起伏涨落，基本决定力量就是全球金融市场的信用总量（流动性）和信用价格。2009 年以来的量化宽松历史清楚表明，每当美联储改变政策走向或者只是表达政策改变的意向，国际资金往往就闻风而动。2013 年第四季度，当美联储宣布即将开始逐步退出量化宽松之后，从新兴市场流出的资金就超过 1 400 亿美元。

第四步：货币信用市场的价格波动和少数几家最具权势的美国金融机构，共同决定了全球战略资源的价格和其他重要生产要素的价格（即大宗商品的价格）。以石油为例。石油的定价机制绝非通常意义上的真实商品供求均衡机制。畅销书《石油、金钱、权力》的作者丹尼尔·耶金对石油价格的决定机制分析得很清楚："全球石油价格一度由美孚石油公司确定，后来由美国的得克萨斯铁路委员会系统和世界各地几大公司决定，再往后就是由石油输出国组织来定价，如今则由纽约商品交易所决定。"上述几家金融巨头皆是全球商品交易所的主要股东和做市商。

第五步：货币信用价格和战略资源的价格共同决定了全球最终商品和服务市场的价格。譬如原油价格和铁矿石价格直接决定了成品油和钢铁的价格，成品油价格和钢铁价格则直接传导到几乎所有最终商品，包括最普通的蔬菜、猪肉和鸡蛋的价格。

在所有金融市场里，美国国债市场又是最具有决定性的市场。国债收益率决定了长期利率和通胀预期。美联储货币政策的传导机制主要就是通过国债市场，量化宽松就是通过持续购买国债和其他债券来压低长期债券收益率。美国国债市场不仅是美国金融市场的基石，也是全球货币金融市场的基石，是全球债券市场的定海神针，美国国债的信用等级亦是全球其他所有债市信用级别的参考标准，其他债券的信用级别均参照美国国债信用级别来确定。

全球金融市场的幕后金主

《世界是平的》的作者托马斯 · 弗里德曼曾经写道："以我之见，当今社会有两大超级权力机构，那就是美国和穆迪评级。美国用炸弹摧毁你，穆迪通过降低你的债券评级毁灭你。而且，相信我吧，有时，谁也说不准这两者谁更厉害。"

1996 年，全球著名咨询公司麦肯锡出版了一项长期研究成果《无疆界市场》，核心思想是："全球资本市场对主权国家政府的牵制越来越强，而主权国家对资本市场的控制力却日渐削弱。"该书宣告：谁掌控了全球资本市场的定价权，谁就掌控了全球资金的流向、主权国家的货币政策和金融政策，也就掌控了主权国家兴衰成败的命脉。

那么，当今世界，谁掌控着全球债券市场和资本市场的定价权呢？答案：主要是穆迪、标准普尔和惠誉三大国际信用评级机构。

如果没有良好的国际信用评级，任何政府、企业和金融机构都无法进入国际债券市场进行融资，国际信用评级是任何债券发行人进入国际债券市场和资本市场必备的通行证。如果国际信用评级达不到投资级别，那么债券发行人即使能够勉强发行债券，也将付出极高的代价（只能发行收益率极高的垃圾债券）。当今世界，任何政府、企业和金融机构要想在主流国际金融市场拥有一席之地，就必须维持投资级别以上的信用评级（至少为BBB–）。国际信用评级就是国际金融市场的命门。三大国际信用评级机构掌控了国际金融市场的命门，往往具有极强的威慑力，尤其是在关键时刻。

三大国际信用评级公司的评级模型主要是依照美国债市和股市运转经验所构建和完善的。当然，每个国家的主权信用级别和债券市场都是该国金融货币市场和资本市场的命门和枢纽。谁能够决定一国主权债券的信用级别和债券市场的价格水平，谁就站到了整个金融市场乃至整个经济体系的权力之巅。

过去数十年里，以下场景我们早已司空见惯：如果三大国际信用评级机构中有一家宣布下调某个国家的主权信用评级，该国货币金融市场就有可能立刻陷入风雨飘摇的困境——汇率暴跌、股市崩盘、企业倒闭，乃至社会动荡、国家破产和政权更迭。三大信用评级公司的一纸降级声明，威力往往超过总统、总理、财长和央行行长的信心讲话。

让我们简要回顾一下 1997~1998 年亚洲金融危机期间几个惊涛骇浪般的场景。

1997 年 9 月 3 日，标准普尔宣布下调泰国的主权信用评级，由 A 下调至 A–，长期评级由 AA 下调为 AA–；短期外债和泰铢评级尽管维持 A–1 和 A+1 不变，前景则下调为负面。与此同时，标准普尔宣布还可能再次下调泰国的主权信用评级。尽管泰国政府立刻发表声明，指责标准普尔下调评级有失公允，泰铢汇率当天应声下跌超过4%。菲律宾比索和马来西亚货币皆大幅下挫。这标志着东南亚货币危机进入新的阶段。

1997年11月25日，标准普尔公司下调韩国的主权信用评级，同时降低韩国进出口银行、产业银行、中小企业钅行等金融机构，以及韩国电力公司、韩国电气通信公司等大公司的债券信用评级。紧接着12月22日，标准普尔一下子将韩国外汇债券信用等级一次性降低四个档次，使之成为“垃圾债券”。早已风雨飘摇的韩国货币金融市场立刻掀起惊天大浪，韩元当日暴跌幅度超过12%，股市下挫7.5%，皆创下有史以来单日最大跌幅。

让我们再回到2010年，历史总是重演，总是呈现出惊人的相似。

2010年4月27日，标准普尔将希腊主权债务信用评级从BBB+下调至BB+，一次下调三个级别，前景展望为负；同日，标准普尔将葡萄牙主权债务信用级别从A+下调到A–，一次下调两个级别，前景展望为负；第二天（4月28日），标普宣布将西班牙主权债务信用级别从AAA下调到AA，一次下调两个级别，前景展望为负。

消息传出，金融市场立刻产生强烈反应。4月27日，希腊和葡萄牙股市分别暴跌6%和5%；受此影响，德国、法国、英国等国股市普遍下跌2%~3%。28日，欧洲各国股市继续下跌1%左右。全球金融市场数据显示，希腊主权债务危机导致全球股市总市值蒸发超过1万亿美元，尽管希腊债务总额也不超过3 000亿美元。

主权信用级别的降低以及负面的前景展望，让希腊、西班牙和葡萄牙三国原本已经恶化的国内经济和财政状况变得更加不堪一击。之前希腊政府债券信用级别尽管无法与顶级债券相比，却依然维持在投资级别，许多跨国商业银行仍然愿意购买。希腊经济长期没有起色，却依然可以维持庞大债务，国债能够维持投资级别的信用等级可以说是关键条件。

面对信用评级下降的严重后果，希腊、葡萄牙和西班牙三国政府同声高调对评级机构落井下石的行为表示谴责。国际货币基金组织总裁呼吁公众不要过于相信信用评级机构的评级下调。德国财长表示，市场不应该过分看重评级机构的决定。

然而，无论财经官员和总理们如何强硬表态，市场却更加相信信用评级公司的决定。后来的事实表明，标普的决定大大加速了欧盟、德国以及国际货币基金组织对希腊的救援速度。国际信用评级公司的巨大威力再一次展示得淋漓尽致。

值得我们高度注意的是：次贷危机、金融海啸、全球性金融危机和经济衰退连续爆发以来，美国多家金融机构倒闭破产、被政府接管或接受政府救助，美国政府以史无前例的扩张性财政政策和货币政策来挽救金融危机，全球投资者普遍担心美国国债的安全性。假如换作其他国家，其主权信用级别应该早就被降低了，然而三大评级公司并没有全面下调美国的主权信用评级（标普 2010 年下调美国主权信用评级是唯一一次）。美国国债依然维持了最高的信用级别。

相反，作为美国最大的债权国，2003 年之前，中国的主权信用评级一直维持在BBB级，直到 2005 年后才得到逐步调升，目前穆迪投资对中国的主权信用评级为A1，标普给予中国的长期主权信用评级为A+，短期主权信用评级为A–1+。人们不禁要问：美国三大评级机构的信用评级是否也持双重标准？答案自然是肯定的。

次贷危机和金融海啸的幕后推手

掌控全球金融市场话语权和金融资产定价权的三大信用评级机构，绝对不是金融市场被动的旁观者。相反，新世纪以来，三大信用评级机构摇身一变，成为全球金融创新尤其是资产抵押债券（次级贷款抵押债券，所谓ABS或CDO等）最积极的推动者和赢利最丰厚的大赢家。直到2007年次贷危机爆发，世界人民才恍然大悟：原来三大信用评级机构与投资银行沆瀣一气，制造了人类有史以来规模最大、时间最长的金融大骗局，最终让全球损失数十万亿美元，让许多重量级的金融机构濒临破产，次贷危机终于演变为大萧条以来最严重的金融危机和经济危机。

奇怪的是，直到次贷危机爆发，美国媒体才开始揭露出信用评级机构是如何制造金融大骗局的。《纽约时报》如此描述评级机构的“金钱魔术”：

> 美国最优秀的非金融企业所发行的债券里，只有不到10%的比例能获得最高的AAA信用级别。然而，令人不可思议和极度震惊的是，以次级贷款做担保所发行的所谓抵押支持债券（CDO以及CDO平方，又称为结构性金融产品），竟然有90%获得AAA信用评级。次级贷款所支持的债券，竟然与我们最尊崇的企业所发行的债券一样安全，谁能够相信这套把戏呢？

让我们看看三大信用评级机构如何制造和推销有毒资产，如何发明“将垃圾和狗屎变成黄金”的现代金融魔术。

信用评级机构的赢利模式与众不同。其一，评级机构的收入是证券发行总量的一个固定的百分比，证券发行量越大，它们的收入就越高。它们自然有强大动力去配合投资银行出售尽可能多的债券。其二，投资银行和贷款机构的收入与证券市场表现有关，评级机构却没有此类限制，只要债券发行出去，它们就收入到手，万事大吉。其三，即使评级机构所评级的证券出了问题，证券违约或市场表现与信用等级不符，评级机构亦不需承担任何法律责任。其四，三大信用评级机构早已形成垄断格局，即使信用评级错得离谱，投资银行和其他证券发行机构或承销机构也没有任何理由撤换它们，它们甚至不敢得罪信用评级机构。

换言之，信用评级机构的生意是“只赚不赔”。它们最大的愿望就是伙同投资银行，尽可能大量发行债券。为了吸引真正有钱的投资巨头购买抵押支持债券，信用评级机构精心构造它们的评级模型，巧妙设置模型参数，让绝大多数抵押贷款支持债券都奇迹般地被评为AAA级或投资级。“点石成金”的奇妙魔术实在令人叹为观止。

金钱魔术的花招分为五步。

第一步：将来自不同贷款机构、不同贷款人、不同地方、不同信用级别、不同风险预期损失的许多贷款资产组合起来，构成一个所谓的“资产包”或“资产池”。

第二步：以该资产包为抵押，发行不同信用级别的新债券。新债券的面值总额等于资产包的面值总额，信用级别却得到极大提高，风险损失极大降低。抵押贷款支持债券一般分为优先级、次优先级和次级。优先级和次优先级的信用级别皆在投资级别以上。每个级别的新债券皆有互不相同的投资回报条件和分担损失的条件。

第三步：为了确保优先级和次优先级债券的信用级别在投资级别之上，评级机构则假定资产包里各个原始资产的违约概率互不相关，即原始资产违约的可能性或风险完全相互独立。

第四步：评级机构不仅假设资产包里原始资产的违约和风险完全相互独立，而且进一步刻意降低原始资产自身的违约率，从而进一步降低新发行债券的违约率，提高其信用级别。

第五步：将新发行债券里的次级债券再次组合或打包，重复前述四个步骤，再次制造和发行高信用级别的抵押债券（即所谓CDO平方，原则上，更多层次的抵押债券都可以制造出来）。

举一个最简单的案例。评级机构将两种面值为1亿美元、违约率皆为10%的贷款资产组合起来，构成面值总额为2亿美元的资产池，以此为抵押发行两个级别的新债券：优先级和次优先级。优先级的偿付条件是：只有两个原始资产同时违约时，优先级债券才蒙受损失，除此之外任何情形下，优先级债券皆确保获得面值（本金）和利息收入。次优先级的偿付条件是：只要两个原始资产中的任何一个违约（当然包括两个资产同时违约），次优先级即蒙受损失。

那么，新发行的优先级债券（CDO）的违约率是多少呢？那完全取决于评级机构如何假设两个原始资产的违约率的相关性。假设两个原始资产的违约率完全相关，新发行的优先级债券的违约率与原始资产则完全一致，新发行的优先级债券无法获得高级别信用。然而，假设两个原始资产违约率完全不相关，那么两个原始资产同时违约的概率立刻降低为1%（10%×10%=1%）！新发行的优先级债券违约率急剧下降，信用级别自然立刻大幅度提升。假如资产组合里包含三种资产，且违约概率互不相关，那么优先级违约概率则神奇地降低为0.1%！

华尔街投资银行和评级机构所设计的资产包，动辄包括数百乃至数千不同类别的资产，只要稍微改变一下信用评级假设，新发行的优先级和次优先级债券的违约率都将显著降低，都将赢得至少投资级别以上的信用等级。难怪连格林斯潘都曾经称赞抵押资产债券业务是“有史以来最伟大的金融创新”，能够创造出比美国国债还要优良的债券资产！难怪三大信用评级机构和华尔街投资银行所出售的抵押资产债券总额中高达90%的比例都是AAA级或至少是BBB–级（投资级）。

这种金融模式堪称全球金融资本主义新时代的象征。

LIBOR操纵丑闻：金融市场权力的滥用

如果说三大信用评级公司蓄意操纵债券或证券化资产的信用级别，借此牟取暴利，并最终制造了次贷危机和金融海啸，从多个角度彰显了全球金融资本主义时代，金融市场的权力结构和滥用权力的破坏力和杀伤力，那么，最近几年震动全球的LIBOR（伦敦银行同业拆借利率）操纵案，则再次说明全球金融市场的权力早已完全失去约束，权力结构早已完全失衡，少数金融巨头操纵市场能够导致可怕的灾难。

众所周知，由于伦敦是全球数一数二的国际金融中心，LIBOR犹如全球金融市场汪洋大海里的灯塔信号，几乎所有金融产品的定价都必须以LIBOR为参照。虽然全球其他金融市场皆有各自的银行同业拆借利率，譬如欧元区有EURIBOR，东京有TIBOR，上海有SHIBOR，然而这些基准利率无不以LIBOR为最重要的参考基准。因为伦敦是世界上规模最大、流动性最好、体制最完善、历史最悠久的国际金融中心之一，很多重要的金融指标超过纽约，雄踞全球。

全球金融资本主义时代的显著标志就是流动性金融资产的急速增长和规模庞大。LIBOR哪怕一个基点（0.01%）的微小变动，都会左右全球数百万亿美元的金融产品交易损益。微小利率波动的盈亏动辄高达千万、数亿乃至数十亿美元。从简单的银行贷款到复杂的衍生产品（譬如利率掉期和债务保险合约），LIBOR时刻牵动着全球金融市场每个交易者的神经。据不完全统计，全球金融产品的年交易量早已突破1 000万亿美元，外汇交易超过800万亿美元，一个基点的差距就是1 000亿美元。毫不夸张地说，谁能够掌控或操控LIBOR，谁就能在很大程度上操控全球金融市场为自己牟利。

LIBOR操纵丑闻的核心正是全球多家顶级银行长期操控LIBOR为自己牟利。他们究竟从何时开始操控，有哪些同谋者和合作者，该银行及其相关人员从中牟取了多大利益，对这些关键问题，人们目前仍然没有完全搞清楚。许多参与其中的金融巨头选择缴纳巨额罚款，以换取监管部门和司法机构不再深入追究。丑闻爆发初期，根据巴克莱银行向监管部门和调查机构所提供的材料，该银行操纵LIBOR可能长达10年以上。以该银行2007年正常每天的金融交易头寸计算，每日盈亏规模至少达到4 000万美元。LIBOR的轻微波动立刻导致盈亏转换，一夜暴富或一夜巨亏只在转瞬之间。

通常情况下，LIBOR由18家国际大银行（即伦敦货币市场的主要做市商）来共同决定。每个交易日的上午11点，18家银行分别提出各自对货币市场借贷成本（即借贷利率）的估算，然后像选美和歌唱比赛中流行的评分方法一样，去掉4个最高价和4个最低价，剩下10个报价的平均值就是当天的LIBOR。

那么，做市商们如何操控LIBOR呢？主要有两种方式。第一种是交易员们根据自己的金融交易头寸，计算出LIBOR处于何种水平才可以赢利，经过精心计算之后，报出能够确保交易赢利的LIBOR。为确保万无一失，他们必须和其他银行交易员进行合谋、分享乃至对其贿赂和公开收买。第二种是蓄意报出较低借贷利率，以便让同行和外界相信自己银行的流动性充足，资产负债表稳健，无须以高价去拆借资金。

对LIBOR操纵丑闻的调查结论显示，2007年金融危机之后，尤其是2008年金融海啸期间，包括巴克莱在内的许多大银行都刻意使用第二种操纵手法。因为中央银行也希望LIBOR走低，带动整个市场利率下降，一方面可以缓和银行金融市场的流动性紧张，另一方面也可以降低金融机构的危机救助成本。

第一种操控是赤裸裸的“流氓交易”和“内幕交易”，毫无疑问属违法违规交易。第二种操控则相当吊诡，算不算违法和违规行为，一直存在争议。更可怕的是，据说LIBOR操控得到中央银行（特别是英格兰银行）高管的默许和首肯，这算得上是历史上最莫名其妙、最匪夷所思的银行金融丑闻了。

LIBOR操纵丑闻让许多金融巨头及其掌门人名誉扫地，有人被迫辞职，还有人接受司法调查，被追究刑事责任。令举世震惊的是，全球许多最负盛名的银行巨头都曾经直接或间接参与LIBOR操纵，包括花旗集团、德意志银行、汇丰银行、摩根大通、苏格兰皇家银行、瑞士联合银行集团等。一时间，英国之外，欧元区、美国、加拿大、澳大利亚等多国监管部门和司法部门都介入LIBOR操纵调查和取证。全球顶尖银行金融企业共同参与LIBOR操纵欺骗以牟私利，算是人类历史上规模最为庞大的全球金融丑闻了。究竟有多少投资者因为LIBOR操纵蒙受损失，可能只有上帝才知晓。然而，LIBOR操纵说明金融市场权力的垄断和金融巨头对市场权力的滥用达到了无法无天的地步。

争夺全球金融话语权

轰动全球的LIBOR利率操纵丑闻，最终演变为一场全球金融定价权和话语权的争夺战，英格兰银行和美联储则是战斗主角。

丑闻爆发初期，时任英格兰银行行长默文·金到英国国会做证，断然否认英格兰银行和金融监管局（FSA，后来与英格兰银行合并）负有监管LIBOR利率的责任，亦没有义务去审查银行是否操纵利率。他宣称自己也是两周前才知道有LIBOR利率操纵这回事，之前从未听说。金的证词的弦外之音非常明确。他必须尽可能为英国银行巨头开脱和减轻责任，极力维护伦敦金融中心和英格兰银行的声望和地位。

就在同一天，时任美联储主席伯南克也到美国国会出席货币政策听证会，就LIBOR操纵丑闻发表意见。伯南克首先将美联储的责任撇得干干净净，明确指出英格兰银行和金融监管局应该对LIBOR操纵负责。伯南克直率批评LIBOR机制有垄断或寡头的弊端，必须允许更多银行金融机构参与LIBOR定价，以便让LIBOR更具代表性、竞争性和公正性。最重要的是，伯南克明确倡议改革LIBOR机制，倡议以其他基准利率取代LIBOR，譬如用3个月期的美国国债利率来替代LIBOR。

其实早在2008年全球金融危机爆发之前，时任纽约联储主席、后任美国财长的盖特纳就曾经向英格兰银行行长提出改进LIBOR机制的六项建议，核心就是加强美国银行对LIBOR的话语权和定价权。

当时盖特纳的六项建议是：第一，改进和完善LIBOR计算和报价程序，防止银行故意错报。第二，强烈要求允许更多美国银行加入LIBOR定价机制。当时只有美洲银行、花旗银行和摩根大通参与

LIBOR定价。盖特纳建议增加华盛顿互惠银行、纽约银行、北方信托银行和道富银行等四家美国银行加入LIBOR定价机制。第三，为美国货币市场专门增加一个新的LIBOR品种。第四，参与LIBOR定价的银行除了报告价格之外，还必须披露它们以此价格所进行的实际交易量。第五，减少LIBOR品种，只计算和报告最活跃和最有用的LIBOR品种，取消没有多大用途的LIBOR品种，譬如7个月和11个月的LIBOR。第六，尽可能消除银行操纵和误报LIBOR的动机，关键还是增加参与LIBOR定价的银行数量，尤其是要增加参与LIBOR定价的美国银行数量。

盖特纳的六点建议和伯南克的国会证词，暗含玄机，意义深远。美联储对于LIBOR机制存在的诸多问题心知肚明，却故意引而不发，他们在等待出手的最佳时机。事实上，对于英国银行家协会（BBA）和英国商业银行长期主导LIBOR机制，美联储一直不满，曾经多次强烈要求增加美国商业银行对LIBOR的定价权和话语权，英格兰银行却始终置之不理。英国银行业因为操纵丑闻威信扫地，LIBOR的公正性和有效性遭到普遍怀疑，美联储立刻抓住机会，迅速倡议以新的基准利率来取代LIBOR。为争夺全球金融体系基准利率的定价权和话语权，美联储可谓是处心积虑，精心策划。

第六章　金融快速增长之谜

全球金融资本主义时代最显著的特征之一就是金融业相对其他行业快速增长，我们称之为“金融快速增长之谜”。与金融快速增长之谜相关者，还有全球基础货币快速增长之谜、全球流动性快速增长之谜、全球低利率之谜等。围绕金融快速增长之谜的许多现象和事实，经济学界至今还没有给出完全的解释。本书的任务之一，就是从一个不同的视角来解释金融快速增长之谜。本章系统描述和分析金融快速增长的多种事实和现象，并提出需要深入阐释的各种问题，后面将给出比较系统的理论阐释。

全球流动性金融资产：洪流奔涌

全球金融资本主义时代的首要特征，是全球流动性金融资产总额呈现爆炸式增长。全球流动性金融资产包括所有的金钱和市场上一切可交易的金融资产，譬如可买卖的股票、债券、外汇、衍生金融产品等。目前对全球流动性金融资产的定义一般包括货币、债券、股票。如果将衍生金融资产包含在内，数量将庞大得多。此处的数据没有包括衍生金融资产，理由是人们对衍生金融资产的价值定义分歧极大。我们将在其他地方谈到衍生金融资产的总额规模和快速增长机制。根据多个渠道的统计结果，我们得到全球流动性金融资产的几个重要的里程碑数据。①

1980 年：11 万亿美元

1994 年：41 万亿美元

2005 年：140 万亿美元

2013 年：200 万亿美元

全球流动性金融资产与全球产出（国内生产总值）之比同样出现前所未有的飞速增长。

1980 年：109%

1994 年：218%

2005 年：316%

2013 年：350%

1995~2005 年，各国流动性金融资产与国内生产总值之比皆呈现快速增长。美国从 303% 上升到 405%，英国从 278% 上升到 359%，欧元区从 180% 上升到 303%。根据麦肯锡全球研究院（McKinsey

① 洛威尔 · 布莱恩和戴安娜 · 法雷尔，《无疆界市场》，汪仲译，台湾时报文化出版企业股份有限公司，1997 年；Martin Wolf, *Fixing Global Finance*, The John Hopkins University Press, 2008；Robin Greenwood and David Scharfstein, "The Growth of Finance", *The Journal of Economic Perspectives*, Spring 2013.

Global Institute）的统计，2005 年，全球流动性金融资产达到 140 万亿美元。其中美国流动性金融资产为 52 万亿美元，欧元区为 30 万亿美元，日本为 19.5 万亿美元，英国为 8 万亿美元。四大经济体流动性金融资产总和为 109.5 万亿美元，大约占全球流动性金融资产的 80%。①

以复利计算，1980~1994 年，全球流动性金融资产复合增长率高达 10%，扣除通胀率之后的增长率为 5%，另外 5% 为通胀率。其中货币供给实质增长率为 2%，国际债券实质增长率为 11%，政府债券实质增长率为 8%，公司债券实质增长率为 6%，股票实质增长率为 7%。1995~2005 年，全球流动性金融资产的复合增长率更是高达 13.35%。②

同一时期，全球流动性金融资产的构成亦发生了重大变化，这是金融创新、金融业脱媒、资产证券化、债市迅猛增长、股票市盈率大幅上升等多个因素共同作用的结果。以 2005 年为例，2005 年全球 140 万亿美元的流动性金融资产里，44 万亿为股票，35 万亿为私人部门债券，23 万亿为政府部门债券，38 万亿为银行存款。从 1980 年到 2005 年，银行存款占流动性金融资产的比例从 42% 下降到 27%。③

---

① Martin Wolf, *Fixing Global Finance*, The John Hopkins University Press, 2008.

② 洛威尔 · 布莱恩和戴安娜 · 法雷尔，《无疆界市场》，汪仲译，台湾时报文化出版企业股份有限公司，1997 年，第 100~105 页。

③ 同上，第 107~110 页；Robin Greenwood and David Scharfstein, "The Growth of Finance," *The Journal of Economic Perspectives*, Spring 2013, pp.18–22.

全球债市飞速增长：潘多拉盒子打开

布雷顿森林体系崩溃，首先刺激全球债市飞速增长。越来越多的发达经济体甚至新兴市场经济体的政府和企业均发现，透过国际资本市场发行债券，为财政开支和企业投资融资，往往比依靠本国税收和本国银行贷款要快捷和便宜。布雷顿固定汇率体系崩溃的第一大贡献就是开启了全球跨国债券市场的大门，包括国债和公司债。1980~1994 年，发达国家政府公债的复合增长率达到 8%（名义增长率达到 13%）。1980 年，发达国家政府公债为 1 934 亿美元，1994 年达到 10 155 亿美元，2005 年达到 23 万亿美元，到 2008 年全球金融海啸爆发前夕或之后，发达国家政府公债与国内生产总值之比普遍超过 100%。

2012 年，各国公共债务与国内生产总值之比分别是：美国 105%、英国 110%、意大利 122%、法国 77%、希腊 158%、葡萄牙 101%、爱尔兰 120%、西班牙 64%、德国 74%、日本 220%。即使依照平均 100% 估算，发达国家政府公债总额早已超过 40 万亿美元，其中美国高达 16.5 万亿，日本高达 13 万亿。仅外国投资者（政府和中央银行）购买的美国国债就接近 6 万亿美元。2008 年金融海啸爆发之后 6 年来，所有发达经济体的公债规模及其与国内生产总值之比皆有增无减。①

除国债之外，公司债的增长速度更快。1980 年之后，发达国家公司债以 11% 的复合实质增长率快速扩张，很快从 1980 年的 500 亿美元，扩张到 1994 年的 2.2 万亿美元。同一时期，银行发行的债券

---

① 阿代尔 · 特纳，《危机后的经济学：目标和手段》（中译本），曲昭光、李伟平译，中国人民大学出版社，2014 年。

也从500亿美元扩张到超过2万亿美元。企业和政府发行的国际债券数量也出现惊人的增长，1980年之后的年均复合增长率高达16%，从1980年的2 000亿美元增长到1994年的1.7万亿美元。到2005年，全球私人部门的债券规模更是达到了惊人的35万亿美元。此外，还有商业票据等短期公司债。1980年之后，美国、西班牙、加拿大、瑞典、日本等许多国家的短期商业票据均出现数倍乃至数十倍的增长。①

债市飞速增长背后有诸多强大的推动力。固定汇率体系崩溃之后，全球外汇市场加速整合和迅猛增长，各国外汇交易很快达到天文数字，汇差套利成为许多机构和个人竞相追逐的新赢利机遇。随着主要国家外汇市场快速整合为全球单一市场，主要货币之间的利差和汇差套利风起云涌。政府、企业和银行发现，如果选择到其他市场以外币发行债券或举借贷款，不仅有可能享受较低利率，而且还可能进行利差和汇差套利。于是，政府、企业和银行开始纷纷选择利率或成本最低的市场发行债券，同时还借助利差或汇差进行套利交易。

债市飞速发展更为本质的原因，是西方主要国家的福利制度日益完善和僵化，福利开支急剧增加，许多国家的福利开支占到全部财政开支的60%甚至80%以上。高工资、高税收、高福利成为常态，过度消费成为常态，储蓄率持续下降成为常态。即使采取高税收，仍然无法满足高福利开支的需要，无法缓解财政支出的巨大压力，政府唯一可以依靠的办法就是大搞赤字财政和持续大规模举债。债台高筑不仅是所有发达经济体的常态，而且是导致财政危机、主权债务危机和金融危机的重要原因。

---

① 洛威尔·布莱恩和戴安娜·法雷尔，《无疆界市场》，汪仲译，台湾时报文化出版企业股份有限公司，1997年，第120~125页。

根据国民收入的基本恒等式和一般均衡原理，一个国家出现持续的财政赤字、国内储蓄率持续下降、国内储蓄无法支持国内投资，必然意味着经常账户赤字和国际收支赤字，必然需要持续大规模举借外债为国际收支赤字融资。1980 年之后，以美国为代表的许多发达国家的贸易收支和国际收支长期呈现逆差，国际债市就成为发达国家进行赤字融资的主要手段。

全球性的金融脱媒化趋势，也是刺激全球国债和公司债市场快速增长的重要力量。随着居民储蓄从传统银行转向非银行金融体系，转向影子银行体系，传统银行信贷占社会融资规模或流动性金融资产的规模逐渐下降。以前主要依靠传统银行融资的公司或政府就必须更多地依靠债市融资。

新世纪（2000 年）之后，全球债市、跨境信贷或跨境债务同样成为新兴市场国家整体信贷或融资的重要组成部分。根据国际清算银行的最新数据，2013 年海外向中国市场的信贷增长 50%，达到 1.1 万亿美元，增速仅次于老挝，规模仅次于日本。其中，英资银行对中国的信贷余额达到 1 950 亿美元，仅 2013 年就增长 37%。美资银行对中国的信贷余额达到 809 亿美元，仅 2013 年就同比增长 14.6%。根据国际信用评级公司惠誉的估计，2010~2014 年，亚洲的银行对中国投放的信贷就增加 2.5 倍，达到 1.2 万亿美元。香港金融管理局甚至警告说，香港银行向内地市场的贷款已经是需要高度关注的重大风险因素。

以上数据还不包括中国企业近年在海外发行的债券。根据国际货币基金组织的数据，2013 年中国企业海外发行的债务总额飙升 58%，达到 2 743 亿美元。绝大多数由非银行金融机构发行。从增量上看，2013 年中国新增海外贷款 3 664 亿美元，达到中资银行国内新增信贷规模（约 1.45 万亿美元）的 1/4。2013 年底，中国外债余额总规模为 8 632 亿美元，相当于国内生产总值的 9%。尽管仍然低于泰国、墨西哥、南非和许多其他国家的水平，不过近年来增长速度很快。

产业结构巨变导致金融资产结构巨变

2005 年，美国整个国家拥有的流动性金融资产高达 52 万亿美元，超过当时美国国内生产总值的 400%。其中，美国家庭和非营利机构持有的流动性金融资产高达 38.6 万亿美元。其中银行存款 6.1 万亿，信用市场工具 3.1 万亿，直接持有公司股票 5.7 万亿，间接持有公司股票 8.9 万亿（其中保险公司 1.1 万亿，退休基金 3 万亿，政府退休基金 1.9 万亿，共同基金 2.9 万亿），其他金融资产 14.8 万亿。①

上述数据显示，以美国为代表的发达经济体的金融资产结构已经发生革命性变化。银行存款急剧下降和股票资产急剧上升是两个显著特征。20 世纪中叶，持有公司股票的美国家庭占全部家庭的比例不到 10%。持有公司股票的家庭里，至少一半家庭只持有一家公司的股票。2000 年之后，超过 50% 的美国家庭通过共同基金持有美国公司股票。

年轻家庭持有股票的比例增长最快。1983 年，35 岁以下年轻家庭持有股票的比例只有 12%，2001 年剧增到 50%。1980 年，持有共同基金的美国家庭只有 6%，如今早已超过 50%。与此同时，拥有储蓄账户的美国家庭占比从 1977 年的 77% 下降到 1989 年的 44%。储蓄者自身成为投资者。共同基金成为美国公司的最大股东。1990 年

① Martin Wolf, *Fixing Global Finance*, The John Hopkins University Press, 2008. pp.99–123.

共同基金规模还只有1万亿美元，到2000年就已经达到7万亿美元，目前超过12万亿美元。富达（Fidelity）、先锋（Vanguard）、美洲（American）、百能（Putnam）、罗普（T. Rowe Price）等共同基金位居前列。富达成为近10%美国上市公司的最大股东，它持有数百家美国上市公司10%以上的股份。①

金融资产组合变革的背后是美国产业结构的巨变。20世纪70年代之后，服务业劳动力迅速超过美国全部劳动力的60%。2000年之后，美国农业和制造业劳动力总和只占全部劳动力的11%。零售业的就业人数超过全部制造业的就业人数。沃尔玛一家企业的雇员就超过12家最大制造业企业的就业人数之和。2006年次贷泡沫高峰时期，美国房地产经纪人总数超过美国农民的总数。房地产掮客总数超过纺织业全部就业人数。20世纪中叶的最大雇主和最具影响力的企业，诸如AT&T（美国电话电报公司）、通用汽车、美国钢铁、西屋电气等，早已日薄西山，成为明日黄花，取而代之的是服务业，尤其是零售业和金融业。②

伴随着产业结构和就业结构的巨变，美国金融市场整体呈现出快速扩张势头。根据《华尔街日报》的数据，2000年，标准普尔500指数成分股公司的40%收益来自借贷、金融交易、风险投资和其他金融活动。③到2005年，全球25家最大公司有23家在美国股票市场交易。20世纪90年代，数百家外国公司跑到美国纳斯达克和纽约股票交易所上市，包括超过60家以色列公司和12家智利公司。

---

① Gerald F. Davis, *Managed by the Markets: How Finance Re-shaped America*, Oxford University Press, 2009.

② Ibid.

③ Ibid.

自 1990 年，近百家中国公司到美国上市，仅 2014 年前 5 个月就达到 9 家。

兼并收购高潮迭起，全球银行深度整合

银行和金融业的大规模整合，是全球金融资本主义时代的又一个显著特征，是 20 世纪 70 年代开启的滚滚金融洪流的一个分支，是金融创新日新月异的必然结果。美国 20 世纪 80 年代开始的疯狂并购浪潮，无论从持续的时间、涉及的行业，还是手段的创新和交易的金额上看，均超越以往时代。私募股权基金的异军突起（以黑石和KKR公司等为代表）、垃圾债券的神奇魔力（以迈克尔 · 米尔肯为代表）、资产证券化的急速增长、高频交易和算法交易（algorithmic trading）的异军突起，共同推动全球金融进入交易时代和赌博时代。银行金融业的长时间大规模兼并整合，正是这个大背景下的重要事件，也是传统银行迎接新金融时代挑战的主要战略。

首先，20 世纪 70 年代之后，美国银行业经历了大规模的兼并收购和整合，银行业集中度大幅提升。目前的美国银行巨头和全球银行巨头几乎无一例外皆是通过长时间持续的兼并收购形成的。譬如美洲银行 1982 年已经是全美吸收存款最多的银行，随后 20 多年里，该银行持续发起一系列兼并收购，包括收购达拉斯的第一共和银行、弗吉利亚的C&S/Sovran银行、圣路易斯的船员股份银行、佛罗里达的巴纳特银行、旧金山的美洲银行、波士顿的FleetBoston银行，此外还有多达数十起的小型银行兼并。到了 2007 年，持续的收购兼并终于创造出美国历史上第一家真正意义上的全国性银行——美国银行，它拥有 6 000 多家分支机构，存款额占全部银行存款的 10%。

另一银行巨头——摩根大通银行——也是经过一连串大规模收购兼并诞生的，尤其是收购了纽约一些规模巨大的老牌银行，包括大通银行（1982 年排名第三）、汉华银行（1982 年排名第四）、J · P · 摩根（排名第五）、化学银行（排名第七）、第一芝加哥银行（排名第十）、底特律国民银行（排名第二十四）。

花旗银行也是如此。持续 20 多年的收购重组，让花旗银行完全脱胎换骨，变成一家无所不包的金融超市或银行巨无霸，业务涵盖传统商业银行、全球零售银行、证券经纪和投资银行。

到 2008 年，美国三家银行巨头各自拥有超过 1.2 万亿美元的庞大资产。金融海啸期间，在政府授意或强制下，“三巨头”还担负起美国金融危机救火队的重任。摩根大通收购了贝尔斯登和华盛顿互惠银行（曾经是美国最大的储蓄和贷款银行），美国银行则收购了濒临破产的美林证券和美国最大的抵押贷款机构——美国国家金融服务公司（Countrywide）。

我们再看其他几个著名案例。

汇丰银行控股集团。过去半个世纪里，汇丰总共进行了 500 多次并购。1980~2008 年，汇丰集团发起的收购高达 365 次。其中被搁置和最终被取消的并购次数为 138 次，其余皆完成收购。比较著名者包括：1965 年（汇丰成立百年之时）收购恒生银行 65%的股权；20 世纪 90 年代收购美国海丰银行和英国米特兰银行；20 世纪 90 年代后期趁拉美金融危机，低价收购巴西和阿根廷数家银行。多达数百次的收购里，1991 年之后发起和完成者达到 86.8%，正是私募基金、资产证券化和垃圾债券的黄金时代。从地域分布看，汇丰集团的收购案例，46.4%发生在美洲，32.5%发生在欧洲，20.8%发生在亚太地区，与全球金融业的市场分布大体吻合。

德意志银行。德意志银行自成立之日起，始终是德国乃至欧洲商业银行的顶级巨头，同时又是全能银行模式的典型代表。100 多年来，通过持续并购工业企业和金融企业实现快速扩张，始终是德意志银行发展的主旋律。譬如，早在 1876 年，德意志银行就通过收购德意志联合银行和柏林银行，一跃成为德国最大的银行集团。20 世纪 30 年代，随着德国军事势力急速膨胀，德意志银行的业务范围亦迅速覆盖整个欧洲。“二战”结束之后被强行分拆，1957 年又重新合并为德意志银行。1970~1997 年，德意志银行开启大规模海外并购的新时代，一个重要里程碑是收购英国老牌的投资银行摩根建富。1997~2002 年，连续收购包括美国信孚银行在内的多家银行和金融企业，再度跃居全球顶级银行巨头。2000 年之后，德意志银行将并购业务逐步转向新兴市场国家，成为欧洲大陆最具国际化的银行之一。

20 世纪 90 年代是风险投资、私募基金、公司海外上市、资产证券化、垃圾债券盛行的黄金时代，是银行金融企业全球扩张的黄金时代，也是全球金融行业大整合的黄金时代。

据不完全统计，1995~2007 年，全球 104 个国家里，共有 1 189 家银行并购了 2 515 家银行，交易金额高达 14 310 亿美元。若以 1% 顾问费来计算，仅投资银行收取的收购顾问费用就高达 143 亿美元，其中跨境并购超过 30%。

2000 年之后，新兴市场国家逐渐成为国际并购的热门地点。1991~1995 年新兴市场国家的银行金融并购规模还仅有 25 亿美元，1996~2000 年达到 510 亿美元，2001~2006 年达到 670 亿美元。

随着银行金融业全球范围内的大规模收购兼并，国际化、多元化、综合化成为许多金融机构业务的共同特点。譬如，花旗、汇丰、摩根大通、德意志银行等的全部收入里，超过 30% 来自新兴市场，渣打银行获自新兴市场国家的收入竟然占到 90% 以上。

新时代里，中国银行巨头也开始加入国际并购行列。譬如，2008 年，中国工商银行斥资 54.6 亿美元收购南非标准银行 20% 的股份，成为中国银行海外并购的成功案例之一，随后多家中国银行相继成功实施海外并购。中国的商业银行巨头开始成为国际银行业的重要成员。

资产证券化催生金融大变局

全球金融资本主义时代所有的金融创新里，有一项令人吃惊、令人费解和大起大落的金融创新，那就是资产证券化。许多人相信，资产证券化的快速增长是导致次贷危机和金融海啸的主要原因。资产证券化还有另外一个名称："结构化金融"（structured finance）。资产证券化或结构化金融的神奇之处，就是重新组合资产风险并由此创造出更加安全、风险更小甚至毫无风险的资产。通过重新组合和包装资产，能够创造出比最安全的 AAA 级国债还要安全的金融资产，或者没有任何风险的"绝对安全资产"，这真是金融历史上亘古未闻的新鲜事。所以，"危机的核心原因，就是金融市场突然意识到，那些证券化资产的风险远不是原先所宣传的那么小，反而是大得多"。①

20 世纪 70 年代中期之前，资产证券化几乎闻所未闻。最早开始资产证券化尝试的是美国投资银行——第一波士顿和所罗门兄弟。最早被证券化的资产则是抵押贷款。住宅抵押贷款最符合资产证券化的要求，因为除了抵押贷款本身具有住宅资产为抵押之外，美国还有许多联邦或州政府金融机构为住宅抵押贷款提供保证，最著名者当然就

① Joshua Coval, Jakub Jurek, and Erik Stafford, "The Economics of Structured Finance," *The Journal of Economic Perspectives*, Winter 2009, p.3.

是房利美和房地美。所以住宅抵押贷款从一开始就具备标准化的特征。投资银行将标准化的住宅抵押贷款合约组合成为所谓“特殊目的信托基金”（special purpose trust），将其证券化，将资产本金和利息的风险转移给购买此类债券的投资者。

很快，华尔街金融家就发明出日益精巧的资产组合技术，能够将标准化程度低的各类金融资产重新包装，变成具有明确投资回报率和信用风险等级的债券，从而能够大规模出售给机构投资者和普通个人投资者。精巧的资产组合和包装技术，让资产证券化迅速从住宅抵押贷款，扩展到汽车贷款、信用卡贷款（应收款）以及其他具有可预期现金收入流的资产，包括商业房地产贷款、高收益贷款、新兴市场国家债务、中期银团债务（medium syndicated debt）甚至中小企业贷款。几乎所有金融资产都开始实施证券化，甚至连保险赔付合约和法律诉讼赔偿等都被证券化。

资产证券化首先让债券类金融资产急剧增长。到2007年金融海啸之前，美国债券类金融资产的规模已经大大超过股票市值。

1980年，证券化资产还不到1亿美元，仅占全球金融资产的万分之一。仅仅十多年后的1992年，仅在美国，证券化的抵押贷款、资产抵押本票债券等各类金融资产就超过1万亿美元，年增速（复利计算）达到34%。1996~2006年的10年间，美国的结构性金融产品发行量增长超过10倍。正常年份里，每个季度的发行量约为250亿~400亿美元，高峰年份（2006年和2007年前两个季度）每个季度的发行量约为1 000亿美元。①全球的证券化资产总规模当然要比美国市场规模大，不过很难精确统计。

---

① Joshua Coval, Jakub Jurek, and Erik Stafford, “The Economics of Structured Finance,” *The Journal of Economic Perspectives*, Winter 2009, p.3.

结构性金融产品或资产证券化的大起大落从一个重要侧面体现了金融资本主义的动态和不稳定特征，显示了金融危机的巨大冲击力。危机爆发之后，结构性金融产品发行量急剧下降，从危机前每个季度高达 1 000 亿美元锐减到每个季度区区 50 亿美元。再譬如，2001 年，美国资产抵押商业票据为 6 000 亿美元，2007 年急升到 1.2 万亿，随后持续下降，2013 年大约为 3 000 亿。信用卡债务 2000 年为 8.6 万亿，2008 年急升至 17.1 万亿，2013 年大约为 13.8 万亿。与此同时，金融行业就业人数亦大起大落。根据美国劳工部的统计数据，2000 年美国金融从业人数为 770 万，2007 年增长到 840 万，2013 年重回到 770 万。①

资产证券化飞速发展的受益者（当然也是后来危机的主要受害者）几乎包括所有金融机构：商业银行、投资银行、保险公司、共同基金、抵押贷款公司、信用评级公司、对冲基金等。资产证券化兴起，商业银行脱胎换骨，金融业版图重塑。

资产证券化加速金融业的脱媒趋势。根据美联储的消费金融统计，1977 年，拥有银行账户的家庭占全部家庭的 77%，1989 年已经下降到 44%。1989 年，美国家庭 30% 金融资产为银行存款，2004 年下降到只有 17%。与此同时，家庭投资共同基金的比例则从 1980 年的不到 6% 上升到 2000 年的接近一半。1989 年，股票、债券、共同基金和退休基金账户四大类金融资产已经占到美国家庭金融总资产的 50%，2004 年上升到 69%。到 2006 年，美国银行体系存款总额与资产总额之比已经下降到 20 世纪 30 年代大萧条以来的最低水平。商业银行的传统领地遭到大规模侵蚀，新型金融工具早已占据美国金融市

① Joshua Coval, Jakub Jurek, and Erik Stafford, "The Economics of Structured Finance," *The Journal of Economic Perspectives*, Winter 2009, p.3.

场的大部分市场份额。甚至早在 20 世纪 90 年代，美国富国银行的首席执行官迪克 · 科瓦舍维奇（Dick Kovacevich）就宣告："银行业已死，我们只需安葬它！"[①]

美国银行当然不甘于自然死亡，它们奋起迎接挑战，彻底改造自身。首先是大规模的兼并收购和重组。到 2005 年，接受联邦存款保险公司（FDIC）存款保险的美国银行数目下降到 7 500 家，只有 20 年前的一半。10 家最大美国银行占有全部国内银行存款的 40% 和资产的 51%。市场集中度显著上升。

随着 1999 年美国正式抛弃《格拉斯–斯蒂格尔法案》，混业经营和全能银行立刻成为行业潮流。所有商业银行巨头同时也变成投资银行巨头。到 2007 年，花旗银行和摩根大通分别位居全球债券承销的第一名和第三名，同时还是全球市场股票的主要承销商。与此同时，几乎所有投资银行纷纷向客户提供贷款，大举进军商业银行业务。

与此同时，自 20 世纪 70 年代开始的新金融时代里，美国投资银行的业务模式和治理结构同样发生了历史性巨变。美国著名财经传记作家罗恩 · 彻诺 1989 年出版的名著《摩根财团——美国一代银行王朝和现代金融业的崛起》将美国一个半世纪的投资银行历史划分为三个时代：强盗大亨时代（1838~1913 年）、风云外交时代（1913~1948 年）和赌场时代（1948~1989 年）[②]。三个时代的划分富有洞察力。所谓赌场时代，主要是投资银行业务逐渐从传统的证券承销、高级私人银行、政治顾问服务（国王、总统或首相的顾问）转向主要依赖金

① Gerald F. Davis, *Managed by The Markets: How Finance Re-shaped America*, Oxford University Press, 2009, p.37.

② Ron Chernow, *The House of Morgan: An American Banking Dynasty and the Rise of Modern Finance*, Simon & Schuster, 1989.

融市场交易和普通财富管理。与此同时，投资银行的公司治理结构也从传统的合伙制转向股份有限公司和公众上市公司。美国几家投行巨头先后登陆股票交易所。美林证券 1971 年纽交所上市，摩根士丹利 1986 年上市，雷曼兄弟 1994 年上市，高盛集团 1999 年上市。

资产证券化揭示全球金融资本主义本质特征

资产证券化很好地揭示了全球金融资本主义的本质特征。

第一，资产证券化向世人宣告了一个基本哲理，那就是人间一切资产皆可证券化、可定价和买卖，因此我们只需要创建一个高效的金融市场，不要怀疑市场的神奇功能和效率，不要低估市场给风险和收益定价的能力。根据金融学的基本原理，任何具有预期和未来收入流的资产，皆可转化为可交易证券。

第二，资产证券化的滚滚洪流将借款人、贷款人、家庭、房产中介商、小贷公司、商业银行、投资银行、信用评级公司、对冲基金和共同基金经理人、普通基金投资者、主权财富基金管理者、中央银行、证券监管者等都席卷进来。只要是金融市场的参与者，无不沾染证券化资产的流毒。

第三，资产证券化的勃兴忽衰深刻揭示了金融风险的主观性和系统性，揭示了主流金融学风险分散模型的局限性。金融风险取决于投资者对资产未来收入流的主观判断。费雪（Irving Fisher）说：收入流是一连串的事件。奈特（Frank Knight）明确区分风险和不确定性。能够给出客观概率的事件是风险事件，连概率都无法给出的则是不确定性事件。原则上，具有概率的风险可以被分散、被保险，而不确定性事件的“风险”则无法被保险和被分散。个别金融资产自身的风险可以计算出概率、可以被分散、可以被保险，全部金融资产共同面临的宏观经济金融风险（国内和国际经济金融环境的整体性变化或动荡）则根本无法计算出概率、无法被保险、无法被分散。

第四，资产证券化揭示了人们判断和评估风险的“心理偏见”或“动物精神”。当外部环境良好时，人们普遍乐观，总是趋向低估或忽视风险；当外部环境恶化时，人们普遍悲观，总是趋向高估风险。资产证券化潮流的巅峰时期，无数投资者竟然天真地相信，那些数以千百万计、本身具有极高风险甚至是垃圾级别的金融资产，经过某种神奇金融技术的包装和转化，就可以摇身一变成为完全没有风险的资产，无数投资者真的相信“垃圾可以变为黄金”，就连大名鼎鼎的美联储前主席格林斯潘都曾经高声欢呼资产证券化确实创造出比美国国债还要安全的“超级资产”！

第五，资产证券化的忽起忽落证明系统性金融风险是无法被分散和被保险的。系统性经济和金融风险一旦爆发，所有风险分散模型皆失效。以美国国家金融服务公司为代表的抵押贷款企业，以穆迪、标准普尔和惠誉为代表的信用评级公司，以贝尔斯登和雷曼兄弟为代表的投资银行，是资产证券化浪潮的急先锋和主力军。次贷危机和金融海啸爆发之后，信用评级公司的评估模型饱受质疑，评级公司和投资银行的极度贪婪和蓄意欺诈饱受谴责，甚至遭受多次法律诉讼和国会的反复调查。然而，撇开极度贪婪的人性弱点和蓄意欺诈的犯罪行为，信用评级公司的风险模型无论多么精巧，也无法真正准确评估系统性金融风险；投资银行和商业银行设计的金融产品无论多么复杂，也无法真正分散系统性金融风险。

第六，资产证券化短暂的兴衰历史，证明了有效市场假说的严重不足甚至是荒谬无稽，证明了基于有效市场假说的金融监管理念必定铸成弥天大错。资产证券化巅峰时期，有人强烈怀疑信用评级公司行为不端、与投资银行勾结、故意降低资产风险、提升资产信用级别、刻意诱骗投资者购买。然而，巴塞尔国际清算银行下属的全球金融体系委员会却发布报告，宣称信用评级公司在资产证券化或结构性金融业务里的行为不端或动机不纯，并没有人们所怀疑或指责的那么严重，因为信用评级公司对声望的重视会遏制它们的不良行为，同时，市场竞争力量本身也会遏制或消除信用评级公司和投资银行在资产证券化过程中的利益冲突。正是基于这种“市场有效”的理念，美国乃至全球监管者才放松对资产证券化或结构性金融业务的监管，甚至听之任之，最终酿成次贷危机和金融海啸。

第七，资产证券化深刻揭示了金融资本主义时代里，金融业可以蜕变或演化为一个自我循环、自我膨胀、与实体经济脱节甚至严重危害实体经济的虚拟经济体系。应该说，住宅抵押贷款证券化，尤其是初期阶段的证券化，对于发展住房抵押贷款市场、帮助更多普通百姓实现“居者有其屋”的梦想，具有重要作用。信用卡贷款、汽车贷款、应收账款、中小企业贷款等的证券化，对普通消费者和中小企业融资助益良多。然而，真理朝前一步，往往就成谬误。随着资产证券化市场快速增长，供求关系和价格机制开始发生巨变。评级公司蓄意低估风险、提高信用级别，投资银行渲染资产收益，刻意隐瞒损失，实际上严重扭曲了资产价格的形成机制，误导了投资者对风险的适当评估和定价，从而诱导越来越多的投资者追逐“看似”是高收益低风险或无风险却收益稳定的证券化资产。

需求日益旺盛，市场日益庞大，参与证券化资产发起、重组、分级、评估、承销的所有金融机构和个人皆大发横财。原始资产的质量越来越差，信贷标准越来越低，完全不符合条件的个人都能轻而易举地获得住宅抵押贷款、汽车贷款、信用卡贷款；越来越多的个人和家庭利用价值高估的房产获得抵押贷款，然后花天酒地过度消费；越来越多的企业利用证券化资产市场举借债务，大肆进行收购兼并和过度投资。

与此同时，由于大量证券化资产被人为评估或夸大为最安全的AAA级金融资产，而且收益率比国债高，诱惑很多金融机构大量购买。拥有大量AAA级证券化资产的金融机构和金融家，过度乐观或天真地相信那些资产毫无风险或风险极低，相信资产质量大幅改善，相信资产负债表异常稳健，一方面毫无忌惮地扩张资产，一方面却忽视风险拨备和资本补充。据此有人认为，旨在稳定银行金融体系的《巴塞尔协议I》和《巴塞尔协议II》，实际上却变相鼓励银行金融机构大量购买和持有AAA级的证券化资产，因为AAA级资产所需的资本准备金，只是其他投资级资产所需资本准备金的一半。

资产证券化市场的所有参与者皆陷入某种“集体性疯狂或集体性非理性”，即使有人知道风险确实存在，风险大规模暴露的那一天总会到来，他们也难以遏制继续疯狂的冲动。正如花旗银行前任首席执行官查克·普林斯2007年7月（次贷危机大规模爆发前夕）所坦承的那样，廉价信贷所刺激的收购兼并和过度投资热潮总有终结之日，然而，末日来临之前，他的企业还是会继续参与到结构性金融的盛宴之中。普林斯说：“当音乐停下来的时候，流动性必然出大麻烦。然而，只有音乐还在继续演奏，你就必须起来随之起舞。我们仍然在翩翩起舞！”

据说投资大师巴菲特有一句名言：“只有当潮水退去之时，才知道谁在裸泳！”19世纪古典经济学大师约翰·穆勒如此总结金融危机：“唯有当危机摧毁众多企业，毁灭无数财富之时，才知道我们之前搞了多少愚蠢和无效的投资！”

虚拟经济和实体经济分道扬镳

为了研究金融产出和总体经济之间的关系，美国经济学家托马斯 · 菲利蓬和阿里耶勒 · 雷谢夫①比较详细地收集和整理了 14 个发达国家的样本数据。这 14 个国家是：澳大利亚、加拿大、瑞士、德国、丹麦、西班牙、法国、意大利、日本、荷兰、挪威、瑞典、美国、英国。他们以人均国内生产总值代表总体经济状况，以非金融部门的银行贷款与国内生产总值之比来间接量度金融产出。非金融机构包括私人部门、政府和家庭三个部门。数据覆盖的时间为 1870~2008 年。

根据这些样本数据，两位学者得到如下重要发现。

从 19 世纪到现在，发达国家金融业产出和人均国内生产总值之间的关系大体分为四个阶段。1910 年之前，金融产出和人均国内生产总值增速基本一致。1910~1950 年，金融产出和人均国内生产总值增长负相关：人均国内生产总值持续增长，金融产出却负增长。1950~1980 年，金融产出和人均国内生产总值增长再次正相关。

1980 年之后，金融产出和人均国内生产总值之间的关系发生历史性巨变：金融产出增长率与人均国内生产总值增长率之间的弹性系数远远高于 1950~1980 年。换言之，1980 年之后，金融产出增长率远远超过人均国内生产总值增长率。统计分析也表明，1980 年之后，金融产出快速增长，不仅从经济量本身看相当大，而且从统计意义上看也是非常显著。

---

① Thomas Philippon and Ariell Reshef, “An International Look at the Growth of Modern Finance,” *The Journal of Economic Perspectives*, Spring 2013, pp.73–97.

自 20 世纪 70 年代起，美国、英国、日本、荷兰、加拿大 5 个国家的金融业收入比例（即金融业增加值与国内生产总值之比）快速上升。荷兰上升最快，美国其次。五国的金融业收入比例均超过 6%。比利时、丹麦、奥地利、德国、法国、瑞典和芬兰等 7 国的金融业收入比例有升有降。比利时快速上升 3 个百分点之后又有所下降，德国温和上升，法国和瑞典先是快速上升随后又下降到初始水平。

两位学者特别注意到：他们所使用的衡量金融产出的指标（非金融部门的银行贷款与国内生产总值之比）实际上大大低估了金融产出，因为 1980 年前后，金融创新进入史无前例的狂飙时期，尤以美国、英国、加拿大、荷兰最为突出。金融业加速“脱媒”，资产证券化飞速增长，银行贷款占社会融资总规模的比例快速下降。如果考虑到各种金融创新所创造的金融产出，1980 年之后，金融产出之增长率还要高许多。托马斯 · 菲利蓬和阿里耶勒 · 雷谢夫认为：“1870 年之后，生活水准提升的大多数时期里，金融产出之增长和用于金融消费的收入增长都低于人均国内生产总值之增长。1980 年之后，金融产出和人均收入之间的关系确实发生了重大变化。”

这是一个非常重要的现象，需要认真解释。

其他学者的研究也得出同样结果。伯顿 · G · 马尔基尔①指出：“1980~2006 年，美国金融服务业产出从国内生产总值的 4.9% 上升到 8.3%。”这是相当显著的增长。

在另一篇详细的研究报告里，哈佛商学院教授罗宾 · 格林伍德

① Burton G. Malkiel, “Asset Management Fees and the Growth of Finance,” *The Journal of Economic Perspectives*, Spring 2013, pp.97–108.

和戴维 · 沙尔夫斯泰因[1]得到的明确结论是："过去 30 年里，金融服务业呈现急剧增长。无论我们以与国内生产总值之比、金融资产总量还是就业人数和平均工资来评估，金融服务业的急剧增长都是显著事实。"

两位学者的数据和结果与伯顿 · G · 马尔基尔的类似，可以相互验证。

美国金融服务业增加值与国内生产总值之比：1950 年是 2.8%，1980 年是 4.9%，2006 年是 8.3%。金融服务业增加值就是金融服务业收入减去非工资成本，或者等于利润和报酬之和。

1980 年之后，金融服务业增长比之前 30 年要快得多。1980 年之后，金融业增加值年增速为 13 个基点（即每年增长 0.13%），前 30 年增速只有 7 个基点（即每年增长 0.07%）。1980 年之后，金融服务业增长占全部服务业增长的 1/4。证券发行和信用中介（各类信贷或贷款）是金融服务业增长的主力。保险则自 20 世纪 40 年代以来，没有出现大幅度波动，基本是稳定缓慢增长。

从金融资产或金融合约分类来看，增长也极为明显：股票、债券、衍生工具、共同基金等皆呈现大幅度增长。根据美联储数据，美国全部金融资产价值与国内生产总值之比：1980 年为 5 倍，2007 年达到 10 倍。金融资产与有形资产（厂房、设备、土地、住宅等）之比也有上升。1980 年之前没有出现过类似情形，1980 年之后才出现。英国、加拿大、瑞士等国也出现了类似增长。

金融业平均工资开始大大超过其他行业的平均工资。1980 年，金融业平均工资与其他行业大体相当；2006 年，金融业的平均工资是其他行业平均工资的 1.7 倍。与此同时，受高工资的吸引，优秀大

① Robin Greenwood and David Scharfstein, "The Growth of Finance," *The Journal of Economic Perspectives*, Spring 2013, pp.3–29.

学生纷纷进入金融业。2008 年，高达 28% 的哈佛学院毕业生进入金融业，而 1969~1973 年只有 6%。20 世纪 90 年代，斯坦福MBA（工商管理硕士）毕业生进入金融业的薪水是其进入其他行业同班同学薪水的 3 倍之多!

实际上，自 20 世纪 70 年代起，美国、荷兰、法国、德国、丹麦、加拿大、芬兰七国的金融业相对工资水平均出现较快上升，其中以美国和荷兰上升最快。而奥地利、比利时、日本、英国和瑞典则没有出现上升甚至有所下降，原因之一是之前这些国家的金融业相对收入已经很高。自 20 世纪 70 年代开始，金融业吸引了更多技术劳动力就业（即拥有至少一个大学或学院学位的员工）。日本和芬兰技术劳动力比例最高，美国也很高。

英国金融服务管理局（FSA）前主席阿代尔 · 特纳也指出类似结果[①]："自 1855 年开始，过去近 160 年里，英国金融部门的总体增加值比总体经济增长大约每年高 2 个百分点。美国在这 160 年中，国内生产总值从 1% 增长到 8%。20 世纪 20 年代和 1980 年之后的 30 多年来是金融实力上升最快的两个时期。从英国的情况看，在整体经济快速增长时期（1945~1970 年），金融实力却没有 1980 年之后的 30 年那么高。"

究竟是哪些金融业务快速增长呢？根据罗宾 · 格林伍德和戴维 · 沙尔夫斯泰因的详尽剖析，1980~2007 年增长最快的金融业务主要是资产管理和家庭信贷。资产管理业务的快速增长主要又来自金融资产价值的快速增长；金融资产价值的快速增长又来自股票价格的快速上升，尤其是市盈率（价格与收益之比）的急剧增长。

① 阿代尔 · 特纳，《危机后的经济学：目标和手段》（中译本），曲昭光、李伟平译，中国人民大学出版社，2014 年，第 74 页。

家庭信贷的增长同样惊人。1980 年，家庭信贷只是国内生产总值的 48%，2007 年达到 99%。绝大多数家庭信贷增长又来自住宅抵押贷款。消费贷款包括汽车、信用卡和学生贷款，还有相当部分抵押贷款其实是家庭以抵押为名的消费贷款。家庭信贷增长带动抵押贷款发起、资产抵押债券承销、固定收益产品的交易和管理以及衍生金融工具的推出。

证券行业的增长引人注目。1980~2007 年，从金融业增加值与国内生产总值之比来看，证券行业增长占到整个金融业增长（3 个百分点）的几乎一半。1980 年，证券业增加值与国内生产总值之比为 0.4%，2007 年达到 1.7%，最高达到 2.0%（2001 年互联网泡沫时期）。

尽管传统银行所占金融市场份额持续下降，公司和家庭信贷与国内生产总值之比却持续上升。全部公司信贷与国内生产总值之比从 1980 年的 31% 上升到 2007 年的 50%。传统银行给公司贷款总额略有下降，与国内生产总值之比从 1980 年的 14% 下降到 2007 年的 11%。1980~2007 年，家庭信贷（主要是抵押贷款）则从国内生产总值的 48% 上升到 99%。整个时期里，传统银行给家庭提供的信贷与国内生产总值之比大体维持不变（40%），其余增长全部来自证券化资产。

早在 1995 年，单一家庭抵押贷款和相当部分商业抵押贷款以及信用消费贷款就已经被证券化。证券化的巅峰时期是 2000~2007 年。依照 2007 年美国国内生产总值大约 14 万亿美元计算，2007 年仅家庭抵押证券化资产就达到近 7 万亿美元！与此同时，低品质的抵押贷款占比快速上升，2005~2006 年，次级抵押贷款占美国全部家庭抵押贷款总发行量的比例达到 20%[①]。

---

① Alan Greenspan, *The Map and the Territory: Risk, Human Nature and the Future of Forecasting*, The Penguin Press, 2103, p.66.

影子银行的急剧增长是金融服务业快速增长的主要特征和引擎。全球范围的影子银行业务规模从 2002 年的 26 万亿美元，急速扩张到 2007 年的 62 万亿美元。影子银行快速扩张，正是金融危机爆发的关键原因。金融危机爆发，影子银行规模短暂下降，很快恢复增长。到 2011 年，全球影子银行规模达到 67 万亿美元，2013 年更达到 73 万亿美元之巨，超过危机前规模。2011~2013 年，影子银行持续保持 10% 以上的增速[①]。

许多研究者发现的一个更加重要的结论是：过去 30 多年来，全球金融产出的持续增长似乎并没有对真实国内生产总值或人均真实国内生产总值的增长起到重要的促进作用。托马斯 · 菲利蓬和阿里耶勒 · 雷谢夫的样本数据并没有发现金融增长（无论是采用金融业占国民收入之比例，还是采用银行贷款与国内生产总值之比）与人均国内生产总值增速之间有特别明确的关系。

这就牵涉到一个重大理论问题：金融业与经济增长之间究竟是怎样的关系？金融业如何才能有效促进经济增长？关于金融业与实体经济增长之间的关系，许多人深感困惑的是，为什么全球流动性金融资产无论是规模还是增长速度，都会显著超过实体经济增速和实物资产增长速度。譬如，1984~1994 年，发达经济体的固定资本或实物资本只有 2%，流动性金融资产增速却高达 5%，两者差距如此巨大，这其中的机制是什么？

我们还可以列举出许多重要的特征事实。

20 世纪 60 年代之后，美国国内资本投资持续下降，从 1965 年占国内生产总值的 21.4% 下降到 2012 年的 16.2%。正是由于国内

---

① Alan Greenspan, *The Map and the Territory: Risk, Human Nature and the Future of Forecasting*, The Penguin Press, 2013, P.40.

资本投资的持续下降，美国非农单位小时产出（也就是生产力）持续下降，1870~1970 年的非农单位小时产出之年均增长率为 2.2%，1965~2012 年下降到 2.0%。

与此相应，美国国内储蓄从 1965 年的 22.04% 下降到 2012 年的 12.88%（占国内生产总值的比例）[①]。家庭储蓄占可支配收入的比例，从 20 世纪 70 年代中期的大约 10% 下降到 2013 年的不到 5%。格林斯潘认为，储蓄原本是为了支持投资的，自 20 世纪 70 年代以来，越来越多的储蓄转化为消费，所以美国国内生产总值增速持续放缓，中产阶级家庭收入持续恶化。

这里就出现一个问题，长期而言，美国国内资本投资大于国内储蓄，那部分投资是谁来融资的呢？格林斯潘认为是美国人从海外借来的储蓄。从封闭经济里长期投资必然等于长期储蓄来分析，似乎只能是这个结论。不过由此引发了另一个更为重要的问题：20 世纪 70 年代之后，金融资产以如此高速增长（前面已详细论述），为什么实物资产（国内资本投资）增速反而持续下降呢？这是需要详细解释的重要问题。

根据资本积累的一般理论或国民收入统计的一般原理，投资最终必然等于储蓄。也就是说，如果实质资本或实物资本的年增长率只有 2%，那么金融资产或实质储蓄（应该说，金融资产就是全部国民储蓄的金融资产组合）增长率应该也是 2%，为什么会是 5%？那么高达 3 个百分点的差额究竟来自何处？换言之，金融资产快速扩张的根源究竟是什么？

---

① Alan Greenspan, *The Map and the Territory: Risk, Human Nature and the Future of Forecasting*, The Penguin Press, 2103, p.208.

第七章　全球金融资本主义的货币起源

古往今来，研究资本主义起源、演化、运行机制和运行规律的文献汗牛充栋。然而，就我知识所及，还没有多少学者将资本主义的兴起，尤其是全球金融资本主义的兴起与国际货币体系的演变明确联系起来并进行系统深入研究。系统深入研究国际货币体系与全球金融资本主义之间的逻辑、历史和理论联系，则是本书的一项基本任务。

全球金融资本主义兴起的关键原因之一，是国际货币体系从有锚货币和固定汇率转向无锚信用货币和浮动汇率。如果说全球金融资本主义的兴起有其必然性，那么正是因为国际货币体系的崩溃或演化有其必然性，所以，深入理解国际货币体系演变的历史趋势和规律，就成为理解全球金融资本主义兴起的核心环节。

全球金融资本主义的起点

本书将 1971 年确定为全球金融资本主义新时代的起点（具体说

就是 1971 年 8 月 15 日布雷顿森林体系崩溃之日），绝非武断随意。布雷顿森林固定汇率体系的崩溃，将人类货币体系与物质商品的最后一点儿联系连根拔起，彻底摧毁，人类第一次真正进入完全信用货币（fiat money）时代和无锚货币（unanchored monetary）时代。完全信用货币和无锚货币是人类历史的新尝试。

从古至今，人类总是渴望找到货币的最后价值、终极价值或绝对价值，总是渴望为货币寻找一个“价值之锚”或“稳定之锚”。商品货币时代,金本位制、银本位制、复本位制时代，商业银行或中央银行发行的钞票至少原则上可以与某种商品、黄金或白银兑换，任何钞票都有一个最后的价值基础或价值之锚。

完全信用货币或无锚货币将价值之锚完全消灭。那么，货币的价值基础究竟是什么？我们以什么作为货币发行的基准或准则呢？我们以什么作为货币政策的基准或原则呢？说到最后，究竟什么是货币？我们为什么需要货币？人类是否有能力管理好“自己发明”的信用货币？这些问题正是当代货币理论和货币政策哲学辩论的焦点。

无锚货币或信用货币正在深刻改变人类经济体系。信用货币赋予主权国家货币当局操纵货币的巨大权力，赋予主权国家赤字融资、债务融资、以通货膨胀征税的巨大空间，赋予主权国家调节货币供应量、调节利率、调控流动性的无限可能性。1990 年前后，当苏联解体、东欧剧变、数十个新国家创立之时，每个新生国家的第一要务就是创立自己的中央银行和发行自己的钞票，它不仅是国家主权的象征，而且关乎具体实在的经济利益。

与此同时，布雷顿森林体系的崩溃，将固定汇率体系的基础彻底摧毁，浮动汇率成为各国货币关系的主流趋势。汇率灵活性不断增强，货币竞争日趋激烈，主权货币、区域货币、国际货币共生共存，国际资金流动和货币套利交易急剧增长，国际货币体系波涛起伏、危机频频。

最重要的是，布雷顿森林体系的崩溃，终于为全球金融资本主义的降临铺平道路。无锚货币或信用货币为金融资本主义取代产业资本主义提供了取之不尽的资源，货币竞争和浮动汇率则成为全球金融资产和金融市场急速扩张的最强大引擎。

诚然，资本、资本家、资本市场和资本主义经济制度的演变有漫长的历史。商业资本、工业资本、金融资本（还可以包括农业资本、垄断资本等多种资本形态）从来都是交相辉映，长期共存。我们不能说任何时期只有一种资本形态，只能说某个时期里，某种资本形态占据支配和主导地位。占据支配和主导地位的资本形态决定了那个时期经济体系运行的主要机制和规律。据此，我们大体可以说，商业资本是 16~19 世纪早期占据主导和支配地位的资本形态，工业资本则是 19 世纪后期到 20 世纪占据支配和主导地位的资本形态。到了 20 世纪后期，金融资本则逐渐取代工业资本，成为占据支配和主导地位的资本形态。

自然界和人类事物的演变往往是一个量变到质变的动态过程。在相当长的历史时期里，金融资本（有时又被称为食利资本或虚拟资本）一直存在，某些时期在某些地方，金融资本甚至支配和主导着其他资本形态。斯密在《国富论》中就讨论过如何尽可能将全部社会资本转化为生产性资本，斯密认为食利者是非生产性阶级，食利资本是一种非生产性资本。李嘉图和马克思对食利者阶级的谴责尽人皆知，认为那是财富分配不公的主要原因。[①]马克思还讨论过虚拟资本或食利者阶级如何参与资本家剩余价值的分配。1920 年，奥地利经济学派杰出的经济学者希法亭出版《帝国主义论》，非常明确地认为金融资本已经取代商业资本和工业资本，成为资本主义经济体系占据支配和主导地位的资本。

然而，本书认为，只有到了 20 世纪 70 年代之后，尤其是《布雷顿森林协议》确定的固定汇率体系崩溃之后，资本主义经济体系才真正开始进入全球金融资本主义新时代。

首先从经济现象看，金融资本主义所必然具有的一切典型的经济现象和特征事实，只有 20 世纪 70 年代之后，才开始最直接和最鲜明地呈现出来。这些特征事实和独特现象包括：

1. 金融业对经济增长或国内生产总值的贡献度逐渐和快速上升。

2. 金融资产占全部资产或财富的比例快速上升。

3. 金融工具的数量和交易量快速上升。

4. 越来越多的社会精英进入金融业。

5. 金融从业人员的平均收入及其增长幅度大大超过其他行业的平均收入，金融行业精英阶级的收入跃居所有收入阶层的金字塔顶，成为所谓1%最高收入阶层中的最高收入者，即成为那个众矢之的的 0.01%群体。

6. 关键经济指标（利率和汇率）日益脱离经济基本面，转而由金融市场的预期和投机行为来决定。

---

① 法国年轻的经济学家托马斯 · 皮凯蒂以研究财富分配和收入不平等的历史而知名。2013 年其新著《21 世纪资本论》刚一出版，旋即轰动英美，成为罕见畅销书。皮凯蒂认为欧美发达经济体财富分配不平等的核心原因是长期资本收益率（r）大于长期经济增长率（g）。长期资本收益率就是食利者阶级或非生产性资本的收益率。从这个意义上，皮凯蒂的结论与李嘉图和马克思异曲同工。不过，皮凯蒂没有深入讨论为什么r会长期大于g，资本回报率长期大于经济增长率的机制是什么，以及为什么。

7. 金融业日益演化为一个自我循环的虚拟经济体系。

8. 全球外汇交易量迅速脱离全球贸易结算需求和避险需求，成为与真实贸易无关的完全的套利交易。

9. 大宗商品日益成为金融炒作或投机的标的物，成为金融产品，其价格日益脱离实体经济的供求关系。

10. 金融业和金融家对国家和国际经济政策的影响力与日俱增，“大而不能倒”甚至“小而不能倒”成为金融业新的救命符咒。

11. 中央银行的货币信贷政策跃居为最重要的宏观经济政策，财政政策退居其次。

12. 货币危机、汇率危机、银行危机和金融危机的频率快速增加，金融体系的不稳定性迅速上升。

其实我们还可以列举出许多特征事实。首先，这些新的现象以往时代从来没有出现过，至少从来没有如此集中和如此显著地出现过。资本主义数百年历史里，金融资本多次兴起、壮大和持续存在，但从来没有像 20 世纪 70 年代之后如此快速膨胀，规模如此庞大，种类如此繁多，对实体经济的影响如此巨大和深远。无论从哪个角度衡量，我们都不得不承认它们是史无前例的新现象。

其次，20 世纪 70 年代固定汇率体系崩溃、完全无锚货币时代降临之后，金融资本的形成和增长（积累）机制发生划时代的变化。根据资本积累的一般规律，一般均衡状态下，金融资产的总量与实物资产的总量应该均等，因为任何一项金融资产必然要对应一项实物投资或资产。二者价值出现背离或差异的原因主要有两个，一是金融资产的价值脱离实物资产而自我变动，譬如一家公司的股票市值可以远远超过或低于公司全部资产总和（有形资产和无形资产）；二是实物资产或投资的价值也可以大大超过或低于金融资产的价值，譬如从银行贷款 100 万购置房产，价值很快上涨到 500 万。

因此，根据正常的资本积累规律，从长期历史趋势来看，一个国家的金融资产价值总和（市值总和）应该与实物资产价值总和协调增长（理想情形下应该完全相等），金融资产市值不应该长期持续偏离实物资产价值。一个近似的衡量指标是一国金融资产价值（市值或现值）与该国国内生产总值之比。根据该指标，20 世纪 70 年代之后，全球发达经济体确实进入了一个真正的金融资本主义时代，主要发达经济体的金融资产与国内生产总值之比始终保持高速增长。以美国为例，从 1980 年的 500%（5 倍）急剧上升到 2007 年的 1 100%（11 倍）。[①]如此庞大的金融资产肯定不是实体经济所创造的储蓄（个人家庭储蓄、政府储蓄和企业储蓄）的结果或表现。相反，自 20 世纪 70 年代尤其是 20 世纪 80 年代以来，美国、英国等国家的储蓄率都出现持续下降。

国民总储蓄率持续下降，金融资产却反而以极高的速度增长，这如何可能呢？唯一的途径就是货币创造和大规模的债务融资或债务累积（家庭、企业和政府皆大规模举债）。单纯依靠货币创造来实现过度投资和过度消费，必然诱发金融资产恶性膨胀和金融资产价格泡沫及泡沫破灭的金融危机。[②]

国际货币体系和现代资本主义的兴起

1968 年，后来成为法国总统和欧元战略家的吉斯卡尔 · 德斯

---

① Robin Greenwood and David Scharfstein, “The Growth of Finance,” *The Journal of Economic Prospectives*, Spring 2013.

② 参见本书末附录的经典案例分析“约翰 · 劳和密西西比泡沫”。

坦，就国际货币体系改革发表了一篇重要演讲。他说："简而言之，国际货币体系改革对世界整体经济和各国经济，都有异常深刻的影响。国际货币体系对世界各国经济的影响程度，远远超过所有国内经济政策，美国也不例外。"

德斯坦并非夸大其词。1999年，当代国际宏观经济学的奠基人、"欧元之父"蒙代尔荣获诺贝尔奖，他为自己的诺贝尔演说选择了一个雄心勃勃的题目"20世纪回望"，试图简要总结20世纪国际货币体系的演变历史与整个世界政治经济之间的复杂关系。蒙代尔说："我试图阐明：货币因素在许多政治事件中发挥了决定性的作用。特别是，我将指出，国际货币体系的动荡不安触发了20世纪无数次政治上的风云变幻。我们至今对国际货币体系的动荡还知之甚少。美国的崛起和美联储的错误政策正是国际货币体系不稳定的直接原因。"

放宽历史的视野，为了深入理解全球金融资本主义的兴起、危机和救赎，我们必须深刻认识国际货币体系演变的内在规律。国际货币体系的演变对于资本主义尤其是全球金融资本主义经济体系的兴起具有特殊重要性，甚至是关键环节。

关于人类资本主义经济制度的起源，数百年来，思想者曾经提出无数解释和学说，譬如马克思的原始积累学说，韦伯的《新教伦理与资本主义精神》，宋巴特的资本主义发展理论，亚当·斯密的自然演化学说和资本积累导致劳动分工学说，熊彼特的创造性毁灭理论，诺斯等人的私有产权和交易费用理论，彭慕兰的"大分流"理论，白银资本理论，卡尔·波兰尼的《大转型》对资本主义和市场经济起源的分析。

仔细考察这些学说，我们会发现一个共同的基点，那就是这些思想家直接或间接地认为，货币信用和金融制度的创新和演化，是资本主义制度兴起最重要和不可或缺的条件。令人兴奋同时令人深思的是，资本主义的货币信用和金融制度一开始就是一个国际性的货币信用和金融制度，国际货币体系或国际金融体系从一开始就对资本主义制度的演变具有决定性作用。

马克思关于资本主义起源的著名学说是“资本的原始积累学说”。《资本论》第一卷第 24 章“所谓原始积累”开篇就写道：“我们已经说明货币如何转化为资本，资本如何创造剩余价值，剩余价值如何再转化为更多资本。然而，资本积累以剩余价值为前提，剩余价值以资本主义生产方式为前提，资本主义生产方式则以商品生产者手中拥有相当数量和规模的资本和劳动力为前提。因此，资本主义生产和积累过程似乎就陷入了一个永无止境的循环之中，唯有假定在资本主义积累过程出现之前，有一个原始积累过程（亚当 · 斯密称之为‘前期积累’），我们才能跳出这个永无止境的循环。这个原始积累过程不是资本主义生产方式的结果，而是它的起点。”①

那么，原始积累的主要源泉和动力又来自何处呢？那就是国家信用和国债、国际信用和国际债券。马克思说得很清楚：“公债成了原始积累最强有力的手段之一。它像挥动魔杖一样，使不生产的货币具有了生殖力，这样就使它转化为资本，而又用不着承担投资于工业的风险，甚至都用不着承担投资于高利贷时所不可避免的劳苦和风险……撇开这些不说，国债还使股份公司、各种有价证券的交易、证券投机，总之，使交易所投机和现代的银行投机兴盛起来。”

马克思认为国际信用制度正是许多国家资本主义制度兴起的秘密所在，国际借贷关系将资本主义经济制度从一个地方输送到另一个地

---

① 马克思《资本论》（第一卷），中共中央马克思恩格斯列宁斯大林著作编译局译，人民出版社，2004 年，第 24 章。

方，从一个国家输送到另一个国家。“随着国债同时产生的，有国际信用制度，国际信用制度常常隐藏着这个或那个国家原始积累的源泉之一。威尼斯以巨额货币贷给荷兰，威尼斯的劫掠制度的卑鄙行径就成为荷兰资本财富的这种隐蔽的基础。荷兰和英国的关系也是这样。荷兰在 1701~1776 年的主要营业之一就是贷放巨额资本，特别是贷放给它的强大竞争者英国。现在英国和美国之间也在发生类似的情形。”①

马克思上述生动和深刻的描述，事实上完全适用于今天的全球金融资本主义，甚至可以说是对今天全球金融资本主义的国际信用关系的直接写照。国际借贷、国际资本流动、跨国投资，始终是全球金融资本主义的最强大动力。

法国年鉴学派史学家布罗代尔的巨著《15 至 18 世纪的物质文明、经济和资本主义》，旨在总结西欧资本主义经济制度的兴起。他的核心主题和结论就是金融资本主义。

第一，地理大发现以及西欧列强随后对海外殖民地的掠夺尤其是对贵金属的掠夺，开启了现代资本主义的大门，白银资本发挥了至关重要的作用。“欧洲人从美洲所取得的白银，成了打开贸易大门的咒语。”“在经过了天翻地覆的变化的远东，白银仍是解决所有问题的钥匙。”②

第二，世界经济中心的转移首先表现为金融中心的转移，从热那亚、佛罗伦萨、威尼斯、安特卫普、汉堡到荷兰阿姆斯特丹，从阿姆

---

① 马克思《资本论》（第一卷），中共中央马克思恩格斯列宁斯大林著作编译局译，人民出版社，2004 年，第 24 章。

② 布罗代尔，《15 至 18 世纪的物质文明、经济和资本主义》第三卷《世界的时间》）（中译本），施康强、顾良译，生活 · 读书 · 新知三联书店，2002 年，第 236~237 页。

斯特丹到伦敦，从伦敦再到纽约。经济中心和金融中心转移的背后，则是资本形态的演变和跃进。只有与时俱进，不断创新资本形态、不断创新金融市场和金融工具的地方，才有望永保金融中心和经济中心的地位。“到 18 世纪末，阿姆斯特丹的地位无疑已被伦敦所取代，正如威尼斯曾经被安特卫普所取代、伦敦将被纽约所取代一样。”阿姆斯特丹国际金融中心地位的衰落的核心原因，乃是阿姆斯特丹没能将商业资本有效转化为工业资本，而是过度沉迷于金融投机。“阿姆斯特丹的资本已从承担经济活动的基本任务（有益的任务）转而从事最精巧的金融活动”。“阿姆斯特丹竟然重蹈覆辙，抛开仓储贸易的实际利益，追逐食息取利的空幻希望，甚至以其资金推动伦敦的繁荣，使伦敦在竞争中稳操胜券。不管是正常演变还是畸形发展，金融业的蓬勃高涨似乎预示着成熟阶段的到来，这是秋季即将来临的信号。”①

第三，布罗代尔认为资本主义是一个不断演化的历史过程，并非人类历史某个阶段突然冒出来的怪物。然而，在多种多样的资本主义形态里，金融资本主义最终取代控制、支配和压倒一切的地位。布罗代尔将资本分为农业资本、商业资本、工业资本和金融资本。“在 19 世纪初期的英国，资本以其惯有的、依旧活跃的形式而出现。直到 1830 年农业资本仍占英国物质财富的一半。工业资本最初逐渐增加，随后突然膨胀。商业资本历史悠久，虽然相对地位并不十分重要，但它却在世界范围内迅速扩散，并创造了殖民主义。最后是金融资本（银行和财政合在一起），在伦敦称霸世界之前已经出现。”②

布罗代尔对希法亭关于金融资本主义的论述表示赞同。希法亭认

---

① 布罗代尔，《15 至 18 世纪的物质文明、经济和资本主义》（第三卷《世界的时间》）（中译本），施康强、顾良译，生活 · 读书 · 新知三联书店，2002 年，第 272 页。

② 同上，第 698 页。

为，正是在20世纪，随着股份有限公司的大批出现，以及资金以各种形式的大规模集中，金融资本主义才与工业资本主义和商业资本主义形成三位一体：工业资本主义为圣父；商业资本主义为圣子，地位较低；金融资本主义则是贯穿一切的圣灵，地位最高。布罗代尔对此评论道："撇开这个有争议的形象，我们不如记住，希法亭反对单一的工业资本主义的观点，在他看来，资本世界具有多种形态，其中的金融资本——他心目中的最高形态——趋于向其他形态渗透，进而控制和压倒其他形态。对于这种见解，我完全可以赞同。"①

金融资本形态能够向其他形态渗透，进而控制和压倒其他形态，实际上正是资本本身积累的必然结果。布罗代尔认为："金融资本主义不是20世纪的新生儿，早在过去，仅以热那亚和阿姆斯特丹为例，由于商业资本主义的急剧增长，正常投资机会已不足以为积累的资本提供出路，金融资本已经将商埠置于自己的控制之下，并进一步征服整个商业世界。"②金融资本的规模和能量日益壮大，一方面是工业革命刺激经济较快增长，经济快速增长必然大幅度提高储蓄和资本积累，另一方面则是伴随工业革命的金融革命刺激金融工具数量和金融交易规模快速膨胀。现代商业银行、投资银行、中央银行、股份有限公司、股票交易所、外汇交易所、大宗商品交易、衍生金融交易、期权期货交易等，皆发端于16世纪初期，那正是全球商业资本主义初露曙光之时。

---

① 以上引文均见布罗代尔，《15至18世纪的物质文明、经济和资本主义》（第三卷《世界的时间》）（中译本），施康强、顾良译，生活·读书·新知三联书店，2002年，第698~699页。

② 同上，第699页。

第八章　国际货币体系的演变：英镑的兴衰和美元的崛起

纵观历史，正如军事力量一样，只要某个地区或整个世界出现超级大国，它的货币就必定在那个地区或整个世界发挥支配和主导作用。从地区霸权的角度，我们可以列举出曾经主导区域经济和金融的大国货币。譬如巴比伦的沙克尔、波斯的德里克、希腊的德拉克马、马其顿的斯达特、罗马的德拉留斯、伊斯兰国家的第纳尔、意大利的杜卡特、西班牙的塔布鲁恩、法国的利弗尔（18 世纪主导欧洲大陆多数地区的经济和金融），以及历史上中华帝国的货币。

以英国和法国争夺世界霸权为核心内容的“七年战争”，最终以英国的胜利而告终，一个真正意义上的大英帝国正式形成。“到了 1743 年，大英帝国已经被视为一个完整的整体，包括大不列颠、爱尔兰、美洲的种植园和渔场，以及它在印度和非洲的领地……在这个庞大的帝国里，太阳永不落，帝国辽阔的疆域无边无际。”①

---

① 尼尔 · 弗格森，《帝国》（中译本），中信出版社，2012 年，第 31 页。

以英镑为核心的国际货币体系开始成形

进入 19 世纪，自从特拉法尔加海战和滑铁卢战役两次击败拿破仑之后，大英帝国的势力更是日渐庞大，日不落帝国开始跃进巅峰时期。伴随帝国的兴盛和繁荣，英镑逐渐演化和崛起为人类历史上第一种真正意义上的国际货币。自 1815 年直到第一次世界大战结束，英镑一直是全球性的支配货币，尽管同一时期还有其他货币与之竞争，英镑的支配地位却是毋庸置疑的。①

19 世纪英镑对全球经济、金融和货币的支配地位，正是大英帝国全盛时期令人惊叹的强大国力的反映。1860 年，大英帝国领土面积达到 2 470 万平方公里，到了 1909 年，总面积增加到 3 302 万平方公里，占世界陆地面积的 25%——是法国领土的 3 倍，德国领土的 10 倍。大英帝国统治着 4.44 亿人口，差不多也占世界人口的 1/4。

不仅如此，19 世纪的大英帝国已经成为事实上的世界银行，在世界范围内进行了大量投资。到 1914 年，英国在海外资本投资的名义总价值达 38 亿英镑，占世界境外投资总资产的 40%~50%，是法国海外投资的两倍，德国海外投资的 3 倍多。一个经济体能拥有如此高比例的海外资产，可以说是空前绝后的。1870~1913 年，英国的投资资金平均占国内生产总值的 4.5%，1872 年、1890 年和 1913 年都达到周期性的顶峰，占国内生产总值的 7%。英国从股市里筹措的资金大多投向了美国，而非英国本身。另外，比起其他欧洲经济体，英国资金的投资区域更为分散。英国的海外投资中只有 6% 投资在西欧，45% 都投资在美国和白人殖民地上。20% 投给了拉美地区，16% 投给

① 有学者将英镑成为国际支配货币的时间起点定为 1821 年，那一年英国在击败拿破仑之后，重新恢复黄金硬货币支付，正式恢复金本位制。

了亚洲，13%投给了非洲。1865~1914 年，英国的海外领地吸引了英国投资资金的 38%，到 19 世纪 90 年代，这一比例上升到 44%。与此同时，大英帝国的出口占英国出口总量的比例，从 19 世纪中期的 25%上升到 1902 年的 40%。1870~1913 年，英国每年的海外投资总收益占国内生产总值的 5.3%。[①]

正是凭借所统治（直接或间接）的辽阔领土、庞大的海外投资和海外贸易，19 世纪的大英帝国重塑了全球经济，事实上创造了一个真正的全球经济体系或全球资本主义经济体系。英帝国将自己的贸易规则推广到世界许多地区，促使世界上越来越多的国家接受自由贸易原则。在为世界贸易确立规则的同时，英帝国还为国际货币体系确立了标准。1868 年，只有英国和它的一些经济依附国——葡萄牙、埃及、加拿大、智利和澳大利亚——实行金本位制。法国和拉丁货币同盟的其他成员国，以及俄国、普鲁士和多数拉美国家则实行复本位制，世界其余地区则实行银本位制。然而，到了 1908 年，除了中国、普鲁士和少数中美洲国家继续实行银本位制之外，金本位制成为世界货币体系的标志，实际上就是英镑本位制[②]。

所以，从大历史或大时间角度来划分，我们可以将 1815~1914 年的 100 年时间称为金本位制时代或英镑本位制时代，将 1873~1914 年的 40 年时间称为金本位制或英镑本位制的巅峰时代。

1914 年第一次世界大战爆发之后，英镑地位开始显著下降，其国际货币地位迅速被美元取代。1931 年 9 月 21 日英镑最终脱离金本位制，英镑地位一落千丈。然而，直到第二次世界大战结束，甚至直到 1956 年苏伊士运河危机，英镑仍然没有被美元完全替代。

---

① 尼尔 · 弗格森，《帝国》（中译本），中信出版社，2012 年，第 210~211 页。

② 同上，第 212 页。

美元正式取代英镑究竟发生在哪一年？美元究竟是在哪一年真正成为居于支配和主导地位的国际货币？学者们的结论差异很大。有人认为是 1914 年，有人认为是 1928 年，还有人将 1956 年苏伊士运河危机看作英镑最终向美元移交权力的象征。

无论采取什么标准，我们将 1815~1914 年的国际货币体系称作英镑主导时代，大体是靠得住的。长达一个世纪的时间里，英镑是国际贸易和国际金融的支配货币。英国是全世界主要的贸易大国最大债权国，伦敦则是全球主要金融中心。

美国经济学者施瓦茨说："那个时期（1821 年至第一次世界大战），英国在国际货币体系中所发挥的作用与其他国家迥然不同。虽然黄金是关键储备资产，但是许多国家却同时持有大量外汇储备，其中最主要的外汇储备又是英镑。"①

古斯塔夫和蒙代尔也同意这个结论："金本位制（尤其是 1900~1913 年的金本位制）的确给世界带来了某种形式的货币统一，金本位制覆盖了世界货币交易的 2/3。金本位制集团是一个固定汇率货币区，它可以被称为世界性的英镑区，因为英镑是全球最重要的记账货币，英帝国区域内的货币交易量庞大，伦敦是国际资本市场的中心。"②

英镑崛起的历史背景

除了前面已经论述的历史事实，我们还需要更加深入地讨论一下英镑崛起为世界货币的历史过程，尤其是英镑崛起的经济和金融背

① 《蒙代尔经济学文集》（中译本）第四卷，向松祚译，中国金融出版社，2003 年。

② 同上。

景。本书并非是一部专业的金融历史著作，以下的描述和分析只能是提纲挈领式的。

英国人口和生产力快速增长。18 世纪开始，英国人口和生产力出现较快增长。1700~1820 年，英国人口增速明显加快，其人口增长率是所有欧洲国家里最快的，人口城镇化率尤其显著提高。1820~1870 年，英国国内生产总值复合增长率达到 1.2%。与此相对照，德国只有 0.7%，美国只有 1.5%，日本只有 0.1%。英国处于全球经济的绝对领先地位。①

人均收入快速增长。1700~1820 年，英国人均收入增长快于 17 世纪，是欧洲平均水平的 2 倍多。1700 年，英国的国内生产总值是荷兰的 2 倍，到 1820 年，它相当于后者的 7 倍。②

开启第一次工业革命，执全球产业和生产力进步之牛耳。1750 年之后，英国的工业结构和经济结构开始发生天翻地覆的革命性变化。以棉纺织业为核心的第一次工业革命，让英国快速实现了工业化。1764~1767 年，哈格里夫斯发明珍妮纺纱机，纺织业生产率提高 16 倍。1768 年克朗普顿发明的纺纱机，成功利用了水力动力。1787 年卡特 · 奈特发明动力织机，大大提高了织布的生产率。1793 年，美国人惠特尼发明轧花机，极大降低了原棉生产成本。1770 年，英国棉纺业的就业人数还可以忽略不计，但到 1820 年，棉纺业的就业人数占整个劳动力的 6% 以上，面纱及其制成品占英国出口量的 62%。③

---

① *Creating Modern Capitalism: How Entrepreneurs, Companies, and Countries Triumphed in Three Industrial Revolutions*, edited by Thomas K. McCraw, Harvard University Press, 1997, pp.12–34.

② Ibid., pp. 45–67.

③ Ibid.

第一次工业革命爆发之后，英国的农业产值和农业劳动力的比重显著下降，工业和制造业产值和劳动力的比重则显著上升。1700 年，农业劳动力占英国总劳动力的比重为 56%，工业和服务业占 44%；1820 年，农业劳动力的比例下降到 37%，工业和服务业劳动力的比重则上升到 63%；到 1890 年，农业劳动力的比重下降到 16%，工业和服务业劳动力的比重则上升到 84%。英国是世界上第一个全面实现工业化、城镇化和现代化的国家，是全球第一个制造业和工业中心。①

对于英镑成功崛起成为全球货币而言，最重要的或许是，大英帝国成功建立起人类有史以来最庞大和第一个真正意义上的全球性贸易网络。1720~1820 年，英国的出口每年增长 2%，荷兰则每年下降 0.2%。1700 年，英国航运量占世界航运能力的 1/5 多一点儿，荷兰超过 1/4。到了 1820 年，英国的份额已经超出 40%，荷兰的份额则下降到只有 2% 多一点儿。通过一系列战争、殖民和公然的掠夺，大英帝国确立了全球商业霸权地位。1700~1774 年，英国对其殖民地的贸易和大英帝国对外部世界的贸易，均实现了大幅度增长。当然，最重要的是 19 世纪大英帝国的势力范围覆盖了地球 1/4 的领土和 1/4 的人口。巨大的市场决定了一切，大英帝国生产的产品从来不用担心没有市场。

1820~1913 年，英国人均收入增长比过去任何时候都要快，大约为 1700~1820 年的 3 倍。该时期是英国发展的一个历史新纪元。核心推动力量是技术进步，资本的快速积累，教育水平迅速提高，人力资本显著改善，劳动力和产业的国际分工日益深化。整个时期，英国

① *Creating Modern Capitalism: How Entrepreneurs, Companies, and Countries Triumphed in Three Industrial Revolutions*, edited by Thomas K. McCraw, Harvard University Press, 1997, pp. 45–78.

出口年平均增长率达到 3.9%，是国内生产总值增长率的两倍。

1820~1913 年，促进大英帝国贸易和英镑地位显著上升的另外一个关键因素是其版图的快速扩张。从 19 世纪 70 年代起，英国先后统治了非洲的埃及、加纳、肯尼亚、尼日利亚、罗德西亚、苏丹、南非和乌干达，亚洲的亚丁、阿拉伯半岛周围的酋长国、缅甸、马来半岛诸国、香港，还控制了整个印度。1913 年，英国的非洲领地人口大约有 5 200 万，亚洲大约有 3.3 亿，加勒比地区 160 万，澳大利亚、加拿大、新西兰、爱尔兰 1 800 万，大英帝国总人口达到 4.2 亿，是英国本土人口的 10 倍。遍及全球的殖民地自然构成一个庞大无比的国际贸易网络。

1820~1913 年，英国的贸易政策普遍转向自由贸易。1846 年，英国废除著名的《谷物法》，取消对农业进口品的保护性关税；1849 年，废除《航海法》；1860 年，取消所有贸易和关税单边限制，与法国签署《柯布敦–舍瓦利埃条约》，两国实现自由贸易。从 19 世纪中期开始，英联邦国家之间基本上都实施了自由贸易政策。甚至直到 1931 年大萧条最严峻时期，英国依然坚守着自由贸易政策。当然，英国之所以从 19 世纪 40 年代开始奉行自由贸易政策，是因为当时英国已经跃居世界最强大和最有效率的生产者。20 世纪初期，英国超过 50% 的食品和近 90% 的原材料依靠进口。1870~1920 年，进口价值相当于国民生产总值的 25%。

推动 19 世纪全球贸易体系形成的另外一个重要力量是交通和通信技术的飞速进步，它们极大地促进了全球性的技术进步和经济增长。1812 年，英国发明世界上第一艘蒸汽动力轮船。到了 19 世纪 60 年代，煤炭成为所有新下水轮船的动力源泉。到了 1913 年，以帆为动力的船只下降到不到 2%。钢铁在造船业里得到广泛使用。19 世纪

80 年代起，横跨大西洋的定期航班开通，10 天可以从利物浦到达纽约。1869 年，苏伊士运河开通，将从伦敦到孟买的距离缩短了 41%，到马德拉斯的距离缩短了 35%，到加尔各答的距离缩短了 32%，到香港的距离缩短了 26%，节省了远洋贸易的成本。

全球贸易体系形成的另外一个动力是全球大移民浪潮。欧洲移民大量涌向美国、加拿大、澳大利亚、新西兰、阿根廷和巴西。1820~1913 年，英国人口的净流出量大约是 1 200 万人（一半来自爱尔兰），从欧洲其他国家流出的人口大约为 1 400 万人，印度人口的净流出量超过 500 万人，中国也有大量人口流到亚洲邻国。

1820~1913 年的贸易、人口和金融全球化浪潮，英国是主要领导者，自然就形成了以英镑本位制为核心的国际货币体系。

英国能够崛起成为统治世界长达一个多世纪的“日不落帝国”，伦敦能够崛起成为全世界首屈一指的金融中心（且至今依然维持世界数一数二金融中心的地位），英镑能够崛起成为全世界第一个真正的全球性货币，固然是多方面异常复杂因素共同起作用的结果，既有历史演变的必然规律，也有历史的巧合、机遇（乃至天意？），既有天时地利的协助，更有人为意志、勇气和智慧的推动和助力。英镑和伦敦金融中心崛起的历史，其实就是大英帝国崛起的历史，英镑主导和支配世界，只不过是大英帝国主导和支配世界的有力工具或者说必然结果，英镑的衰落其实就是大英帝国的衰落。

我们无法将这个漫长历史过程的全部异常复杂的力量和机遇巧合都列举出来。然而，有一点似乎是历史学者和经济学者（以及战略学者）的共识，那就是英国人似乎在发展金融市场方面具有先见之明和超越其他民族的能力，他们似乎是所有民族中最早认识到金融极端重要性和全局性影响，并能够矢志不渝地致力提升国家（具体说就是伦敦城）金融地位的民族。当然，荷兰人和意大利人是英国人的先驱，这一点谁也无法否认。不过英国人却能够将意大利人和荷兰人率先发明的金融魔术发扬光大，并最终赖此雄踞世界，其成就自然远远超过了荷兰和意大利先驱者。

英国人从荷兰人那里学习到现代金融魔术般的力量。很大程度上，荷兰是人类历史上第一个现代的金融资本主义国家，它完全是凭借金融创新成为17世纪前后100多年全世界最强大和最富裕的国家。可以毫不夸张地说，大英帝国的崛起正是在对荷兰的学习和与荷兰的竞争（徒弟征服师傅）过程中完成的。

正如美国金融历史学家理查德·西拉（Richard Sylla）所说："作为美国和世界的金融中心，新纽约城的最大幸运是拥有双重的国家根源。荷兰在17世纪的崛起在很大程度上来自那个世纪初发生在荷兰共和国的一场金融革命，1609年可交易股票的发明就是荷兰金融革命的重要组成部分。更早些时候，荷兰人就建立了可靠的公共财政和公共债务市场。荷兰共和国在这个市场上筹集了大量资金，用于支持两场战争，一场是与西班牙的战争，一场是与英国的战争。1609年，荷兰还发生了另外一场革命，即阿姆斯特丹银行（也叫威索尔银行）的成立。阿姆斯特丹银行是一个负责国内外汇票贴现的中央银行，它在稳定荷兰盾价值方面发挥了重要作用。在不断发展的公共债务市场中，荷兰人还引入银行、荷兰东印度公司和荷兰西印度公司的股票交易。其他较小的银行和保险公司也在这一时期产生并迅速发展起来。荷兰的金融革命使这个欧洲小国成为世界上最强大的国家，随之而来的是荷兰的黄金时代，身为富豪的尴尬，还有郁金香。"[①]

① 威廉·戈兹曼、哥特·罗文霍斯特，《价值起源》（中译本），王宇、王文玉译，万卷出版公司，2010年，第256~307页。

许多学者毫不怜惜任何词语来称赞荷兰的金融革命。“正是当年大规模的金融革命使阿姆斯特丹成为欧洲最先进、最有活力的城市。自从在 1579 年摆脱了西班牙的统治，荷兰就一直站在欧洲资本主义发展的前端。”①

英国的金融革命

1688 年，当奥兰治的威廉成了英格兰的威廉三世时，他给他的新国家英国带来了荷兰的金融家和金融技术。光荣革命将英格兰变成了一个君主立宪的国家，并把财政权力转移给了国会。1694 年，当英格兰银行向英国政府提供贷款并贴现商业汇票时，像荷兰共和国公债那样的英国公债市场就很快出现了。像早期荷兰盾一样，英镑也成为价值稳定的货币。在 1688 年之前，英国已经有了一些私人银行，有些银行家原来是金匠，大部分经营活动都在伦敦及其周边地区进行。更多的银行是在英国金融革命及其后逐渐建立起来。后来，银行业务发展到了英国农村，这为 18 世纪英国经济的发展提供了强大动力。英格兰银行、英国东印度公司、南海公司、保险公司和其他企业的可交易股票共同构成了英国金融革命的主要内容。在英国崛起时期，它打赢了大多数战争，建立了一个庞大的帝国，并且领导了第一次工业革命。当然，在这一时期也发生了 1720 年的南海泡沫和其他金融危机。②

法国年鉴学派史学大师布罗代尔对英国金融革命所创造的奇迹

① 威廉 · 戈兹曼、哥特 · 罗文霍斯特,《价值起源》(中译本)，王宇、王文玉译，万卷出版公司，2010 年，第 256~307 页。

② 同上。

推崇备至。当我拜读他的巨著《15 至 18 世纪的物质文明、经济和资本主义》时，印象最深刻的就是他对英国金融立国战略毫不掩饰、毫不怜惜的赞美和惊叹："外国旁观者对英国债台高筑大感惊诧，认为简直不可思议。他们附和英国人的批评，一有机会就嘲讽他们无法理解的英国国债运行机制，而且往往认为那是英国国力极其虚弱的信号，认定英国国债这个贪图方便、盲目胆大的政策必将把国家引向灾难……然而，历史一次又一次证明，这些貌似通情达理和思想深邃的观察家们全都错了，公债正是英国赢得全球胜利的重要原因。"①

布罗代尔的结论是如此明确和肯定："英镑的稳定是英国强盛的一个关键因素，没有稳定的价值尺度，便不容易得到信贷。而没有信贷，就谈不上国家的强盛和金融优势。"②

美国第一任财长亚历山大 · 汉密尔顿对英国金融革命和金融战略的描述和分析，在所有类似描述和分析中最透彻和最富远见。汉密尔顿正是从荷兰和英国金融革命中吸取宝贵经验，从而为新生的美利坚合众国未来的金融霸权描绘了清晰的蓝图，奠定了坚实的基础。

远在出任财长之前，汉密尔顿就曾经系统深入地研究了英国金融革命的历史经验。他阅读了当时能找到的所有文献，做了大量的笔记摘录，写下大量研究心得。汉密尔顿对英国金融革命的精彩总结如下："17 世纪 90 年代开始，大英帝国创建了英格兰银行、税后体系和国债市场。18 世纪，英国国债市场迅猛发展。国债市场的急速扩张，不仅没有削弱英国，反而创造出数之不尽的巨大利益。国债帮助大英帝国缔造了皇家海军，支持大英帝国赢得了全球战争，协助大英

① 布罗代尔，《15 至 18 世纪的物质文明、经济和资本主义》（第三卷《世界的时间》）（中文版），施康强、顾良译，生活 · 读书 · 新知三联书店，2002 年。

② 同上。

帝国维持着全球商业帝国。与此同时，国债市场极大地促进了本国经济发展。个人和企业以国债抵押融资，银行以国债为储备扩张信用，外国投资者将英国国债视为最佳投资产品。为了美国的繁荣富强，为了从根本上摆脱美国对英国与欧洲资金与资本市场的依赖，美国就必须迅速建立自己的国债市场和金融体系。”①

美元的崛起

第二次世界大战结束时，美元已经无可置疑地取代英镑，成为独一无二的国际支配货币。1945 年，美国已经是超级大国。美国的工业产出占世界的 80%，拥有世界 3/4 的黄金储备，赢得世界大战，制造出原子弹，实力独一无二。美元顺理成章地成为全球霸权货币、世界记账单位、关键货币、合同记账单位、价值储存手段、交易媒介、外汇市场干预货币、贸易结算货币、延期支付的货币单位和国际储备货币。

美元之所以能够取代英镑，迅速崛起成为全球支配货币，地位和实力甚至远超英镑，成为真正意义上的全球霸权货币，绝非偶然。

自 19 世纪后期开始，美国的生产率和人均收入增长，已经开始大幅度超越英国，成为世界领导者。到 1900 年，美国国内生产总值规模不仅跃居世界第一，而且超越后面三位的总和。事实上，到 1899 年，美国制造业产出已经大幅度超过英国。据估计，1899 年，美国制造业产出占世界总量的 41%，英国占 21%，德国占 15%，日本占 1.2%。换言之，美国工业产出超出后面三位的总和，与国内生

① Ron Chernow, *Alexander Hamilton*, The Penguin Press, 2004.

产总值一样。到 1914 年，美国经济是英国或德国的 3 倍还多，后者分别是世界第二大和第三大经济。到 20 世纪 20 年代，美国经济上升到世界第二大经济体的 5 倍多，它已经成为世界经济超级大国。

进入 20 世纪，美国多方面的体制和制度创新，更是将美国的生产率和人均收入优势极大提升，将英国和其他国家远远抛到后面。首先，20 世纪美国技术创新的制度安排发生革命性变化，个人发明者的地位显著下降，制度性和体制性的科学研究和技术创新取代个人发明者。

美国以一种英国从来没有尝试过的方式将科学创造制度化和体制化。1913 年，美国制造业中大约有 370 个研究单位，雇用了 3 500 名员工。到 1946 年，这样的研究单位增加到 2 300 个，雇用人数达到 118 000 人。1946 年，美国制造业中每 1 000 个雇员里就有 4 名科技工作者，这一比例是英国的 4 倍。美国企业与大学和科研机构的联系尤其紧密。到了 1913 年，美国已经取代英国，占据世界技术的最前沿。1913~1950 年，美国的全要素生产率年均增长 1.6%，是英国 1870~1913 年全要素生产率增长速度的 4 倍多。

美国的金融革命：对荷兰和英国金融革命的继承和发扬

美国取代英国成为全球第一大经济体，华尔街取代伦敦成为全球最重要金融中心，美元取代英镑成为全世界占据支配地位和霸权地位的超级货币，从某种意义上说，是人类金融货币历史演变的一种必然规律，只不过是在更大范围内和更广阔的空间里实现了这种规律。我们可以说，某种重大的人类历史洪流一旦开启，它就要遵循某种不可遏制的规律。如果说荷兰人从意大利人那里学会金融魔术并将之发扬光大，成为17世纪最强大和最富裕的国家，英国人从荷兰人那里学会金融魔术，成为18~19世纪世界上最强大和最富裕的国家，那么，美国则同时从荷兰人和英国人那里学会金融魔术并给以极大的扩展、改进和深化，遂缔造出人类历史上真正史无前例的超级金融霸权和超级金融大国。20世纪以来，美国、纽约和美元所享有的地位，不仅远远超过17世纪的荷兰、阿姆斯特丹和荷兰盾，而且远远超过18~19世纪的英国、伦敦和英镑。这是一个十分奇特和有趣的经济金融历史现象，值得我们进行全方位的探求和思索。

1790年4月18日，34岁的美国财长汉密尔顿走出位于百老汇大街的乔治·华盛顿总统官邸（纽约是当时年轻合众国的临时首都），恰好撞上47岁的国务卿托马斯·杰斐逊。两人寒暄几句，心直口快的汉密尔顿直截了当地对杰斐逊说："国务卿先生，请求您帮帮我吧。您知道，我提交的国债法案，国会四次辩论都未能通过。如果您能够改变主意，凭借您的巨大影响力，下次辩论就有望过关啊。"

"财长先生，您知道，我连宪法都反对，何况是您的国债法案呢，宪法并没有授权联邦政府承接独立战争时期的联邦债务和各州债务啊。不过，您要是乐意的话，明天晚上我们可以一起晚餐，聊聊这事儿，我也打算请麦迪逊先生一起来。"

"太好啦，国务卿先生，我一定准时赴约。"

汉密尔顿喜出望外，他知道机会来了。美利坚合众国正式宣告成立还不到一年，各州为争夺永久首都已经吵得不可开交了。谁都明白：赢得合众国永久首都将带来多么巨大的政治影响和经济利益！论经济实力，纽约最强，不仅仅因为它已经是临时首都，是当时北美最发达、交通最便利的城市，而且纽约市为改善基础设施、建设联邦首都，已经投入巨资，自然志在必得。论政治实力，却是弗吉尼亚占优。弗吉尼亚不仅为独立战争做出了最大牺牲和最大贡献，而且有数位声望卓著的建国之父来自该州，最著名的当然是华盛顿（独立战争总司令，制宪会议主席，第一任总统）、杰斐逊（独立宣言起草人、第三任总统）和詹姆斯·麦迪逊（《联邦党人文集》作者之一、第四任总统）。华盛顿、杰斐逊和麦迪逊热切期望合众国的永久首都迁入弗吉尼亚州。假如纽约州能够配合，则大事可成。汉密尔顿知道杰斐逊就是要和他谈这个交易。

果然，第二天晚餐时，杰斐逊和麦迪逊明确提出“交易”条件：如果汉密尔顿愿意说服纽约州支持弗吉尼亚州成为合众国永久首都所在地，他们两人就承诺支持国会通过汉密尔顿的国债法案。汉密尔顿毫不犹豫地答应了。几天后，美国国会顺利通过汉密尔顿起草的《公共信用报告》（The Report on Public Credit），华盛顿总统立刻签署成为法律。国债市场迅速崛起，成为美国金融货币体系最根本的支柱之一。

人类历史上，总有极少数天才人物的思维和战略，远远超越他的时代。汉密尔顿、杰斐逊、麦迪逊之间的著名“交易”充分说明：即使是像杰斐逊和麦迪逊那样杰出的人物，也不能理解汉密尔顿倾全力创建国债市场的深谋远虑，当时能够明白汉密尔顿天才构思的人物可谓少之又少。纵然是200多年后的今天，全球可能也只有那些金融精英们才真正懂得汉密尔顿金融战略的极端重要性。今天，当我们激烈辩论美国经常账户逆差、美元汇率、全球失衡、美元霸权、全球金融资本主义、国际货币体系改革等关乎所有国家最高利益等重大问题时，我们绝对有必要重新反思200多年前汉密尔顿的金融思维。当我们深入思考面向未来的中国金融战略时，汉密尔顿的远见卓识最值得我们思虑再三。

汉密尔顿1755年生于今天的维京群岛，7岁丧父（父亲离家出走、杳无音信，有等于无），13岁丧母。10岁到码头打工谋生，14岁出任贸易公司总经理，17岁只身跑到纽约国王学院学习（今天的哥伦比亚大学），旋即投笔从戎，很快被华盛顿看中，出任贴身副官。独立战争结束后，汉密尔顿回到纽约学习法律，以半年时间完成平常人最快也需要4年才能完成的学业，不到3年，即成为纽约最有名、最赚钱的律师之一，他处理的多个案件成为后来美国法律制度的经典范例。与此同时，作为《联邦党人文集》最重要的作者和制宪会议最早的发起者和最热诚的参与者，汉密尔顿实际上主导了美国宪法的制定。1789年合众国联邦政府开始运作，华盛顿提名他担任财政部长，不到4年时间，他就构建了异常完整的美国金融货币体系。困扰今天历史学者的一个有趣问题是：汉密尔顿究竟从哪里学到了那么艰深的金融理论？他如何可以有那样全面、系统、深刻的金融战略思维？须知他几乎没有受过正规的学术训练，而且那时也没有今天热闹非凡的各种金融专业。

简言之，汉密尔顿为美国构建的货币金融体系有五大支柱：第一，统一的国债市场；第二，中央银行主导的银行体系；第三，统一的铸币体系（金、银复本位制）；第四，以关税和消费税为主体的税收体系；第五，鼓励制造业发展的金融贸易政策。最引人注目的是：汉密尔顿自始至终从整体国家信用角度来设计五大政策和制度安排。他说："一个国家的信用必须是一个完美的整体。各个部分之间必须有着最精巧的配合和协调，就像一棵枝繁叶茂的参天大树一样，一条树根受到伤害，整棵大树就将衰败、枯萎和腐烂。"

的确，汉密尔顿的五大支柱恰像五条树根，完美配合和协调，共同支撑起美国金融体系的参天大树，最终成长为主导全球经济的美元霸权体系。国债市场是国家整体信用优劣的最佳指示器；中央银行负责维持银行体系和货币供应量的稳定；统一的铸币体系（后来是美元纸币体系）极大降低了金融贸易的交易成本，促进了金融、贸易、产业迅速发展；税收体系确保了财政健全和国债市场的良性循环；制造业（真实财富创造能力）则是金融货币的最终基础。

汉密尔顿的金融哲学基于他对世界各国经济发展历史尤其是英国崛起经验的深刻把握。后世经济发展的历史经验和经济学理论一致证明了一个基本道理：经济发展的关键是最有效地动员和配置资源，动员和配置资源的最佳手段就是信用体系。一个人拥有最高信用，他就可以充分利用他人的资源来发展自己的事业；一个企业拥有最高信用，它就有无限的资源来扩张；一个国家拥有最高信用，它就能够动员全球的资金和资源来发展本国经济。汉密尔顿早就深刻洞察了金融和信用的本质。

历史很快验证了汉密尔顿的先见之明和高瞻远瞩。18 世纪 80 年代，美国金融市场还是一塌糊涂，但 10 年后的 1794 年，欧洲投资者就给美国国债和整个金融市场以最高信用评级。当时的法国外交部长宣称："美国国债运转良好、安全可靠；美国政府对国债市场的管理是如此规范、美国经济发展是如此迅速，以至于我们从来不担心美国国债的安全性。"[①]正是国家信用的完善刺激欧洲资金源源不断流入美国，推动美国经济快速增长。

美国著名政治家丹尼尔 · 韦伯斯特（Daniel Webster）曾经如此评价汉密尔顿金融战略对美国的最高重要性："汉密尔顿创建的金融体系，是美国繁荣富强的神奇密码。他叩开信用资源之门，财富洪流

---

① Robert D. Hormats, *The Price of Liberty: Paying for America's Wars from the Revolution to the War on Terror*, Times Books, 2007.

立刻汹涌澎湃。美国人民满怀感恩之情，世界人民满怀敬畏之心。丘比特拈花一笑，智慧之神翩然而至，那是我们钟爱的希腊神话。然而，汉密尔顿创造的金融战略比希腊神话还要美妙、突然和完美。他那不可思议的大脑灵机一动，整个美国金融体系就应运而生。”①

① Robert D. Hormats, *The Price of Liberty: Paying for America's Wars from the Revolution to the War on Terror*, Times Books, 2007.

第九章　从金本位制到布雷顿森林体系：旧秩序与新秩序

19 世纪西方文明的四大支柱

卡尔 · 波兰尼（Karl Polanyi）的名著《大转型——我们时代的政治和经济起源》一开篇就写道：“19 世纪的人类文明基于四个支柱。第一个支柱是欧洲的权力均衡体系，一个世纪以来，权力均衡体系没有让主要列强之间爆发大战。第二个支柱是国际金本位制，它象征和维系着世界经济的有效运转。第三个支柱是自我调节的市场体系，它创造出前所未闻的物质财富。第四个支柱则是自由的主权国家。四个支柱里，两个是经济支柱，两个是政治支柱；或者说，两个是国内支柱，两个是国际支柱。它们共同决定了我们这个时代文明的基本特征和历史演变的基本轮廓。”

“四大支柱中，最关键的支柱是金本位制。金本位制的垮台几乎就是大灾难的全部原因和导火索。当金本位制轰然崩溃之后，人们宁愿牺牲另外三大支柱，以挽救金本位制，结果不仅金本位制没有得救，其余三大支柱也悉遭毁灭！”①

当我们今天拜读波兰尼的这些论断之时，可能觉得实在令人难以置信。金本位制对人类文明具有如此重要性吗？或者更一般地说，国际货币体系对人类文明具有如此重要性吗？然而，如果我们记住本卷前面引述的蒙代尔和德斯坦的著名论述，那么，我们对于波兰尼看似惊人的论断就需要反复思考。毫无疑问，为理解今天的全球金融资本主义，我们无论如何强调国际货币和国际金融体系的重要性，都不会显得过分。只不过我们长期囿于封闭经济体系的思维模式，所以往往忽略国际货币和金融对全球经济、金融乃至整个人类文明的重大影响。

金本位制的强大作用

波兰尼的基本逻辑相当严密。19 世纪欧美经济已经演变成为一个自由市场占据支配和主导地位的经济体系，对内是自由市场，对外则是自由贸易。19 世纪的西方文明或欧美文明的基石正是自我调节的市场经济体系，自我调节的市场机制开启了一个崭新的人类文明，这个文明的核心理念就是自由放任。国内的自由市场和国际的自由贸易，对内的自由放任政策和国际的自由贸易政策，相辅相成，同生同体，都要求一个自我调节和稳定的价格体系。

仿佛是上帝神奇精妙的安排，金本位制恰好同时满足了国内的自由放任政策和国际自由贸易政策的双重要求。金本位制让国内的货币

① Karl Polanyi, *The Great Transformation—The Political and Economic Origins of Our Time*, Rinehart & Company, 1957, p.3.

和信用供应量受到“自然力量”的约束，货币当局或政府没有能力随意操纵货币。稳定的货币环境确保自由放任的“看不见的手”（价格机制）能最有效率地配置资源，价格体系变动主要源自相对价格的变化，而不是货币供应量的随意变化所导致的破坏性的物价水平波动。

各国货币皆以黄金为价值基础和最后储备，各国货币价值皆以黄金含量确立和固定，各国货币之间的汇率自然就是固定汇率。固定汇率不只是一个简单的汇率安排，本质上是国际贸易、国际收支和国际经济的调节机制。自从伟大哲学家和经济学界大卫·休谟首次完整阐述金属货币本位制下的国际收支调节机制，即著名的“硬币支付流通机制”以来，国际收支调节机制就是整个国际经济学的中心课题。

金本位制下的国际收支调节机制正是休谟的“硬币支付流通机制”。金本位制下，黄金是各国唯一接受的最终的国际支付货币（硬通货）。当一国出现贸易逆差时，其黄金储备下降，必然导致国内货币供应量下降，一方面导致国内名义需求或支出下降，从而进口减少，另一方面导致国内物价相应下降，从而刺激出口、减少进口。需求和价格两个方面同时导致进口减少、出口增加，该国贸易收支就逐渐从逆差转为平衡或顺差。①

上述调节机制只是静态结果。从动态调节机制看，由于各国无法自主随意操纵货币供应量来影响价格或贸易条件，各国贸易收支主要取决于各国生产力水平。生产力水平高的国家，能够以较低生产成

① 贸易收支或国际收支的调节究竟主要是依靠财富效应或支出效应，还是主要依靠价格效应，经济学者争论了数百年，至今还没有完全一致的结论。综合理论和实证证据，公正地说，两个机制应该都起作用。至于哪个机制更重要，确实需要结合各国或不同经济时期的具体情况来分析。对国际收支调节机制的精彩讨论，参见《蒙代尔经济学文集》（中译本）第四卷，向松祚译，中国金融出版社，2003 年。

本生产和出口大量商品，拥有大量贸易顺差和国际储备。一方面可以用国际储备资产去购买本国稀缺的商品，提升本国生活水平，另一方面可以将大量贸易顺差转为国内资本投资、提升国内生产力和经济增速；或者大量进行资本输出、投资海外，赢得资本收益和扩张本国势力范围。19 世纪的英国，19 世纪后期到 20 世纪的美国、德国、日本等，皆长期以贸易和国际收支顺差带动本国经济增长和海外扩张。

换言之，金本位制就好像一只神秘而神奇的“看不见的手”，既能够很好地调节国内资源配置、鼓励创新、刺激经济增长，又能够很好地调节全球范围内的资源配置、鼓励各国提高生产力和扩大对外经济开放（自由贸易）。波兰尼认为，金本位制的基本功能之一就是将自由市场体系从国内扩展到国际。

然而，波兰尼的主题并不限于经济和贸易领域。他将金本位制的功能扩充到国内政治、国际政治和地缘战略领域。他认为，由于金本位制具有如此巨大威力和“魔力”，维护金本位制的运行就成为欧美各国的首要和至高的责任和义务，甚至是文明的基本象征。

为了维持金本位制，首先就要约束政府的财政权力，因为财政赤字必然破坏甚至毁灭货币兑换黄金的能力（钞票发行过多，黄金储备就无法保证货币与黄金的兑换）。因此，如何约束政府的行为就成为维持金本位制正常运转的首要条件，代议制或君主立宪（自由的主权国家）就是必然选择。①

与任何货币体系一样，金本位制面临的最大威胁不是别的，就是战争，尤其是列强之间的大规模战争。为了防止列强之间发生大规模战争，就要建立和强化欧洲的权力均势或均衡体系。欧洲的权力均衡

① Karl Polanyi, *The Great Transformation—The Political and Economic Origins of Our Time*, Rinehart & Company, 1957, p.14.

体系始自拿破仑战败之后的《维也纳和约》，在一定程度上确实大体保障了欧洲的“百年和平”（1815~1914 年），尽管百年之间，欧洲各国之间还是时常爆发战争。

到此为止，波兰尼建立了一个极具吸引力和强有力的文明和历史解释架构，是一个逻辑非常严谨的分析架构。欧洲权力均衡体系和自由主权国际制度皆源自保障国际金本位制的需要，保障国际金本位制则源自自由市场经济和自由贸易的需要。这个体系一旦建立起来，它就开始从多个角度和方向相互加强。金本位制确保各国实施谨慎的财政政策，避免出现财政赤字；金本位制将各国贸易和金融紧密联系在一起，大大降低了各国之间肆意发动战争的动机和可能性，从而确保欧洲权力均衡体系的正常运转。①权力均衡体系确保各国自由主权政府的稳定，从而反过来保障各国自由市场经济的良好运行；各国国内自由市场经济的良性运转反过来又促进国际自由贸易和金本位制的运行。

就像一架各部分环环相扣的精巧机器，19 世纪文明的四大支柱可谓一荣俱荣，一损俱损。对机器的每一个支柱都要悉心维护。某个支柱一旦坍塌，整个机器就将分崩离析。这架精巧机器的关键或枢纽则是金本位制。

100 多年之后的今天，人们可能很难同意金本位制曾经拥有如此“神圣”的地位。今天，世界上没有多少人相信自己手中的钞票与中央银行金库里的黄金有什么关系，虽然总有极少数人幻想有朝一日恢复金本位制，这多少有点儿像极少数人幻想有一天能够恢复君权神授的皇帝制度。

---

① 后来的历史证明，这是一个可怕的幻觉。

然而，19 世纪后期和 20 世纪初期，金本位制确实支配着西方经济乃至全球经济（是否支配着人类文明则很难说）。1870~1914 年是国际金本位制的黄金时代。那个时代正是人类第一次全球化时代，是第二次工业革命的巅峰时期，是全球贸易和资本流动的黄金时代，是各国普遍开始迈向自由贸易的时代，是多个大国实现快速增长、快速崛起为世界强国的时代，是人类科技水平和生产力快速提升的时代，也是物价总水平长期相对稳定的时代。这一切的发生，即使不能完全归功于国际金本位制，至少也有部分和重要的关系。我们只需要指出如下重要事实。

各国纷纷迈向金本位制

古往今来，金本位制并不是一个普遍的货币制度，而是一个历史上相当短暂的现象。当拿破仑战争结束，大英帝国正式确立金本位制之后，欧洲大陆和美国主要还是采取复本位制和银本位制。19 世纪的大部分时间里，主导国际货币体系的是复本位制，因为欧洲大国法国和美国采用复本位制。当然，由于金银市场价格比例的变化，某些国家在某段时期从复本位制演变为事实上的金本位制。譬如，1792 年 4 月 2 日，美国首任财长汉米尔顿创建了美国的复本位制。美元（1786 年，大陆会议采用美元作为货币单位）被定义为 24.75 格令的纯金和 371.25 格令的纯银，意味着双金属价格比例为 15：1。然而当时主导国际货币体系的国家是法国。早在 1785 年，路易十四极为能干的财政部长卡罗纳将法国的双金属价格比例确定为 15.5：1。1789 年法国大革命爆发，新任美国财长汉密尔顿无法知道未来双金属价格比例应该是多少。他必须在国际局势极为动荡的形势下决定或猜测双金属的价格比例。后来证明他猜错了。1803 年，拿破仑皇帝决心重整法国信用，他将双金属价格比例重新确定为卡罗纳时代的 15.5：1。拿破仑的货币决策使得美国的白银价值高估而黄金价值低估。结果，美国建国后的头 40 年里，货币制度事实上是银本位制。到了 1837 年 7 月 18 日，美国国会通过法案，将美元的黄金含量确定为 23.22 格令，成色标准从 11/12 降低到 9/10。于是双金属价格比例变成了 16：1。现在，黄金价值高估而白银价值低估，白银流出而黄金流入，美国又转而变成事实上的金本位制。正如蒙代尔所说："即使在复本位制世界里，多元主义是通则而不是例外，一些国家是真正的复本位制，另一些国家则是金本位制，还有一些国家是银本位制。"

奇怪的是，1870 年之后，人类货币体系的主流趋势突然发生剧烈转向。主要大国纷纷正式实施金本位制。1873 年，法国停止铸造银币。同年，德意志帝国决定实施金本位制。美国 1879 年停止银币铸造，正式迈向金本位制。紧接着，奥匈帝国（1892 年）、日本（1897 年）和俄国（1900 年）实施金本位制。1900 年，德国和美国以法律确认金本位制。这些国家代表了当时最主要的世界经济体。如果考虑到这些列强所拥有的庞大殖民地和附属国也必然采取类似的货币制度安排（附属国往往采取某种货币局制度），那么，金本位制已经覆盖世界大部分地区。当时仍然采取银本位制的主要国家只有中国、印度和墨西哥。蒙代尔说："金本位制的确给世界带来了某种形式的货币统一，金本位制覆盖了世界货币交易的 2/3。"

很大程度上，1870~1914 年的国际金本位制是以英镑和伦敦为中心的国际货币体系，尽管 1872 年美国已经取代英国成为世界第一大经济体。当然，英镑对当时国际货币体系的支配程度，难以与布雷顿森林体系和美元本位制时代美元对国际货币体系的支配程度等量齐观，与英镑竞争的货币包括法郎、美元和马克。英镑在多个竞争伙伴中略胜一筹。

伦敦金融中心的地位其实更加重要。早在18世纪，伦敦就取代阿姆斯特丹，跃居欧洲或全球金融中心之首位。到19世纪后期，伦敦已经发展成为名副其实的国际货币、贸易、信用和资本中心，以伦敦为中心和出发点，构成了一个遍及全球的庞大信用和资本网络。英格兰银行成为事实上的全球中央银行（尽管它仍然是一家私人股份制银行）和世界各国效仿的样本，伦敦的股票交易所和外汇交易全球首屈一指，它还拥有全球最庞大的黄金储备。金本位制是支柱，伦敦是中心，英格兰银行则是神经中枢。纽约、巴黎、柏林、维也纳、阿姆斯特丹算是全球金融的分中心。我们从罗斯柴尔德王朝的分支机构就可以看出当时全球金融势力的分布。罗斯柴尔德是整个19世纪首屈一指的银行家族。“罗斯柴尔德家族不受任何国家管理。这个家族是国际主义原则的极端化身。家族成员只效忠自己的王朝。罗斯柴尔德所创造的信贷，成为各国政府之间唯一的超主权媒介，成为推动世界经济快速增长的唯一超国界引擎。”①罗斯柴尔德银行财团的五大分支机构分别位于伦敦、巴黎、柏林、汉堡、维也纳（后来还有纽约），其中伦敦为最大分行和实际总部。

19世纪后期见证了人类第一次全球化，见证了第二次工业革命的巅峰。令人惊叹的经济增长，急剧扩张的全球贸易和全球资本，飞速的技术进步，铁路、远洋轮船、电报和电话相继发明，人类相互沟通和人口迁移达到史无前例的速度和规模。滚滚而出的欧洲资本流向全球每个角落，印度的港口、马来西亚的橡胶种植园，埃及的棉花种

① Karl Polanyi, *The Great Transformation—The Political and Economic Origins of Our Time*, Rinehart & Company, 1957, p.10.

植园，俄国的工厂，加拿大的水稻田，南非的黄金和钻石矿山，阿根廷的牧场，柏林至巴格达的铁路，苏伊士和巴拿马运河，美国的铁路、油田和钢铁厂。

罗斯柴尔德、摩根财团、巴林兄弟、布朗兄弟、雷曼兄弟、库恩–罗布……他们叱咤风云、点石成金，将欧洲资本源源不断地输送到世界各地，在促进全球贸易、投资和经济繁荣的同时，也缔造了显赫的家族金融帝国，创造了超乎想象的巨大财富。

当然，金本位制笼罩下的国际金融体系绝不是风平浪静的。金融危机、银行危机、货币危机才是家常便饭，时刻威胁着金本位制的生存和国际金融的稳定。幸运的是，1870~1914 年的国际货币和金融体系总体稳定、有效运转。依今天的标准来看，确实称得上是一个奇迹。百年后的 1970~2014 年，恰好是国际货币和金融体系急剧动荡的岁月，从任何一个指标上看，都是人类货币历史上最不稳定的时期之一。

从大历史视野和大时间跨度来回望巅峰时期的金本位制（1870~1914 年），我们发现，作为人类历史上的第一个全球性货币制度，它至少从如下五个方面直接或间接地改变了国际货币、金融、经济和政治历史的演变历程。

第一，金本位制创造的相对稳定的国际货币环境，助推多个国家——美国、德国、法国、英国、日本、俄国——经济实力迅速膨胀。1870~1914 年，是全球许多国家的经济普遍出现快速增长的时期，以美国、德国、日本的经济奇迹最为显著。19 世纪后期快速经济增长所形成的全球权力格局，某种程度上一直延续到今天。那是一个大国崛起的时代，是全球权力格局剧烈变化的时代。率先崛起的西方大国（英国、美国、德国、法国等西方列强）凭借强大的经济实力和军事实力，将早已持续数个世纪的海外殖民扩张和侵略掠夺战争掀起新的高潮。以海外殖民和势力扩张为核心战略目标的帝国主义成为时代的主流政治理念，老牌帝国主义和新生帝国主义共同瓜分世界，世界多数地区则沦陷为帝国主义的全球殖民地和半殖民地，既奠定了20世纪的全球权力格局和国际秩序，也为两次世界大战埋下祸根。事实上，20世纪后半期开始引发人们高度关注的“不公正国际经济秩序”和“南北秩序”，正是19世纪下半叶已经定型的国际秩序。

第二，金本位制让所谓自主、自发、自动的市场调节机制成为主导人类经济政策的基本理念。金本位制、自由贸易、低税收或零税收、小政府和大市场，堪称19世纪经济政策理念的四大支柱，最重要的是金本位制。自从休谟系统阐述金本位制的调节机制以来，多数人坚信金本位制的调节机制是一个真正自动和自主的调节机制。实际上，金本位制的调节机制并没有那么自动和自主，它的正常运作需要政府和货币当局采取各项政策，精心配合、小心维护。

美国加州大学伯克利分校教授艾肯格林的名著《黄金枷锁》和许多其他学者都曾经系统深入分析过金本位制的实际运作，结论基本是一致的。首先，金本位制国家的政府必须坚持实行谨慎的财政政策，避免大规模财政赤字，一旦财政赤字高企，公众对黄金兑换的信心就会崩溃，疯狂的挤兑将迅速耗尽任何国家的黄金储备。许多国家历史上都有过类似的惨痛教训。其次，货币当局或金融业必须采取措施避免信用过度扩张，一旦信用过度扩张，导致资产价格泡沫和泡沫破灭的危机，银行和金融机构濒临破产，同样会严重损害公众对金本位制的信心，造成大规模黄金挤兑，摧毁金本位制。最后，实行金本位制的各国需要精诚合作，相互支持，加强宏观经济政策的协调和磋商。一旦某个国家出现严重的贸易逆差或国际收支逆差，其他国家就需要及时提供暂时性的救助或支持措施，包括提供以主流储备资产计价的贷款或援助。1870~1914 年的金本位制之所以能够相对平稳运行，客观地说，主要得力于英国中央银行——英格兰银行比较完善和灵活的货币政策操作，以及主要大国中央银行之间的密切合作。

金本位制的实际运作经验，揭示了一个基本真理：完全自由放任的市场调节机制或市场经济其实是一个不切实际的乌托邦。现实生活里根本不可能存在完全自由放任的市场调节机制。任何形式的市场经济都必然需要规则、需要约束、需要法律、需要合作、需要救助。然而，金本位制巅峰时期的历史经验却创造出一个恒久常新的迷思。这个迷思经过漫长的历史演进，变成今天的市场原教旨主义和“华盛顿共识”。

与金本位制自由、自主、自发理念同时兴起的另一个基本政策理念是自由贸易。斯密 1776 年出版《国富论》时，就高举自由贸易大旗。19 世纪初期的法国，有许多经济学者高唱自由放任的颂歌。然而，直到 1846 年英国正式废除《谷物法》，自由贸易才逐渐成为欧美经济政策的主流思维。很快，自由贸易的理念被推上“神坛”，成为一种放之四海而皆准的普适观念，同时也迅速蜕变为西方列强坚船利炮和帝国主义政策的“护身符”。为推销所谓的自由贸易理念，或者以自由通商为旗号，帝国主义到世界各地发动了五花八门的侵略战争。殖民侵略、血腥战争、领土割让、不平等通商条约此伏彼起，给世界许多国家的人民造成深重灾难。全球化、工业革命、自由贸易、资本主义扩张，从来就不是彬彬有礼、温情脉脉的情人派对，往往是是赤裸裸的掠夺和瓜分。马克思对资本主义原始积累精彩而深沉的描述和分析，同样适用于工业资本主义和金融资本主义时代。

第三，金本位制巅峰时期的辉煌成就，很快转变为一种近乎宗教般的虔诚信念。无数政治家和金融家对金本位制的迷恋和热忱可以说达到了心醉神迷的程度。其实，黄金作为货币本位或直接用作货币，至少可以追溯到公元前800年。金币的历史起码源自公元前700年。随后几千年里，黄金一直是人类货币历史舞台上的重要演员或主要角色。尽管如此，只有到了金本位制巅峰时期，人们才给金本位制货币制度赋予某种神圣的意义。

仿佛是有一种魔力笼罩着人们的思维，金本位制是那个时代最坚定的政策信条，是国家信用的象征，是国家强盛的标志，是国家必不可少的荣耀。黄金是全球货币和金融体系的生命线，是所有货币的价值之“锚”，是整个银行体系的基石，是战争或动乱年代的安全庇护所或天堂，是当时银行家、金融家以至中产阶级的第二宗教信仰。中产阶级开始崛起为新财富拥有者和储蓄供给者，他们深信只有金本位制才能制约和管理货币发行，才能保障他们的储蓄或财富不被通货膨胀“小鬼搬家”。国际银行家当然是金本位制最坚定的信奉者和捍卫者。从伦敦到纽约，从柏林到巴黎，从阿姆斯特丹到维也纳，银行家的共同信念是金本位制，一种宗教般的信念，一种超越时间和地域的信念，一个天赋的信念。

金本位制强化了所有审慎和保守的经济政策哲学，乃至一切谨慎和保守的生活方式和道德准则。文学批评家和哲学家曾经迷惑不解，为什么19世纪的许多欧美人对金本位制具有那种非常愚蠢且难以摆脱的高度信任。1923年，凯恩斯发表《货币改革论》，将金本位制贬为“野蛮人的遗迹”，强烈呼吁英国不要回归金本位制，转而采取信用货币和浮动汇率，他的新经济政策被英国精英人士普遍看作异端邪说。一个货币制度被如此深远和广泛地同社会生活的道德准则联系到一起，被赋予如此复杂的社会意义，确实令人匪夷所思。

波兰尼以滔滔雄辩之词阐述了 20 世纪初期的金本位制信条。“黄金自身的价值究竟是源自它所包含的劳动（社会主义者的主张），还是源自它的实际用途和稀缺性（主流经济学的主张），这一点儿都不重要。重要的是人们相信银行钞票之所以有价值，是因为它代表黄金，这一点则是完全一致的。天堂和地狱之间的战斗不牵涉到货币事务，资本主义和社会主义者在金本位制那里达成奇迹般的统一。”

正是这种“宗教式的”、僵化、绝对、片面的金本位制信条，诱惑和强迫第一次世界大战后的欧美政治家和金融家完全不顾本国经济和国际经济的基本现实，玩儿命在恢复金本位制的道路上狂奔，最终将全球经济拖入 20 世纪 20 年代的股市疯狂、1929 年的股市崩盘和 20 世纪 30 年代的大萧条。很多经济学者和历史学者相信，20 世纪 20 年代各国不合时宜、不切实际地恢复金本位制，是导致 20 世纪 30 年代全球货币和金融体系崩溃、希特勒纳粹崛起和第二次世界大战爆发的重要原因。或许我们会认为这种对历史的货币解释有些牵强，然而，我们确实可以找到大量的历史证据，说明 20 世纪 20 年代全球主要国家围绕金本位制的折腾和闹剧，应该为后来的灾难负相当的责任。

和平的幻觉

金本位制的信念远远超出货币金融和经济贸易领域，延伸到人类文明和国际地缘政治秩序。作为金本位制信念的一个引申，20 世纪初期，欧洲社会精英们深信：各国重要的经济利益如此紧密地联系在一起，已经从根本上消除了爆发大规模战争的可能性。

1909 年，英国记者安格尔出版了一本小册子《欧洲虚无的幻觉》。小册子的主题是：世界各国尤其是欧洲各国之间的商业和金融联系已经如此紧密，以至于没有哪个理智的国家会胆敢发动战争，战争的利益是如此之小，如此之虚幻，战争之破坏是如此之大，如此之可怕，有谁会想到发动战争来毁灭如此密切的金融、贸易和商业关系呢？战争必然会击碎国际信用体系、国际货币体系，国际经济关系必然陷入极度混乱，战争胜利者和失败者都将蒙受巨额损失。换言之，以金本位制为基础的国际商业、货币、信用关系，使得任何战争都不可能有胜利者！因此，即使欧洲出现某种事故引发战争，它也会很快被扑灭或化解。

安格尔似乎非常适合写这样一本国际主义与和平主义的著作。他一生的经历就是一个典型的国际游牧人士。安格尔出生于英国一个中产阶级家庭，童年在法国度过，17 岁时跑到日内瓦求学并成为当地一份英文报纸的主编。在日内瓦念完大学之后，安格尔却对欧洲的前途完全失望，于是跑到美国去碰运气。尽管身材矮小、体质虚弱，来到美国加州的安格尔却几乎干过一切能够碰巧找得到的体力活：种植葡萄、挖掘水渠，做挤奶工、邮递员、搬运工、测绘员，最后终于成为《圣路易斯全球民主报》和《旧金山邮报》的记者。1908 年，此公返回欧洲，继续报业生涯，担任巴黎《每日邮报》的主编。

1910 年，安格尔将他的小册子改为书籍出版，标题是《伟大的幻觉》，结果取得难以想象的巨大成功。到 1913 年（仅仅三年时间），该书就售出 100 多万本，被翻译为 22 种文字，包括中文、日文、阿拉伯文和波斯文。安格尔传递的信息非常简单：人类已经进入一个崭新时代，作为解决国与国之间争端的方式，战争已经丧失其功能。这不是因为战争太残酷，而是因为从经济上看，战争实在不值得。安格尔的新学说迅速成为那个时代欧洲的一个基本信条，人们竟然成立了

40 多个组织来宣传他的学说。英国外交大臣、奥匈帝国首相、法国社会党领导人都成为安格尔的信徒，甚至以好战著称的德意志帝国皇帝威尔海姆也对战争不再可能的学说表现出浓厚兴趣。

安格尔学说最热心、最坚定的信奉者不是别人，正是英国国王爱德华七世的心腹——埃舍尔男爵二世。英国王室和政府曾经多次邀请埃舍尔男爵出任显耀职务，他却宁愿做一个幕后人物。布尔战争之后，埃舍尔男爵创办帝国防务委员会，该委员会成为大英帝国军事战略强有力的决策咨询机构。

1912 年，该委员会举行一系列听证会，研究如果欧洲战争爆发，将对英国经济、贸易和金融产生何种影响。那时，绝大多数德国商船都是伦敦劳埃德保险公司的客户。劳埃德保险公司主席在大英帝国防务委员会的听证会上说，如果德英之间爆发战争，皇家海军摧毁了德国商船，劳埃德保险就必须负责赔偿。埃舍尔男爵主持的委员会认为，仅此一点，就足以说明欧洲爆发战争是难以想象的。此时，离奥匈帝国大公被刺杀和第一次世界大战爆发只有不到两年时间了。埃舍尔爵士还跑到剑桥大学发表了一系列演讲，宣称："新经济时代已经清楚地表明：战争乃是最荒唐和最不可能的事情！""商业灾难、金融毁灭和个人苦难结合到一起，让欧洲战争成为永远不可想象的事情！"

金本位制的崩溃

当人们继续痴迷于安格尔"战争不再可能"的学说之时，欧洲早已危机四伏。就像一个巨大的火药桶，只需那么一点儿火星就能将它引爆。它将炸毁庞大帝国，炸毁无数生命，炸毁欧洲经济，炸毁国际秩序。首先被炸毁的，就是金本位制。战火刚一点燃，交战各国立即宣布暂时脱离金本位制。

“一战”爆发的核心原因是新崛起的西方列强企图重新瓜分势力范围。地缘政治冲突永远是欧洲历史的不变主题。拿破仑滑铁卢战役的惨败重塑了欧洲政治版图，德意志帝国的迅猛崛起破坏了旧的帝国主义秩序，德国决心挑战法国和英国的殖民和海外霸权。欧洲权力均衡体系命悬一线，表面和平却暗藏杀机。

战前的世界权力划分，已经与经济实力脱钩。列强所控制的殖民地面积大小，依次排名分别是英国、法国、德国、意大利、美国和俄国。经济实力大小排名却分别是：美国、德国、英国、俄国、日本、法国、意大利。实际上从1880年开始，美国和德国相继取代英国和法国，崛起为世界第一和第二大经济体。有经济史学家认为，美国自1872年就已经是世界第一大经济体和第一制造大国。

美国和德国崛起之前，英国是世界上首屈一指的工业强国。1860年（英法联军侵略中国的时候），英国是世界上最大的制造中心，占全球产出的20%；1870年，英国生铁产量占世界总产量一半以上。到1914年，德国生铁产量已经是英国的1.5倍。德国出口的生铁和钢材超过任何其他国家。德国企业出口的电子产品占世界市场的35%，化工产品占27%，染料占90%。德国成为仅次于美国的世界第二大制造强国。在某些制造领域，无论是技术还是产量，德国皆独占鳌头。

“一战”爆发，完全摧毁了世界政治、军事、经济、金融、货币和社会秩序，彻底改变了人类历史进程。

庞大的战争开支拖垮了整个欧洲经济，所有国家元气大伤。各国战争开支的规模如下：英国500亿美元，德国470亿美元，法国300

亿美元，美国 300 亿美元（其中借给英法两国 100 亿美元）。根据不完全统计，5 年战争期间，英国、法国、德国、俄国、奥匈帝国等欧洲主要参战国总共花费高达 1 800 亿~2 000 亿美元，相当于五国国内生产总值的一半。战争期间，平均每个月花费近 40 亿美元，相当于欧洲大陆每个月平均国内生产总值的一半。

对比当时各国的国内生产总值规模，就知道战争开支是多么巨大。1914 年，美国的国内生产总值大约为 400 亿美元，已经等于英法德三国国内生产总值总和。1919 年，美国国内生产总值已经是三国国内生产总值总和的 1.5 倍。当时，英、法、俄、德、奥匈帝国五国一年的国内生产总值总和大约为 720 亿美元，5 年总和大约为 3 600 亿美元。五国的战争总花费大约为 2 000 亿美元，占 5 年国内生产总值总和的近 60%，其中相当部分是债务。①

英国的国内生产总值只相当于美国的 1/3，战争花费却高达 500 亿美元（另一个统计数据是 430 亿美元），其中 110 亿美元借给自己的主要盟国——法国和俄国。430 亿美元里，270 亿美元依靠对内和对外借款（对外借款主要来自美国）。90 亿美元靠额外征税。其余资金靠向国内银行借款，包括商业银行和英格兰银行的借款。②德国 470 亿美元战争融资里，额外税收融资不到 10%，绝大部分依靠通货膨胀融资，也就是印钞票。

法国 300 亿美元的战争花费里：150 亿美元靠国债，其余 50 亿美元靠印钞票，100 亿美元靠对外借款，主要从英国和美国借款。英国和美国愿意给法国借款，因为法国承担了主要的人员损失和物质损失。

① Liaquat Ahamed, *Lords of Finance—The Bankers Who Broke the World*, The Penguin Press, 2009, pp. 99–119.

② Ibid.

美国是战争的最大受益者。美国号称为战争花费300亿美元，但其中100亿美元是给英法的借款。战前美国的国内生产总值大约为400亿美元，相当英国、法国和德国国内生产总值之总和，黄金储备大约20亿美元，与国内生产总值份额大体匹配。战后美国黄金储备剧增到40亿~45亿美元，而欧洲其他国家的黄金储备相应锐减。全球黄金储备分布严重失衡。国际金本位制岌岌可危。

各国发行钞票为战争赤字融资，导致各国货币供应量急剧增加。短短5年战争期间，英国货币供应量增长2倍，法国增长3倍，德国增长4倍。急剧增长的货币供应量必然导致货币贬值和通货膨胀。通货膨胀是金本位制的最大敌人之一。战争刚一开始，各国就宣布暂时脱离金本位制。美国是例外。它远离欧洲，没有遭受战火的直接冲击，等到战争局势完全明朗，才果断出手最后一击。战争期间，大量欧洲黄金流入美国，美国拥有充足的黄金储备继续维持金本位制。当然，滚滚流入的黄金储备让美国同样出现通货膨胀，只不过通货膨胀的根源与欧洲各国迥然不同。战争结束之后，各国面临的首要任务就是遏制通货膨胀。当各国决心恢复战前的金本位制时，首要的麻烦也是必须将物价降低到战前水平。从通货膨胀转向通货紧缩，是极其困难和痛苦的过程。

巨大的人员伤亡成为欧洲人心中永远的痛，也是对经济的致命打击。战争总共导致约1 000万人死亡，其中平民近900万，战斗人员约110万。其中奥匈帝国接近300万，俄国210万，德国200万，法国140万，英国90万。

最麻烦的问题是，德国战争赔款的阴影笼罩欧洲和全球经济长达20年，改变了世界货币和金融格局以及政治和战争格局，最终导致了更大规模的第二次世界大战。战前德国年度国内生产总值大约只有

120亿美元，包括英国首相和英格兰银行前行长在内的一帮英国人以及法国政要们，竟然要求德国赔偿1 000亿美元！想想吧，一个国家将要承担的战争赔款，竟然差不多等于10年的国内生产总值之和！参与《凡尔赛和约》谈判的各国代表团里，最理性的人物反而是年轻的凯恩斯。针对英国政客和所谓三巨头（美国总统、法国总统和英国首相）的愚蠢、虚荣和短视，凯恩斯愤而辞职，以生花之妙笔，撰写《和平的经济后果》，激情与理性交相辉映，生动而尖锐地指出《凡尔赛和约》的致命错误和严重后果。

战争对世界局势的影响重大而深远。经济衰退、通货膨胀、失业高企、民生凋敝、帝国解体、政权更替等，就像恶魔一样吞噬着欧洲。沉重的债务、通货膨胀和人员伤亡，将整个欧洲经济拖入衰退深渊。德国和法国经济萎缩30%，英国经济萎缩程度相对较小，但也达到5%。

国际政治权力的嬗变更加深刻和剧烈。美国一跃成为欧洲主要的债权国，全球黄金储备的最大拥有者。新生的美联储迅速取代英格兰银行，掌控着全球货币政策的脉搏，世界金融中心从伦敦转移到纽约。欧洲权力均衡体系或多极世界体系正在快速朝着一个单极世界体系演变。

正是在一个国内经济和国际权力格局早已深刻改变的大背景下，欧洲及其附属国却义无反顾甚至极端倔强地迈上恢复金本位制的道路。代表者还是英国，尽管英国决定恢复金本位制的时间要晚于其他欧洲国家。这不仅因为英国是战前国际金本位制的象征和主要护卫者，更主要的是英国拥有庞大的殖民地和全球贸易网络，伦敦仍然是世界主要货币和金融中心之一。英国恢复金本位制的一举一动及其后果，都会对全球经济和金融产生极其广泛的重大影响。

1925 年 4 月 28 日，英国议院下院。在全体议员的热烈掌声中，财政大臣丘吉尔信心十足地开始他的预算日演讲。所有议员和伦敦金融城的金融大亨们，包括美国纽约和欧洲大陆的金融巨头们都知道，丘吉尔将宣布一项历史性的决定。不出所料，演讲刚开始几分钟，丘吉尔就郑重宣布英国将正式恢复金本位制。

此时此刻，英格兰银行行长蒙塔古·诺曼（1871~1950 年）就坐在下院贵宾席里，享受着他人生最辉煌的时刻。作为全世界最具声望的央行行长之一，诺曼在全球金融界享有崇高地位。他出生于银行世家，热爱艺术、装饰和音乐，1933 年（62 岁）结婚之前，一直过着修道士般的独居和单身生活。当他 1920 年就任英格兰银行行长时，英国脱离金本位制已经长达 6 年之久，英国经济和金融正处于艰难的恢复时期。诺曼深知英镑和伦敦金融中心的地位已今非昔比，美元和纽约后来居上，甚至法郎和巴黎都有能力与英镑和伦敦分庭抗礼。

诺曼临危受命，任重道远。他既是大英帝国昔日货币和金融霸权的象征，也是大英帝国日渐没落的象征。从就职的第一天开始，恢复金本位制就是诺曼的首要任务和神圣使命。他坚信，要复兴大英帝国的货币和金融霸权，再现往日辉煌，唯一道路就是依照战前英镑汇率恢复金本位制。自就任以来，诺曼倾注全部精力，奔走于美国和欧洲大陆，游说政治家和金融大亨，以赢得权势集团对英国恢复金本位制的支持和帮助。

诺曼的工作卓有成效。此时此刻，他坐在贵宾席上，聆听丘吉尔庄严宣告英国重返金本位制，他知道，站在他身后的不仅有伦敦金融城的大亨，更重要的是有摩根财团和纽约联储。当然，还有美国财政部或美国政府。摩根财团是 19 世纪后期到 20 世纪上半叶全世界首屈一指的投资银行，纽约联储则是美联储最具影响力的分行，在美联储初创时期的近 20 年里，实际上掌控着美国的货币政策。

为全力帮助英国重返金本位制，纽约联储承诺给英格兰银行提供总额高达 2 亿美元的信用额度，摩根财团给英国财政部提供 1 亿美元的信用额度，以便英国政府和央行随时使用，以防止金融投机客大规模抛售英镑，迫使英镑汇率大幅度贬值。

之所以这么做，是因为诺曼坚持要依照战前的英镑汇率（1 英镑=4.86 美元）重返金本位制。根据当时英国经济的实际情况，包括通胀水平（工资和物价）、出口产业竞争力、国内就业状况，1：4.86 的英镑汇率至少高估 30%。凯恩斯明确指出，如果英国按照这个汇率恢复金本位制，其出口和就业将遭受致命打击，英国经济将深陷灾难。甚至连诺曼的铁杆朋友——摩根财团的多位合伙人——都认为 1：4.86 的汇率水平太高，建议诺曼以较低汇率恢复金本位制。英国实业界的领导人当然强烈反对以如此高估的汇率回归金本位，他们知道那必然是一场灾难。然而，生性固执的诺曼对所有这些反对意见均置之不理。他认为，如果以贬值的汇率来恢复金本位制，“大英帝国持续数个世纪的良好信誉和道德权威就将付诸东流”。①

根据基本的经济理论，一国货币汇率高估，必然诱惑投机客以抛空或抛售方式攻击本国货币，迫使汇率回归均衡水平。诺曼对此并非一无所知，摩根财团的合伙人和纽联储主席本杰明·斯特朗（他本人就曾经长期担任摩根财团合伙人）皆是金融绝顶高手，对投机炒作的破坏力了如指掌。他们决心以一篮子政策来确保英镑恢复金本位取得圆满成功：一是给英国财政部和央行以足够“弹药”（信贷额度），随时击退投机者，捍卫英镑汇率；二是限制或禁止本国银行对外贷款

① Ron Chernow, *The House of Morgan—An American Banking Dynasty and the Rise of Modern Finance*, Simon &Schuster, 1990, p.275.

（即实施资本管制）；三是让伦敦和纽约金融市场的利率水平保持相当幅度的差距，以鼓励国际资金流入伦敦。此举要么是伦敦提高利率，要么是纽约降低利率。斯特朗真是诺曼最忠实的朋友，因为诺曼担心英格兰银行加息会重创英国经济，斯特朗主动降低纽约利率水平。此举甚至让摩根财团合伙人都大吃一惊，他们也认为应该是伦敦加息，而不是纽约降息。

从历史经验来看（譬如拿破仑战争之后英国恢复金本位制的经验），恢复金本位制的主要途径只有两个：一是将本币大幅度贬值，即本币相对黄金贬值，或者大幅度提高黄金购买力或黄金价格；二是收缩货币和信贷，大幅度降低国内物价水平。从现实可行性上看，其实只有第一条路可走，因为大幅收缩货币和信贷，制造通缩，必将重创国内经济，政治上绝对行不通。

英国恢复金本位制的最初半年里，事情似乎出奇的顺利。外汇市场英镑汇率不仅没有出现贬值迹象，反而大幅飙升；投机性攻击压根儿没有出现；纽联储和摩根财团的巨额贷款没有派上用场。诺曼及其盟友们一片欢呼。1925 年 11 月，丘吉尔决定取消银行海外贷款管制。

然而，好景不长。经济规律必然起作用，不以任何人的意志为转移。不到一年时间，高估的英镑汇率让英国出口遭受沉重打击。纺织、煤炭和钢铁业的国际竞争力迅速下降。金本位制不仅没有重振英国经济雄风，反而加速其衰退。让民众承受削减工资以缓和汇率高估的影响，简直就像天方夜谭。1926 年春季开始，此起彼伏的局部罢工和总罢工，让英国经济雪上加霜。可是，政客们总是不愿意承认和修正错误，不见棺材不掉泪。直到 1929 年华尔街股市崩溃和大萧条席卷全球，1931 年 9 月 20 日，英国终于在极度痛苦里再度脱离金本位制，并且是永远脱离了金本位制。宣布抛弃金本位制的不是财政大臣，不是英格兰银行行长诺曼，而是首相自己。当时，年迈而且深受抑郁和神经衰弱困扰的诺曼正在从加拿大返回英国的轮船上。英镑脱离金本位制的消息，让诺曼的神经和情绪差点儿彻底崩溃，不得不到英国乡村度过一个长周末以平复自己的悲痛和愤怒。对于诺曼和那些固守传统的金融大亨而言，“英镑脱离金本位制就好像处女失去贞操那样令人痛心疾首！”①

英镑脱离金本位制的第二天，早已下台在野的丘吉尔和凯恩斯共进午餐。丘吉尔拼命为自己解脱，声称自己从来不主张恢复金本位制，他是受到诺曼的糊弄或摆布，坦承恢复金本位制是自己“一生中最鲁莽的错误”。凯恩斯则兴高采烈，不仅因为自己的预见完全变成现实，而且他预言的货币新时代即将到来。凯恩斯宣告：“我们终于挣脱了黄金枷锁，我们终于能够放开手脚，开始做一些合情合理的事情了。我深信脱离金本位制将开启世界货币历史的崭新篇章！”②几天之内，外汇市场的英镑汇率就贬值超过 25%，从 1∶4.86 直线下降到 1∶3.75。到 1931 年底，贬值幅度超过 30%（1∶3.50）。

紧随英国摆脱黄金枷锁的国家超过 25 个，包括英联邦成员国加拿大、印度、马来西亚、巴勒斯坦、埃及，斯堪的纳维亚国家瑞典、丹麦、挪威、芬兰，其他欧洲国家——爱尔兰、奥地利、葡萄牙等。依然固守金本位制的大国只剩下法国和美国了。然而，此时此刻，全世界已经堕入史无前例的大萧条了。

---

① Liaquat Ahamed, *Lords of Finance—The Bankers Who Broke the World*, The Penguin Press, 2009., p. 431.

② Ibid., p. 432.

华尔街疯狂和崩盘

大萧条源自大崩溃，大崩溃源自大投机，大投机源自恢复金本位制的疯狂决策。经过70多年的反复研究，经济学者和历史学者基本达成一致的结论，那就是各国（尤其是英国）恢复金本位制的错误政策，是导致20世纪20年代华尔街股市投机、崩盘和20世纪30年代大萧条的直接原因。当然，任何资产价格泡沫的形成和最终的破灭，都很难归咎于某个单一因素，都是多重因素共同作用的结果。从这个意义上说，1929年10月29日华尔街股市的突然崩盘，至今仍然是一个谜。

华尔街股市崩盘源于20世纪20年代华尔街的股市投机和股市泡沫。20世纪20年代的华尔街，弥漫和充斥着各种非理性投机行为。所谓牛群行为、盲目跟风、非理性投资到处都是，这就是所谓“动物精神”的具体体现。股市投机和资产价格泡沫则源于美联储尤其是纽约联储的低利率货币政策、股市按金交易和股票买卖贷款。

本杰明·斯特朗所领导的纽约联储实施低利率货币政策，目的是协助英格兰银行稳定英镑、恢复金本位制。斯特朗这么做，主要又是因为他和英格兰银行行长诺曼的特殊关系、他与摩根财团的密切关系，以及摩根财团和英国的特殊关系。

从历史事实和数据来分析，20世纪20年代华尔街股市投机确实达到了令人惊叹的程度。各种疯狂的投机手段如雨后春笋般层出不穷。按金交易、股票经纪贷款、证券经纪公司纷纷出笼。连许多妇女也加入华尔街投机。股票分析师和分析报告令人应接不暇。股票数量不断增加，1929年崩盘之前华尔街的股票总数达到826家。1928年夏季之后15个月内，指数上涨接近一倍，从200点上涨到380点。

人人参与股票投机的时代，自然就创造出许多财富神话。譬如巴鲁克的故事和肯尼迪的故事早就成为传奇。

1896 年，道琼斯指数问世。1900 年，道琼斯指数只有 50 点。1920 年，指数也只有 72。扣除通胀因素之后，只相当于“一战”之前（1913 年）的一半。1921 年之后的 4 年，道琼斯指数上涨一倍，创造出所谓的“柯立芝牛市”（因美国时任总统柯立芝而得名）。到 1925 年，美国股市总市值达到 300 亿美元，比 1913 年上涨一倍。

推动股市上涨的重要力量是美国经济的快速增长。1922~1927 年，华尔街上市公司利润增长幅度达到 75%。当时有所谓旧经济和新经济之分。旧经济的产业主要是纺织、煤炭、公路，新经济产业主要是汽车、石油、电力、无线电和消费电子。1913 年，华尔街股票总市值大约为 150 亿美元，与伦敦市场大体相当，当时美国经济规模已经是英国的三倍。所以许多人相信，20 世纪 20 年代美国股市快速上涨，算是一种“补涨”。

20 世纪 20 年代华尔街股市市盈率达到新的高度。1890~1910 年，平均为 15~20 倍。1927 年，市盈率下降到 11 倍，主要是许多上市公司利润快速增长。1929 年最高峰时市盈率达到 32 倍。以此对照，20 世纪 90 年代互联网泡沫期间，美国股市市盈率最高达到 45 倍。以当时最赚钱的公司通用汽车公司为例。1927 年，通用汽车公司年盈利达到 2.5 亿美元，市值是 20 亿美元，市盈率不到 9 倍。当时美国的主要产业，如汽车和收音机等，企业盈利皆大幅度上升。

纽约联储刻意维持低利率，应该是刺激华尔街股市投机的关键力量。早在 1925 年 4 月英国决定恢复金本位制之前，斯特朗就承诺维持纽约和伦敦市场的利差，刻意降低纽约利率水平，以鼓励国际资金流向伦敦，确保英镑稳定。一年后的 1926 年 7 月，斯特朗邀请另外三大中央银行行长（英格兰银行行长诺曼、法国中央银行行长莫诺、德国中央银行行长沙赫特）到纽约密谈，商讨如何解决国际金本位制所面临的一系列紧迫问题。会后，斯特朗再次决定降息 0.5 个百分点（尽管当时有四个联储分行强烈反对），从 4% 下降到 3.5%。

纽约联储降息之后，华尔街股市迅速上涨，从年中的 170 点上升到年底的 200 点，股票经纪贷款从前一年的 33 亿美元激增到 44 亿美元。华尔街的股票经纪贷款一直是推动股市投机的重要资源。1920 年之前的平均规模为 10 亿美元，1924 年达到 22 亿美元，1925 年增长到 35 亿美元，1926 年激增到 44 亿美元。与此同时，股票按金交易比例提高到 3~4 倍，投机者购买股票，只需支付股票市值 20%~25% 的资金。

1927 年中期，纽联储继续大幅减息，股市投机氛围日益炽烈。到 1928 年初，美国各界要求联储应对股市投机的呼声日益高涨。随后三个月内，美联储将利率从 3.5% 急升到 5%！然而，早已如脱缰野马的牛市狂潮根本就不理会联储的加息措施，照样一路狂奔。股市之外，当时美国的房地产业出现非常严重的泡沫。以佛罗里达州迈阿密市的房地产泡沫最为著名。

国际货币体系崩溃和大萧条的来临

美联储前主席伯南克是研究大萧条的权威学者。他有一段话相当精彩："理解大萧条是经济学者一直梦寐以求的高远理想。大萧条不仅催生了宏观经济学，让它成为一门独立而独特的学问，而且 20 世纪 30 年代的经验依然深深影响着经济学者的学术信念、政策建议和研究策略。此影响究竟有多么深远，我们还没有完全掌握。撇开实际运用价值不谈，解释20世纪30年代颠覆全世界的大萧条，依然是我们面临的巨大学术和知识挑战，令人激动不已。”①伯南克将全面深入理解大萧条称为“宏观经济学的圣杯”。

确实，1929年华尔街的股市崩盘为什么会引发全球经济大萧条？数十年来，这一直是经济学家热烈讨论和继续研究的重大课题。大萧条直接刺激催生了现代宏观经济学。凯恩斯的《就业、利息和货币通论》（以下简称《通论》）针对大萧条而发。费雪的“债务通缩理论”针对大萧条而发。弗里德曼和施瓦茨《美国货币史》最精彩部分是关于大萧条。艾肯格林《黄金枷锁》针对大萧条而发。伯南克的货币政策传导机制理论研究亦是针对大萧条而发。美国几乎每一位重要经济学家都必然会从思考大萧条的起源和内在机制里获得灵感。

大萧条确实是史无前例的奇怪现象。1930年一年时间里，主要经济体系的工业产出皆大幅度下降，美国下降30%、德国下降25%、英国下降20%。各国失业人数急剧飙升，美国达到500万、英国200万、德国450万。全球大宗商品价格平均下降50%，包括咖啡、棉花、橡胶等，无一例外。大宗商品主要生产国首先出现经济衰退，主要是巴西、阿根廷、澳大利亚。

1930~1932年的3年时间里，银行信用年下降幅度达到20%。美国银行信用总量从500亿急剧下降到300亿。到罗斯福1933年3月4日就任总统之时，28个州的银行全部关闭，另外20个州的银行部分关闭。1/4的银行破产倒闭。房地产价格下降30%。一半以上的房屋抵押贷款违约。银行信用萎缩迫使矿产企业和工厂大面积关门。

钢铁行业开工率只有可怜的12%（占全部产能的12%）。汽车产

① 向松祚、邵智宾编著，《伯南克的货币理论和政策哲学》，北京大学出版社，2007年，第111页。

量从年产 20 万辆下降到年产不到 2 000 辆。工业产出下降一半，工业产出平均价格下降超过 30%。国民收入从 1 000 多亿美元萎缩到 550 亿美元。25% 的劳动者失业，总失业人数达到 1 300 万（当时全部劳动力是 5 200 万）。3 400 万人（包括男人、女人和孩子）完全失去收入来源。

大萧条传导机制的第一个渠道是国际货币体系失衡。全球货币黄金储备主要集中到美国和法国，两国占据全球货币黄金总量的 60%。其他金本位制国家黄金储备急剧短缺，导致货币供应量剧减，通货紧缩应运而生。这至少是全球大萧条的关键原因之一，即国际货币体系失衡导致经济失衡。

为什么全球货币黄金储备会集中到美国和法国呢？第一次世界大战期间，黄金大规模流向美国。1926 年法国将货币法郎固定到 25 法郎 =1 美元。汇率大幅度低估，导致法国出口剧增、资本大规模流入、外汇储备剧增（主要又是黄金和英镑）。英国 1925 年 4 月 27 日恢复金本位制时的英镑汇率（1 英镑 =4.86 美元）大大高估，导致英国出口和整体经济衰退，尽管美国一再下调利率支持英国恢复金本位制，英国外汇储备和黄金储备却仍然继续下降。

全球经济大萧条传导机制的第二个渠道是股市崩盘的财富效应。1929 年，美国股市下跌 40%，英国 16%，德国 14%，法国 11%。各国企业利润出现惊人的萎缩。1929 年美国公司盈利高达 100 亿美元，1932 年亏损总额达到 30 亿。1932 年 7 月 8 日，道琼斯指数跌到只有可怜的 41 点。1929 年最高位是 381 点，两年半时间跌幅接近 90%。通用汽车 1929 年 9 月股价为 72 美元，1932 年 7 月只有 7 美元。RCA 最高股价是 101 美元，最低跌到只有 2 美元。

全球经济大萧条传导机制的第三个渠道是信用萎缩机制。全球信用突然急剧下降甚至枯竭。第一，20 世纪 20 年代后期华尔街大投机时代，全球许多资金流入华尔街市场。股市崩盘之后，欧洲各国指望资金回流本国（尤其是德国和英国）。事实上却没有，资金仍然继续向所谓安全天堂流入（主要是美国和法国）。第二，大萧条开始之后，各国开始约束资金流动，导致全球资金流动急剧下降。第三，当各国出现银行和金融机构大规模破产时，所有银行和金融机构对于创造信用变得异常谨慎。信用总量开始急剧下降。第四，信用需求是否亦相应急剧下降？因为随着最终需求下降，企业销售不畅，自然导致生产活动萎缩，信用需求大规模下降。

第四个渠道是费雪的“债务—通缩”机制。第五个渠道是辜朝明所阐述的“资产负债表衰退”机制。第六个渠道是贸易保护主义机制，尤其是美国胡佛政府通过的《斯穆特–霍利法案》及各国的相应报复措施。本书其他部分对这些机制的具体内容有较详细论述，此处不再细述。

布雷顿森林体系：美元本位制的插曲

1944 年 7 月 1 日，美国新罕布什尔州布雷顿森林镇的华盛顿山饭店，来自全球 44 个国家的 700 多名代表聚集一堂，他们将规划未来世界的货币秩序，那将是“二战”之后全球秩序的关键组成部分。正如罗斯福总统给会议的贺信所说：“你们将要讨论的计划仅仅是各国间为确保有序和谐而必须缔结的协定的一个方面，但却是一个至关重要的方面。它将对世界各地的普罗大众产生深远影响，因为它事关人们相互交换大地富饶资源和本国工业及智慧产品所依赖之基础这一基本问题。商业是自由社会的生命线。我们必须确保输送血液的大动脉不再像过去那样被毫无意义的经济竞争而人为制造的壁垒所堵塞。”

纵观历史，布雷顿森林会议所确定的国际货币体系，确实是一个奇迹，一个必然，一个例外。

说它是一个奇迹，因为当时世界上所有重要国家均参与磋商并认可该协议，包括苏联和中国在内。中国代表团多达 33 人，仅次于美国。如此众多国家参与磋商一项国际货币协议，实属空前绝后。说它是一个奇迹，还因为经历了 19 世纪 20~30 年代剧烈的国际货币动荡之后，全球精英们终于就一个稳定的国际货币秩序的本质达成共识，那就是如何稳定汇率，避免以邻为壑的竞争性贬值。《布雷顿森林协议》通常被称为“固定但可调节的汇率体系”（adjustable fixed exchange rates），核心是确保货币汇率和资本流动稳定有序。这应该是一个普遍的真理。70 年后，当我们再度讨论国际货币体系改革之时，《布雷顿森林协议》所揭示的真理依然弥足珍贵。

说它是一个必然，是因为布雷顿森林体系本质上就是美元体系。“1944 年布雷顿森林会议所确认的国际货币体系并不是一个新体系。其根源可追溯至 20 世纪初，当时美元已经取得国际货币体系的支配地位。第一次世界大战期间，美国是唯一保持金本位制的国家，事实上只有美国具有决定金本位制运作方式的强大力量。20 世纪 20 年代所恢复的某种形态的金本位制，其运作也主要依赖美国的货币政策。”[①]即便如此，金本位制还是无可挽回地彻底崩溃了。1931 年，英国脱离金本位制，包括英联邦在内的 25 个国家紧随其后；1933 年，美国放弃金本位制；1936 年，法国脱离金本位制。短短 6 年时

① 《蒙代尔经济学文集》（中译本，第五卷），向松祚译，中国金融出版社，2003 年，第 98 页。

间，全世界所有国家都抛弃金本位制，这是人类货币历史上划时代的重大事件。一个曾经被视为人类文明支柱的货币制度竟然像多米诺骨牌那样轰然倒塌。国际货币秩序陷入极度混乱之中。货币民族主义、贸易和投资保护主义、贸易和资本管制、以邻为壑的货币贬值、相互报复的高额关税等恶魔都被释放出来，世界经济堕入大萧条深渊。

只有美国出手，才有望稳定国际货币。“一战”期间，欧洲黄金滚滚流入美国。到 1938 年，美国已经获得世界货币化黄金总储备量的 3/4。1934 年，罗斯福总统决定终止浮动汇率政策，将黄金官价从每盎司 20.67 美元提高到每盎司 35 美元。1936 年法国脱离金本位制后，英国、法国和美国共同签署“三方协定”，规定三国货币政策相互协商。1934 年，世界绝大多数国家放弃使用黄金作为货币之锚，转而将货币与美元挂钩。所以，当布雷顿森林会议召开之时，美元早就是全球记账单位和唯一与黄金挂钩的货币。布雷顿森林会议本质上就是确认两件事：黄金和美元是战后各国普遍接受的国际经济体系记账单位，所有主要货币均与美元挂钩。因此，布雷顿森林体系是一个美元体系，或者是一个有锚的美元体系,是历史演变的必然。到 1945 年，美国已经是超级大国，工业产出占世界的 80%，黄金储备占世界的 3/4，赢得世界大战，制造出原子弹。美国实力独步天下，美元地位无可匹敌。

说它是一个例外，是因为在所有国际货币制度里，布雷顿森林体系的生存时间最短暂。就算从 1944 年算起，到 1973 年彻底崩溃，也不过 29 年，即使追溯到 1936 年或 1934 年，也不到 40 年。还有学者认为，真正的布雷顿森林体系实际上只运作了 11 年（1959~1970

年）。[①]无论怎么计算，其生命周期都远远短于银本位制、复本位制和金本位制。这是历史的必然还是人为的偶然呢？

说它是一个例外，还因为无论从哪个指标来衡量，布雷顿森林体系时期都是人类货币历史上最稳定的时期。迈克尔·波多（Michael D. Bordo）用九大指标来评估国际货币体系：通胀率、真实人均收入增速、货币供应量、短期和长期名义利率、短期和长期真实利率、名义和真实汇率的绝对变动率。九大指标综合起来评估，布雷顿森林体系是所有国际货币制度里最稳定和经济表现最佳的体系。

许多学者都曾经详细研究布雷顿森林体系时期的经济表现，并将其与其他货币体系时期的经济表现进行对比。结论大体都是一致的：布雷顿森林体系不仅是最稳定的货币体系，而且是实体经济各项指标表现最好的时期。这里我再引用一个间接结果。

卢卡斯是理性预期学派的代表人物，1995年获得诺贝尔经济学奖。他毕生研究的重心就是经济波动或经济周期的根源。1997年，卢卡斯发表了一篇文章《理解经济周期》，详尽定义经济周期，包括各个经济部门产出波动的相关性，耐用品生产和消费品投资的波动，农产品价格和自然资源价格的波动，企业利润的波动，价格水平（通胀或通缩），短期利率和长期利率的趋势，货币总量和货币流通速度的增长或变动速率，对外贸易和国际收支。上述指标是经济学家普遍同意的、衡量一个经济体系内外部平衡的主要数量指标。

非常奇怪且有趣的是：卢卡斯注意到一个令人震惊的重大事实，却没有给出任何有力的解释，实际上他干脆没有给出任何解释。让我

---

① *A Retrospective on the Bretton Woods System: Lessons for International Monetary Reform*, edited by Michael D. Bordo and Barry Eichengreen. The University of Chicago Press, 1993, pp.3–98

引用他的原话："经济周期历史事实里，有一个实在令人震惊的现象，不容我们置之不理。那就是'二战'之后的 25 年里，上述所有衡量经济波动的指标，均大幅度下降。只从简单描述事实的层次上，我们很难判断经济波动的急剧缩小，究竟是源自好的政策，还是好的运气。然而，经济体系竟然在如此长的时期内维持高度稳定，强烈地提醒我们，市场经济并没有任何内在力量，非要迫使我们遭受目前经济的极度动荡，'二战'之前的经济动荡亦不能归咎于市场经济的某种内在力量。"①

我初次读到卢卡斯的上述评论时，简直不敢相信！他潜心研究经济波动多年，竟然完全没有提到货币制度或汇率制度对经济波动的决定性影响。他甚至没有注意到一个简单的事实："一战"之后、"二战"之前的经济波动时期（1920~1945 年），1971 年之后的经济动荡时期，皆是浮动汇率将国际货币秩序搞得一团糟的时期。相反，"二战"之后长达 25 年（1945~1970 年）的全球经济稳定，恰好就是《布雷顿森林协议》确立的固定汇率时期。汇率稳定对全球经济稳定和持续增长的重要性，不言而喻。

由此引出一个更为深刻和令人困惑的问题：既然布雷顿森林体系如此稳定，运行如此良好，为什么只延续了那么短的时间？为什么轰然崩溃了？

布雷顿森林体系的崩溃

布雷顿森林体系崩溃以来，相关理论和实证文献数不胜数。概括

---

① Robert E. Lucas, Jr., *Studies in Business-Cycle Theory*, The MIT Press, 1981.

起来，则不外乎三个主要的理论解释：一是凯恩斯的“内部平衡—外部平衡冲突论”，二是蒙代尔的“不可能三角悖论或三元悖论”，三是“特里芬难题”。

1923 年凯恩斯发表《货币改革论》，首次将经济政策目标分为内部平衡和外部平衡：内部平衡是通胀稳定和充分就业，外部平衡是汇率稳定和国际收支平衡。凯恩斯认为，这两大目标通常很难同时实现，而且相互之间时常有冲突。

金本位制或固定汇率的历史经验告诉我们，要确保汇率稳定或固定汇率，国内货币政策就必须被动地适应国际货币局势的变动（譬如黄金产量的增加或减少，投机资金的流入或流出）。如果中央银行为了维持国内物价稳定，对储备货币或投机资金流入本国市场进行冲销干预，时间一长，固定汇率就必然崩溃。固定汇率或金本位制制度下，假如中央银行为了国内经济增长和充分就业而增发货币，本国货币必然出现持续大幅度贬值，诱发或刺激储备货币或投机资金外流。此时，该国中央银行要么放任固定汇率崩溃或贬值，要么停止本国货币扩张。内部平衡政策目标与外部平衡政策目标之间的冲突往往无法协调，必须抉择。凯恩斯当年主张英国政府和英格兰银行以内部目标为主，放弃外部平衡，也就是以国内经济增长和充分就业为核心政策目标，为此就要放弃固定汇率或金本位制。

布雷顿森林体系要求各国必须至少部分牺牲内部平衡，以维持固定汇率。然而，差不多与签署《布雷顿森林协议》同时，美国通过了《充分就业法案》。前者要求美国维持美元与黄金的固定汇率，后者则要求美国必须确保充分就业。二者的冲突最终导致国际货币体系崩溃。“布雷顿森林体系之所以短命，是因为充分就业目标支配着各国的政策取向和工具。”①

蒙代尔“不可能三角或三元悖论”是对凯恩斯“内外部冲突”的扩展。资本自由流动、独立货币政策和固定汇率三者只能选其二。从《布雷顿森林协议》签署直到 1959 年，各国（美国算是例外）皆实施资本管制，三者冲突不明显。随着各国逐渐放松资本管制，欧洲各国实现资本账户自由兑换，全球资金流动的规模和速度加快，三者冲突日益加剧，尤其是各国均不愿意完全放弃独立货币政策，让本国货币供应量或通胀水平跟随国际资金流动随波逐流。最终，各国选择独立货币政策和允许资金自由流动，固定汇率则成为必然被牺牲的目标。

特里芬难题本质上是国际储备货币供应量和价格之间的矛盾。随着全球经济复苏和快速增长，国际储备货币需求量必然持续增长。布雷顿森林体系受制于黄金总量。快速增长的经济对全球流动性和储备货币需求量的增长，只能有两个解决途径，一是增加黄金总量，一是提高黄金价格。前者受制于自然条件和科技水平，后者则受制于当时的国际政治氛围。黄金总量无法增加，价格又不能及时提升，布雷顿森林体系的边界条件必然被突破，崩溃在所难免。

美元本位制、浮动汇率时代的来临

1971 年 8 月 15 日，美国总统尼克松向全世界宣布一揽子新经济政策，决定终止美元和黄金兑换，是全球货币体系划时代变革的起点，标志着布雷顿森林体系的崩溃，标志着全球经济新时代——全球金融资本主义时代的来临。

① Alan Meltzer, *A History of Federal Reserve*, Volume II: Book I,1954–1969, The University of Chicago Press, 2009, pp.684–685.

挽救固定汇率制度的一切努力皆以失败告终。1973 年 12 月，史密森学会协议戛然而止，重建国际货币秩序和固定汇率制度的努力付之东流。特别提款权的发行和分配一拖再拖，数量微不足道，对挽救国际货币体系杯水车薪。1976 年，国际货币基金组织修改章程，政策哲学发生 180 度急转弯，从矢志不渝捍卫固定汇率，转向不遗余力地鼓励汇率浮动。与此同时，欧洲决心摆脱美元本位制枷锁的重负和困扰，朝着欧元单一货币之路前进。1999 年，欧元正式诞生，立即成为全球第二大储备货币和金融贸易结算货币，美元和欧元汇率迅速成为左右全球经济体系最关键的变量。20 世纪 70 年代尤其是 90 年代之后，国际货币金融体系从事实上的“半球体系”演化为真正的“全球体系”，新兴市场国家逐渐成为影响国际货币金融体系的重要力量。

美元本位制和浮动汇率是 1971 年之后国际货币体系的两大支柱。与以往时代的国际货币体系相比，美元本位制和浮动汇率主导的国际货币体系，具有许多非凡的特点。

首先，全球货币发行完全失去外部约束，彻底迈向单纯依赖人类自身货币管理来约束全球货币发行量的“勇敢新时代”。人类以往一切历史里，货币要么是“实物货币”，要么是以实物货币为“锚”的信用货币，货币发行量具有某种“自然”约束（从羽毛、烟草、皮革直到黄金和白银）。美元本位制和浮动汇率时代，全球货币发行和全球货币供应量再也没有任何外部“自然”约束了。

过去 200 年里，银本位制、复本位制、金本位制、金汇兑本位制相继崩溃。每当一个货币本位制崩溃，经济学者、历史学者和政治家都要展开激烈争论，核心问题只有一个：人类自我设计的货币制度和货币政策，能否有效约束货币供应总量、维持人类经济体系的相对稳定？从 19 世纪 20 年代英格兰银行行长帕尔默首次提出货币政策的“帕尔默准则”，到后来弗里德曼倡导货币供应量增长率准则，再到约翰·泰勒发明的泰勒准则和伯南克主张的“灵活的通货膨胀率”准则，人们为回答这个问题做出了不懈努力，不仅至今也没有满意答案，实际效果亦颇为令人失望。

美元本位制完全主导了当代“无锚”的国际货币体系。美元本位制下，美元是最主要的国际储备货币、外汇交易货币、资产和财富定价货币、金融交易货币和贸易结算货币；美联储是事实上的世界中央银行，其货币政策行动时刻左右或影响着世界各国的货币政策走向、利率水平、资产价格和通货膨胀。然而，其他国家却无法约束美联储的货币政策，成为美元本位制和浮动汇率主导的国际货币体系的最大不对称性，它根源于布雷顿森林体系的内在不对称性。

布雷顿森林体系崩溃的教训

1944 年布雷顿森林体系创立之时和运行之初，国际货币体系的不对称性就是争论的焦点。当时人们所关注的不对称性有三个层面。

第一，美元和其他成员国货币地位不对称。美元汇率平价以黄金为基准（1 盎司黄金=35 美元），其他货币则以美元为基准。

第二，美国和其他国家的责任和义务不对称。美国负责维持美元的黄金平价，不管美元与其他货币的汇率；其他国家则需要负责维持本国货币与其他所有成员国货币的汇率平价（后来考虑到实际操作可行性，其他成员国只需要维持与美元的汇率平价就算履行了责任和义务）。

第三，货币汇率政策的操作手段和承受风险的不对称。美国承诺确保美元与黄金依照固定价格兑换，不干预外汇市场；其他国家则需要干预外汇市场以维持汇率平价。美国面临的风险是黄金储备下降或不足，其他国家面临的风险则是外汇储备不足或汇率危机。

尽管有上述三个不对称性，然而，布雷顿森林体系还是一个具有外部约束或“锚”的国际货币体系。美国确保美元和黄金依照固定价格兑换的承诺，原则上就是对美联储货币政策（以及政府财政政策）的“硬约束”。其他国家将美元钞票兑换为黄金，则是对美国货币政策的外部制约。

从数学上看，该体系有三个外部条件：货币化黄金储备总量、黄金储备价格和各国货币汇率。理论上可以证明，要维持该体系稳定运行，必须能够进行两方面的调节。（1）调节上述三个外部条件：增加黄金总量、提高黄金价格或调整各国汇率平价。（2）美国尽力约束其货币政策，以避免美元货币供应量快速增长；其他成员国（主要是欧洲的联邦德国和法国）尽力克制将美钞兑换为黄金（即自愿持有美元钞票和美元流动性）。

理论上还可以证明，布雷顿森林体系是一个不稳定的货币体系，因为：（1）货币化黄金储备总量无法持续或无限度增加；（2）美国缺乏政治意愿上调黄金价格（当时，黄金主产国是南非和苏联）；（3）美国不愿意为维持货币体系稳定而约束本国货币政策；（4）其他成员国不愿意克制将美元兑换为黄金的动机，也不愿意大幅度调节（升值或贬值）本国货币汇率。

20 世纪 60 年代初期，布雷顿森林体系就已经危机四伏。长达 10 年的辩论争吵和挽救措施收效甚微。理论上看，创立伦敦“黄金总库”和创设特别提款权至少部分缓解了上述（1）和（2）两大麻烦。然而，围绕（3）和（4）的长期争吵毫无结果。约翰逊政府因越南战争和“伟大社会工程”（Great Society Project）大搞赤字财政和货币扩张；尼克松政府变本加厉，货币扩张速度有增无减；欧洲各国恼羞成怒，愤然加速黄金兑换步伐。一个本来就具有内在不稳定性的国际货币体系就此轰然垮台。然而，布雷顿森林体系虽然崩溃，其内生的不对称性和不稳定性却被美元本位制和浮动汇率体系继承下来，而且愈演愈烈。

第十章　美元悖论和全球危机

美元本位制的不对称性和内在不稳定性

与布雷顿森林体系相对照，美元本位制也具有三个不对称性。

第一，美联储的货币政策对世界其他国家的货币政策和货币稳定具有重大影响甚至是决定性的影响，而其他国家的货币政策对美联储的货币政策没有影响或影响极微；某种程度上，美联储是全球唯一真正具有货币政策独立性的中央银行，其他各国中央银行的货币政策或多或少都要“跟随”美联储的货币政策，丧失了货币政策的独立性。

第二，美联储和美国政府可以完全不管美元汇率，其他国家则不能不干预外汇市场以维持汇率稳定。美元是全球外汇市场交易的主要对手货币，其他国家干预汇市稳定汇率，就必须大量购买美元，累积巨额美元外汇储备。美联储则借此扩大美债市场、美元货币市场的规模和流动性，大大强化美元霸权。后来发展中国家的历次金融危机中，国际货币基金组织牵头的救助方案，核心条件就是要求寻求救助的国家放弃固定汇率，采取浮动汇率。20 世纪 70 年代长期担任美国国会众议院货币金融委员会主席的罗斯一语道破天机："浮动汇率能够更好地为美国利益服务！"

第三，美国无须持有外国货币作为储备资产（货币），其他国家尤其是发展中国家则必须大量持有美元储备以备干预外汇市场或应对汇率危机。发展中国家累积的庞大外汇储备反过来又必须大规模投资收益率极低的美国国债，美国国债市场成为全球最具流动性的债券市场，成为吞噬各国外汇储备的"黑洞"。

譬如，黄金储备占美联储外汇储备的 76%，其余 24% 的外汇储备主要是与其他国家签署货币互换协议所持有的他国货币，原则上，美联储无须持有任何国家的货币作为储备。欧元诞生之后，欧元区各国不再需要干预外汇市场，其外汇储备结构也发生了巨大变化。譬如欧元区主要国家德国、法国、意大利、荷兰和葡萄牙的黄金储备占总外汇储备的比例分别是 72%、68%、72%、60%、84%。即使负责外汇市场干预的欧洲中央银行，黄金储备比例也超过 30%。

与此相对照，非储备货币国家或需要频繁干预外汇市场的国家，则持有庞大美元外汇储备。譬如，日本、中国、印度、俄罗斯所持黄金储备占总外汇储备的比例分别只有 3.3%、1.6%、8.2%、7.8%，其余外汇储备绝大多数都是美元资产。尽管黄金储备多少有历史背景因素和其他多重原因，然而，一国货币是否是国际储备货币，则是决定外汇储备结构最主要的力量。

美国以本国货币（美元）举借外债，其他国家则主要以美元举借外债。美国不存在货币错配问题，其他国家则必须面对货币错配。货币错配难题是拉美债务危机和亚洲金融危机的主要教训。

金融危机或债务危机的机制非常简单和清晰。首先，为偿还外债所触发的疯狂外汇需求直接导致汇率危机，背负沉重外债负担的国家，其货币汇率必然急剧贬值。汇率危机立刻演变为银行危机，汇率危机和银行危机就迅速恶化为全面的金融危机。

汇率危机、银行危机和金融危机相互强化，拉美债务危机和亚洲金融危机给各国造成了极其巨大的损失。譬如，在过去40年所爆发的117次金融危机之中，各国为挽救危机所支出的财政收入，绝大多数超过国内生产总值的3%，至少有7次超过10%。1997年印度尼西亚金融危机和20世纪80年代初阿根廷债务危机，是损失最为惨痛的两次债务危机。纳税人为挽救危机付出了高达国内生产总值55%的高昂代价！况且，挽救危机的一次性财政支出，只是危机损失的小部分。长期经济衰退、失业高企和社会动荡，才是金融危机的主要损失。

发达国家的许多研究者和机构（尤其是国际货币基金组织）将新兴市场国家频繁爆发金融危机归咎于固定汇率。然而，理论逻辑和历史经验皆无法证明：为什么浮动汇率就能够避免债务危机和金融危机。相反，危机之后，饱受危机蹂躏的国家迅速回归固定汇率或“准固定汇率机制”，从而进一步刺激和强化了许多新兴市场国家长期存在的“汇率升值恐惧症”和“汇率浮动恐惧症”。

经济学者提出众多假说，以解释新兴市场国家反复爆发的债务危机和金融危机，比较知名的假说有：“原罪假说”、“布雷顿森林体系2.0版本假说”、“货币错配假说”以及“汇率升值和浮动恐惧症假说”。我以为对债务危机和金融危机的正确解释，应该从美元本位制和浮动汇率的运行机制中去寻找。

让我们再回到美元本位制的三个不对称性。它们共同构成当今国际货币体系的奇特怪象，我称之为“美元悖论”，对应于特里芬描述布雷顿森林体系内在不稳定性的“特里芬悖论”。

“特里芬悖论”揭示了布雷顿森林固定汇率体系内生的一个基本矛盾：要满足世界各国对储备货币或国际流动性（美元）的需求，美国就必须持续增加美元供给（增加流动性的供给），增加速度必须与世界各国经济增速相适应。蒙代尔曾经以数学公式描述了世界经济增长与国际储备货币需求之间的关系。这即是布雷顿森林体系的“流动性问题”。然而，如果美国持续增加美元供给，且美元与黄金汇率平价不变，那么终有一日，美国就无法履行美元钞票与黄金兑换的承诺，亦即美国必将终止美元与黄金兑换，布雷顿森林体系必将崩溃。这即是布雷顿森林体系的“信心问题”。

流动性问题和信心问题不可调和，“鱼与熊掌不可兼得”，布雷顿森林体系崩溃是必然。与此相关的当然还有一个“调节机制问题”或“汇率调节机制问题”：要么经常账户顺差国家主动将本国货币汇率升值，要么经常账户逆差国家将本国货币汇率贬值，否则，顺差国家将面临通货膨胀和经济过热，逆差国家将面临（至少暂时）通货紧缩和经济衰退。顺差国家和逆差国家的货币政策和汇率政策南辕北辙，反向运行。

“美元悖论”则是刻画美元本位制浮动汇率体系的一个内在矛盾。与“特里芬悖论”类似，美元本位制也有流动性、信心和调节机制三大问题。

第一，美元本位制和浮动汇率体系所面临的流动性问题有两个层面。其一，由于浮动汇率迫使各国对美元储备货币需求（流动性）持续增长，如果美联储不相应增加美元货币供给，那么美国和全球都将面临持续通货紧缩。美元本位制时代的美元与金本位制时代的黄金，具有类似的功能，只是黄金不能自由增加。换言之，浮动汇率实际上必然“倒逼”美联储增加美元货币供给。其二，假如美国主动无限度地增加美元供给，其他国家则不得不被动无限度地吸收或增加美元储备，根本原因则是发展中国家普遍存在的汇率“升值恐惧症”和“浮动恐惧症”。其实，“升值恐惧症”和“浮动恐惧症”这两个名词是极大误导甚至具有某种侮辱性的味道，本质上，是因为发展中国家根本无法承受本国货币汇率的急剧波动、升值和浮动。

第二，美元本位制的信心问题：各国持有美元储备或美元流动性（外汇储备）主要采取两种方式，一是大量购买美国国债、地方债、国有企业债（所谓政府支持企业发行的债券——GSE债券，譬如房地美和房利美发行的债券）和公司债，二是大量购买和持有其他以美元计价的资产，包括美国公司的股票或股权。

相应地，美元流动性扩张也主要表现为两种方式，一是美国债市规模尤其是国债规模持续扩张，二是以美元计价的股权和其他资产的规模持续扩张。美元本位制的信心危机将主要表现为各国外汇储备资产从美元“出逃”，由此诱发美国债市价格急剧下降、债券收益率急剧攀升、美国股市崩盘和美元急剧贬值。根据我总结的国际货币体系的10个基本规律，美元本位制注定难逃覆灭命运，因为美国必然“过度”滥用其国际储备货币的权力，导致各国对美元的信心崩溃。本质上，它与布雷顿森林体系崩溃的原因完全一样。1968年的英镑危机和英镑国际储备货币地位的终结，是同一个规律所决定的同一个故事。

第三，美元本位制的调节机制问题。与布雷顿森林体系相比，美元本位制的调节机制有一个基本的不同点：美国可以完全无视美元汇率或任意让美元汇率贬值。布雷顿森林体系下，美国至少还要关注和维持美元与黄金的“汇率”或价格。相应地，美元本位制下，调节机制的主要责任和成本皆由其他国家承担，而其他国家则不愿意本国货币汇率快速大幅度升值或浮动。所以美国总是压迫其他国家汇率升值和浮动，所以许多发展中国家出现“升值恐惧症”和“浮动恐惧症”，所以“汇率战”之声甚嚣尘上。

浮动汇率：国际货币供应量无限增加的内生机制

20 世纪 70 年代以来，全球主要大国货币之间的汇率制度安排彻底迈向浮动汇率，是人类有史以来的新尝试，是完全崭新的货币试验。

各国皆采取实物货币的时代（譬如金本位制、银本位制和复本位制时代），所有货币之间的汇率自然是固定汇率。19 世纪后期开始出现的金汇兑本位制（即信用纸币与黄金、白银铸币同为法定货币），信用纸币与金属货币完全自由兑换（特殊时期例外），各国货币汇率依然固定不变。

远为重要的是，20 世纪 70 年代之前，主要大国货币之间的固定汇率是国际货币金融体系稳定的中流砥柱。因为中小国家的货币汇率皆采取货币局制度或固定汇率制度，与主要大国的货币直接挂钩，只要主要大国之间的货币汇率固定，全球货币汇率就稳如磐石。

19 世纪的主要大国货币是英镑、法郎和美元，20 世纪上半叶的主要大国货币是美元、英镑、法郎和马克，20 世纪下半叶的主要大国货币是美元、马克、日元、英镑、法郎。1999 年之后，主要大国货币是美元、欧元、日元、英镑和人民币。

19 世纪以来的近 200 年时间，大国货币之间的汇率制度安排和汇率动荡，不仅是国际货币体系动荡、争议和改革的焦点话题，而且是历次金融危机、货币危机和银行危机的重要原因，甚至是主要原因。

譬如，蒙代尔认为，20 世纪 80 年代初期的拉美债务危机、1997~1998 年的亚洲金融危机和俄罗斯金融危机、2007 年的次贷危机、2008 年的金融海啸以及欧债危机，皆源自主要大国货币汇率的急剧动荡。据此，蒙代尔建议当今国际货币体系改革的首要任务就是稳定美元与欧元汇率。罗纳德·麦金龙数十年的研究证明，浮动汇率不仅无助于遏制通胀，相反，却成为许多国家通胀恶化的根源。浮动汇率急剧增加各国经济金融体系的运行成本，是 20 世纪 70 年代之后主要发达国家的实体经济增速持续放缓的重要原因。麦金龙和他的日本合作者利用大量实证数据令人信服地证明，正是浮动汇率和日元长期升值预期导致了 1985~1990 年日本经济的惊天大泡沫，以及泡沫破灭之后日本经济持续 20 多年的长期低速增长和衰退。①

迄今为止，经济学者对于浮动汇率的内在运行机制还没有很好地理解，尤其是浮动汇率与全球货币信用扩张、浮动汇率与各国货币政策有效性之间的关系，仍然有待深入细致研究。

与有锚货币时代相比，20 世纪 70 年代之后的无锚货币时代，呈现出许多前所未有的特征。首先，全球基础货币供应量失去“自然之锚”的控制，呈现出过度快速增长之势。其次，基础货币供应量增长呈现出极不稳定的波动态势。譬如全球最主要的储备货币（美元）呈现出多个弱势和强势周期。全球基础货币供应量的波动幅度远远超过

---

① Ronald I. McKinnon, *Exchange Rates Under the East Asian Dollar Standard: Living with Conflicted Virtue,* The MIT Press, 2005; Ronald I. McKinnon and Kenichi Ohno, *Dollar and Yen: Resolving Economic Conflict between United States and Japan*, The MIT Press, 1997.

有锚货币时代。国际货币体系的基本规律表明，基础货币供应量的过度增长，除了极特殊环境或条件下不会刺激信用过度扩张外，通常都会刺激信用过度扩张，诱发资产价格泡沫和泡沫破灭的周期性金融危机。

基于多年观察和分析，我提出一个基本观点：浮动汇率体系本质上是国际货币供应量无限自动增加的一个内在机制，或者是自动创造国际货币供应量的内生机制。

国际货币供应量自动无限增加的内在机制（尤其是储备中心国家，即美国和欧元区货币供应量的自动增加）包含 4 个层面。

（1）汇率浮动迫使各国不断增加美元储备（所谓流动性需求），以应对随时可能出现的汇率急剧动荡，由此创造出持续扩大的美元基础货币需求。此乃前述美元本位制的不对称性的基本后果。

（2）汇率浮动迫使各国企业必须参与风险对冲，并由此衍生出庞大的外汇投机买卖，从而创造出全球性的美元外汇市场（全球超过 80% 的外汇买卖以美元为对手货币），美元流动性越高，流通范围就越广，需求量就越大。

（3）各国政府、企业和个人手中累积的庞大美元货币，必须要寻找一个安全的投资场所，那就是美元债券市场。美元储备越多，美元债券市场就越大，流动性就越高，其他债券市场就越无法替代美元市场。这是前述美元悖论的基本推论。

（4）浮动汇率体系极大地增加了全球经济和金融体系的整体风险。为对冲风险，人们就必须发明多种创新金融工具，反过来刺激信用供给和需求。从最本质意义上讲，人类经济和金融体系的系统性风险永远处于不断递增状态（类似自然宇宙的熵增），我们称之为经济和金融体系的“风险递增原理”。既然整体经济和金融体系的系统性风险不是一个恒定量，而是一个递增量，它就无法分散和对冲。可以分散和对冲的只是局部风险，被分散和对冲的局部风险实际上被系统其他部分吸收，会进一步增大系统性风险。譬如，购买CDS（信用违约掉期）的单个投资者以为自身的投资风险被分散或对冲，资产负债表获得改善，从而继续扩大信用供给和需求，反过来增加了系统性的整体的金融风险。这是一个重要的理论假说，此处不再详细讨论。

美元本位制和浮动汇率“七宗罪”

过去40多年人类经济发生的许多最重要的深刻变革，无一不与国际货币体系密切相关。如果我们对过去40多年国际货币体系的演变没有深入认识，就不可能理解人类经济已经发生和正在发生的深刻变化，就不可能理解推进国际货币体系改革有多么重要，就不可能理解推进区域货币和金融合作以及人民币国际化有多么紧迫。

当代国际货币体系有两个基本组成部分，一个是纯粹美元本位制，即全球主要储备货币（美元）的发行完全没有外部约束（欧元诞生之后亦是如此）；另一个是全球主要货币之间实施浮动利率，尤其是美元、欧元和日元之间的汇率持续动荡。

纯粹美元本位制和浮动汇率源自1971年8月美国总统尼克松摧毁布雷顿森林固定汇率体系，是国际货币体系史无前例的重大变化。20世纪70年代之前的国际货币体系，国际储备货币的增长受到外部约束，不可能任意扩张，譬如金本位制和银本位制受制于金属储藏量和冶炼技术。主要国际货币之间的汇率长期固定，汇率动荡和外汇交易只是国际货币体系演变交响曲中微不足道的小插曲。1971年之后，储备货币近乎无限扩张和汇率持续动荡却成为主旋律。

美元本位制和浮动汇率体系给人类经济制造了“七宗罪”。

第一宗罪：史无前例的通货膨胀。

1971年以来，国际储备货币的增长速度比全球实体经济的增长速度高得多，导致全球经济过去40年累积了史无前例的通货膨胀，超过人类以往全部历史所有通货膨胀的总和，这还不包括资产价格的急速膨胀，因为现代经济学的通货膨胀定义不包括资产价格，其实是很不完善的通货膨胀指标。

根据国际货币基金组织的统计数据，1971年，全球的储备货币总量只有451亿美元，2009年底上升到75 160亿美元，2013年已经超过12万亿美元，接近13万亿美元，增长接近300倍，这还是不完全的统计。相反，实体经济的增长速度却显著下降。根据麦迪森的著名研究，布雷顿森林体系时期（1953~1971年）全球实体经济的平均年增长速度接近5%；1973年以后，迅速降到了3%以下；2003~2006年稍微好一点儿，达到3.7%。所以西方各国有一个说法，2002~2006年是新世纪的“黄金5年”。不过好景不长，全球很快迎来金融危机、负增长和长时期的超低速增长。

过去40年，全球实体经济的增长规模小于4倍，而基础货币却增长了接近300倍。即使根据简单的全球货币数量论来计算，人类经济体系一定会出现严重的货币贬值或通货膨胀。实体经济增长这么少，货币扩张那么大，庞大的货币供应量都流到哪里去了呢？大体是三个方向：一是人类经济体系整体的货币深化和金融深化程度不断提高，吸纳了部分货币或流动性；二是大量货币和信用进入金融经济体系自我循环，形成庞大的虚拟经济体系和虚拟资本；三是进入实体经济体系，一方面为实体经济提供流动性，另一方面却造成货币的大幅贬值或通货膨胀。

第二宗罪：频繁发生的货币危机或金融危机。

过去40年，全球究竟发生了多少次金融危机？不同研究者的统计尽管有差异，基本结论却完全一致，那就是过去40多年来全球金融危机爆发的频率史无前例。世界银行2003年的统计研究结果显示，1970~2000年，全球93个国家总共发生了117次金融危机。美国经济学家艾肯格林和波多的研究结果有所不同：1973~1997年，全世界总共发生139次金融危机，其中发达国家44次，发展中国家95次。与此形成鲜明对照的是，1945~1971年，全球总共只发生38次金融危机，而且都是规模和影响程度很小的货币汇率危机。

频繁发生的金融危机给各国经济造成了非常巨大的损失。世界银行的研究表明：117次金融危机之中，为挽救金融危机所进行的财政支出，绝大多数超过国内生产总值的3%，至少有7次超过10%。财政损失最大的两次金融危机分别是1997年的印度尼西亚金融危机和20世纪80年代初的阿根廷债务危机。纳税人为挽救金融危机竟然付出了占国内生产总值总量55%的高昂代价！

当然，这只是财政税收的直接损失。更大的损失是危机之后的大量失业和长期经济衰退，我们至今没有办法准确估计。譬如2007年和2008年的金融危机对全球经济到底造成多大损害？各国为挽救金融机构和救助失业者付出的资金达到数万亿美元。危机之后，各国财政赤字和债务与国内生产总值之比皆大幅度上升，2008~2009年多国经济负增长，至今经济复苏依然疲弱，失业率居高不下，充分说明2008年全球金融危机的损失，比此前任何一次经济危机的损失都要大。

第三宗罪：急剧下降的实体经济增长。

美元本位制和浮动汇率时代，几乎所有发达国家的实体经济增速都显著下降，成为全球经济的一个“难解之谜”。根据麦迪森的深入研究，与布雷顿森林体系的固定汇率时代（1950~1973年）相比，浮动汇率体系降临以来（1973年之后），全球实体经济增长速度皆普遍大幅度下降（中国是例外）。美国从年平均3.93%降到2.99%，日本从9.29%降至2.97%，德国从5.68%降至1.76%，英国从2.93%降至2%，苏联从4 .84%降至–1.15%，拉美从5.33%降至3.02%，非洲从4.45%降至2.74%，中国从5.02%升至6.84%，全世界合计从4.91%降至3.01%。

如何解释全球实体经济增长速度的一致大幅度下降呢？经济学者提出了许多理论假说来试图解释：（1）石油价格冲击说，即石油价格的急剧飙升，造成严重的通货膨胀和实体经济衰退；（2）增长极限说，即人类经济增长必定受限于各种资源的约束，不可能一直快速增长下去；（3）技术进步放缓说，即人类技术进步增速放缓，新的科技（譬如电脑和互联网）还没有大规模转化为生产力。（4）发达国家停滞说，即发达国家的人口老化、制度僵化、贫富分化必然造成消费弱化，从而制约经济增长。此类假说皆有一定道理，皆有一些实证数据支持。在这些假说之外，人们开始思考汇率动荡可能是导致实体经济增长的主要原因之一。斯坦福大学教授麦金龙及其合作者提出“浮动汇率导致全球实体经济增速普遍放缓”假说，非常有趣，值得注意。

麦金龙认为：“20世纪后期的人类经济史有一个最主要的难解之谜，那就是自20世纪70年代开始，几乎所有工业化国家的实体经济增速一致大幅度下降。此时正逢浮动汇率时代来临，二者之间有着怎样的因果关系？是各国经济首先出现低速增长，然后才不得不实行浮动汇率？还是普遍的汇率动荡导致了实体经济增长的普遍放缓？

“我们的新假说是：全球实体经济增长的持续下滑，源自国际货币和金融动荡，尤其是汇率动荡要负重要责任。我们有理由相信：20

世纪 70 年代以来生产力和产出增速的持续放缓，乃是价格信号紊乱的后果。通胀和通缩交替出现，汇率持续偏离经济基本面，长期利率动荡不宁，则是造成价格信号紊乱的主要因素。价格机制失灵自然会降低资源配置效率，尤其是降低真实投资的效率。”①

我以为麦金龙及其合作者的假说是最具说服力的解释之一。我本人提出的“信用体系—实体经济—虚拟经济一般均衡模型”，则将解释的重心转向虚拟经济与实体经济的背离，可与麦金龙的思想互为补充。

第四宗罪：不断恶化的全球失衡。

美国政府将全球失衡定义为美国的贸易逆差或经常账户逆差，是一个错误的定义，并没有抓住全球经济失衡的本质，却误导了人们的注意力。人们不去深入思考国际货币体系和金融体系的重大缺陷，却将注意力集中于指责其他国家的货币汇率低估，实在是当代世界经济政策舞台上的一出闹剧或一个不幸。

当今全球经济体系或人类经济体系最根本的失衡表现为两个方面：第一，从全球经济整体来看，虚拟经济和实体经济严重背离；第二，从全球经济结构来看，虚拟经济创造中心和真实财富创造中心严重背离。

全球失衡集中体现为全球制造业中心（真实财富创造中心）和货币金融中心的快速分离。制造业中心已经决定性地转移到发展中国家，尤其是转移到亚洲（重心又是中国），货币金融中心却依然由发达国家掌控。换言之，东方拥有真实财富创造中心，西方掌控货币金融中心；东方制造真实产品，西方创造货币购买力；东方为全世界制

① Ronald I. McKinnon, *Exchange Rates Under the East Asian Dollar Standard: Living with Conflicted Virtue*, The MIT Press, 2005.

造产品，西方为全世界产品定价；西方大量发行债券和创造各种金融产品，东方则用自己的储蓄去购买这些金融产品；东方储蓄，西方消费；东方节俭，西方挥霍；西方向东方借钱，东方给西方融资。

虚拟经济和实体经济的背离，真实财富创造中心和金融产品创造中心的背离，是今日全球经济的基本模式，是过去40年人类经济出现的奇特历史现象，史无前例。它是全球金融危机和一切重大宏观经济难题的总根源。

一个最基本的后果是，西方经济体系里的虚拟经济或金融经济规模或虚拟资本规模急速膨胀，越来越大，金融经济或虚拟经济形成一个自我膨胀、自我循环的体系。美联储等西方中央银行创造的货币，大部分进入虚拟经济体系自我循环，债券市场越来越大，衍生金融产品规模越来越大，货币或外汇交易量越来越大，股票市值越来越高，楼市和其他资产泡沫愈演愈烈，人们的虚拟财富（以持有的股票市场、房地产市值和其他金融产品市值衡量）越来越多，高杠杆经营模式、高负债消费模式就顺理成章，成为时代潮流。

与此同时，实体经济和就业率却始终维持低水平。整个经济的投机赌博气氛非常浓厚。然而，虚拟经济或金融经济是极度不稳定的体系，其运行主要取决于人们对未来的预期和中央银行的货币政策操作，一有风吹草动，可能瞬间崩溃。

虚拟经济一旦崩溃，虚拟财富就快速缩水，人们的预期从极度乐观转为极度悲观，金融机构、实体公司和家庭个人全部被迫去杠杆化，消费萎靡，投资不振。虚拟经济呜呼哀哉，实体经济雪上加霜，衰退和萧条几乎就是自然规律。大幅度扩张货币的量化宽松政策之所以无效，是因为无论货币怎么泛滥，都无法帮助金融机构、实体公司和家庭个人修复资产负债表，无法帮助他们完成去杠杆化过程。更重要的是，货币泛滥解决不了西方早已根深蒂固的经济社会结构僵化难题，譬如人口日趋老化、最低工资和福利制度完全刚性、政府赤字居高不下、整个社会债台高筑、收入差距和财富分化急剧扩大，后者才是制约实体经济增长的最大麻烦。

第五宗罪：美元本位制和浮动汇率推动的金融自由化让许多发展中国家的经济陷入困境。

“华盛顿共识”所极力主张的全球金融自由化源自纯粹美元本位制和浮动汇率。马丁 · 沃尔夫曾经仔细论述了一个基本观点：20 世纪 70 年代布雷顿森林固定汇率体系的崩溃，诞生了一个崭新的全球经济体系和金融体系。最显著的特征是全球主要货币币值相互浮动和所谓金融自由化浪潮。①

很多著名学者都对金融全球化和自由化的后果提出了质疑。2001 年诺贝尔经济学奖获得者约瑟夫 · 斯蒂格利茨就认为，外国资本向新兴经济体的金融市场自由流动经常导致这些国家的经济崩溃。华盛顿的彼得森国际经济研究所总裁伯格斯坦认为，美国和其他发达国家从金融全球化和自由化过程中获得了绝大部分好处。金融大鳄索罗斯在他的多篇文章里也指出：发展中国家没有从金融全球化和自由化浪潮里获得什么利益，倒是经常承受巨大代价。著名的国际贸易学者、世界贸易组织高级顾问、哥伦比亚大学教授巴嘎瓦提的长期研究结果表明：很难找到确定的经验证据证明金融的完全自由化能够促进实体经济增长，尤其是促进发展中国家的实体经济增长。

19 世纪后期的第一次全球化浪潮时期，全球资本有相当部分是从富裕发达国家流向贫穷落后国家。浮动汇率时代以来的全球资本流

① Martin Wolf, *Fixing Global Finance*, The John Hopkins University Press, 2008.

动竟然完全转向：资本主要从贫穷国家流向富裕发达国家。过去 40 多年来的新全球化浪潮，流向贫穷落后国家的资本占全球资本总流量的比例一直持续下降。譬如，1913 年，全球资本至少有 25% 流向贫穷落后国家，到 1997 年，该比例下降到只有 5%。许多研究表明，过去 40 多年的新全球化时期，全球资本主要在发达国家之间流动，或者从贫穷国家流入富裕国家。新兴市场国家的资本市场不发达可能是最重要的原因之一。

第六宗罪：美元超级霸权和超级利益不断强化，意味着其他国家不断向美国输送巨大利益。

现代法国的缔造者戴高乐将军 1965 年对美元霸权的严厉批评举世闻名："美国享受着美元所创造的超级特权和不流眼泪的赤字。它用一钱不值的废纸去掠夺其他民族的资源和工厂。"

那么，美元超级霸权到底有多么庞大呢？直到两位经济学者皮埃尔–奥利维耶·古兰沙和埃莱娜·雷伊合作发表《从世界银行家到世界风险投资家——论美国国际收支的调节机制和美元超级霸权》，人们才首次从数量上开始准确理解美元超级霸权。[①]

皮埃尔–奥利维耶·古兰沙和埃莱娜·雷伊详尽收集、整理和分析了半个世纪以来（1952~2004 年）美国对外资产、对外负债及其总回报（总收益）数据，并对数据进行细致的价值调整，全景式地展现了美国国际收支的历史演变过程，由此获得许多极其重要的惊人结论。有两个基本结论最重要，最值得我们深入思考。

第一个结论：作为一个国家，美国是全球最大的商业银行、最大

---

① Martin Wolf, *Fixing Global Finance*, the John Hopkins University Press, 2008; Pierre-Olivier Gourinchas and Helene Rey, "From World Banker to World Venture Capitalist: US External Adjustment and the Exorbitant Privilege," NBER Paper.

的对冲基金、最大的风险投资公司和最大的私募基金，而且它不需要任何资本金。美国具有近乎无限的融资或信用创造的能力，美元贬值符合美国根本利益（至少在相当长的时期内如此）。

皮埃尔–奥利维耶 · 古兰沙和埃莱娜 · 雷伊的详细计算表明：1952~2004 年（半个世纪）以来，美国持有外国资产的平均收益率是 5.72%，外国持有美国资产的平均收益率是 3.61%，二者相差 2.11 个百分点。数万亿乃至数十万亿美元的资产负债规模，2.11 个百分点的回报率差距，美国累积所获得的利益当然是天文数字。

第二个结论：浮动汇率能够更好地为美国服务。皮埃尔–奥利维耶 · 古兰沙和埃莱娜 · 雷伊的详细计算清楚表明：布雷顿森林固定汇率时期（1952~1973 年），美国持有外国资产的平均总回报率是 4.04%，外国持有的美国资产（即美国的对外负债）的平均总回报率是 3.78%，二者仅相差 0.26 个百分点。

然而，进入浮动汇率时代以来（1973~2004 年），两个回报率差距急剧放大。美国持有外国资产获得的平均回报率上升到 6.82%，外国持有的美国资产平均回报率却反而降低到 3.50%，二者差距急剧放大到 3.32 个百分点！

第七宗罪：纯粹美元本位制和浮动汇率加剧了国际货币体系的不对称性和不公正性，世界几乎所有国家皆经历了反复的“资产泡沫—泡沫破灭周期”，全球经济总体呈现出严重的泡沫化趋向。

早在 1961 年，法国著名的国际经济学者、国务活动家和戴高乐的经济顾问雅克 · 鲁夫就尖锐而生动地剖析了美元霸权货币体系的不对称性和不公正性：

“当代国际货币体系已经沦为小孩子的过家家游戏。欧洲各国辛辛苦苦赚回美元和英镑，然后又毫无代价地拱手返回给发行这些货币的国家，就好像小孩子们玩儿游戏一样，赢家同意将赚回的筹码奉还给输家，游戏却继续进行。国际货币体系运行过程如下：譬如美国与法国出现贸易赤字，贸易赤字却都是用美元而不是用法郎来结算。获得美元收入的法国进口商将美元卖给法国中央银行，法国央行自然需要增发本国货币来购买美元。换言之，法国中央银行以美元为储备创造法郎。紧接着法国中央银行又将购买的美元投资到美国。同样一笔美元，即扩张了法国的信用，同时又是美国信用扩张的基础。”①

如果我们把鲁夫精彩描述中的法国换成中国，恰好就是今天中国面临的困境，只不过今日中国与美国“过家家游戏”的规模要比当年的法国大得多。

换句话说，法国（和今日中国以及许多发展中国家）以真实财富换回美元钞票，然后又将美元资金以极低的利率借给美国使用，这就是美元霸权可以获取超级利益的秘诀。同样一笔美元却创造出多倍的信用，这就是纯粹美元本位制几乎无限度扩张全球基础货币，从而反复制造全球经济“资产泡沫—破灭周期”的基本原因。

一言以蔽之，美元本位制和浮动汇率体系共同刺激和催生了全球金融资本主义的泛滥和扩张，实体经济增速却反而持续下降，收入差距和财富分化急剧扩大。上述“七宗罪”解释了如下重要事实：（1）美国根本就不会有愿望改革国际货币体系，它不会自毁长城；（2）美国和代表美国利益的国际货币基金组织总是极力要求或迫使其他国家货币升值和汇率浮动；（3）美国千方百计要求或压迫他国全面开放金融市场，实施彻底的金融自由化。

① *G7 Current Account Imbalance: Sustainability and Adjustment*, edited by Richard H. Clarida, Carmen M. Reinhart and Kenneth S. Rogoff.

国际货币体系演变的 10 个基本规律

我们将前面的讨论概括为国际货币体系演变的 10 个基本规律。

国际货币体系是人类经济体系的重要组成部分，是人类经济体系最重要的“子体系”之一。与人类经济体系其他部分相比，国际货币体系的历史演化有着特别清晰的基本历史规律。

第一个规律：每一个时代，必定都有一个或少数几种货币主导或垄断国际货币体系。换言之，国际货币体系或区域货币体系始终是一个垄断体系或寡头垄断体系。

国际货币秩序是国际政治和经济秩序的延伸，尽管从时间和空间上看，货币秩序与政治经济秩序并非完全吻合。譬如，古罗马帝国兴盛数个世纪之后，统一货币才开始主导帝国全境；罗马帝国衰亡数个世纪之后，霸权货币秩序的余威和影响依然依稀可见。许多世纪里，作为“中央帝国”的中华帝国支配着亚洲邻国的政治和经济秩序，同样支配着邻国的货币秩序。18 世纪的法国位居欧洲强国之首，其货币（5 法郎金币）是整个欧洲货币体系的本位和基准。19 世纪是大英帝国的黄金时代，英镑崛起为全球最主要的贸易货币、金融交易货币和储备货币，伦敦则崛起为全球最主要的金融中心。20 世纪是公认的美国霸权世纪，美元取代英镑成为全球最重要的储备货币，纽约取代伦敦成为全球最重要的金融中心。

20 世纪 20 年代，美元正式取代英镑成为全球支配货币。然而英镑势力的影响一直延续到 20 世纪 60 年代后期。自 20 世纪 50 年代开始，一系列政治、经济和货币危机极大削弱了英镑的国际储备货币地位，联邦德国马克地位迅速上升。20 世纪国际货币秩序一个重要而有趣的例外是日元。自 20 世纪 70 年代起，日本经济雄踞世界第二位近 40 年，日元却始终未能成为重要的国际储备货币。日元国际化为什么没有成功，仍然是值得深入研究的课题。1999 年欧元诞生也是制约日元国际化的重要原因。

从第一个基本规律，我们可以推导出几个非常重要的含义。

第一，面向未来，主导国际货币秩序的第一梯队国家是美国、欧元区和中国。第二梯队则是日本、英国、印度、俄罗斯、巴西。美联储、欧洲中央银行和中国人民银行，事实上已经成为左右全球货币金融局势的三个主要权力中心。当然，中国人民银行的国际影响力还难以完全与美联储和欧洲中央银行并驾齐驱，主要是人民币还没有成为真正的国际货币。

第二，从大历史角度考察，国际货币体系的竞争规律不是“劣币驱逐良币”，而是“良币驱逐劣币”。自从 16 世纪英国格雷欣爵士指出“劣币驱逐良币”的经验规律之后，许多分析者忽视了“劣币驱逐良币”的经验规律得以成立的前提条件，以及如何准确定义“良币”和“劣币”。真正意义上的“良币”必须满足三个条件：货币流通和交易规模足够大，货币发行国政治制度足够稳定，货币发行国真实财富创造能力首屈一指。从这个角度观察，欧元相比美元的弱势显而易见。人民币则有望取代欧元，成为世界第二位的货币。相当长时期内，美元仍将维持全球第一大货币地位。

第三，信用货币的“供应”行为类似“自然垄断”行业的供应行为。自然垄断行业的基本特征是：边际供应成本持续下降直至为零。信用货币供应者能够获得“自然垄断利润”或“超额利润”，因此具有不可遏制和无限的动机去增发信用货币，直至货币本位制崩溃为止。所以增发货币制造通胀，几乎成为人类历史上所有政府“创造”铸币税收入和债务货币化的不二法门。金属货币时代的绝招是降低货币成色，信用货币时代的妙方是尽力扩大货币发行量。从远古时代的专制君主到21世纪的美联储，一个最基本的共同点就是垄断货币创造或货币供应。

第二个规律：信用过度扩张是人类经济体系内生的必然趋势，它根源于人类财富的不断累积、财富理念的转变和制度安排的变迁。换言之，要理解国际货币体系的历史演变规律，首先需要认识人类货币尤其是信用货币扩张的历史进程；要理解货币和信用扩张机制，就必须深入认识人类财富累积过程、财富理念演变历程、经济政治制度的变迁尤其是经济政策目标和手段的变迁历程。

我们强调信用扩张而不是货币扩张，因为信用扩张才是决定经济周期性波动的根本力量。货币扩张和信用扩张并非完全等同。尽管绝大多数情形下，货币扩张必然导致信用扩张，然而，信用扩张的机制和渠道比货币扩张要丰富得多。某些情形下，货币扩张并不一定伴随着信用扩张，譬如经济体系一旦陷入流动性陷阱，货币扩张可能反而伴随着信用萎缩。20世纪90年代泡沫经济破灭后的日本，正是最经典的案例。

第三个规律：货币和信用扩张过度必然导致人类货币从实物货币走向“半信用货币”、“完全信用货币”，并最终迈向“完全虚拟货币”。实物货币曾经通行数千年之久。半信用货币是具有实物货币作为储备支持的信用货币制度，譬如金汇兑本位制。完全信用货币是没有任何实物货币支持的货币制度。完全虚拟货币是不需要任何物质形式的货币，譬如电子货币或网络货币，必将成为未来人类货币的主要形式。

第四个规律：货币信用扩张过度是所有货币危机和金融危机的直接根源，是历史上所有货币本位制崩溃和变革的直接根源。换言之，历史上金本位制、复本位制、银本位制、金汇兑本位制、布雷顿森林固定汇率制等国际货币秩序的崩溃和转换，最重要的诱因就是货币和信用扩张过度。

第五个规律：因为货币和信用扩张过度是人类经济体系一个内生的基本性质和特征，所以任何国际货币体系都是一个内生不稳定的体系，都难逃崩溃、解体和被替代的命运。内在不稳定性是国际货币体系最基本的特征。理论上可以证明：人类永远无法设计出一个持久内在稳定的国际货币体系。尽管许多人怀念金本位制和布雷顿森林体系的自动调节机制和稳定性，然而，所谓金本位制的自动调节和内在稳定性，很大程度上是经济学者制造出来的“神话”。金本位制和布雷顿森林体系最终都难逃崩溃的命运，深刻揭示了国际货币体系的内在不稳定性。美元本位制和浮动汇率也是如此，也必然难逃崩溃和重建的历史宿命。

第六个规律：国际货币体系是人类经济体系典型的公用品，它的运行服从公用品供需的一般规律。需求过度、供给不足（意味着维护公用品的代价太高）和“搭便车”行为，是国际货币体系运行过程里重要的基本特征，也是国际货币体系内在不稳定性重要的基本原因。金本位制和布雷顿森林体系崩溃的重要诱因，就是金本位制和布雷顿森林体系内部成员国的“搭便车”行为：它们充分享受货币体系带来的利益，却不愿意承担相应的成本和义务。“搭便车”的主要表现形式之一是利用货币区或货币体系所创造的优越信用环境肆意举借外债。“搭便车”也是欧元区债务危机的重要根源。

第七个规律：所谓3C问题。从宏观经济政策层面考察，只要主权民族国家继续存在，任何国际货币体系的有效运行都要取决于“承诺、协调、信心”（commitment, coordination, confidence）即所谓3C问题的微妙平衡。承诺：成员国必须承诺履行维持国际货币体系运行的责任和义务；协调：为维持国际货币体系运行，成员国之间必须建立起有效的政策协调机制，包括违约后的惩罚机制、危机救助机制和退出机制；信心：成员国和市场参与者对国际货币体系有效运行必须具备相当程度的信任和信心。信任一旦丧失，任何国际货币体系必然崩溃。信任和信心的建立，则取决于承诺和协调。长期深入的实证研究证明：金本位制和布雷顿森林体系的自动调节机制是非常脆弱和不完整的，两大国际货币体系的有效运行，主要依赖成员国的信心、协调和承诺。

第八个规律：所谓“特里芬悖论”。从国际储备货币和国际流动性创造机制角度考察，所有国际货币体系都存在着广义的“特里芬悖论”。储备货币发行国如果不持续扩张本国货币以供应国际储备，全球经济将面临流动性不足；然而，储备货币发行国如果持续供给国际储备货币（即本国货币），必然导致本国货币一般购买力持续下降，最终导致国际市场对储备货币完全丧失信心，原有的国际货币体系必然崩溃。金本位制、复本位制、金汇兑本位制、布雷顿森林体系（即变相的金汇兑本位制）、美元本位制，都面临广义的“特里芬难题”，不过表现形式略有不同。

第九个规律：所谓“蒙代尔不可能三角”悖论。从货币政策操作角度考察，国际货币体系的有效运行取决于所谓“蒙代尔不可能三角”问题的微妙平衡，即“独立货币政策、资金自由流动和固定汇率制度”三者只能取其二，不可能同时实现。换言之，要维持任何一种国际货币秩序，各国必须在货币政策独立性、资金自由流动和汇率稳定三者之间抉择一个合适的自由度。解决“蒙代尔不可能三角”悖论，是国际货币体系成员国之间协调和配合的主要任务。

第十个规律：所谓“凯恩斯内外部平衡问题”。从宏观经济政策目标层面考虑，还可以找到一个观察国际货币体系的视角，即它的有效运行取决于各国如何维持国内经济政策目标和国际经济政策目标的微妙平衡。所谓国内经济政策目标，主要是通胀稳定和充分就业；所谓国际经济政策目标，主要是汇率稳定和国际收支平衡。为了维持国际货币体系有效运行，某种程度上，各国都必须适当“放弃”财政政策和货币政策的部分主权。二十国集团峰会架构下的全球经济治理和欧元区内部治理结构问题的本质即在于此。

上述 10 个基本历史规律，可以为我们分析国际货币体系的历史演变、推测未来趋势提供一个有力的逻辑架构。

第十一章　全球金融资本主义的历史起源

历史学者和经济学者认为18世纪（1700年）是现代资本主义经济的起点。然而，直到1760年第一次工业革命突飞猛进之后，资本主义经济才开始不断掀起发展高潮。经过200多年风云激荡的漫长演变，它逐渐成为占据支配地位的人类经济体系。

从大历史的角度考察，我们可以将全球金融资本主义的发展历史分为三个阶段，这三个发展阶段恰好与人类三次工业革命相吻合。

城邦国家、殖民掠夺、远洋贸易和商业资本主义的兴起

德国小说家和哲学家托马斯·曼曾经说："人类历史恰如一口古老的深井，它永远是那么深不可测。"的确，有关人类历史的任何事情，如果要追根溯源，那将永远是一个无底黑洞。现代资本主义经济体系的起源，就像那一口深不见底的古井，你可以永远思考和追溯下去，却可能永远也得不到一个完全清晰的结论。过去数百年来，所

有伟大的社会学者和思想家，从亚当 · 斯密到卡尔 · 马克思，从马克斯 · 韦伯到熊彼特，理解资本主义和市场经济的起源和内在规律，都是他们最高的学术使命和最大的学术挑战。

现代资本主义经济体系的萌芽，可以追溯到 14 世纪的西欧城邦国家。威尼斯、热那亚、佛罗伦萨、汉堡是城邦国家的佼佼者，资本主义经济的启蒙者，国际贸易、银行金融、公司制度、殖民扩张和民主政治的开拓者。

17 世纪的荷兰应该算是世界上第一个真正意义上的资本主义国家，或者说是第一个真正意义上的商业和贸易资本主义国家。荷兰人缤纷多彩的金融创新，即使以今日眼光观察，同样令人叹为观止：第一家中央银行、第一家股份有限公司、第一家股票交易所、第一家期货交易所、第一家国债市场、第一家票据交易所、第一张永久支付利息的公债……史无前例的金融创新和信用创造，助推阿姆斯特丹迅速崛起，成为欧洲乃至世界的货币中心、信用中心、资金中心、结算中心、贸易中心，让资源极度匮乏的低地小国跃居为世界上最富裕和最强大的国家，成为最早建立并完善资本主义经济体制的国家。荷兰的飞黄腾达给我们提供了解剖资本主义经济制度的最佳袖珍样本，尤其彰显了信用创造和金融创新对于资本主义经济发展和增长的极端重要性。

荷兰阿姆斯特丹将资本主义经济制度的一切显著特征，乃至资本主义经济、金融、货币和信用制度的一切基本规律，表现得淋漓尽致。繁荣、疯狂、崩盘、衰退、萧条、复苏、再繁荣、再疯狂、再崩盘……1636 年的郁金香狂热，是资本主义经济有史以来第一次著名的金融危机，它与后来英国人制造的南海泡沫、法国人制造的密西西比泡沫、美国人自食其果的华尔街崩盘一样载入史册（最著名者当属

1929 年），是经济学者和历史学者探寻金融经济危机根源和机制的最佳案例，至今仍然吸引着众多研究者的注意力。

著名的 1688 年英国光荣革命，将阻碍英国资本主义经济制度兴旺发达最后的政治障碍彻底扫除。光荣革命之后不久，英国国王的东床快婿兼荷兰总督入承帝国大统，继任英国国王，成为历史上赫赫有名的威廉三世。众多英雄豪杰跟随威廉三世进军英伦三岛，最重要者当属以犹太金融家为首的商业大亨，他们将荷兰阿姆斯特丹发家致富的金融秘密毫无保留地带到伦敦。游离于欧洲大陆之外的区区小岛，从此迈上征服世界五大洲、七大洋，创建日不落帝国的辉煌征程；区区小岛上的区区小城伦敦，从此迈上登顶世界政治、经济、货币、金融中心的旅途。多数经济学者至今依然没有高度重视金融创新对英帝国崛起的极端重要性，他们缺乏真正重要的金融战略思维。

威廉三世入主英国王室仅仅十多年之后，伦敦就开始与阿姆斯特丹并驾齐驱，分庭抗礼。半个世纪不到，伦敦即取代阿姆斯特丹，开始执全球货币金融中心之牛耳。1694 年英格兰银行创立，威廉三世和玛丽王后是最大股东，伦敦 128 位最著名商人入股。原本是以赚取利润为最高目的的私人银行，自成立之日起，却同时承担起中央银行最后贷款人的角色。200 多年历史里，它一直是地球上最著名的中央银行之一，是伦敦金融中心的中流砥柱和定海神针。

伦敦金融中心的另一个强大支柱是迅猛发展的英国国债市场。1815 年拿破仑滑铁卢战败，投资银行家罗斯柴尔德家族抢占先机，大举做多英国国债的发家史，历来为投资家们所津津乐道。

英国人充分借鉴阿姆斯特丹金融市场的宝贵经验并最大限度地将其发扬光大。伦敦首创永久持续存在、永久支付利息、不偿付本金的长期国债（所谓“金边债券”），多层次、多品种、高度流动性的债券市场是大英帝国海外军事扩张的融资渠道，是英国早期特许贸易公司的主要融资渠道，是政府公共工程的主要融资渠道。

伦敦金融中心的第三大支柱是商业银行和投资银行。著名的巴林银行创立于 1692 年，为世界历史最悠久的投资银行之一，直到 1997 年因为衍生金融产品的非法交易而破产，才黯然退出历史舞台。金融创新是第一次工业革命的主要推动力。没有强大的金融和信用手段支持，工业革命的爆发就难以想象。正如熊彼特所精辟阐述的那样，资本主义经济繁荣发达的核心前提之一，资本主义经济制度与其他经济制度最本质的区别之一，就是企业家和创业者能够获得超过自身财富数十倍、数百倍乃至数千倍的资金和信用支持，能够放胆开创前所未有的大事业，能够放胆从事伟大的冒险。金融和信用创新是资本主义经济体系内在活力的主要源泉，也是资本主义周期性危机的主要根源。

历史学家们将第一次工业革命的起始时间确定为 1750 年。它离英国东印度公司成立已经长达 200 年，离英格兰银行创立已经半个多世纪，离英国国债市场繁荣已经 30 多年，离牛顿发表《自然哲学的数学原理》已经长达 70 多年。经过如此漫长时间的酝酿，终于爆发了第一次工业革命，它所激荡和催生的英国经济体系，无论是技术创新、产业规模、贸易规模还是金融市场的深度和广度，还是政治制度的安排，都远超荷兰阿姆斯特丹，成为后世许多国家学习和模仿的典范，是经济学者和历史学者考虑资本主义运行规律的首要对象。亚当 · 斯密 1776 年出版的《国富论》，是第一部试图全面系统探索资本主义运行规律的鸿篇巨制，为现代经济学的开山经典，斯密讨论的首要案例自然是英国工业革命和资本主义经济的生动现实。马克思 1868 年出版的《资本论》，试图从一个新的角度来全面系统阐释资本主义的动态演化规律和终极命运，马克思集中精力详细考证的主要案例也是英国。恩格斯的《英国工人阶级状况》，则是自己身为资本主义企业主的现身说法。

工业革命的爆发和全球资本主义发展第一阶段（1760~1840年）

工业革命爆发的时间和爆发的原因，始终是学者们争论不休的话题。有一个公认的结论，那就是工业革命是人类第二个千年的最后500年中改变世界格局的最重要事件。①

关于工业革命的起点，学者们有多种说法。一说是1750年，一说是1780年。1780~1850年的70年是人类制造业发展的第一阶段，制造业被大规模地组织起来，被后世称为第一次工业革命。根据许多历史学者的估计，1750年，英国在世界制造业中的份额很小。当时，全球制造业的领军者是中国，占全球产出的1/3，其次是印度，占全球产出的1/4，欧洲国家里的领先者是俄国，占全球产出的5%，其次是法国。英国和爱尔兰的份额仅为1.9%，居世界第十位。直到1800年，英国在世界制造业生产中仅占4%的份额，是世界第四大制造业强国，位居中国、印度和俄国之后。然而到了1860年，英国则超过中国，一跃成为世界上最大的制造业产出国，占全球产出近20%的份额，美国居第三位，占近15%的份额。第一次工业革命的爆发，主要得益于亨茨曼发明"坩埚炼铁法"和瓦特发明蒸汽机。钢铁产量则成为衡量各国经济实力最重要的指标之一。1850年，全球共生产7万吨钢，其中英国占了70%，仅英国谢菲尔德市的钢产量

① David S. Landes, *The Unbound Prometheus: Technological Change and Industrial Development in Western Europe from 170 to the Present*, Cambridge University Press, 2003.

就占了全球的 50%。紧随亨茨曼之后，贝塞迈再次实现炼钢技术的重大创新，发明“转炉炼钢”技术。该技术很快就传播到德国和美国，并得到进一步的改进。德国西门子 · 马汀和美国安德鲁 · 卡内基分别成为自己国家钢铁行业的领袖人物。到 1900 年，全球钢产量就达到 2 830 万吨，是半个世纪之前的 400 倍，与此同时，钢的价格在 1860~1900 年下降了 86%。廉价钢材推动全球工业产出快速增长。1880~1900 年，全球工业产出增长了 67%，相比之下，1860~1880 年全球工业产出增长 42%，1830~1860 年仅增长了 22%。美国迅速跃居成为全球第一制造大国，其产值占全球的 24%，英国占 18.5%，德国占 13.2%。英国世界工厂的地位仅仅维持了 40 年。

历史学者们对工业革命的时期划分各自不同。一种时期划分是：1750~1850 年为第一次工业革命时期，1850~1950 年为第二次工业革命时期，1950 年至今为第三次工业革命时期。另外一种划分则是，1780~1850 年为第一次工业革命，之后又发生了三次工业革命。1840~1890 年为第二次工业革命，也称为运输革命，新的运输工具是标志性发明。1860~1930 年是第三次工业革命，也称为“科学革命”，廉价钢材是这个时期的主要产品。1946 年第一台电子计算机和随后半导体的问世，引发了第四次工业革命，也就是计算机革命。20 世纪 90 年代开始的新能源和互联网时代，则可以被称为第五次工业革命。时期的划分既不是那么绝对，也不是那么重要。我们需要着力探索的是工业革命背后所蕴含的基本经济规律。

英国发生第一次工业革命，资本主义经济体系和经济制度逐步建立和完善，从英伦三岛逐渐扩展到欧洲大陆和美洲大陆。英国是第一次工业革命的发源地，几十年之后，美国、法国和以普鲁士为首的德意志各邦国开始追赶上来。历史学者和经济学者至今依然在热烈讨论如下课题：第一次工业革命为什么在英国发生？第一次工业革命的真正动力究竟是技术创新、金融创新还是经济制度和政治制度革新？是美洲白银输入英国和欧洲大陆的必然结果，还是少数企业家和创新者偶热灵机一动所创造的意想不到的结果？是资本主义制度催生了第一次工业革命，还是第一次工业革命催生了资本主义经济制度？无论最终结论是什么，有一点可以肯定，那就是人类第一次工业革命和人类第一个成熟和完善的资本主义制度相辅相成，相互促进。

第一次工业革命的显著特征包括：农业生产力的快速提升，人口迅速增长，国际贸易快速扩张，水力和蒸汽动力取代人力成为人类经济活动的核心动力，煤炭和纺织业成为国民经济的主要支柱，铁路和蒸汽机车（火车）彻底改变了人类运输方式，科学和技术创新逐渐成为人类常态，银行信贷成为企业短期资金周转的主要源泉，工业家或企业家的政治地位日益提升，国家的经济政策逐渐转向鼓励工业增长和自由贸易，全球性贸易网络开始形成，世界市场不断扩展，跨国投资和资本流动日益频繁，伦敦成为第一个真正具有全球性意义的货币金融中心。

工业革命的种子至少可以追溯至哥伦布发现新大陆，新大陆的发现极大地刺激了海外冒险、远洋贸易、殖民扩张，时刻伴随着赤裸裸的抢劫和掠夺、凶残的战争和屠杀、肆无忌惮的欺诈和谎言、对其他民族文明遗产毫无吝惜的践踏和毁灭。远洋探险的起源则又要追溯至欧洲大陆的分崩离析、众多小国之间的激烈竞争和相互厮杀、国内矛盾、利益冲突、宗教革命和宗教迫害。

抛开这些令人极端厌恶和痛恨的原始罪恶不说，远洋探险和新大陆的发现确实为人类的真正全球化创造了条件，为真正的全球贸易网络和全球经济体系创造了条件。新大陆发现之后，西班牙、葡萄牙、荷兰、英国、法国等许多欧洲国家持续不断地进行海外探险，早期主要是为了寻找黄金、白银、珠宝、香料、食糖等欧洲急需却极度稀缺的产品。远洋探险和远洋贸易必然需要越来越先进的武装保护，它反过来刺激了航海技术和造船技术进步，刺激了贸易融资和银行业的发展，刺激了国内贸易、国际贸易和转口贸易的兴旺，尤其重要的是刺激了现代信用体系和金融制度的萌芽，先是意大利城邦国家，再是荷兰阿姆斯特丹，接着就是英国伦敦。

从掠夺金银矿产转向发展种植业，从种植产品贸易转向发展制造业，从依赖个人资金、皇室资助和无限责任公司转向有限责任公司、合伙制和债券股票市场，从黄金白银工匠店铺和镖局当铺到现代商业银行和中央银行，是16~18世纪资本主义发展初期的主要标志。

1609年，荷兰阿姆斯特丹外汇银行创立（Amsterdam Exchange Bank），是历史上第一家中央银行，业务涵盖货币兑换、支票清算和资金划转。1656年，瑞典中央银行（Swedish Riksbank）创立，首创部分储备银行制度。1694年，英格兰银行（Bank of England）创立，并逐渐崛起成为世界上最著名和最具实力的中央银行之一。它们是资本主义经济崛起初期的主要金融支柱。

英国第一次工业革命的爆发，正是各种异常复杂的因素和力量日积月累、不断发酵的结果。政治上是商人利益集团快速崛起，与皇权分庭抗礼，终于导致1688年光荣革命的发生和1689年《权利法案》的颁布，君主立宪和代议制初具雏形。经济方面，私有产权和公民自由开始逐渐赢得法治保护，持续长达数百年、残酷无情的圈地运动，为大工业生产和资本主义经济制度准备了自由买卖的劳动力商品。马克思认为，自由买卖的劳动力商品是资本主义经济制度最特殊的商品，蕴含着资本主义经济制度的深刻秘密。

金融方面，旷日持久的对外战争和捉襟见肘的财政税收，迫使王室和议会转向依靠国债市场和信用创新。国债市场、英格兰银行、商人银行、股票市场，很快成为伦敦金融市场的中流砥柱。地区性商业银行、银行本票、商业票据、远洋贸易保险等创新金融产品，则成为伦敦金融市场日新月异的重要补充。科技方面，越来越多的人开始专注科学研究和技术发明，1687 年牛顿发表《自然哲学的数学原理》，是人类科学进步最重要的里程碑之一，哲学家罗素将 17 世纪称为欧洲文明的科学时代。远洋探险和旷日持久的内外战争则是推动技术进步的核心动力，17~18 世纪的科学技术进步首先来自造船、枪炮、冶炼和蒸汽动力。动力技术的创新尤其是蒸汽动力和火车的发明，成为第一次工业革命的显著标志。

国内政治、国际战略、经济动力、金融创新、科技发明，共同为人类工业革命奠定了坚实基础，金融、货币和信用基础则显得尤为重要。

依照今日标准，第一次工业革命似乎谈不上精彩。然而，万事开头难，真正的全球资本主义经济制度正是起源于第一次工业革命。工业革命和资本主义经济制度的兴起似乎可以画上完全的等号。1848 年，马克思和恩格斯发表左右人类历史进程的《共产党宣言》，对资本主义的伟大成就也给予毫无保留的称赞："短短不到 100 年的时间里，资本主义所创造的生产能量和财富，超过了人类以往一切世纪所创造的生产力和财富的总和！"

根据经济学者和历史学者的估算。工业革命之前漫长的数千年里，人类经济增长的年均增速只有可怜的 0.11%。依照这个速度，要经过漫长的 630 年时间人类收入才能够翻一倍。工业革命之后，从 1820 年到 1990 年，短短 170 年时间里，英国人均收入增长 10 倍，德国增长 15 倍，美国增长 18 倍，日本增长 25 倍。当 1978 年邓小平决心开启改革开放，中国义无反顾地迈上全面工业化和现代化道路之后，短短 34 年时间里，以同期价格计算，中国人均收入增长 60 倍，国内生产总值总量增长 127 倍，进出口增长 132 倍，即使以基期价格计算，我国人均国民收入和国内生产总值总量的增长速度，同样是人类经济历史上的真正奇迹。

不仅如此，第一次工业革命为以后的人类经济发展确立了榜样和样板。斯密的《国富论》是第一次工业革命初期的产物，它预示了资本主义经济制度将逐渐崛起，成为人类占据支配地位的经济制度，预示了资本主义经济政策的主要方向，包括自由竞争、自由贸易、减少政府干预、放松政府管制、鼓励资本积累、鼓励技术创新、深化劳动分工和发展人力资本。所有这些，至今依然是各国经济制度的核心组成部分。

工业革命创造出人类第一种真正意义上的国际货币，第一个真正意义上的国际货币金融体系，那就是以英镑为核心的金本位制。法律意义上的金本位制至少可以追溯到 1815 年。以英镑为核心的国际货币体系，从某种程度上，决定了今后百多年国际货币体系演变的历史方向。工业革命还开启了人类历史上真正意义上的全球化浪潮，包括贸易、资金、人口流动和产业的国际分工。无论喜欢不喜欢，尽管经历了多次倒退和反复，全球化却从此成为一个难以阻挡的历史潮流。当马克思和恩格斯撰写《共产党宣言》之时，他们就深刻洞察到资本主义经济制度从诞生之日起，就必然是一个全球性体系。

当然，工业革命从来就不是那么一帆风顺和令人愉快的事情，史无前例的科技创造、喷薄而出的财富洪流，并没有惠及所有人，甚至没有惠及绝大多数人。第一次工业革命的发源地（大英帝国）首先见证了工业革命无情、残忍、血腥、肮脏、非人性的狰狞面孔。凡是读过狄更斯的《艰难时世》、勃朗特的《雪莉夫人》、恩格斯的《英国工人阶级状况》(1844年)、马克思的《资本论》、波兰尼的《大转型》和其他数之不尽有关18~19世纪英国圈地运动和工业革命著作的人,无不对工业革命和资本主义经济制度的罪恶和残暴扼腕长叹,无不激发起改革社会制度、谋求社会公平的最强烈愿望,无不对空想社会主义和共产主义理想满怀憧憬和期待。托马斯·卡莱尔、爱默生、辜鸿铭等19世纪的人文学者对资本主义、市场经济、金钱崇拜、人文沦丧极富洞察力的尖锐批评,至今仍然时刻回荡在我们的脑海和心头。《资本论》对资本主义原始积累血淋淋残暴事实的深刻揭露,对资本主义剥削的尖锐批判,对工人阶级生存状况的深切同情,对帝国主义掠夺弱小民族的厉声谴责,曾经激励一代又一代仁人志士献身革命。

19世纪英国顶级经济学者李嘉图、穆勒等人特别强调分配问题的极端重要性,当然也是源自时代氛围的深刻影响。李嘉图所构思的长期均衡静态模型,某种程度上是对急剧动荡乃至充满血腥的工业革命时代的逃避和理想化,身为成功股票投资者、国会议员和社会活动家的李嘉图,不可能不对当时风起云涌的社会变革思潮和现实社会运动视而不见和充耳不闻。从李嘉图到马歇尔的英国古典经济学者,致力于构造以边际效应原理和完美市场竞争为逻辑基础的静态均衡经济体系。他们从工业革命和资本主义经济体系的图像里,将混乱无序、残暴剥削、垄断讹诈、周期动荡、失业破产、贫富分化、收入不公、经济危机等各种弊端完全抹掉。马克思的《资本论》横空出世,深刻剖析了资本主义经济体系的内在矛盾。

经济学只是工业革命的思想产物之一。事实上,工业革命刺激了几乎所有现代社会思潮:空想社会主义、科学社会主义、共产主义、改良主义、社会民主运动、无政府主义、工会运动、福利社会思想和政策、就业保障、工厂立法、最低工资制度、工作时间限制、童工雇用限制、自由放任和政府管制的分歧、亚当 · 斯密自由贸易和李斯特国家保护主义或国家资本主义的争论、帝国主义、殖民主义、金融资本主义、垄断资本主义、管理资本主义、金本位制、复本位制、银本位制。现代管理制度兴起、经济学和管理学逐渐成为人类显学。跨国公司、跨国资本流动、汇率波动和国际货币体系日益成为左右全球经济的核心力量，当然，还有帝国主义的武力扩张和对世界势力的血腥瓜分，持续不断的区域冲突和世界大战。

简而言之，第一次工业革命波澜壮阔、曲折复杂、艰难困苦的演变历程，在很大程度上确立了现代人类经济生活的基本格调和主旋律。它所刺激和孕育的许多思想理念和制度安排，至今仍然支配着人类经济生活。

第二次工业革命和资本主义发展的第二阶段（1840~1950 年）

如果说英国是第一次工业革命的发源地和无可置疑的领军者，那么，美国则是第二次工业革命辉煌卓越的领头羊。美国内战（1860~1865 年）结束之后，美国竟然迎来了史无前例的奇迹般的经济增长，尽管周期性的金融危机和经济危机反复频繁发生。今天的经济史学者一致认为，19 世纪中后期美国、德国和日本等国家长达数十年的经济增长，以及第二次工业革命所创造的无数新兴产业，彻底改变了人类经济和政治权力版图，资本主义经济体系从欧洲、美国迅速扩展到整个西方世界和多个亚洲国家（以日本为首）。以欧洲和美国为中心的世界资本主义经济体系逐渐形成，开始全面支配全球经济格局。以研究经济增长荣获诺贝尔奖的阿瑟刘易斯教授曾经指出，19世纪后期数十年的经济增长，奠定了百多年来的世界秩序，至今也没有发生根本改变。

第二次工业革命巅峰时期（1880~1910年），也就是20世纪即将来临之际，英国已经被美国和德国大大超越。从许多指标尤其是综合国力指标来看，从1890年开始，美国已经崛起成为全球经济和制造业的绝对冠军。1890年，美国工业产出已经占据全球工业产出的40%以上，比英国、德国、日本三国总和还要多。到1900年，美国国内生产总值超过英国、德国、法国的总和。这样的绝对竞争优势，美国一直维持到21世纪。百多年前，当第一次工业革命刚刚从地平线上冉冉升起之时，美国还是一个人口不足300万的小殖民地。百多年后，它居然跃居全球最强大的经济体，从此迈上全球超级霸权之路，引领了人类第二次和第三次工业革命，实在是令人惊叹的奇迹。有学者将美国的崛起称为“现代人类历史上最重要的事实”，美国自此成为人们研究全球资本主义经济体系的主要样本。

19世纪后期，资本主义经济制度发展的另一个杰出代表是德意志帝国。1871年，铁血宰相俾斯麦在巴黎著名的凡尔赛宫镜厅里宣布德意志帝国的成立。统一后的德意志帝国迅速进入工业化和现代化的快车道，短短几十年时间里崛起成为欧洲最强大和最富裕的工业国家，足以与美国并驾齐驱。历史事实表明，1871年德意志帝国成立到第一次世界大战期间，德国经济始终保持高速增长，德国的工业基础不断增强，在许多领域执世界牛耳，包括煤炭、钢铁、化工、汽车、电子、造船、机械制造等。德国科学技术的进步和创新能力令世人惊叹。德国科学技术界和企业成为全球制造业标准的主要创立者。许多德国顶级大学成为当时全球科学研究的重镇和新兴学科的开拓者。柏林大学、哥德堡大学、哥廷根大学、波恩大学，都是当时全世界赫赫有名的高等学府。柏林大学的众多学科皆属世界一流，哲学和人文学科举世知名。柏林大学对 20 世纪的物理学、化学、医学、生理学的开拓性贡献，罕有其匹。爱因斯坦、普朗克、海森堡、薛定谔等科学巨匠都曾经在柏林大学执教和从事研究工作。哥廷根大学的数学在当时世界首屈一指。

不仅如此，德国的金融创新也达到世界领先水平。以犹太家族为首的投资银行，是德国金融业的先驱者。著名的犹太金融家族华宝家族、当今世界闻名的金融巨头诸如 2008 年倒闭诱发全球金融海啸的雷曼兄弟、叱咤全球金融无敌手的高盛集团，创始者皆源自德国犹太金融家族。华宝家族可能是对 20 世纪全球资本主义金融和信用制度影响最为深远的德国金融企业之一。

作为第一次工业革命的引领者，英国为什么会在第二次和第三次工业革命的洪流中被远远抛在后面？我们可以提出各种各样的解释。先进者的劣势和后发者的优势；英国本土市场狭小，不足以支持第二次工业革命时代众多新型产业的发展；美国和欧洲大陆国家并不采纳斯密的自由贸易政策，他们信奉李斯特的国家干预和保护主义思想，全面实施贸易保护措施，从而妨碍英国企业扩张；英国人相信自由贸易政策最终祸害了自己；英国政府长期不愿意或压根儿没有想过要实施鼓励产业进步的国家产业政策（就像明治维新之后的日本那样）；英国未能及时采取系统性和职业性的科学研究体制；英国人根深蒂固的自由主义观念妨碍企业的兼并整合，难以形成美国那样的庞大企业集团，以至于伟大的商业史学者钱德勒干脆将英国资本主义称为“个人资本主义”（personal capitalism）；伦敦金融中心过度对外开放，以至于从伦敦金融市场筹集的大量资金没有投资到英国国内产业，反而投资到海外尤其是美国和亚洲；英国根深蒂固的贵族和阶级划分妨碍企业家和创新精神的发扬光大……相关的假说可以一直列下去，每一个假说都能够自圆其说，颇具解释力。

深入研究第二次工业革命的历史进程，我们就会发现，与第一次工业革命相比，第二次工业革命有许多划时代的革命性突破，资本主义经济制度呈现出许多新的重要特征：大公司和大企业；跨国公司和垄断资本；产业资本和金融资本融合成为寡头资本；全球性产业分工和产业整合；大市场和大规模营销；全球市场和全球营销；经理资本主义兴起，资本家与管理者、所有者和经营者分离；资本密集型产业模式取代劳动密集型产业模式；大规模流水线生产取代工场手工业；科学研究和技术发明日益成为有组织和有计划的活动；企业成为组织科学研究和技术创新的主要力量；追求规模经济效应和规模效益递增成为企业家经营的首要原则（汽车、钢铁、造船、飞机、重化工、电子行业都是典型的规模经济和规模收益递增行业）；公众公司、公司股票和公司债券成为金融市场主流；人类经济社会演变成为真正的公司经济、公司社会乃至公司国家。20 世纪初期美国总统柯立芝有一句名言："美国的事业就是企业！"（American Business is Business.）这句话简洁地描述了第二次工业革命对人类社会的根本性改造。

第二次工业革命时代的资本主义经济发展跨越 100 多年，从 19 世纪中期直到 20 世纪后期。当然，对于全球许多国家来说，它们仍然处于第一次和第二次工业革命时代，或者说处于三次工业革命相互交织的时代。新的工业革命开辟出无数新兴产业，却并没有完全取代或毁灭之前的产业。今天的人类文明，正是人类三次工业革命共同塑造的文明。全球有许许多多国家，至今还没有完成第二次工业革命。

对于第二次工业革命和全球资本主义经济制度而言，19 世纪中期到第一次世界大战之间半个多世纪的发展（1865~1914 年）尤其引人注目，那是全球资本主义经济制度发展历史上的第一个全盛时期，是人类第一个真正意义上的全球化时代。数之不尽的科学和技术创新、经济和政治制度创新、金融和货币工具创新，生产和管理艺术创新，创造了前所未有的巨额财富，极大地提高了无数人的生活水平，深刻改变了人类历史进程和世界政治格局。

第二次工业革命时代的主要技术和产业创新包括：铁路工业、无线通信、电报电话、电力工业、电器工业、汽车工业、石油工业、重化工、重型设备制造业、造船工业、现代军事工业等。经济制度的主要创新包括：股份有限公司制度、控股公司制度和自由贸易体系。金融制度的主要创新包括：现代股票市场的建立和完善、公司债券市场的兴旺发达和全球化、投资银行的崛起和全球化、商业银行的快速发展、票据市场和衍生金融工具市场初露峥嵘。管理制度的主要创新包括：科学管理革命的兴起，现代管理理念和管理方法体系逐渐完善，商学院教育体系遍及全球，职业经理人和管理资本主义勃兴。

第二次工业革命时代，资本主义经济制度已经成为占支配地位的人类经济制度，同时亦更加深刻地暴露出资本主义经济制度内在的矛盾、冲突、危机、弊端和缺陷。改革还是改良？挽救还是消灭？针对资本主义经济制度的矛盾和危机，各种理论、学说、主义、学派、政党，如雨后春笋，层出不穷。空想社会主义、科学社会主义、国际共产主义、帝国主义、修正主义、社会民主主义、费边社会主义、无政府主义、凯恩斯主义、混合经济等，可谓数之不尽。追根溯源，它们都是针对资本主义的矛盾和危机而发，都是源于资本主义的迅速发展及其反复出现的危机和冲突。研究资本主义经济的动力、机制、逻辑、矛盾和命运，一直是全人类社会科学学者的首要任务。马克思的

《资本论》、马克斯·韦伯的《新教伦理和资本主义精神》、列宁的《帝国主义是资本主义发展的最高阶段》、波兰尼的《大转型》等，都是19世纪后期至20世纪初期的产物。

19世纪后期的第二次工业革命，充分地展示了熊彼特所揭示的资本主义经济制度三大核心特征：企业家精神、创新和信用。科技和产业创新方面，钢铁、铁路、无线电、电报、电话、汽车、电力、重化工等众多新兴产业相继登场，从根本上改变了人类的生产和生活方式。经济制度创新方面，股份有限公司勃然兴起，股票市场繁荣兴旺，大公司成为市场竞争的绝对主导力量。哈佛大学商学院著名的企业史专家阿尔弗雷德·钱德勒的名著《看得见的手》，详尽阐释了公司制度和大企业的兴起对美国资本主义制度的极端重要性，那就是现代企业制度和管理资本主义的兴起。企业管理制度方面的创新数之不尽，最重要者包括控股公司制度、事业部制度、相互持股制度、职业经理人的崛起、公司内部股权激励制度、公司内部研究制度、兼并收购等。金融和信用制度方面的创新则更加神奇，投资银行、商业银行、证券交易、公司债券、信用评级等日新月异，涌现出像J·P·摩根、杰伊·库克等无数杰出的金融制度创新者。华尔街则迅速取代伦敦，成为全世界最重要的金融创新中心。19世纪后期美国工业革命的巨大成功，彻底改变了整个国家的文化，企业家称为国家的真正领袖，美国的崛起被许多历史学者称为“人类现代历史上的最大奇迹”。美国的崛起绝对是资本主义的胜利，是企业家、企业家精神和创新的胜利。

美国、德国和英国是19世纪后期到20世纪早期，全球资本主义经济迅猛发展的典型，是第一次全球化浪潮的核心推动力量。欧美中心国家及其海外殖民地，共同构成一个全球资本主义经济体系，资本主义经济制度成为全球占支配地位的经济制度。

第二次工业革命所创造的众多产业，构成当今人类生活的物质基础。铁路与火车、公路与汽车、无线通信、电力电子、航空航天、重型设备、重化工等，都是第二次工业革命的产物，它们今天仍然是各国工业化和现代化的主要动力。第三次工业革命正是基于对第二次工业革命各个产业的深度创新和改造。

第三次工业革命和资本主义发展的第三阶段（1950 年至今）

第三次工业革命勃然兴起，苏联、东欧和中国等许多计划经济国家，全面实施改革开放政策，快速转向市场经济。超过 20 亿新劳动人口加入全球竞争。一个真正意义上的全球资本主义经济体系开始形成，它囊括了几乎所有国家。资本主义 + 全球化，成为人类历史前进的主旋律。初级阶段的资本主义以欧洲为中心，第二阶段的资本主义以西方为中心，第三阶段的资本主义则囊括全球。全球资本主义的制度安排、内在动力和运行机制，与欧洲中心资本主义和西方中心资本主义非常不同。它是人类历史崭新的发展阶段，标志着人类历史的新纪元。第三次工业革命的主要标志是信息科技革命，电脑和互联网的发明则是源泉。本书其他部分对第三次工业革命和全球金融资本主义兴起之间的关系有详尽叙述，此处从略。

第十二章　全球金融资本主义的文化起源

从任何意义上来思考，从任何一个角度和侧面来考察，从任何历史维度来审视，资本主义经济制度都是人类历史前所未有的奇特现象，它颠覆了人类以往几乎一切宗教信念，道德圭臬，社会意识，风俗习惯，政治、经济和法律制度，货币、金融和信用制度。从诞生之日起，资本主义经济制度就始终饱受质疑、批判、憎恶、仇视、颠覆，无数人渴望以一种崭新的经济和政治制度取代资本主义。一些人高声赞美资本主义经济制度所创造的财富奇迹，另一些人则厉声谴责资本主义经济与生俱来的贪婪、剥削、收入不公、对自然环境的肆意破坏、对人文精神的践踏、对人类高度文明的毁灭。马克思以无与伦比的理论模型和历史逻辑，雄辩地证明和宣告资本主义内在矛盾必然导致它自身的灭亡，必然被社会主义经济制度所代替。凯恩斯则企图说明人类既可以保留资本主义带给人类的福利，也能够避免资本主义给人类带来的苦痛和灾难。熊彼特深知资本主义经济制度与人类文明和人类精神追求某些最神圣和最高尚的部分格格不入，却深信资本主义经济制度尤其是它所特有的创新和企业家精神，才是推动人类进步的最佳利器。

资本主义经济制度首先彻底改变了人类的财富观念。物质主义取代神圣精神，主导了人类的全部生活。毫无疑问，今天支配人类文明的主要理念是国内生产总值、利润、企业市值和个人身家。纵观全世界，国内生产总值早已成为比较各国竞争实力乃至制度和文化优劣的最重要指标，利润和市值成为衡量所有企业兴衰成败的近乎唯一标杆，财富则成为衡量个人和家族成功的近乎唯一标准。精神和财富的地位完全颠倒过来，财富凌驾于精神之上。对金钱和财富无穷无尽的追逐甚至成为某种新的宗教信念。这是人类有史以来最骇人听闻的观念变革。

古往今来一切宗教有一个共同的基本信念和教条，那就是始终警告物质主义和唯利是图必然导致人类精神的彻底堕落和腐化，佛教、儒家思想、基督教和伊斯兰教概莫能外。所有主要宗教始终时刻警醒人们防止追逐金钱财富必然导致的腐败堕落。

然而，当人类跨入 18 世纪之时，资本主义经济制度逐渐蔓延整个世界，越来越多的人开始忘记和完全不再理会世界主要宗教对追逐财富和金钱的警告和谴责。当然，路德和加尔文的宗教改革似乎为同时追逐金钱财富和追求上帝之爱铺平了道路。马克斯 · 韦伯的经典著作《新教伦理和资本主义精神》则将资本主义经济制度的起源直接归功于路德和加尔文的宗教改革。[①]美国著名传记作家、《工商巨子——洛克菲勒传》的作者荣 · 切尔诺则宣称，马克斯 · 韦伯的《新教伦理和资本主义精神》简直就是提前写好的洛克菲勒精神传记。

① Max Weber, *The Protestant Ethic and The Spirit of Capitalism*, Charles Scribner's Sons, 1958.

他认为洛克菲勒的一生，完美展示了一个最虔诚的清教徒如何通过矢志不渝地追逐世俗财富，利用世俗财富去献身上帝期许的事业，从而为上帝增光，并最终赢得上帝的垂青。难怪洛克菲勒一生最为人所熟知的名言是："我赚钱的才能是上帝赋予的，与他人无关！"

财富和金钱观念的划时代转变，是资本主义经济制度给人类文明带来的最深刻变化，它不仅深刻影响着人类一切经济金融活动，而且深刻影响着人类的政治和文化精神活动。我们随后将清楚地看到，随着资本主义经济制度不断发展变化，人们的财富理念与时俱进。早期殖民掠夺者到世界各地疯狂掠夺黄金白银和各种稀有物资，重商主义者的财富理念（视黄金白银等贵金属为财富象征）是那个时代的反映。商业资本主义时代的财富观念依然重视真实物质财富。重农学派的名言是"土地是财富之母"。那个时代特许公司、合伙人和小业主的利润，也是表现为黄金白银的累积，是看得见摸得着的真实财富。第二次工业革命和产业资本主义时代，纯粹的金本位制和银本位制逐渐被金汇兑本位制所取代，纸币的发行、商业票据、银行票据大行其道，部分储备银行制度的崛起，债券和股票市场的兴旺发达，大公司的利润日益体现为银行存款甚至是账面会计利润，公司市值开始成为衡量公司业绩的重要指标，人们的财富观念逐渐呈现虚拟化趋向，账面利润、账面市值、股票价格日益取代金灿灿、沉甸甸的黄金白银，成为财富的衡量标准和象征。

伴随着第三次工业革命的兴起，产业资本主义逐渐蜕变为金融资本主义，内部经理人主导的资本主义逐渐让位于外部社会股东主导的资本主义，公司股票上市已经不仅仅是企业发展的一个阶段，也不仅仅是企业发展的一个融资手段，而且成为创办企业的重要目标之一。以做大公司市值实现兼并收购，以发行股票和期权来激励职业经理人，以股票期权方式吸引和竞争优秀员工，股票分红成为全民社会财富和福利保障越来越重要的组成部分。所有这一切，导致人们财富观念的又一次极其深刻的变化。财富不再与贵金属相联系，而是与伦敦、纽约、东京、香港、新加坡、上海、法兰克福等全球金融中心的股票价格涨落相联系。市盈率、股价、市值、身家成为财富最重要的衡量指标。绝大多数购买公司股票的投资者，实际上并不是真正关心公司的产品和服务，他们关心的是公司的股价和分红。他们之所以关心公司的产品和服务，只是因为它们会影响公司的市盈率、股价和市值。“为股东价值最大化而奋斗”、“一切为了股东价值最大化”，成为公司经营新的信条和圭臬。凡是不能给股东创造价值的首席执行官和管理团队，随时可能被股东解雇和被恶意收购者驱逐。

市值文化、市盈率文化、股价文化的影响，几乎笼罩了现代公司和经济领域的所有方面。财富与纯粹的账面数字和虚拟数字（人们经常称之为“纸面富贵”）相联系。那耀眼夺目的市值和身家数字，与人们真实生活之间的距离，与公司真正社会价值之间的距离越来越远。虚拟财富和金钱数字与人类真实生活需求之间的距离越来越远。市值文化、市盈率文化和股价文化，构成真正的金融资本主义和虚拟资本主义。从市值、市盈率和股价衍生出令人眼花缭乱的金融衍生产品，越来越多人从纯粹虚拟经济的投机炒作中发财致富，他们压根儿不再关心自己的投机投资活动与人类的真实财富创造之间还有什么关联。恰如华尔街的现代格言所说：“如果你还知道自己在做什么，你每年就只能赚 5 万美元；如果你已经不知道自己在做什么了，你每年就可以赚 500 万美元。”虚拟经济与实体经济之间的距离越来越远，虚拟经济与真实生活之间的距离越来越远。虚拟经济与实体经济的日益背离，正是资本主义经济制度下财富观念持续异化和深刻变迁的结果。它反过来深刻影响着人们的价值观、货币金融市场的运行机制、宏观经济政策的效果，乃至产业分工结构。

本书的主题之一就是探索资本理念的异化。资本理念和财富理念的异化，是资本主义经济体系内在不稳定性的基本根源。马克思《资本论》的基本主题也是资本的异化，即资本异化为资本家剥削劳动者的手段。马克思的深刻洞察力在于，他把整个资本主义经济体系看作一个充满自我矛盾的体系，它内部的每一个要素和每一个组成部分始终处于不断自我异化的辩证发展过程之中：资本异化为创造剩余价值和资本家利润的手段；劳动异化为创造剩余价值和被剥削的工具；资本和劳动、资本家和劳动者这一对矛盾，从最初的统一到分离（背离），到资本支配（剥削）劳动、资本家支配（剥削）劳动者，直到最后剥夺者被剥夺，劳动者掌握全部生产资料（资本），实现劳动者和生产资料（资本）的最终统一。本书则认为，财富理念的变迁和异化、虚拟经济日益与实体经济背离，才是资本主义经济体系内在不稳定性的基本根源。

资本主义经济制度所开启的第二个基本信念，是经济持续增长、财富持续积累和人类普遍进步的信念。更为重要的是，工业革命和资本主义将经济增长和财富积累的理念深深渗透到人类思想意识之中，逐渐上升为支配人类一切活动和制度安排的首要理念，甚至成为政权和制度合法性的基石。亚当 · 斯密的《国富论》是人类思想史上第一部系统探讨经济增长和国民财富的著作，斯密所标举和鼓吹的经济政策理念，皆是为了促进经济快速增长，从劳动分工、市场扩张、资本积累、自由贸易和“看不见的手”，无一例外。经济增长理论从此成为经济学最重要的理论分支之一。马克思的《资本论》对资本主义的主要批判，就是生产资料私有制和社会化大工业生产之间的矛盾

（或者说个别企业生产的高度组织性和高度效率，与整个社会生产的无组织性和低效率之间的矛盾），必然导致周期性的经济危机和社会生产的停滞和衰退。对于马克思而言，社会主义必然取代资本主义的主要理由，就是社会主义能够实现全社会有组织和高效率的生产，从而实现比资本主义更高速度的经济增长和更快的社会财富积累。熊彼特毕生致力于深入系统分析资本主义经济制度为什么能够促进经济快速增长，他的伟大发现就是"创新、企业家精神和信用创造"。它们是资本主义促进经济快速增长的主要引擎。熊彼特深信这个引擎永远不会熄火，尽管它会出现周期性的停顿或减速。凯恩斯甚至相信资本主义经济制度所创造的经济奇迹般增长，将最终彻底解决人类面临的一切经济困境和财富贫乏，将人类从经济枷锁里彻底解放出来，全身心地投入对于哲学、艺术和崇高精神享受的追求。20 世纪 30 年代，凯恩斯预言百年之后（2030 年），人类就有望实现这个类似"伊甸园"的目标。

一言以蔽之，现代经济增长理论、经济周期理论乃至一切经济理论的最终归宿，就是要寻找到促进经济持续稳定快速增长、避免经济危机和周期性衰退的良药妙方。极端而言，整个经济学就只有一个问题，就是破解经济增长之谜。为什么一些国家能够实现经济起飞和快速增长，另一些国家却始终深陷停滞和衰退泥潭？国富国穷的根源是什么？对于矢志探索这类经济问题的学者而言，他们内心深处都有一个基本信念，那就是人类绝对有希望而且应该能够找到实现经济持续增长的根本办法。

20 世纪之后，追求经济增长和充分就业，迅速成为世界各国经济政策的核心目标，越来越多的国家甚至修改宪法和法律，将实现经济增长和充分就业规定为政府必须承担的首要责任，经济增长和充分就业成为政府合法性最重要的基石。

全球资本主义经济体系和经济制度由以下基本制度和机制构成：全球产业分工和原材料供应体系，全球商品贸易体系，全球货币金融体系，维持全球和平的政治和军事体系。

过去 300 年来，资本主义发展最成功的主要国家有四个：英国、美国、德国和日本。所以人们通常就有所谓“英国资本主义、美国资本主义、德国资本主义和日本资本主义的区分”。哈佛大学杰出的商业史大师钱德勒称美国资本主义为“竞争性资本主义”、英国资本主义为“家庭式资本主义”、德国资本主义为“合作性资本主义”。还有学者将日本资本主义称为“国家资本主义”。这当然是非常粗略的划分，钱德勒考察资本主义的重心是它的组织创新能力，尤其是现代管理资本主义和大公司的决定性作用。

不同国家的资本主义制度必然深受该国历史文化传统、资源环境、政治制度和民众心理的深刻影响，任何国家的经济政治制度演变都不可能完全摆脱路径依赖。然而，经济学的基本追求就是寻找人类经济现象的一般规律。纵观全球资本主义 300 多年的发展，至少有 7 个共同特征，它们分别是：私有产权、自由市场、法治秩序、企业家主导（非资本家主导）经济活动、永不停息的创新（以科技和制度创新为主要领域）、以公司为主导的组织动员能力、信用和金融体系（以信用而非货币为主导）。

私有产权。私有产权是全球资本主义最根本的制度基础，没有私有产权的保障，就不可能有过去 300 年资本主义所创造的财富奇迹。或许，私有产权不是财富奇迹的充分必要条件，却绝对是必要条件。20 世纪经济学最重要的发展和贡献之一是产权和交易费用经济学，奈特、科斯和张五常等人的贡献异常重要，基本就是说明私有产权对于经济发展的首要地位。道格拉斯 · 诺斯和罗伯特 · 托马斯的《西方世界的兴起》是从产权和交易费用角度研究西方世界兴起的著名著作，其他许多学者的研究也得到了相同结论。没有逐步完善的稀有产权保障，资本主义发展的伟大奇迹是不可想象的。当然，各国私有产权保障的历史步骤和完善程度千差万别，法律制度千变万化，基本目的却是大同小异。从最早期对土地和自然资源私有产权的保障，一直到今天对人力资本和知识产权保障的强调，没有哪个国家可以在否定私有产权的前提下实现长期经济增长。马克思经济学最致命的错误，就是忽视了私有产权对刺激和激发企业家创新活力的极端重要性。保障私有产权的重要性怎么强调也不会过分。它对于今天希望维持经济快速增长的所有国家，依然具有最高的重要性。过去数年来，中国一直存在关于“国退民进”的争论，国退民进争论的本质，其实就是对私有产权保障的争议。

自由市场或自由竞争。毫无疑问，所谓自由竞争里的“自由”，永远是一个程度问题，从来就没有毫无条件、毫无限制、毫无约束的绝对自由，市场竞争也是如此。然而，一般意义上的自由市场或自由竞争，毋庸置疑是全球资本主义的另一个基本特征。我们都熟悉著名的“科斯定理”，施蒂格勒曾经毫无保留地高声称赞科斯定理是 20 世纪经济学最伟大的成就，地位堪与几何学上的欧几里得定律相提并论。张五常名著《经济解释》第三卷《制度的选择》就是对科斯定理全面崭新的阐释。简而言之，科斯定理就是阐述私有产权和自由市场的关系。根据科斯定理，妥善保障私有产权与自由市场竞争是同一个意思。关键是私有产权保障到何种程度，所谓“妥善”保障完全取决于各国的法律制度和制度的执行力度。科斯定理之所以对法学有着如此深远的影响，之所以开创了一门崭新的学问——法律经济学，就是因为它将私有产权、市场竞争与法律制度紧密联系了起来。许多国家和地区虽然有私有产权之名，却没有充分的市场竞争和经济奇迹，原因就在于名义上或法律条文上的私有产权保障并没有落到实处。没有具体执行层面上的私有产权保障，有等于无，是不会创造任何奇迹的。就好像中国政府多次颁布保障民营资本产业准入的“旧36条”或“新36条”，却很难有具体严格的落实，我们就很难说中国的国有垄断企业和民营企业具有充分的竞争。许多国家（亦包括中国）也非常强调知识产权保障的重要性，也有多项法律条文，却没有严格的执行，知识产权就很难得到真正保护，技术和知识创新就难有起色。

法治秩序。理论上说，私有产权、市场竞争和法治秩序是“三位一体”，没有法治秩序，私有产权无法得到保障，公平的市场竞争就谈不上。一个真正的法治秩序的建立，谈何容易。很大程度上，法治秩序的完善是现代资本主义制度最重要的贡献和最重要的保障，经历了数百年的不懈努力。我们可以说1688年英国工业革命是现代资本主义法治秩序的起点。法治秩序对经济活动的极端重要性首先在于它能降低商业活动的风险，稳定投资者对未来收益的预期。法治秩序对资本主义创新活动的极端重要性，就是因为资本主义经济活动必定是面向未来的活动，预期的稳定具有决定性意义。过去300年的资本主义发展历史表明，凡是法制健全、政治稳定的国家，长期利息就处于较低水平，资本形成和创新活动就能够持续。法治秩序的第二个重要意义就在于妥善解决商业纠纷，确保合约秩序。英国哲学家洛克、经济学家斯密、法国的孟德斯鸠等人首先系统阐述了合约精神的极端重要性，认为合约精神是现代市场社会和市民社会的基石，宪政和宪法就是合约精神的集中体现。美国建国之父、美国资本主义经济制度的主要奠基人之一汉密尔顿给美国设计的全套经济制度，核心理念就是合约精神。法治秩序就是为了确保合约精神的实现。今天的中国，合约精神的缺失，依然是制约中国经济长期稳定增长的最重要障碍。法治秩序的第三个重要功能就是约束政府，防止过度的政府干预损害私有产权和企业家的创新精神。市场与政府之间的边界和各自职能的划分，从来就是经济学、政治学和法学争论的主要焦点，可算是过去200年全部社会科学的基本课题。过去300年的经验告诉我们，过度的政府干预对市场竞争和企业家精神的损害，总是远远超过过少政府干预的危害。法治秩序的基本功能就是避免强势政府破坏市场秩序。

企业家主导（非资本家主导）。企业家和资本家并不是同一类人，当然，许多企业家一开始就是资本家，许多企业家最终成为资本家。然而，为了理解全球资本主义的动态演变和资本主义的本质特征，必须将资本家和企业家区分开来。在人力资本和知识创新日益重要的今天，区分企业家和资本家尤其重要。对于全球资本主义来说，企业家和企业家精神完全是一个特殊的群体和一种特殊的素质。

永不停息的创新（以科技和制度创新为主要领域）。全球资本主义300年波澜壮阔历史的最显著特征就是永不停息的创新，尤其是科技和制度创新的辉煌成就，真正是令人叹为观止。创新最基本的特征就是不可预见性，没有人预测到铁路的发明，没有人预测到汽车工业会彻底改变人类面貌，没有人预测到飞机会将地球变成真正的“地球村”。没有人预见到电脑的发明，没有人预见到互联网的出现，没有人预见到一个叫比尔·盖茨的人和一个叫乔布斯的人会彻底改变一个行业，没有人预见到互联网的出现会“创造性地毁灭”许多传统行业，或者彻底改造它们。永不停息的创新，确实是全球资本主义的灵魂和本质。

以公司为主导的组织动员能力。全球资本主义的另外一个最惊人的成就和现象就是公司制度成为经济社会占据支配地位的组织形式。在很大程度上，资本主义经济制度的创新历史就是公司制度的创新历史，从 1599 年英国东印度公司和 1602 年荷兰东印度公司开始起步，公司制度到 19 世纪后期完全摆脱了皇权特许和无限责任的约束，有限责任和股份有限公司成为时代潮流，公司制度成为人人都可以运用的创业组织方式，以至于马克思和恩格斯都高声赞扬“股份有限公司是人类历史上最伟大的发明”。商业历史大师钱德勒毕生致力研究公司制度的演变，他的多部经典著作包括《看得见的手》《战略与结构》《规模与范围》。其核心理念就是，以公司制度为主导的组织动员能力，是资本主义创造经济奇迹的最大秘诀。确实，19 世纪末和 20 世纪初，人类历史上开始涌现庞大的公司组织和跨国公司，它们迅速成为人类经济活动的主导者和创新活动的领导者。今天，全球性伟大公司真正支配了全球经济。

信用和金融体系（以信用而非货币为主导）。全球资本主义的另外一个最显著的特征，就是信用的极端重要性。没有信用制度和金融体系的创造，就不可能有全球资本主义的发展演化和奇迹。

第十三章 关于资本主义的主要思想体系

亚当·斯密：自然演化秩序的和谐之美

亚当·斯密被公认为全球资本主义和市场经济秩序的第一个伟大思想家和预言家，实在是令人吃惊。斯密生活和写作的时代（1723~1790年），根本不是资本主义和市场经济的时代，全球资本主义和全球化市场经济闻所未闻。《国富论》发表之时（1776年），资本主义和市场经济体系才刚刚从地平线上露出那么一点点曙光，第一次工业革命尚处于最早期阶段，英国第一次工业革命最具创造性和创新精神的企业家乔赛亚·韦奇伍德（1730~1795年，现代化陶瓷企业的创立者）在斯密7岁时才出生，死后留下24万英镑的财富；现代纺织工业的开拓者理查德·阿克赖特（1732~1792年），死后留下50万英镑的财富；现代铸造工业的开拓者塞缪尔·沃克，创造的企业资产达到20万英镑。他们都是与斯密同时代的人物。《国富论》发

表 100 多年后，马克思和恩格斯才发明“资本主义”这个新术语。与马克思和恩格斯一样，斯密对正在兴起的资本家或资产阶级并没有什么好感。斯密《国富论》里多次严厉谴责资本家“卑鄙的强取豪夺行径”，认为资本家“不会也不应该成为人类的统治者”。一部严厉谴责资产阶级的著作，却成为资产阶级的福音书，是有趣现象。

斯密的时代，英国海外贸易初具规模，英国东印度公司已经存在 100 多年。然而，英国东印度公司的商业探险、远洋贸易、殖民侵略和血腥掠夺，与英国国内经济和人民生活关系不大。后世经济学者将斯密的时代（18 世纪）称为商业资本主义时代，其实多少有点儿勉强。

斯密出生的时候，英国还是一个非常贫穷的农业国家。伦敦、曼彻斯特和利物浦有那么一些小规模的工场手工业，大规模的机器制造业还要等待半个多世纪。各地还有那么一些零星的煤矿和其他矿产企业，普遍雇佣童工，工作时间至少 12 小时，有时长达 16 小时，报酬是每小时 6 个便士或以下，没有任何劳动保护和福利保障。农村生活则更加贫困，全家老小没日没夜拼命劳作也难以糊口，连孕妇都不得不干重体力活。斯密生活的时代，贫困问题始终是困扰英国社会的最大难题，卡尔 · 波兰尼的名著《大转型》对此有详尽描述和深刻分析。

历史学家将 18 世纪描绘成人文主义和理性主义时代，人文主义和理性主义似乎意味着温情、公平、正义、秩序、富足和高雅。实际上，那个时代里，绝大多数人的生活压根儿也算不上富足、舒适和高雅。赤贫、肮脏、落后、危险、残酷、堕落、混乱、低效，才是对 18 世纪英国经济社会生活恰当的形容。正如美国学者罗伯特 · L · 海尔布隆纳（Robert L. Heilbroner）所说，关于亚当 · 斯密和《国富论》，我们感到惊异的第一个事实是：斯密居然能够从如此混乱无序、贫穷落后的国度和社会里，窥见一个良好有序运转的“自然秩序”，它竟然能够促进所有人幸福生活和社会福利。斯密能够窥见一个自我运转、自我管理、自我平衡的“自然经济秩序”，究竟是凭借具有超出常人的想象力，凭借非凡的理性推理能力，还是凭借前辈和同时代学者的启发，至今仍然是思想史学者着迷的问题。

如果说斯密的时代精神最多处在商业资本主义的初级阶段，那么斯密的人格个性则更加难以和资本主义波诡云谲的动荡历史协调起来。《国富论》发表之前的 53 年里，斯密没有任何商业经验，也没有任何证据表明他曾经做过什么经济方面的调查研究。《国富论》发表之后的 14 年里，斯密担任苏格兰海关专员和盐税专员长达 12 年，应该算是实际从事经济活动，不过斯密再也没有发表过著作。

依照今天的标准，斯密似乎是一个典型的学究和书呆子。一个完全没有任何商业经验，也不做任何调查研究的学究和书呆子，居然写出经济思想史上最伟大的著作，居然为一门日后大行其道的学问奠定了永恒的基础，不能不说是一件奇事。许多人强调任何理论都必须来自实践。许多教授要求学生要从事实地调查研究。斯密算得上是一个伟大的反例。伟大的学术著作不一定来自实地调查研究。我们后面会看到，马克思的《资本论》是另外一个伟大的反例。

斯密是一个遗腹子，未出生时父亲就去世。他小时候性格孤僻，沉默寡言，酷爱读书，天生是一个教授坯子。14 岁入格拉斯哥大学就读 3 年，17 岁坐马车前往牛津大学就读 6 年。当时的牛津大学可没有今天那么严谨和出名，据说当时绝大多数教授都是吊儿郎当，不务正业，不好好教书育人，学生们放任自流。这恰好合了斯密的愿望，牛津大学的 6 年实际上变成了斯密自修苦读的 6 年。他废寝忘食，博览群书，打下坚实的学问基础。当时的英国还有严格的阅读禁忌制度。据说学校官员从斯密寝室搜出休谟的著作《人性论》，斯密差一点儿被牛津开除校籍。休谟的著作居然是当时的违禁读物。阴差阳错，这个小插曲竟然成为两位学术大师一生友谊的起点。休谟和斯密都是18世纪最杰出的经济学家和哲学家。1776年《国富论》出版不久，休谟与世长辞。去世之前，休谟指定斯密为自己遗稿的管理人。

牛津大学毕业之后，斯密先回爱丁堡陪伴母亲3年，讲授文学修辞和法学课程3年。28岁正式就任格拉斯哥大学逻辑学教授，旋即被选为道德哲学教授。1759年斯密36岁，出版《道德情操论》，实际是道德哲学课程的讲义结集，今天仍是世界名著。《道德情操论》最后一页预告了《国富论》的写作动机："我打算在另一本书里论述法律和政治的一般原则，论述这种原则在不同的时代和社会时期所经历的种种变化。我将不仅从正义的角度，而且还将从国民收入和军备以及其他法律目标的角度论述这一问题。"担任格拉斯哥大学道德哲学教授长达14年之后，斯密得到一项待遇优厚的美差，那就是出任巴克勒公爵的私人教师，陪同年幼的公爵周游法国。从图卢兹到日内瓦再到巴黎，两年半的时间里，斯密的任务就是陪伴年轻公爵会见法国上流社会的名流、阅读、旅游和享受生活。对于斯密而言，周游法国最大的收获是得以拜会文学泰斗伏尔泰和经济学巨擘魁奈以及其他众多学术名人，他们对斯密的经济思想产生了极其深远的影响。

周游法国之后，直到1776年，斯密的主要甚至是唯一工作就是研究、思考和写作《国富论》。斯密的传记作者约翰·雷说："生命最长的书是在母体内孕育时间最长的书。《国富论》的写作花费了12年，在写作前几乎用了长达12年的时间构思。"1790年斯密去世前夕为《道德情操论》第六版撰写的序言里说："在《国富论》中，我已经部分履行了自己的诺言，至少履行了论述国民收入和军备的诺言。"①

从以上的简要描述里，我们看到的斯密是一个纯粹的学者，宁静、睿智、从容、闲适，与现实生活保持着相当的距离。看起来，斯密的人格个性与资本主义经济体系的瞬息万变、波诡云谲、周期动荡格格不入。熊彼特在《经济分析史》中如此描述斯密：

> 关于这个人和他与世隔绝、宁静安闲的一生，我们无须知道多少事实和细节。我们只要知道以下几件事实就足够了。第一，斯密内心深处是一个地地道道的苏格兰人，纯粹而简单；第二，他最近的家世背景是苏格兰公务人员，他们对商业活动持有严酷的批评态度；第三，他天生就是一个教授；第四，除了母亲之外，没有任何女人对他的生活有过丝毫影响，在女人方面以及在生活的其他许多或所有方面，对于斯密来说，生活的激情飞扬和多姿多彩仅仅是文学作品里的虚构和想象。我之所以忍不住一定要提到这个事实，是因为它不仅与斯密的经济学说有关，而且与他对一般人性的理解有关。

熊彼特没有明说，我想他的意思也是：像斯密这样如此宁静超脱的学者，怎么会发现资本主义和市场经济的内在规律呢？这确实是一个有趣的问题。

与经济思想史上其他伟大著作相比，《国富论》所得到的评价是那么惊人的一致，几乎没有负面的批评，几乎完全是正面的颂扬。它

① 约翰 · 雷，《亚当 · 斯密传》，周祝平、赵正吉译，华夏出版社，2008 年。

的独创性和独特价值，它对学术进步的推动，它对许多国家经济政策和繁荣，以及对人类根本幸福所产生的重大影响，200多年来不断得到证实和增强。从1776年至今，它始终是人们思考经济问题时最经常参考的著作，仅此一点，就堪称奇迹。《国富论》刚刚出版，立刻好评如潮。“一个伟大心灵的智慧奔涌，整整一个时代的精神史诗！”“从最终效果来看，这也许是迄今最重要的书。”“对人类幸福做出的贡献超过了所有名垂青史的政治家和立法者做出的贡献的总和。”《罗马帝国衰亡史》的著名作者爱德华·吉朋说《国富论》“用极为明快的语言表现了无比深邃的思想”。休谟说：“该书包含丰富而深刻的思想，敏锐的观察以及大量令人感兴趣的新奇实例，终究会引起人们对它的注意。”

从发明新概念、新理论、新名词和新方法的角度看，《国富论》可能不是一部特别具有原创性的著作。熊彼特就认为《国富论》并非一部原创性著作。他说：“《国富论》所阐述的分析理念、原则和方法，即使在1776年，也没有任何一个是完全崭新的。当然，那些欢呼斯密著作是划时代原创性成就的人，主要是欢呼斯密所主张的经济政策：自由贸易、自由放任、殖民地政策等。”熊彼特认为，斯密的学说和政策主张与当时绝大多数人的信念和主张完全吻合，然而，没有哪个人能够像斯密那样，以如此雄辩的语言和高超的技巧，将那些理念和原则如此系统完整地表达出来。斯密长期担任文学修辞学教授，被公认为他那个时代最具说服力的作家之一。罗伯特·L·海尔布隆纳也说：“严格来说，《国富论》不是一部真正原创性的著作，斯密之前，早已有一大批学者提出和阐释了与斯密类似和相同的世界图景和思想理念，包括洛克、斯图加特、曼德维尔、配第、康替龙、图尔哥，更不用说魁奈和休谟了。当然还有苏格兰启蒙运动的多位杰出哲学家，包括斯密的恩师哈钦森。斯密本人也是苏格兰启蒙运动的重要人物。《国富论》里提到的前辈和同时代学者多达 100 多名。既然如此，那么《国富论》为什么具有如此深远和重大的影响呢？那是因为“就像钓鱼一样，其他人是东钓一尾，西钓一尾，斯密却是撒下大网，一网打尽。又像描绘整个世界那样，其他人描绘出这个亮点和那个亮点，斯密却让整个图画完全清晰明亮起来。《国富论》不是一部完全具有独创性的著作，却是一部真正的大师之作”。

即使是 200 多年后的今天，《国富论》对于我们透彻理解全球资本主义的兴起和危机，仍然具有特殊意义和高度启发性。英国哲学家怀特海曾经说过：整个西方哲学就是一连串对柏拉图的注脚。我们可以套用怀特海的话，说整个西方经济学就是一连串对斯密的脚注。的确，我们感到特别惊异和敬畏的是，200 多年之前完成的一部著作，几乎包含了所有经济思想，是一部真正的经济思想百科全书，有些思想斯密有系统和清晰的阐释，有的他只是顺便和简要提到，却成为后世经济学者和社会学者的灵感源泉，诸如价格理论、价值理论、交换理论、国际贸易、货币理论、金银本位制、分工学说、增长理论、财政理论、政府债务、资本积累、人口规律、收入分配等。今天大行其道的所有经济学说，都完全可以溯源到《国富论》。我们可以随手举出许多例子。

站到全球资本主义和人类经济全球化的时代高度，《国富论》的永恒贡献是它破解了人类经济运行演化规律的三大秘密：市场机制之谜、社会秩序之谜和经济增长之谜。

斯密对市场机制的分析，风趣幽默，睿智机敏，让读者深深感受到市场规律的微妙奇特、潜移默化和威力无限。即使从文学的角度看，斯密对“看不见的手”的描述，也令人回味无穷。后世经济学者可以用最高深的数学工具来证明一般市场均衡的存在性、稳定性和最优性，可以区分出许许多多不同的市场竞争形态，可以指出多种多样的市场失灵，可以从实证角度详细分析无限多样市场运行的具体细节。然而，以充满哲理的散文诗般的语言，描述市场规律的美妙奇特，没有哪个学者能够超越斯密。

我们能够非常肯定地说，过去200多年以来经济学的主要发展方向和主要成就，就是从不同角度证明市场机制的有效性，阐明市场机制的不足和缺陷，以及可能的纠正办法。斯密的市场学说包含多个重要命题，始终是学者们辩论的核心话题。

第一，斯密首先高举自私的大旗。自私为人类经济行为的基本动机，自私能够促进社会最大利益。一个良好的社会制度应该确保人的自私有尽可能自由的发挥空间。

第二，斯密并非没有看到自私对社会的危害。不要忘记，他长期担任道德伦理学教授，是《道德情操论》的作者。他深知自私的巨大危害，他经常谴责资本家的贪婪和无耻。然而，斯密的办法不是消灭自私，消灭私有制，相反是保障自私，保障私有产权以鼓励市场竞争。他深信充分的自由的市场竞争，才是防止个人自私损害他人和社会整体利益的最佳利器。

第三，自私行为和市场竞争之所以能够促进全社会的最大利益，是因为市场竞争能够最有效地解决人类经济生活的三大基本问题：生产什么、如何生产和为谁生产。

第四，斯密有一个著名论断：分工受市场范围的限制，后世学者将其称为斯密定律。此定律非同小可，它将交换、市场与分工和经济增长结合起来，非常清晰地描述了市场竞争、市场扩张、分工深化和经济增长之间的动态关系。今天，围绕斯密定律所展开的经济增长理论，被称为内生经济增长理论，也被称为新古典经济学，开拓者从阿瑟 · 扬到中国杰出经济学家杨小凯。内生增长理论的灵感源泉，就是斯密定律和那个著名的制针厂例子。

第五，市场规律是人类经济体系自身内在的规律，不是任何外在力量强加给人类的规律。

从斯密时代的早期商业资本主义，到当代的全球资本主义，市场规律的无穷威力和魅力不断得到展示和证明。试图颠覆扭曲、蔑视和忽视市场规律的一切努力和实验都失败了。全球资本主义时代，人类有一个基本共识：尊重市场规律是实现经济持续健康增长的基本前提。

斯密曾经为他发现“看不见的手”之神奇的市场规律激动不已。的确，斯密超越其他经济学者的最大本事就是他能够从混乱中看到规律，从斗争里看到和谐，从竞争中看到合作，从动荡里看到均衡。

增长之谜同样重要，斯密认为分工是一切经济增长的最终源泉，技术进步的本质就是分工的深化。

卡尔 · 马克思：矛盾、冲突、动态、演化、危机和灭亡——资本主义经济体系的必然规律

在人类所有伟大思想家里，马克思当属最为悲惨的一位了。他终生被驱逐流放国外，至死没有回到自己的家乡德国。他终生没有获得过一份稳定的工作，始终生活在贫病交加之中，“贫困潦倒”似乎是形容马克思毕生生活必不可少的一个词。许多年里，他只能依靠伟大战友恩格斯的接济和微薄的稿费勉强养活全家。1852 年 2 月，马克思给恩格斯写信：“一个星期以来，我已经达到非常痛苦的地步：因

为外衣进了当铺，我不能再出门，因为不让赊账，我不能再吃肉。”9 月他给恩格斯的信写道：“我的妻子病了，可怜的燕妮病了，琳蘅患上了神经热。我过去无力请医生，现在更无法请，因为我没有买药的钱。八到十天以来，家里吃的就是面包和土豆，今天是否能够吃上面包和土豆还成问题。在现在这样的气候条件下，这样的饮食自然是没有什么益处的。给《纽约论坛报》的文章也没有写，因为我连一个便士都没有，不能买报纸来看……”

马克思和燕妮有五个孩子，两个死于贫病折磨，包括他们唯一的儿子。马克思和燕妮也长期遭受病痛折磨。阅读马克思给恩格斯和其他友人的信件，我们就知道马克思很长时间是在与病魔的搏斗挣扎中坚持学术研究和写作的。燕妮则拖着疲惫的病体勉力支撑着家庭。1881 年，长期病痛和营养不良夺去燕妮的生命，仅仅过了两年多一点的时间，马克思就溘然长逝。

超越的辩证思维，严谨的理论逻辑，丰富的历史事实，是马克思经济学体系的三个最显著标志。任何学者，其学问若能包含其中一项特质，就足以成名成家。马克思却达到了一个学者和思想家的完美境界。这也是一位学者和思想家所能够取得的最高成就。拥有如此完美和高超的境界，对于马克思的经济理论体系而言，人们同意还是反对，赞美还是批判，都变得无关紧要了。因为对于任何希望思考人类经济体系演变的历史和规律，任何希望探索资本主义内在运行机制的人，马克思的理论体系就像那座高耸入云、神秘莫测的喜马拉雅山，绝大多数人毕生只有仰望和崇拜，能够登顶俯瞰世界者，实属凤毛麟角。然而对于任何严肃认真的学者来说，马克思的经济理论体系又是无法绕过去的一座高山，即使永远无法登顶，还是要不懈努力去攀登、探索、理解、欣赏和感悟。熊彼特曾经说过，随着时间的推移，马克思在我们面前的形象越来越高大，没有人能够完全摆脱他巨大身影的笼罩。

马克思的《资本论》毫无疑问是经济思想史上最雄心勃勃的著作，分四卷出版，总页码超过 4 000 页，相当于 10 部重要学术著作。仅仅拜读一遍，就需要超人的勇气和耐力，然而只读一遍却无法把握马克思理论的精髓。首先让我们看看马克思自己拟订的《资本论》研究计划，它足以显示马克思学术研究的雄才大略和超越常人的多闻博学。

如果说马克思的博学来自他异乎寻常的勤奋努力，那么他那超越常人的辩证思维则源自黑格尔的真传。《资本论》第一卷德文版序言有清楚的描述。

> 我要公开承认我是这位大思想家的学生，并且在关于价值的一章中，有些地方我甚至卖弄起黑格尔特有的表达方式。辩证法在黑格尔手中神秘化了，但这绝不妨碍他第一个全面地有意识地叙述了辩证法的一般运动形式。在他那里，辩证法是倒立着的。必须把它倒过来，以便发现神秘外壳中的合理内核。
>
> 辩证法，在其合理形态上，引起资产阶级及其夸夸其谈的代言人的恼怒和恐惧，因为辩证法在对现存事物的肯定的理解中同时包含对现存事物的否定的理解，即对现存事物的必然灭亡的理解；辩证法对每一种既成的形式都是从不断的运动中，因而也是从它的暂时性方面去理解；辩证法不崇拜任何东西，按其本质来说，它是批判的和革命的。①

① 马克思《资本论》（第一卷），中共中央马克思恩格斯列宁斯大林著作编译局译，人民出版社，2004 年，第 22 页。

只有掌握超越的辩证思维，才能够思考最高层次的大问题。马克思思考的正是学术领域的最高层次的问题和最大问题。

当然，马克思以超绝天才和毕生精力研究撰写《资本论》，绝非为了炫耀他的博学多闻和辩证思维，而是为了全面透彻地揭示资本主义生产方式或资本主义经济制度的内在规律和历史命运。他全面深刻地揭示资本主义生产方式的内在规律，他那严谨的逻辑分析能力展露无遗。

让我们首先看看马克思如何认识“资本”。

马克思资本理念的第一个要点：资本是人类经济社会特殊发展阶段的特殊现象，即资本主义生产方式或资本主义经济制度下的特殊现象。资本只是人类社会某个历史阶段或过渡时期的产物。资本主义生产方式兴起之前没有资本，顶多只能说有资本的萌芽。资本主义生产方式被社会主义和共产主义生产方式取代之后，资本也随之消失。资本并非一个永恒的社会经济现象。人类漫长历史时期里的商品生产，包括14世纪之后欧洲和亚洲多国蓬勃发展的商品经济社会，都只是资本主义生产方式的孕育时代，资本、资本家和资本主义生产方式皆处于胚胎发育阶段。资本、资本家和资本主义生产方式从商品生产和商品经济社会发展而来，然而，二者却不是相同的经济社会。商品生产和商品社会经过漫长的历史演变，从量变到质变，资本主义生产方式和资本主义经济体系瓜熟蒂落，应运而生。从商品生产和商品经济质变或突变到资本主义生产方式和资本主义经济体系，最关键的究竟是什么？解答这个问题，是《资本论》的核心主题之一。马克思“破案”的关键是“自由劳动者”这个特殊商品的形成。我们回头再来讨论“自由劳动者”商品和资本之间的关系及其矛盾。

马克思资本理念的第二个要点：资本本身是一个充满矛盾的产

物。资本主义生产方式和资本主义经济制度的一切矛盾和对立，皆源自资本本身的矛盾和对立。资本的内在矛盾和对立，又源自商品本身的内在矛盾和对立。因此，《资本论》开篇即以大量篇幅阐释商品的生产和流通。商品自身的内在矛盾包括：价值和使用价值之间的矛盾和统一、商品自然属性和社会属性（商品二重性）的对立和统一、商品生产与商品交换（流通）之间的矛盾和统一、买者和卖者之间的矛盾和统一、商品和货币之间的矛盾和统一。当人类经济体系突变为资本主义生产方式之后，商品自身的内在矛盾就突变或转化为资本的内在矛盾。资本的内在矛盾包括：资本的价值和使用价值之间的矛盾，依照马克思的经济模型，资本虽然不创造价值，只有劳动才创造价值，然而，资本却是劳动创造价值过程或资本主义生产过程必不可少的条件和前提；资本和劳动之间的矛盾；资本家和劳动者之间的矛盾；工资和消费之间的矛盾；生产和消费之间的矛盾；价值、使用价值和剩余价值之间的矛盾；个别资本和全部资本之间的矛盾（个别资本家或企业和整个社会资本或社会生产之间的矛盾）。正是这些矛盾和冲突的动态演化，最终导致资本主义生产方式和资本主义经济制度的崩溃和灭亡，并被社会主义和共产主义生产方式所取代。

马克思资本理念的第三个要点：资本的本性是自我增殖。资本为利润而生，为剩余价值而生，为自我增殖而生。资本之所以参与生产，并非因为生产本身，并非因为商品本身，生产商品只不过是资本牟取利润和自我增殖的手段。如果不经过商品生产和流通，资本也能够自我增殖，资本家自然乐见其成甚至刻意追求。资本可以暂时采取商品形态和货币形态，最终则必须采取价值形态，货币则是价值的尺度。因此，我们可以说，资本为货币而生产，为金钱而生产，为利润而生产，为资本而生产。《资本论》第一卷第二部分对资本自我增殖、永无休止的运动有精彩分析。马克思说："作为资本的货币，其流通本身就是目的，因为只有通过永恒的、永不停息的、周而复始的资本运动，它才能实现自我增殖。因此，资本的运动是永无止境的。"

以上述三个要点为逻辑起点，马克思构造了一个类似完美市场均衡模型的完美资本主义经济模型，其中没有垄断、没有寡占、没有欺诈、没有贱买贵卖、没有价格歧视、没有规模经济、没有超额或垄断利润，所有资本的回报率或利润率皆相同，所有资本家都是平等的竞争者，没有哪个资本家拥有垄断或其他特权，所有劳动者都是"自由劳动者"，心甘情愿出售自己的劳动力，并获得公平的、由市场竞争决定的"劳动价值"，资本家和劳动者都是"公平"的合约参与者。从这个完美竞争均衡模型里，马克思竟然推导出数之不尽的重要含义，包括资本自我积累规律、资本集中度和垄断程度不断加深的趋势，资本主义经济体系天然具有刺激技术不断进步的趋势，生产力和劳动集约度不断提升的趋势，越来越多的适龄劳动者成为出售劳动力的"自由劳动者"（产业后备军），利润率不断下降的趋势，剩余价值率不断上升的趋势，周期性的经济衰退和危机，劳动者和资本家之间无法回避的阶级斗争，劳动者颠覆资本主义制度的革命热情日益高涨等。

熊彼特：创新、企业家精神和创造性毁灭

1939 年，历经 7 年的深入研究和艰苦写作，熊彼特的皇皇巨著《商业周期》终于问世。书分两卷，长达 1 095 页，相当于 4 部学术专著。熊彼特希望此书能揭开资本主义经济体系的基本规律，尤其是资本主义经济的动态演化和周期性波动。著作副标题是"对资本主义经济过程的理论、历史和统计学研究"。他为这本书呕心沥血，完全

达到玩儿命的程度。他曾经告诉哈佛大学经济系主任："我反复重读、斟酌和修改手稿，仔细核对每个数据和细节，详尽考察每个事实的时代意义，经常连续工作十多个小时，筋疲力尽，头晕目眩，时常晕厥恍惚，几乎是半死状态！"①

举世公认，熊彼特是20世纪最伟大的经济学家之一。1883年，一位伟大思想家（马克思）溘然长逝，两位伟大思想家（凯恩斯和熊彼特）同年诞生。熊彼特年轻时有三个人生梦想，他立志成为世界上最伟大的经济学家、最优秀的马术师和最成功的情人。他为第三个梦想付出了特别惨痛的人生代价，第二个梦想不了了之，却近乎完美地实现了第一个梦想。熊彼特是创新和企业家精神学说的首创者，商业战略思想的首创者，"创造性毁灭"学说的首创者，"资本主义和社会主义趋同理论"的首创者，马克思经济学说的卓越阐释者和著名批判者，经济周期理论和实证研究的开拓者，奥地利学派经济学第三代最杰出代表，经济计量学会和世界经济学会创始人，哈佛大学著名教授，入门弟子包括里昂惕夫、萨缪尔森、詹姆斯·托宾等众多20世纪经济学顶尖大师。1911年（时年28岁）出版《经济发展理论》，百年来始终为该领域重要经典。1942年发表《资本主义、社会主义和民主》，迅即成为全球学术畅销书。1950年去世之后，经夫人伊丽莎白整理出版《经济分析史》，该书一直是经济思想史上最权威的巨著。芝加哥学派巨擘雅各布·维纳盛赞《经济分析史》"是迄今为止对经济思想史最具建设性、最具原创性、最具丰富学识、最辉煌和最伟大的贡献"。

然而，熊彼特内心深处真正的高远理想是揭示资本主义经济制度

---

① Thomas K. McCraw, *Prophet of Innovation: Joseph Schumpeter and Creative Destruction*, The Belknap Press of Harvard University Press, 2007.

的运行规律，揭示人类经济体系的动态演化和波动规律。数百年资本主义经济制度的演变和发展历史波诡云谲、周期动荡，繁荣、疯狂、危机、衰退、萧条、复苏、再繁荣、再疯狂、再危机、再衰退、再萧条、再复苏……循环往复，以至无穷。熊彼特为之吸引，为之沉醉，立志破解“周期波动之谜”。他在《商业周期》序言里写道：“经济周期并非像扁桃体那样，可以与生命机体分离开来，单独处理。相反，经济周期恰像心脏跳动，它不仅不能与生命整体相分离，它本身就是整个生命机体的本质和核心。”《商业周期》详尽分析了第一次工业革命以来，世界资本主义数百年演变发展的历史，重心则是美国、英国和德国，它们是资本主义经济制度的发源地和最成熟样本。

概言之，熊彼特的资本主义动态演化理论和经济周期理论至少包括 10 个基本命题，它们共同构成一种完全不同于西方主流经济学的世界观和方法论，对于我们反思和重建经济学哲理基础具有特殊且重要的意义。

第一，资本主义经济体系本质上是动态、演化、非线性和非均衡体系，是内在不稳定体系。古典和新古典经济学的完美竞争理论模型完全不能用于理解资本主义运行规律。熊彼特说：“任何新产品和新商业模式的创造，都必然摧毁所谓完美市场竞争，创新正是资本主义演化发展的内在动力。”

第二，创造性毁灭是资本主义经济动态演化最显著的特征和最生动的表现。《资本主义、社会主义和民主》首次引入“创造性毁灭”一词来描述资本主义动态过程，它是熊彼特整个经济学说的代名词。他说：“我们应该用生物学术语来描述资本主义的动态演变。新市场的开拓（国内和国际新市场的不断拓展）和企业制度的创新（从手工作坊和家庭工厂一直到美国钢铁公司那样的超级企业），异常生动地揭示了经济结构的内在演变历程，那就是永不停息地自我革命，永不停息地毁灭旧世界，永不停息地创造新世界。那就是创造性毁灭，它是资本主义的本质，是资本主义之所以为资本主义的核心事实，是任何资本主义企业都必须遵守的生存法则！创造性毁灭就是动态进化和新陈代谢。”

第三，企业、企业家和企业家精神是资本主义伟大活剧的绝对主角。熊彼特以倡导企业家和企业家精神闻名世界。纵贯数百年的历史研究，广博深透，理论、历史和统计交相辉映，令人信服地证明，资本主义经济正是创新驱动的经济。创新永无止境，创新无限多样，创新无法预测，创新就是创造一个新世界，毁灭一个旧世界。《商业周期》首先勾勒出资本主义经济体系演化的一般理论架构，主角就是企业、企业家和企业家精神。《商业周期》详尽生动地描述了数之不尽的创业家、创新公司和创业故事，与当今充满深奥数学公式和令人眼花缭乱的数学符号的经济学著作大异其趣。企业、企业家和企业家精神不仅是开启产业、创造财富、塑造历史的真正英雄，而且是重塑民族文化和文明精神的真正力量。总结 19 世纪后期美国的经济发展史，熊彼特如此写道：“从 1865 年到 1901 年，那些入主白宫的美国总统和众多权贵们早已随风而逝，被人们置之脑后。真正改变美国历史的人物，是以安德鲁 · 卡内基、洛克菲勒、J · P · 摩根为代表的杰出企业家。”熊彼特认为，没有企业、企业家和企业家精神的经济理论是难以想象和无法容忍的。

第四，企业家或创新者（entrepreneur or innovator）与资本家或投资者（capitalist or investor）具有本质不同，二者的区分或二者能够分离，是资本主义经济制度的本质特征和最大优势之一。熊彼特说：“对于任何创新而言，企业家可以是，也可以不是投资者。人类迄今为止的所有经济制度里，唯有资本主义经济制度能够让缺乏资金的人成为创业者、创新者和企业家。对于创新和企业家精神而言，重要的不是所有权而是领导能力。”熊彼特认为，古典经济学和马克思经济学对资本主义经济制度的分析有一个共同的致命缺陷，那就是他们没能清楚阐释企业家和创新的极端重要性，没能认识到企业家和创新对于资本主义经济制度的特殊重要性。纵观过去数十年以美国硅谷为代表的风险投资、天使投资和私募资金所创造的惊人奇迹，我们不能不佩服熊彼特的远见卓识和深刻洞察力。

第五，资本主义经济制度的另外一个重要特征是创新和发明之间的本质区别。通过总结第一次工业革命以来数百年的历史经验，熊彼特认为发明家和企业家、发明创造和企业创新是完全不同的两类活动，对于资本主义经济制度而言，发明家的发明创造固然重要，然而企业家的创新活动则远远重要得多。历史上固然有许多伟大企业家同时是发明家，更多的情形则是，发明家的科学技术发明只有通过企业家的创新活动才能转化为巨大生产力和崭新的产业。熊彼特说：“与发明创造相比，将发明创造转化为现实生产活动和现实产业，是一件完全不同的事情。”熊彼特的精辟见解告诉我们，发明专利的多少不是衡量一国创新精神和创新动力的合适指标，甚至可能是错误的指标。

纵观世界历史，尤其是近300年以来人类经济的发展历史，我们会发现一个基本的真理：企业家才是创造历史的真正主角，企业家精神才是左右人类历史进程的真正力量。

没有哪个学者能够给企业家和企业家精神以准确定义。企业家是人类的特殊群体，他们灵感四射、灵动飞扬、激情澎湃、想象丰富、坚毅执着、坚忍不拔。他们具有敢于超越前人、敢于创造一个新世界、毁灭一个旧世界的超人勇气；具有不畏艰险，敢于抛弃一切、赢得一切的钢铁意志和心理素质，具有战略上藐视敌人、战术上重视敌人的坚毅品格；具有超越常人的学习能力和变革能力。企业家的许多品质和素质是天赋异禀，非后天学习可得。

企业家精神包括杰出的领导能力，挑战不确定性和承担风险的决心和意志力，敢于打破常规的惊人创造性，对经济和产业环境变化高度敏感，能够果断改变战略方向和行动策略……其中最主要的是领导能力和领袖魅力。历史上许多伟大的企业家并不是某个领域的杰出发明家和科学家，却能够将科学家和发明家的发明创造转化为崭新的产业和巨大的财富。爱迪生是伟大的发明家，却不是伟大的创新者和企业家。爱迪生自己经营电气公司近乎惨败，几代企业家却将濒临倒闭的爱迪生公司转化为世界上首屈一指的通用电气公司。创新者和企业家也不是坐拥巨额资金和前辈遗产的资本家，他们往往身无分文，白手起家，独自创立一个商业帝国，开创一个全新产业。19 世纪的洛克菲勒、卡内基、摩根等如此，20 世纪和 21 世纪的盖茨、乔布斯、埃里森、杨致远、谷歌创始人、马云、马化腾、李彦宏等现代信息科技产业的佼佼者也是如此。企业家精神所蕴含的杰出领导能力是一种特殊的才能，就像杰出政治家所具备的那种神奇能力一样，他们能够唤醒和激发民众心中的激情和梦想并心甘情愿追随他们共同奋斗，去实现高远理想。乔布斯以残忍、冷酷无情、脾气暴躁、狂妄自大著称，却能够吸引无数世界顶级人才与他朝夕奋斗，秘诀就在于他身上那种超乎寻常的领袖魅力。洛克菲勒毕生沉默寡言、神秘莫测、吹毛求疵、待人严厉，却被誉为所有时代最伟大的企业领袖，这种奇特的能力没有任何理论和学说可以解释。必须承认，在企业家和企业家精神面前，所有的理论和学说都显得那样苍白无力。理解企业家和企业家精神的最佳途径只有两个：一是跟随杰出企业家奋斗不止，一是研究杰出企业家的精彩历史。

过去 30 多年来，中国之所以能够创造世界经济奇迹，最主要的经验就是不断深化改革，激发和鼓励企业家和企业家精神。企业家和企业家精神的成长需要良好的外部环境。完善的产权保障，公正的法治制度，公平的竞争环境，鼓励创新容忍失败的社会氛围，富于想象力的教育体系，是激发企业家创新活力，塑造千千万万优秀企业家的重要前提。

面向未来，我国一切经济制度改革和体制创新，都应该以激发与保护企业家和企业家精神为中心。企业家和企业家精神是一个国家乃至整个人类最宝贵、最稀缺的资源，是最具有能动性和主动性的资源。其他一切经济资源，包括科技、土地、资金、劳力等，都必须依靠企业家来整合和领导，才能够创造出经济奇迹和财富神话。没有企业家的经济体系，必然是停滞不前、衰退僵化的体系；扼杀企业家精神的制度和体制，必然是毁灭财富、制造贫穷的制度和体制；漠视和蔑视企业家精神的社会和民族，必然要深陷贫困和落后的深渊而难以自拔。

卷二

全球金融资本主义的危机

序　章　全球金融资本主义的内在矛盾和全面危机

资本主义是人类最怪异的经济制度，是最正常的经济制度；是最令人兴奋的制度，是最令人沮丧的制度；是最能给人希望的制度，是最能令人绝望的制度；是创造出人类有史以来最丰厚财富的制度，是毁灭人类有史以来最宝贵财富的制度；是让人一夜暴富的制度，是让人一夜暴穷的制度；是让一些人富可敌国的制度，是让一些人一贫如洗的制度；是极端富裕的制度，是极端贫穷的制度；是最符合人性的制度，是最践踏人性的制度；是最道德的制度，是最不道德的制度；是最温情脉脉的制度，是最残酷无情的制度；是最公平的制度，是最不公平的制度；是最终挽救人类的制度，是最终毁灭人类的制度。

自从资本主义经济制度如襁褓婴儿刚刚降生的那一刻起，围绕它的人性和非人性、道德和非道德、公平和非公平、正义和非正义之争，从来就没有一刻停止过。资本主义就好像一列披荆斩棘、飞速前进的财富火车，满载日益膨胀的财富迅猛疾驰的同时，周围却弥漫和飞舞着令人厌恶的丑陋渣滓，人类极度的贪婪和自私、虚荣和虚伪、穷奢极侈和肆意挥霍、对自然环境的蹂躏和毁灭、对公平和正义的公然蔑视和践踏、将一切人类最宝贵的东西都转化为令人厌恶的金钱交换对象，赤裸裸的欺骗、讹诈和掠夺。

长久以来，一方面是对资本主义经济制度永不停息的赞颂和讴歌，无数高才志士矢志不渝地证明资本主义是人类最合理和最完美的经济制度，至少是一切不合理和不完美制度里最合理和最完美的一个，矢志不渝地捍卫着资本主义经济制度和政治制度的合法性和正当性，他们甚至宣布资本主义经济制度和政治制度是人类历史演变的最后结果和最后制度，是“历史的终结”。另一方面，同样是无数志士仁人矢志不渝地证明资本主义经济制度是人类最不合理和最不道德的经济制度，甚至是人类有史以来一切经济制度里最可耻和最糟糕的制度，他们宣称资本主义经济制度只不过是人类历史演变历程里的一个过渡阶段，其内在运行规律决定其必然灭亡。他们决心颠覆资本主义的经济制度和政治制度，并以各种新的制度（社会主义、共产主义乃至无政府主义）取而代之。

围绕资本主义经济制度截然不同甚至水火不容的两派思潮的激烈争论和斗争，是过去数百年人类历史和思想史的主旋律，是无数次革命和反革命、起义和镇压、颠覆和反颠覆、改革和反改革、创新和反创新、政府干预和市场放任、福利主义和自由主义之间反复较量的基本主题，是经济学、政治学和一切社会科学辩论的核心话题，是所有党派政治纲领的总根源。时至今日，当资本主义裹卷全球，形成一个真正的全球金融资本主义经济制度之时，资本主义正反两方的争论和斗争自然上升到新的全球层面，它将最终决定人类的命运和前途。

围绕资本主义经济制度永无休止和千变万化的争论乃至激烈的斗争里，收入差距和贫富分化又是最激烈、最复杂、最容易引发剧烈情感冲突乃至暴力斗争的第一问题。概言之，有关资本主义经济体系的收入差距和贫富分化可以简单划分为两派。一派认为收入差距和贫富分化是资本主义市场竞争的必然产物，是资本主义私有产权制度的必然产物，是创新和企业家精神的必然产物，符合正义和效率的基本要求，如果政府采取高额税收政策来遏制收入差距和贫富分化，则必然遏制企业家精神和创新活力，必然沉重打击资本主义市场竞争的效率，最终伤及整个社会经济体系。

与之截然对立的一派则认为，收入差距和贫富分化是资本家和一小撮人利用其占有资本的特权、利用经济制度的漏洞、利用各种欺骗手段、创造和利用各种寻租的机会，所获得的不义之财或非法收入。他们坚信，收入差距和贫富分化是资本主义经济制度的内在缺陷所导致的，不仅违背基本的社会正义和公平原则，而且伤及经济体系的效率。为从根本上解决收入差距和贫富分化问题，又有极端派和温和派两种策略。极端派主张根本颠覆资本主义经济制度，消灭私有制，消灭市场竞争，实行完全的公有制和计划经济；温和派则主张政府对富人或高收入人群征收高额税收，实施大规模的收入和财富转移。

还有许多观点位于两个极端之间。认为收入差距和贫富分化既有正面效果也有负面效果，某些形态的收入差距和贫富分化确实源自资本家和创业家的创业、创新和辛勤努力，另外一些形态的收入差距和贫富分化确实是来自极少数人利用政治和经济制度的缺陷、官商勾结和权力寻租。持此类比较“中庸”立场的人，认为应该区分情况，实施差别政策。企业家和资本家的创新精神和创业壮举应该给予最大的鼓励，权力寻租和官商勾结则应该坚决打击和遏制，同时还需要不断完善税收制度，防止收入差距和贫富分化达到威胁社会稳定、伤害经济效率的程度。

2008 年的金融危机是全球金融资本主义时代第一次真正的全球性危机，它迅速演变为全球金融资本主义体系的全面危机，再一次淋漓尽致地揭示了资本主义经济制度的内在矛盾和根本缺陷。金融危机、经济危机、政治危机、思想危机和社会危机层层递进，相互交织，相互强化。

全球制造中心和货币金融中心的背离，虚拟经济和实体经济的背离，金融资本和虚拟经济的过度膨胀，金融投机的肆意泛滥，是全球金融危机的总根源。

虚拟经济的过度膨胀，金融投机的肆意泛滥，导致全球性的收入差距和贫富分化日益严重，是经济危机、衰退和低速增长的总根源；国际货币体系崩溃、浮动汇率肆虐、国际金融急剧动荡，则是虚拟经济过度膨胀的导火索和催化剂；财富理念异化，过度追逐市值和身家等虚拟财富，是虚拟经济和虚拟资本快速积累的总根源；玩儿命追逐财富和金钱的全球“老鼠赛”，则是导致生态环境全面恶化、贫富分化和人文社会危机的总根源。

第一章　金融危机

2008 年金融海啸首先是一个全球范围的金融危机，是全球金融体系第一次真正意义上的大海啸、大地震和大危机。虽然金融海啸的中心是美国华尔街，导火线却是由一家法国银行在一年之前点燃的。2007 年夏天，法国巴黎银行（BNP Paribas）宣布中止一家投资基金的赎回请求，原因是该投资基金因为投资美国次级贷款抵押债券而蒙受巨额损失。2007 年 8 月 9 日，这家法国重要银行首次披露自己由于投资美国业已开始大规模违约的次级贷款抵押债券而蒙受了巨额损失。当天晚些时候，欧洲中央银行被迫向欧元区银行体系注入大规模流动性，以防止欧元区银行体系出现大规模流动性危机和挤兑。两天之后的 8 月 10 日，欧央行、美联储以及日本、澳大利亚和加拿大央行首次联合行动，向全球金融体系大规模输血，以防止次贷危机引发全球金融体系尤其是银行体系的崩溃。全球主要央行集体出手，充分显示出全球金融体系面临极其严峻和紧迫的全面崩溃风险。

一石激起千层浪。美国次级贷款抵押证券的耀眼泡沫终于被刺破。从挪威的乡村绅士到香港的贩夫走卒，从阿布扎比主权投资基金到新加坡淡马锡，再到欧美数之不尽的投资银行、商业银行、保险公司和各类基金，无不因为次级贷款抵押证券及其衍生金融工具的价格崩溃而心惊肉跳，无数投资者和机构损失惨重。2007 年次级贷款危机爆发之后，美联储、欧央行和其他各国央行迅速采取措施，暂时稳住局面，以至于 2008 年春夏之际，许多国家领导人和金融大亨皆高声宣布危机已经过去。

然而谁也没有想到，最猛烈的飓风和海啸即将袭来。2008 年 9 月初，早已手忙脚乱的美国财政部和金融监管部门匆忙宣布将房地美和房利美置于美国联邦住宅金融管理局的直接管控之下。房地美和房利美是美国房地产市场的中流砥柱，占美国住房抵押债券将近一半的市场份额。将房地美和房利美置于政府直接控制之下，人们原本以为这个举措将终结次贷危机，危机从此将会大幅缓解。

然而，事情总是出人意料。仅仅过了两个星期，2008 年 9 月 15 日，华尔街第五大投资银行雷曼兄弟公司宣布破产，成为美国历史上最大规模的公司破产。华尔街遭遇 1929 年以来最恐怖的灭顶之灾。雄踞全球的保险巨头 AIG（美国国际集团）资不抵债，濒临破产。考虑到 AIG 破产将触发世界性金融灾难，美国政府立刻决定收购 AIG 高达 80% 的股份。与此同时，美国最大的储蓄贷款机构华盛顿互惠银行宣布破产，美国储蓄监管局被迫紧急接盘，迅速安排摩根大通收购华盛顿互惠银行。全球瞩目的投行巨头美林证券深陷危机，不得不低价贱卖给美国银行。

危机迅速蔓延，华尔街人人自危，几乎每家金融机构都随时有可能堕入破产倒闭的深渊。情急之下，美国政府将华尔街仅存的两家投资银行——高盛集团和摩根士丹利——强制转变为银行控股公司，由美联储直接监管。一个月之后，国会授权美国财政部创立一个庞大的危机救助基金，强制要求美国最大的九家金融企业（包括高盛和大摩）向政府出售股权。恰如一位美国学者所感慨的那样："仅仅一个月时间，以理念保守、信仰虔诚、坚决捍卫市场自由和金融自由著称的美国小布什政府，竟然对美国金融机构实施如此严厉和规模庞大的政府管制，恐怕连百年前的列宁做梦也不会想到。"①

金融危机有内在的逻辑次序，国内和国际货币金融体系崩溃、金融机构大面积破产和倒闭是第一步。1929~1933 年爆发的金融危机和大萧条，首先也是国际货币体系的崩溃和国际金融体系的解体，紧接着是世界范围的大规模银行破产，银行破产导致信用萎缩，随后快速演变为实体经济的大萧条。20 世纪 80 年代初的拉美债务危机、1997 年的亚洲金融危机等，首先都是金融体系和货币体系的危机，很快就蔓延到实体经济体系，酿成实体经济的衰退和萧条，各国皆为此付出巨额成本。②

与以往历次金融危机相比，2008 年的全球金融海啸传播速度更快，波及范围更广，损失规模更大。③从次贷危机爆发到雷曼兄弟公司破产，短短一年时间，全球股市市值蒸发掉 16 万亿美元。这仅仅是巨大损失的开端。2008 年 9 月 15 日雷曼兄弟破产，全球股市应声暴跌，股灾瞬间席卷全球。数周时间里，全球 35 万亿美元股票市值

① Gerald F, Davis: *Managed by the Markets: How Finance Re-shaped America*.

② 马丁 · 沃尔夫详尽总结了金融危机给各国造成的巨大损失，见 Martin Wolf, *Fixing Global Finance*, The John Hopkins University Press, 2008。

③ 参见美国前财长保尔森和联储主席格林斯潘的相关分析，见 Alan Greenspan, "Never Saw It Coming: Why the Financial Crisis Took Economists by Surprise," *Foreign Affairs*, November/December 2013; Henry M. Paulson, Jr., *On the Brink: Inside the Race to Stop the Collapse of the Global Financial System*, Business Plus, 2010。

灰飞烟灭，超过全球全部股票市值一半。与此同时，各国房地产价值堕下悬崖，损失惨重，仅美国损失就高达 7 万亿美元。2008 年金融海啸数月内，上市公司、非上市公司和其他商业机构的股权资本损失总额接近 50 万亿美元，相当 2008 年全球国内生产总值的 80%！随后的经济衰退、萧条、低速增长和失业的损失，则无法准确估计。[①]

金融资本主义的大危机

2008 年金融海啸显示出几个史无前例的重要特征，它们正是新时代全球金融体系的重要标志，也是全球金融资本主义的重要标志。2008 年金融海啸，本质上就是全球金融资本主义体系的大危机。

首先是全球短期信用供给几乎瞬间陷入停顿。雷曼兄弟公司破产之后几小时内，全球货币市场共同基金就遭遇前所未有的挤兑。之前，市场人士曾经普遍相信货币市场共同基金几乎是毫无风险的金融产品，全球范围内的疯狂挤兑完全出乎想象。货币市场的疯狂挤兑几乎让全球商业活动全面陷入停顿。[②]紧接着是全球贸易融资和商业票据市场陷入停顿，美联储不得不紧急出手缓解票据市场的挤兑和萎缩。就连正常时期从来没有风险的抵押债券回购市场也深陷危机。随

---

① 参见美国前财长保尔森和美联储主席格林斯潘的相关分析，见 Alan Greenspan, "Never Saw It Coming: Why the Financial Crisis Took Economists by Surprise," *Foreign Affairs*, November/December 2013; Henry M. Paulson, Jr., *On the Brink: Inside the Race to Stop the Collapse of the Global Financial System*, Business Plus, 2010。

② 2008 年 9 月 23 日，雷曼兄弟破产一周之后，美国财长保尔森向众议院议长佩洛西单腿下跪的一幕，曾经震惊世界。当时正是因为美国货币市场几乎完全停摆，美国商业活动几乎全面崩盘的危机时刻。保尔森乞求国会以最快速度批准危机救助方案，以避免货币市场和商业活动完全崩溃。

着危机导致人们对各种抵押物价值（债券和股票）产生严重怀疑，抵押回购市场也开始出现大规模违约，交易量大幅度萎缩。

信用市场的违约和萎缩必然传导到实体经济领域，所有实体经济活动，从个人消费、企业投资到国际贸易，均陷入了前所未有的负增长，尤其是全球贸易融资的萎缩，严重打击了国际贸易。国际贸易的急剧萎缩，立刻波及全球航运业、物流业和制造业。金融危机的内在逻辑再次展示它的残酷无情和巨大威力。面对金融海啸的巨大破坏力，世界上最强大的经济体和最具威力的中央银行和财政部都只能望洋兴叹。2008 年金融海啸期间，全球短期信用市场（货币市场、短期贸易融资、票据融资、抵押回购市场）濒临崩溃，是一个令人惊异的事实，一方面显示出全球货币信用市场的高度整合，一方面显示出全球货币市场的高度脆弱和不稳定性，尤其是当人们的风险偏好急剧转变之时，原先看似无风险的资产和合约可以瞬间转变为具有高度风险的产品和合约。①高度整合同时又高度不稳定的全球短期货币信用市场，是全球新金融体系的重要特征。

影子银行是引爆危机的定时炸弹

影子银行的快速崛起，是全球新金融体系的第二个重要特征，也是引爆 2008 年全球金融海啸的主要定时炸弹。②影子银行从来没有一个准确一致的定义。一般而言，影子银行包括如下金融活动：投资

① 格林斯潘正确地指出：流动性是风险偏好状态的函数，一旦风险偏好急剧上升，流动性就会烟消云散。

② 早在 2003 年，股神巴菲特就曾经警告：债务违约掉期将是摧毁全球金融体系的定时炸弹。债务违约掉期的发明和大规模交易，正是影子银行发展的重要环节。

银行业务、对冲基金、货币市场基金、结构性投资工具（SIV）以及其他游离于监管之外的融资活动。换言之，影子银行业务几乎囊括了商业银行业务之外的一切金融活动。[①]过去数十年发展起来的最新金融工具，包括衍生金融产品、所谓组合型抵押债券产品（synthetic collateralized debt obligations）和债务违约掉期，皆成为影子银行业务的宠儿。对于商业银行而言，影子银行业务又被称为表外业务。出于追逐高额利润和逃避监管约束的基本动机，商业银行大规模扩张表外业务。通过所谓结构性投资工具等手段，商业银行得以将大量高风险资产和负债转到表外，从而使表内业务看起来异常健康，资本充足率和各种监管指标异常漂亮。

影子银行业务的急剧扩张，是一个全球现象，成为过去数十年来全球新金融时代的主要标志。

根据二十国集团下属国际金融稳定局（FSB）发布的 2013 年统计报告，全球影子银行业务规模从 2002 年的 26 万亿美元，急速扩张到 2007 年的 62 万亿美元。令人不安的是，虽然 2008 年金融海啸之后影子银行业务有所下降，到 2011 年，却迅速恢复增长到 67 万亿美元，2013 年剧增到超过 73 万亿美元。2002~2011 年，影子银行业务规模始终占全部金融中介资产的 23%~27%，占据商业银行资产的半壁江山以上。某种程度上，影子银行甚至已经成为全球金融体系最重要的成员。2011 年，美国影子银行资产高达 23 万亿美元，雄踞各国非银行信用资产之首。

一个基本的问题浮现出来：为什么过去数十年来（尤其是 1980 年之后）影子银行业务会异军突起，成为全球金融最具活力也是最具

① 此处的商业银行业务是指接受监管指引、存款保险和中央银行资金支持的传统业务。

破坏力的力量？金融危机之后，全球宏观审慎监管的核心其实就是强化对影子银行业务的监管，尤其是美国的《多德–弗兰克法案》和著名的“沃尔克法则”，关键条款就是限制或禁止商业银行涉足影子银行业务、禁止商业银行以客户资金从事自营金融交易、提升资本充足率等。其背后的逻辑基础就是因为影子银行业务的泛滥和急剧扩张，最终酿成了全球金融海啸。那么，影子银行业务为什么会突然开始急剧扩张，并且迅速泛滥全球？

金融自由化催生金融新时代

一个基本的解释是监管格局的改变或监管的放松，刺激商业银行和金融机构大规模从事监管套利。某项监管的强化必然会刺激新的业务诞生。利率管制与所有价格管制一样，必然会造成交易费用上升和资源配置扭曲，人们总会寻找其他途径来规避利率管制。按下葫芦浮起瓢。管制右边，左边出问题；管制银行业务，影子银行业务出问题；管制表内业务，表外业务出问题。

譬如，诺奖得主罗伯特 · 卢卡斯就认为，当年（直到 20 世纪 90 年代才终止）美国管制利率的Q条例（即控制存款利率上限），刺激老百姓将储蓄资金从银行体系转移到非银行金融体系或影子银行体系，是造成美国过去 40 多年来金融危机频繁爆发的重要原因甚至是主要原因。商业银行和金融机构的赢利动机无论如何都无法遏制。对商业银行利率的管制会刺激金融体系的脱媒化趋势，新型金融机构或金融业务应运而生。利率管制的放松或取消，更会刺激新型金融业务的勃然兴起。

监管套利刺激影子银行业务勃然兴起的最佳案例应该是《巴塞尔

协议I》和《巴塞尔协议II》。巴塞尔协议究竟是有助于全球金融稳定还是有害于全球金融稳定，一直是备受争议的重要话题。2008年金融海啸之后，二十国集团授权国际银行监管委员会（包括金融稳定局和巴塞尔委员会）全力推进以《巴塞尔协议III》为核心的全球宏观审慎监管，许多人却提出强有力的反对意见，矛头直指《巴塞尔协议I》和《巴塞尔协议II》，认为该协议不仅没有强化全球金融体系的稳定，反而刺激影子银行业务的勃兴，加剧全球金融不稳定性，甚至直接导致金融危机的频繁爆发。①

金融监管格局的变迁或许是刺激影子银行业务勃兴的重要力量，然而，刺激影子银行业务勃兴的最重要力量应该是20世纪70年代之后的美元本位制和浮动汇率体系所刺激的全球流动性泛滥，以及20世纪80年代之后席卷全球的金融自由化浪潮。全球流动性泛滥必然导致资产价格泡沫和金融危机，任何金融危机的本质都是资产价格泡沫的破灭。

低利率刺激资产价格泡沫

2008年的金融海啸是全球范围内的资产价格泡沫破灭引发的重大危机。事实上，2008年金融海啸正是全球频繁出现的资产价格泡沫的一个巅峰。过去40年来，全球金融体系反复出现资产价格泡沫和泡沫破灭引发的金融危机，②2008年金融海啸只是一连串金融资产

---

① Alan Meltzer, *A History of Federal Reserve*, Volume II: Book II, 1970–1986, The University of Chicago Press, 2009.

② 向松祚、邵智宾编著，《伯南克的货币理论和政策哲学》，北京大学出版社，2007年。

泡沫的登峰造极之作。为什么资产价格泡沫和金融危机会反复发生？这是理解全球货币金融体系运行机制和金融危机根源的关键。

首先需要解释20世纪70年代尤其是80年代之后，全球出现的长期低利率或负利率现象。凡是低利率尤其是真实负利率，就必然导致资产价格泡沫，这是金融学发现的一个基本规律。

理论上的推导非常简单。真实利率很低往往意味着整个社会经济体系的贴现率很低，或者说，真实利率水平很低会影响社会经济体系的贴现率。假设未来预期收益或收入流一定，经济体系的贴现率越低，投资和资产的现值（或价格）就越高。历史上，低利率或负利率导致资产价格泡沫的案例比比皆是。20世纪20年代华尔街股市疯狂并最终导致1929年崩盘和20世纪30年代大萧条的关键原因之一，是美联储（也就是当时主导整个联储政策的纽约联储主席斯特朗）为配合英格兰银行恢复金本位制，刻意压低美国金融市场的利率水平。2007年次贷危机和2008年金融海啸的关键诱因，是2000年互联网泡沫破灭之后，格林斯潘领导的美联储长期实施低利率的货币政策。①

虽然个别国家和个别时期的低利率或负利率现象并不难解释，但是全球性和长时期的低利率却是新现象。关于20世纪80年代之后的全球性低利率现象（即长期真实利率很低或持续下降），有如下几个解释或假说。

第一，新兴市场国家的储蓄过度或全球储蓄过度假说。该假说的

① 尽管许多人都强调2000年之后美联储的低利率货币政策是导致美国房地产价格泡沫、次贷危机和金融海啸的关键原因，格林斯潘本人却一直没有坦率承认，他将全球低利率的原因归结为新兴市场国家的过度储蓄。我们下面马上就会谈到格林斯潘和伯南克的全球储蓄过度假说。

首创者是格林斯潘和伯南克，追随者很多。

第二，金融资产过度需求或货币市场过度供给假说。金融资产的过度需求，会推高金融资产价格，降低金融资产收益率或一般利率水平。譬如，假如国债需求旺盛，必然推高国债价格，降低国债收益率，从而影响市场一般利率水平。依照一般均衡基本原理，金融资产过度需求，必然是其他市场存在过度供给，一般而言，主要是货币市场存在过度供给。

第三，真实投资收益率和预期通胀率同时下降假说。均衡状态下，市场真实利率水平必然等于真实投资收益率，名义利率则等于真实利率+预期通胀率。全球长期利率降低，不仅表现为长期真实利率持续降低，而且也表现为长期名义利率持续降低。①要解释名义利率持续下降，就需要同时解释真实利率和预期通胀率的持续下降。

先说第一个假说。格林斯潘和伯南克均认为，全球资产价格泡沫的原因是全球长期低利率，全球长期低利率的推动力量则是地缘经济力量的兴起和变迁。20 世纪 70 年代后期，中国率先开启改革开放，加入全球市场竞争；印度全力推动市场经济改革；紧接着柏林墙倒塌、苏联解体、东欧剧变，十多个新国家转向市场经济。不到 20 年的时间里，数以十亿计的劳动力加入全球竞争，创造出巨大的财富。然而，新兴市场国家的人民却不能消费如此巨大的财富，他们被迫大量储蓄，从而形成全球范围内的储蓄过剩。譬如，2000~2007 年，新

---

① 一般而言，决定资产价格的，应该是真实利率。真实利率为负，必然出现资产价格快速上涨或泡沫。如果名义利率很低，预期通胀率同样很低甚至通缩，真实利率为正或者很高，资产价格必然萎靡。发达国家实行量化宽松之后，真实利率已经非常低。虽然通胀率很低或者有通缩现象，名义利率却同样非常低。这就是为什么美国股市持续上涨，英国 2013 年房价涨幅非常高。

兴市场国家真实国内生产总值增速几乎是发达国家的两倍。根据国际货币基金组织的统计，截至 2005 年，全球至少有高达 8 亿劳动力从事出口导向型行业。发展中国家的储蓄率（储蓄额与名义国内生产总值之比）从 1999 年的 23% 急升到 2007 年的 33%，远远高于发展中国家的投资率。与此同时，发达国家投资机会却日益锐减，难以吸纳新兴市场国家的庞大储蓄，结果就是全球范围内的储蓄过剩和全球范围内长期利率的快速下降（尤其是 2000~2005 年下降最快）。

格林斯潘认为，不管是新兴市场国家储蓄过剩还是发达国家的投资机会减少，结果都是一样，那就是全球范围内的长期真实利率持续下降。到 2006 年，发达国家和主要新兴市场国家的长期利率水平均下降到个位数。长期利率下降必然意味着所有证券资产的风险溢价急剧下降，意味着不动产的贴现率急剧下降，结果自然就是全球范围内的资产价格急剧飙涨，尤其是房地产价格普遍出现持续上涨。1997~2007 年，几乎所有发达国家的房地产价格均出现持续上涨，只有日本、德国和瑞士例外（理由各不相同）。

资产价格一旦形成泡沫，最终必然破灭，并诱发严重的金融危机和经济危机。①格林斯潘的逻辑似乎无懈可击。伯南克也提出了类似的假说，即所谓“全球储蓄过剩假说”或“新兴市场国家储蓄过度假说”以解释全球经济失衡、美国经常账户逆差和全球金融危机。

格林斯潘和伯南克的“储蓄过度假说”有很多追随者和信奉者。然而，我认为该假说从基础上是错的。首先，从逻辑上看，储蓄过度或储蓄率高并不一定导致真实利率下降或真实利率低水平。储蓄不足

① 资产价格泡沫破灭并不一定导致金融危机。经典的例子是 1987 年 10 月 19 日美国股市一天暴跌超过 1 000 点，对实体经济的影响却相当有限。然而，绝大多数情况下，资产价格泡沫破灭都会触发金融危机和经济危机。

或储蓄率低并不一定导致真实利率上升或真实利率高水平。历史上，凡是经历工业化过程的国家，初期均出现高储蓄或储蓄率快速增长的阶段，与此同时，工业化初期的真实利率均维持高水平或上涨势头。

其次，新兴市场国家储蓄过度首先应该导致新兴市场国家真实利率持续下降，而不是发达国家真实利率持续下降。然而，格林斯潘所描述的时期内，新兴市场国家并没有出现普遍的真实利率长期下降趋势，许多国家真实利率仍然维持了很高的水平。

最后，新兴市场国家过度储蓄导致全球长期真实利率持续下降的机制是什么呢？格林斯潘和伯南克都没有解释。一个基本渠道是新兴市场国家将过度储蓄投资于发达国家的金融资产，尤其是投资于债券市场。确实，许多研究者都指出，过去30多年来的第二次全球化时代里，全球资金总体是从贫穷国家流向富裕国家，从新兴市场国家流向发达国家。然而，新兴市场国家对发达国家债券或金融资产的过度需求，究竟是源自过度储蓄还是源自发达国家货币市场的过度供给？

我以为主要不是源自新兴市场国家的过度储蓄，而是源自发达国家货币和金融资产的过度供给。金融资产过度供给假说能够很好地解释20世纪80年代以来全球反复频繁爆发的资产价格泡沫及泡沫破灭所引发的金融危机。

根据一般均衡原理的瓦尔拉斯定律，经济体系所有市场的供给总和必定等于需求总和。某个市场的过度供给必然导致另外一个市场的过度需求。我们可以方便地将经济体系分为三大市场体系：货币市场、金融资产市场和商品及服务市场（实体经济）。当金融资产市场不存在或不够发达时，如果货币市场出现过度供给，譬如中央银行滥发货币、中央银行为财政赤字融资，或者中央银行将政府债务货币化，[①]则商品和服务市场必然出现过度需求，也就是通常所说的通货膨胀，即过多的货币追逐相对少的商品。

如果金融资产市场非常发达，货币的过度供给则不一定导致通货膨胀，而是导致金融资产市场的过度需求，也就是资产价格的暴涨甚至是资产价格泡沫。2009 年美联储和其他发达国家中央银行实施量化宽松货币政策，是典型的货币过度供给，却没有导致通货膨胀，反而出现严重的通货紧缩（以欧元区为极端典型），成为当代国际经济体系一个难解的谜。其实，瓦尔拉斯定律能够很好地解释量化宽松为什么没有导致通货膨胀。虽然发达经济体没有出现通货膨胀，却出现金融资产价格的快速上升，资产价格泡沫的风险再度引发人们的普遍忧虑。[②]

将瓦尔拉斯定律扩充到全球金融资本主义体系，我们能够很好地解释全球经济失衡。全球经济体系的基本格局是：发达国家（以美国为首）是全球储备货币（基础货币）和全球性金融资产的主要供给者，新兴市场国家（以中国为首）则是全球制造产品和基础原材料的主要供应者。从全球经济体系看，发达国家的货币过度供给必然导致全球市场对金融资产的过度需求，或者对商品市场的过度需求，或者

① 金本位制、银本位制、复本位制时代，黄金或白银大发现是货币过度供给的主要渠道。历史上黄金或白银大发现往往导致通货膨胀。通货膨胀就是货币的过度供给或商品和服务市场的过度需求。

② 仅以 2013 年为例，当年美国道琼斯指数年涨幅 27%，标普 30%，日经指数 57%，德国 DAX 指数 25%，法国 18%，西班牙 21%，是数十年来最快年度股市涨幅。美国股市平均市盈率（以标准普尔计算）达 24.5 倍，历史平均水平是 16.5 倍。包括 2013 年诺奖得主、耶鲁大学教授罗伯特 · 席勒在内的许多人开始公开谈论美国股市泡沫。2011 年以来，英国伦敦房地产价格平均涨幅超过 30%，到 2014 年，英国和全球经济界开始对英国资产价格泡沫表示严重关切。

二者同时存在。与此同时，如果全球市场出现金融资产的过度供给，必然反映为全球市场对货币的过度需求。

换言之，全球经济金融的结构性失衡（货币金融中心和制造业中心的背离）才是资产价格泡沫和金融危机的总根源。

全球单一金融市场的福与祸

概言之，经过数十年的演变，支撑世界经济体系的货币体系和金融体系早就变得更加国际化和一体化了。很大程度上，当今世界已经形成了一个全球性的单一金融市场或金融体系。正是高度整合的全球金融体系或金融市场，才造成2007年原本以为很快就要结束的次贷危机，迅速演变和蔓延为2008年的金融海啸和随后的全球性经济衰退。

全球单一金融市场或金融体系，是过去40年来人类经济历史出现的新事物。如果我们真要确定一个第二次全球化时代的起点，那么这个起点就是1971年布雷顿森林体系的崩溃和紧随其后浮动汇率时代的来临。至少我们可以说，全球金融体系一体化源自固定汇率体系的崩溃和浮动汇率时代的来临。①

固定汇率时代，各国皆实施严格的资本管制，跨国资本流动仅限于贸易顺差逆差或经常账户顺差逆差所引起的国际支付，以及规模极其有限的跨国投资和银行贷款。布雷顿森林体系时代，实际上并不存

① 许多学者开始系统研究过去40年来全球金融的快速增长，尤其是英语国家金融资产和金融业的快速增长。他们将金融资产和金融业快速增长的起点均确定为1980年。选择1980年主要是自那一年起，各种数据才开始统计，实际上，全球金融大规模开放和全球金融一体化源自固定汇率体系的崩溃。

在一个国际金融市场，只有各国高度管制的国内金融市场。没有国际外汇市场、国际债券市场、国际衍生金融市场、国际股票市场等，这些新事物，只有当浮动汇率开始主导国际货币体系之后，才成为可能。浮动汇率时代的开启，恰如打开的潘多拉盒子，各种金融“魔法”和“魔鬼”层出不穷，不断涌现出来，在极短的时间里，造就了一个全球性的金融市场体系。

虽然浮动汇率开启了全球金融市场“奇妙而勇敢”的新世界，但是全球金融市场的基础条件却恰好是固定汇率时代所准备和完成的。随着欧洲和日本经济奇迹般地复苏，欧洲各国（尤其是德国）和日本开始累积庞大的贸易和经常账户顺差，美国相应地开始累积日益庞大的贸易和经常账户赤字。美国黄金储备开始加速流失。战后初期，美国拥有全球近 80% 的货币化黄金储备，估计总额超过 9 亿盎司。朝鲜战争、艾森豪威尔时代的军事工业扩张、肯尼迪和约翰逊时代的伟大社会工程、越南战争泥潭等，让美国财政赤字不断增长，美联储不断为财政赤字融资，通胀压力日益加剧。贸易赤字、财政赤字、通货膨胀、债台高筑，成为 20 世纪 60 年代后期和 20 世纪 70 年代美国面临的主要经济难题。美国黄金储备急剧减少，布雷顿森林体系的核心支柱开始动摇，大厦将倾，危机四伏。到 60 年代后期，美国黄金储备已经下降到不足 3 亿盎司，绝大多数都流到欧洲各国。美元贬值压力、马克和日元升值压力与日俱增。换言之，从 20 世纪 60 年代开始，国际货币体系的不均衡、不稳定和不协调状态日益凸显，固定汇率体系摇摇欲坠。黑市黄金价格急速飙涨。假如当时没有布雷顿森林体系游戏规则的约束，货币买卖或汇率投机炒翻了天。只是因为有固定汇率游戏规则的约束，才限制了国际炒家和投资者的套利动机和套利行为。一旦固定汇率崩溃，各国货币汇率之间的套利机会就应运而生。实际上，全球金融市场或者说全球单一金融市场的形成，恰好就是源自浮动汇率时代的货币投机和汇率套利。

1973 年史密斯协议破产时，全球外汇市场每日交易量还不过 100 亿~200 亿美元，1986 年猛增到每日 2 070 亿美元，1989 年达到 6 200 亿美元，1992 年达到 8 800 亿美元，1995 年突破 1.1 万亿美元，2000 年突破 3 万亿美元，2008 年超过 4 万亿美元，如今高达近 5 万亿美元。全球外汇市场初期的主要工具是套期保值和无风险套利，随即发展到各种复杂的远期外汇合约和期货交易，后来更与各种利率互换、债券合约纠缠到一起，发展出许许多多的所谓结构性外汇金融产品。外行人根本不知道何为结构性金融产品。金融套利的利差空间也从最初的 1% 以上迅速缩小到万分之一甚至更低。

全球金融家公认外汇市场是最先实现全球一体化的金融市场。固定汇率崩溃不仅立刻创造出层出不穷的套利机会，而且各国货币汇率的动荡不安迫使贸易商大规模利用外汇市场进行套期保值和规避风险。很快，外汇市场的主力军就不再是具有真实贸易需求的贸易商，而是纯粹为了无风险套利的投机客。

更重要的是，浮动汇率时代的来临恰好和个人电脑时代的来临相契合。个人电脑发明自 20 世纪 70 年代中期，到了 20 世纪 80 年代，个人电脑开始风靡全球，运算能力快速增强，对外汇市场的套利者而言，威力无穷的个人电脑让他们如虎添翼。他们可以瞬间计算出各种套利机会的盈亏，再复杂的金融工具和结构性金融产品都不在话下。个人电脑再加上全球通信网络的不断更新换代，让全球外汇市场史无前例地实现了无缝衔接。从伦敦、纽约、东京、香港、新加坡、法兰克福，不同时区的外汇买卖此落彼起，外汇投机商可以 24 小时从事交易。这的确是一个全球货币市场的勇敢新世界。

全球统一外汇市场的形成，不仅为全球单一金融市场的形成奠定基础，而且完全颠覆传统的汇率理论、利率理论和投资理论，并且从根本上开始改变人们的财富观念。

浮动汇率时代，经典的汇率购买力平价理论不再成立。尽管每天都还有学者努力用购买力平价理论来预测各国货币汇率的波动，试图将汇率的波动与实体经济的变化联系起来，实际分析和预测结果却非常糟糕。无论是预测汇率的波动趋势，还是分析汇率波动的背后原因，经典的购买力平价理论可以说完全不适用或完全不相干。

过去数十年的经验表明，购买力平价理论再也无法成为一个有效的汇率理论了。经典的利率平价利率同样面临挑战，或者压根儿就不成立了。全球外汇市场变成一个主要受市场投机者预期左右的市场，受国际资金流向左右的市场，受投机者心态和跟风牛群行为影响的市场。没有任何实体经济的变化能够解释 1985~1990 年、1990~1995 年、1995~1999 年美元和日元汇率的变动，没有任何实体经济变动能够解释欧元诞生之后，与美元汇率反复的大起大落，从最初的 1 : 1 跌到 0.8，随后一直升值超过 1.6，随即又贬值到 1.2 以下。2008 年全球金融危机和 2010 年欧洲主权债务危机之后，美元和欧元汇率的波动，都是完全与实体经济表现脱节的。

浮动汇率刺激全球流动性无限扩张

经过深入分析，我们发现，国际外汇市场同样为全球债券市场的形成创造了条件，甚至为全球股权市场的形成创造了条件。这个最核心的条件，就是全球流动性的急剧扩张。[①]本质上，浮动汇率体系是全球基础货币和流动性近乎无限扩张的一个内在机制。道理其实很简单，没有哪个国家能够承受所谓完全自由浮动汇率。[②]汇率作为一个牵一发而动全身的价格，影响着经济体系的每个层面。汇率是一个风险变量，一个预期变量，一个决策变量。如果汇率每天波动剧烈，企业家和个人投资者将手足无措，无法决策。因此，每个国家的货币当局都必须尽力维持本国货币汇率的相对稳定，防止异常剧烈的波动，即使是金融市场非常发达和外汇避险工具非常丰富的国家和地区，譬如日本，也不能完全放任汇率自由波动。美国是唯一的例外，由于其他国家的货币汇率均与美元挂钩，所以美国可以不管汇率。它要求其他国家货币汇率升值、与美元脱钩和浮动，那是另一回事。

既然各国需要维持货币汇率的相对稳定，就需要入市进行外汇市场干预。由于世界绝大多数国家货币汇率皆以美元为对手货币挂钩，各国入市干预汇率的措施，自然就是买卖美元，自然就需要不断累积美元储备。所以固定汇率体系崩溃之后，全球中央银行美元储备几乎呈直线上升。以日本为例，自20世纪70年代以来，日本累积的庞大美元储备，贸易顺差的贡献不到30%，超过70%的美元储备都是来自日本央行为防止日元急剧快速升值而入市购买美元抛售日元的结果。

由此观之，全球浮动汇率体系和外汇市场的形成，正是全球债券市场的前提和基础。虽然全球债券市场的形成至少部分源自全球实体经济的发展，尤其是新兴市场国家到发达国家以债券方式筹资，或者发达国家金融机构和企业利用国际金融市场的利率差距，到海外便宜

① 笔者最先指出，浮动汇率体系本身就是一个全球流动性近乎无限扩张的机制。

② 蒙代尔和弗里德曼的著名论战，蒙代尔完胜弗里德曼。

的资金市场去发行债券筹集资金，然后运用到本国经济。然而，我们必须注意到一个基本事实，那就是国际性债券市场基本全部都以美元计价和交易，那么用于购买国际债券的美元是从何产生的呢？如果是美国政府和企业或个人购买外国政府、企业或个人发行的美元债券，美元的来源自然不是问题。然而，世界其他国家购买以美元计价和发行的债券，则需要事先获得美元。获得美元的途径原则上有三个：一是对美国产生贸易顺差，二是市场上购买美元，三是从美国借贷美元。贸易顺差毫无疑问是重要来源，却不是主要来源。向美国借款也不是主要源泉。主要来源是全球外汇市场通过美国金融机构所创造和累积的美元储备。

更为重要的是，全球债券市场的一体化主要表现为美国国债市场的全球化。1983 年，美国国债的海外购买额只有 500 亿美元，1993 年达到 5 000 亿美元，目前已经接近 6 万亿美元。除国债之外，美国地方政府、国有企业（譬如房地美和房利美）和公司还发行了大量债券。从这个意义上说，美国是推动全球债券市场最重要的力量。

当然，债券市场全球一体化还有其他重要推动力量。首先是纯粹美元本位制和浮动汇率体系让全球流动性日益宽松，为各类债券的发行创造了必要条件。布雷顿森林固定汇率体系下，全球流动性受制于黄金储备总额，债券市场或者一般而言的金融市场发展空间有限。潘多拉盒子一旦打开，各种妖魔鬼怪就要纷纷出笼。债券只是其中一个。

新兴市场国家主动或被动融入全球金融市场

20 世纪 70 年代之后，越来越多国家开始逐渐开放资本账户，包括一些新兴市场国家的资本账户也开始迈向自由化，尽管它们当时还不知道资本账户自由化蕴含着多么巨大的风险。日益宽松的国际流动性造成国际债券市场的利率（或成本）低于许多国家，也刺激了许多国家逐渐开放资本账户、走向国际金融市场为本国经济发展融资。拉美国家是先行者。很快，国际大银行就开始将大笔便宜资金输入拉美各国，总额接近 1 000 亿美元。许多借贷和债券是浮动利率债券。众所周知，1980 年沃尔克出任美联储主席、大幅度提高利率之后，拉美国家立刻陷入大规模债务危机。

不断创新的科技手段，是刺激各国金融市场国际化和日益开放的核心力量。或许是历史的巧合，布雷顿森林体系崩溃和浮动汇率时代来临，恰好适逢信息科技革命大潮兴起。个人电脑技术尤其是移动通信和互联网技术的突飞猛进，从根本上改变了人类金融交易的模式，开启了人类金融历史的光速革命、高频交易模式和金融中心之间 24 小时的无缝对接。科技革命推动金融革命，是人类金融历史的一个基本规律。

个人电脑和互联网革命从三个方面开启现代金融革命和金融新秩序。首先是金融计算变得如此快捷和准确，让金融市场的套利机制和金融产品的错综复杂变得如此不可思议，以华尔街为代表的金融中心涌现出数之不尽的火箭专家，利用精确的数学模型和电脑运算，挖掘转瞬即逝的套利和投机机会。套利交易的利差从最初的 1%~2% 急速下降到千分之一直至万分之一，乃至十万分之一。如果没有光速般快捷的电脑运算和交易执行程序，高频交易和宏观套利机制就难以想象。

如此快捷和准确的金融技术科技手段，让数学金融模型大放异彩。复杂的理论模型终于可以异常迅速地得到验证。金融市场成为金融理论的最佳实验室。20 世纪下半叶，数学金融理论连续取得重大革命性突破，先是马克维茨的最优资产组合理论，以严谨数学逻辑深入阐释“不要把鸡蛋放到一个篮子里”的投资基本原理，推演出著名的“双基金投资分离定理”，启发无数投资者去尝试寻找最优投资组合。紧接着是威廉·夏普等人的“资本资产价格理论”石破天惊，进一步从数学逻辑上证明最优资产组合的本质。随后是布莱克、斯科尔斯和莫顿等人发现期权定价公式（业界俗称“金钱公式”），为数之不尽的衍生金融产品奠定了坚实的理论基础，迅速开发出数十万亿的全球衍生金融交易。

全球金融危机频繁爆发的六大机制

总结起来，国际货币体系崩溃导致金融全球化和金融快速扩张的机制（同时也就是全球金融危机频繁爆发的内在机制）有六个。第一，浮动汇率体系来临及外汇市场高速扩张（包括外汇市场衍生金融工具）。第二，全球流动性急速扩张导致全球低利率和浮动利率，与利率相关的各种衍生金融产品快速兴起。第三，低利率和浮动汇率的衍生金融工具相互融合，所谓结构性金融产品和结构性套利金融产品的兴起和快速扩张。第四，全球货币体系崩溃刺激全球金融自由化浪潮的兴起，撒切尔和里根经济学革命也是重要推动力量，即所谓“华盛顿共识”的兴起。金融自由化浪潮极大地改变了整个金融版图。商业银行的脱媒化趋势导致各种新型金融工具和产品的勃然兴起。金融资本跨国流通，各国不断开放金融市场。第五，信息科技手段的勃兴促进了金融大众化，普罗大众开始日益参与金融市场。第六，信息科技手段极大地推动了金融专业化分工的深化。

那么国际货币体系为什么会崩溃呢？基本原因有四。第一，内生的流动性需求增长假说。所谓特里芬悖论的本质就是内生流动性需求增长假说。货币必然会从物质货币过渡到信用货币，并最终过渡到无纸化的电子信用货币，从非弹性的物质货币过渡到具有高度甚至无限弹性的信用货币。第二，各国经济增长失衡假说，国际货币体系的内在调节机制之所以无法正常运作，盖因为各国经济增长不可能完全均衡，失衡或不平衡才是常态。第三，财富形态的内生变化，刺激各国投资者（个人和企业）天然具有跨国配置资产的内在需求，最终必然迫使各国开放金融市场，即风险分散的内在机制必然是超越国界的。此内在机制包括储蓄资产的日益货币化和金融化（债券化和货币化）。第四，科技进步大幅度降低了金融工具创造和交易的成本。

第二章　经济危机

2014 年 1 月 15 日，在莫斯科举行的“盖达尔论坛”上，经济合作和发展组织（经合组织）总裁的一番言论令人印象深刻。他说全球金融危机和债务危机给欧洲各国造成四大后遗症：低增长（负增长）、高失业、贫富分化扩大和政府公信力丧失。欧元区政治领导人至今没有找到医治四大后遗症的灵丹妙药，所以预测欧元区强劲复苏，实在是言之过早。

2014 年 6 月 18 日，上海发展基金会举办“布雷顿森林体系七十年：回顾和展望”国际研讨会，英国金融服务局（已经和英格兰银行合并）前任总裁阿代尔 · 特纳就发达经济体的债务问题和经济复苏前景发表午餐演讲。他认为欧元区深陷通货紧缩和低速增长的泥潭，时间至少要长达 10 年以上（从 2014 年算起），即使 10 年后，似乎也找不到什么好的办法！

与此同时，美联储正在考虑调低对美国长期经济增长率和长期利率的预测。美联储主席珍妮特 · 耶伦在最近一次新闻发布会上表示：

“调低长期利率，最可能的原因是长期经济增长率的预测出现一定幅度的下降。”

这些来自各国财经领袖的言论和预测，全都指向一个基本现实：全球经济的衰退和低速增长将持续很长时间，短期内根本看不到任何强劲复苏的可能性，各国经济尤其是发达经济体很难回到所谓的趋势增长速度。

2008 年金融海啸之后，许多市场人士和研究机构皆预言全球经济将很快复苏，回归正常增长。金融危机之后，世界各国皆采取庞大财政刺激和多轮量化宽松货币政策，强劲持续的经济复苏却至今没有变成现实。直到 2011 年，人们才被迫承认经济放缓和衰退可能是长期趋势。全球经济体系究竟得了什么病？这确实是一个十分令人困扰的难题。

全球经济体系的四大问题

事实上，全球金融资本主义经济体系已经患上许多根本性顽症。发达经济体的经济疾病可以概括为“四化”：人口老化、制度僵化、贫富分化和消费弱化。新兴市场经济体面临的问题也可以概括为“四化”：贫富分化、制度僵化、环境恶化和消费弱化。这些实体经济层面的重大问题，导致货币政策和财政政策难以产生预期效果，而多年来，发达经济体和新兴市场经济体都过度依靠货币政策和财政政策来试图复苏经济。

第一，财政政策黔驴技穷。各国政府债务规模和财政赤字居高不下，日益恶化。2008 年金融海啸，很快诱发欧元区的主权债务危机。财政赤字、债台高筑以及被迫采取的严厉紧缩措施，必将长期拖累欧元区经济。美国两党无论如何妥协，短期内都无法化解财政赤字和债务问题，长期利率攀升和通胀预期恶化，仍将对美国经济构成严重威胁。日本国债总额与国内生产总值之比超过 220%，为人类历史所仅见，任何政党上台都没有良策。财政赤字和债台高筑已经是几乎所有发达经济体共患的顽症。经济衰退、收入锐减、财政紧缩，形成恶性循环的“负能量”。世界各国领袖吵来吵去，也拿不出什么好办法。

第二，货币政策效果锐减。各国货币政策长期维持低利率、“零利率”和量化宽松，却无法刺激经济快速复苏。经济理论业已阐明，一旦经济陷入衰退负循环、不确定性笼罩全局，投资者和消费者信心萎靡疲弱，货币政策就难以奏效。自 1990 年开始，日本“失去的 20 年”是货币政策失效的经典案例。2008 年金融海啸爆发之时，就有少数学者警告美国和欧洲会患上“日本病”，不幸一语成谶。2012 年，安倍晋三上台，安倍经济学出笼。然而，日本真实国内生产总值并没有出现持续的快速增长，2013 年四季度之后，国内生产总值增速甚至持续大幅下降，四季度只有 1%，显示所谓“安倍经济学”难奏奇效。尤其是 2013 年日本竟然出现史无前例的贸易逆差，中小企业和普通百姓的生计未有改观，日本摆脱通缩没那么简单，痛苦挣扎的日子还很长。

第三，资产负债表衰退导致私人消费和投资持续萎靡。金融海啸已经过去四年多，发达国家个人和家庭的“去杠杆化”过程却远未结束，个人和家庭对信贷的需求要么持续下降，要么持续低迷。日籍华裔经济学者辜胜明提出一个重要理论：“资产负债表衰退”①。他认为 20 世纪 30 年代世界大萧条、日本 1990 年泡沫经济之后的大衰

① Richard C. Koo, *The Holy Grail of Macroeconomics: Lessons from Japan's Great Recession,* John Wiley & Sons Inc., 2008.

退和2008年金融危机之后的全球性衰退，皆可概括为“资产负债表衰退”。资产负债表衰退期间，个人和企业的经济行为发生根本变化，他们不再追求效用最大化和利润最大化，而是追求债务最小化。资产负债表衰退和债务最小化假说确实包含重要真理，是具有启发力的理论假说。2008年，诺奖得主阿卡洛夫和《非理性繁荣》的作者席勒共同出版新著《动物本能——人类心理行为如何左右经济运行以及它们对全球资本主义的重大意义》[①]，专门强调信心、悲观、乐观、预期等心理因素如何决定经济的周期性波动。

本书则提出一个新的宏观分析视角，以帮助解释经济衰退期间普通个人和家庭的“去杠杆化”过程为什么会如此艰难和漫长，帮助解释为什么量化宽松货币政策难以有效缓解“去杠杆化”过程之痛苦。

第四，银行金融体系的“去杠杆化”过程远未完成。与政府、家庭、个人一样，发达国家的银行金融体系同样深陷资产负债表衰退，需要经历长期而痛苦的去杠杆化过程，由此产生的信贷供给不足严重制约了经济复苏。以美国为例，前三轮量化宽松货币政策并没有刺激信贷供给大幅度增长。相反，庞大的流动性却在银行金融体系内自我循环。2008年金融海啸之前，美国银行体系超额储备不过20亿美元，2011年超过1.6万亿美元，2013年美国银行体系的超额储备则接近3万亿美元。欧元区银行金融体系的去杠杆化过程比美国还要艰难和痛苦。

于今回顾，我们对欧债危机、美债危机和全球经济衰退的严峻性和长期性估计不足，对全球经济去杠杆化、债务通缩、资产负债表衰

---

① George A. Akerlof and Robert J. Shiller, *Animal Spirits: How Human Psychology Drives the Economy, and Why It Matters for Global Capitalism,* Princeton University Press, 2009.

退估计不足，对全球虚拟经济与实体经济严重背离的严峻性和长期性估计不足。为什么会估计不足？因为我们对全球金融资本主义经济体系的运行规律和内在机制缺乏深刻认识。

全球经济危机的负循环逻辑

上述四大问题环环相扣，相互强化，原因产生结果，结果反过来成为原因，形成典型的经济体系负循环，构成了全球经济和金融危机的基本逻辑。

经济和金融危机的负循环机制如下：

（1）经济增速放缓负循环。它导致居民可支配收入和政府财政收入下降，私人消费、私人投资和政府开支就必然相应缩减，私人消费、私人投资和政府开支缩减反过来加剧经济放缓。

（2）失业率上升负循环。失业就意味着劳动者收入减少，收入减少就意味着需求减少，需求减少就意味着企业开工不足，开工不足则意味着失业进一步增加。失业救济金增加则意味着政府财政压力日益沉重，财政赤字和债务始终居高不下。

（3）预期收入下降负循环。经济增速放缓和失业持续增加，让人们对未来预期收入前景持续悲观，悲观的收入前景迫使人们进一步收缩消费。根据消费行为理论中著名的“永久收入假说”，消费不是取决于当期收入，而是取决于对永久收入或者一生收入的预期。预期收入下降削减消费，消费锐减恶化经济前景，反过来进一步恶化收入预期。

（4）信用萎缩负循环。经济放缓、失业率上升、预期收入下降，迫使经济所有部门去杠杆化，整个经济体系的信用总量（信用需求和供给）持续收缩。尽管名义利率持续下降乃至负利率，真实利率却持续上升，社会财富（私人财富和政府财富）持续缩水。

上述负循环机制里，最重要的机制应该是“信用萎缩负循环”。各国的历史经验反复说明：一旦经济体系陷入信用萎缩负循环，货币政策就可能完全失效。任何货币政策手段（包括降息、降准、购买债券以增加货币供应量）皆无力将经济体系拉出“信用萎缩负循环”的深渊。

“信用萎缩负循环” 与凯恩斯当年描述的“流动性陷阱”并不相同。①如果经济只是陷入“流动性陷阱”，那么中央银行持续实施量化宽松货币政策和“零利率货币政策”，就完全有可能将经济体系拉出“流动性陷阱”。然而，一旦经济体系陷入“信用萎缩负循环或信用陷阱”，量化宽松货币政策或零利率货币政策就难以奏效，因为货币创造机制并不等同于信用创造机制，货币供应量的持续扩张，并不等同于信用扩张。日本近 20 年的“低利率或零利率货币政策”实际已经证明这个重要论点。2008 年全球金融海啸之后多年的惨淡现实再次证明：一旦经济体系陷入负循环，量化宽松货币政策就失去效力。货币和信用确实不是一回事。

五个划时代的变化

为什么发达经济体乃至全球经济会陷入上述“信用萎缩负循环”，普遍陷入通货紧缩和经济衰退？为什么史无前例的财政刺激和量化宽松都无法刺激经济快速复苏？为什么发达国家普遍陷入财政赤字和债

① 关于凯恩斯“流动性陷阱”的经典分析，参见 John M. Keynes，*The General Theory of Employment, Interest and Money,* Macmillan & Co. Ltd., 1936。

务危机？更重要的是，为什么会出现 2008 年那么严重的金融海啸和经济危机？

上述问题的终极答案，必须从全球金融资本主义经济体系运行机制的内在逻辑里面去寻找。

过去 40 多年来，全球金融资本主义的迅速崛起，成为主导人类经济活动的新经济形态。全球金融资本主义经济体系具有五个重要特征。

第一，纯粹美元本位制和浮动汇率体系刺激全球流动性急剧扩张，全球流动性过剩则导致许多国家和地区（尤其是发达国家）出现长期低利率或负利率（实际利率或真实利率为负，不是名义利率为负）。1971 年 8 月 15 日，布雷顿森林体系崩溃，纯粹美元本位制取代美元—黄金汇兑本位制（金汇兑本位制），浮动汇率取代固定汇率，成为主导全球货币和金融体系的新主角，以美元储备为核心的全球流动性出现空前大爆炸，是人类史无前例的全球流动性泛滥。

第二，全球流动性大爆炸和长期低利率（或实际负利率）刺激资产价格和虚拟经济恶性膨胀，导致虚拟经济严重背离实体经济。虚拟经济和实体经济严重背离是威胁全球经济和金融稳定的动荡根源或定时炸弹。全球流动性大爆炸的必然后果是全球金融市场急剧动荡，汇率危机、货币危机、银行危机、金融危机频繁爆发，货币市场、外汇市场和衍生金融产品交易规模高达数百万亿美元乃至上千万亿美元，以衍生金融交易和资产买卖投机为核心的虚拟经济成为一个自我循环和自我膨胀的体系。

第三，虚拟经济和实体经济严重背离的必然后果，是许多国家反复经历资产价格泡沫兴起—疯狂—破灭的资产价格周期，资产价格的周期性动荡严重威胁实体经济的稳定增长，成为政府宏观经济政策决策者最为头疼的重大难题，成为全球中央银行货币政策面临的主要挑战。①

第四，全球制造业和实体经济中心与虚拟经济和金融货币中心加速背离。以中国为首的新兴市场国家迅速崛起成为全球新的制造业和实体经济中心，以美国、英国和欧元区为首的发达国家则依然牢牢掌控着全球货币金融中心和全球价格体系。

制造业和实体经济中心与虚拟经济和货币金融中心日益加速背离，是过去40年来，人类经济体系最深刻的变革。一方面，许多发达国家（以美国为首）出现制造业和产业逐渐空心化的趋势，金融服务业取代制造业，成为经济增长的主要推动力量，对产业结构、贸易结构、就业结构、收入分配、财富分化、全球失衡、经济政策都已经产生和必将继续产生深远影响。发达国家凭借掌控全球货币金融中心的超级特权，控制了全球利率、股票债券、大宗商品、粮食石油等战略资源和原材料的定价权。某种程度上，通过操纵和玩弄定价特权，发达国家可以对新兴市场国家予取予夺。早在20世纪70年代，“不公正的国际经济秩序”就曾经引起国际社会尤其是发展中国家的高度关切，谋求变革的声浪曾经汹涌澎湃。然而，40多年以来，国际经济秩序的不公正、不协调、不平衡、不合理、不包容却愈演愈烈。

另一方面，尽管新兴市场国家迅速崛起，然而，由于绝大多数新兴市场国家货币金融市场规模相当小，发展水平非常低，不足以吸引全球储蓄和投资，远远不是一个真正开放的金融和货币体系，所以它们依然没有能力参与制定全球货币和金融体系的游戏规则，没有能力参与决定全球经济体系的定价权和资源财富分配权。很大程度上，那

---

① 资产价格泡沫通过多个渠道改变实体经济活动，包括资产负债表渠道、产业转移渠道和利率渠道。

些日益崛起的新兴市场国家，并不能掌控其制造业和出口产品的定价权。在全球产品和资源定价权体系里，新兴市场国家依然处于被动接受价格的弱势地位，不得不忍受某种程度的财富掠夺和财富转移，不得不忍受“贫困性增长困境”。

制造业中心与货币金融中心加速背离的一个重要后果，就是发达国家能够通过创造发行储备货币、创造各种眼花缭乱的金融资产，来维持高消费和高福利。过去40年来，发达国家几乎无一例外（德国可能是唯一的例外）地依靠快速增长的借贷和债务来维持消费。财政赤字、贸易赤字、国际收支赤字、债台高筑、债务危机成为发达国家经济生活常态，也是它们普遍面临的困境。与此对应，新兴市场国家的贸易顺差、国际收支顺差和外汇储备则不断增长。新兴市场国家所累积的巨额外汇储备，却只有大量购买发达国家债券一条出路，被迫为发达国家（主要是美国和欧洲）的财政赤字、贸易赤字和国际收支赤字融资或埋单。

第五，虚拟经济与实体经济严重背离，制造业中心和金融中心加速背离，新兴市场国家深陷贫困性增长困境，是当今人类经济体系面临的三大根本性结构失衡，它们共同导致全球收入和财富分配的严重失衡：一方面，绝大多数新兴市场国家的真实收入水平和财富水平与发达国家的差距日益扩大；另一方面，各国内部收入分配和贫富差距日益恶化。

上述五个重要特征，史无前例，它们是全球经济失衡和宏观经济政策日益失效的深层次根源。对于上述重大特征的出现及其深刻含义，主流经济理论无法给出满意解释。我们需要崭新的经济理论和政策思维。本书内容及其逻辑架构即围绕全球金融资本主义经济体系的上述五大特征展开，试图提出崭新的理论架构和政策思维模式。

低速增长时代

除上述五大特征之外，当代人类经济体系还呈现出一个重要的共同特点，那就是全球生产力增速和实体经济增速显著放缓。主要发达经济体的劳动生产力增速皆呈放缓态势，美国和欧洲核心国家的劳动生产力增速放缓趋势尤其显著。所有发达经济体（包括美国、日本、欧元区、斯堪的纳维亚半岛国家）劳动生产力增速最高的时代是20世纪60年代，其后呈逐渐放缓态势，日本和欧元区的下降幅度最明显。2008年金融危机之后，全球所有经济体的劳动生产力皆大幅下降，新兴市场国家下降幅度最大。

美国仍然是全球劳动生产力水平最高的国家，只有少数北欧国家（荷兰和挪威）的劳动生产力略超美国。根据2012年底的数据，德国、法国、意大利、西班牙、爱尔兰、丹麦、瑞典等国的劳动生产力，约相当于美国的80%~95%，挪威的劳动生产力约等于美国的125%。欧元区的平均劳动生产力相当于美国的70%。日本的劳动生产力相当于美国的65%。“亚洲四小龙”(中国台湾、中国香港、韩国、新加坡）的劳动生产力约相当于美国的45%~65%。

自20世纪80年代以来的30多年，中国的劳动生产力年均增速位居全球榜首，年均增速超过8%。然而，由于初始劳动生产力水平太低，尽管追赶了30多年，中国大陆的劳动生产力水平仍然只相当于美国的10%，日本的14%，德国的10.5%，法国的10.3%，英国的12.5%，挪威的8%，新加坡的14%，中国台湾的17%。

劳动生产力是衡量经济成就最重要的指标之一。各国劳动生产力增速放缓趋势与其他学者对全球真实国内生产总值增速的估算结果一致。根据多家机构和许多学者的估算结果，20世纪50年代以来，主要发达国家和全球整体真实国内生产总值增速一直处于下降趋势。从全球来看，1950~1973年真实国内生产总值年均增速为4.91%，1973~2000年下降到2.86%，2003~2007年是3.62%，2008年危机之后急速下降到1.70%。同一时期，美国真实国内生产总值年均增速从3.99%下降到2.99%、2.74%和0.61%；日本从9.29%急剧下降到2.87%、1.85%和–0.19%；德国从5.68%下降到1.76%、1.69%和0.77%。其他发达国家也呈现出类似趋势。

显著例外是中国，20世纪80年代以来，中国真实国内生产总值年均增速一直超过8%，全球首屈一指，迅速崛起为全球第二大经济体。同样是因为基数太低，尽管快速赶超30年，中国人均真实国内生产总值水平却依然位居全球第80位。即使按照2012年人均国内生产总值6 000美元计算，中国人均国内生产总值仍然只有发达经济体平均水平的1/7（美国的1/9，德国的1/8，日本的1/7，法国的1/8，俄罗斯的1/2）。

上述数据提出一个重要问题：为什么全球真实国内生产总值增速持续下降？为什么全球主要经济体劳动生产力增速持续下降？过去60多年来，人类先后进入汽车时代、家电时代、电脑时代和互联网信息科技时代，按理说，劳动生产力增速应该持续上升，为什么反而持续下降呢？多年前，以研究经济增长闻名世界的诺奖得主、麻省理工著名教授罗伯特·索洛就提出一个著名问题："到处都是电脑，生产力在哪里？"。互联网高歌猛进，信息革命方兴未艾，劳动生产力增速却反而下降？人们将这个现象称为"劳动生产力之谜"。

对于全球范围的"劳动生产力之谜"，相关解释很多。第一，基数越来越大，增速自然会越来越低，这似乎是小孩子也可以明白的常识。每个国家或地区在经济起飞初期，劳动生产力和真实国内生产总值增速耀眼夺目，随着总量越来越大，增速放缓势所必然。第二，随着资本积累日益庞大，资本边际效率（生产力）必然下降，此乃经济学老生常谈的一个基本规律。马克思《资本论》的一个重要贡献就是发现了资本主义生产方式具有“平均利润率持续下降趋势”，利润率是反映全要素生产力的重要指标。第三，过去40多年来，发达国家虚拟经济与实体经济日益背离，虚拟经济自我循环、恶性膨胀，实体经济投资总体呈下降态势，企业技术更新不足，导致全要素生产力下降，劳动生产力随之下降。金融货币领域看起来很热闹，却无法容纳多数人就业，少数货币金融领域的精英享受高薪，多数劳动者却无法分享虚拟经济热闹非凡的好处。第四，电脑和互联网是了不起的发明创造，要大幅度提升经济整体的劳动生产力，还需要数十年时间。斯坦福大学教授保罗·戴维有一篇文章证明，从爱迪生发明电力到电力革命全面提升劳动生产力，差不多用了40年时间。若简单依此推论，互联网要真正全面提升劳动生产力，至少还需要10~20年。

如果上述数据和理论假说确实揭示了人类经济体系运行的某种内在规律，那就没有哪个国家可以摆脱这个基本规律。

甚为重要的是，我们需要从一个更深入和更广阔的角度去探索和思考各国经济增速持续放缓和经济复苏持续乏力的深层次原因。

2014年新年伊始，数之不尽的研究机构和学者纷纷发表高见，试图给出未来全球经济的清晰图像。2013年全球多国股市气势如虹，涨幅惊人，美国复苏势头稳健，英国和日本大有看头，欧元区艰难爬出衰退泥潭，逐步转向正增长，新兴市场虽然困难重重，整体增速依然超越富裕国家。因此，许多机构和投资者均调高2014年全球增长预期，乐观情绪令人鼓舞。

然而，世事如棋局局新，调高增速预期的研究报告墨迹未干，全球股市即应声下跌。2014 年初不到一个月时间里，标普指数跌 5%，日经指数跌 14%，新兴市场平均股指MSCI跌 9%。全球逾 3 万亿美元股票市值灰飞烟灭。与此同时，美联储决意逐步退出“量宽”，购债规模从每月 850 亿美元削减到 650 亿美元。多个新兴市场货币持续贬值，从新兴市场撤出的资金规模高达 1 400 亿美元。货币急剧贬值会否诱发新一轮全球性尤其是新兴市场金融危机，瞬间成为全球高度关注的头号问题。印度、土耳其和其他多个央行决定实施大规模资本管制，同时大幅提高利息以遏制通胀和劝阻资金大规模流出。

面对如此变幻莫测的局面，悲观预期又开始滋生蔓延，大有颠覆乐观预期之势，包括国际货币基金组织和达沃斯世界经济论坛在内的多个权威机构，迅速下调了 2014 年全球经济增长预测。

纵观全球舆论，人们对未来全球经济有两个基本愿景：一是乐观愿景，二是悲观愿景。支持乐观愿景的因素看似不少：美国复苏加快；欧洲经济见底；日本有望摆脱通缩；英国形势向好；中国至少能稳住 7.5%；新兴市场虽有短暂调整，局面好过危机之初。所以，悲观毫无依据，前景一片光明。乐观派坚定地认为：2014 年全球经济增长必然超过 2013 年（2013 年全球真实国内生产总值增速为 3%）。

支持悲观愿景的理由好像更多。美国复苏基础不牢，随时可能掉头逆转，最近的制造业和新增就业数据低于预期，似乎印证了这个判断。欧元区早已深深陷入通缩泥潭，难以自拔，银行和金融体系信贷持续萎缩，失业率没有任何下降迹象，肯定还要继续上升。2013 年欧元区平均失业率高达 12.4%，一些国家年轻人失业率超过 40%！欧元区政治领导人至今没有找到医治四大后遗症的灵丹妙药。日本“安倍经济学”射出所谓“三支箭”，实际上不过是依靠日元贬值刺激出口，期望以此刺激经济增长。然而，三支箭的效果远低于预期，甚至导致某些负面后果。

西方不亮东方亮，中国能否继续担当全球增长的主要引擎？看起来起码有些力不从心了。去债务和杠杆化过程已经开始，潜在金融风险开始暴露，财政和货币政策空间有限，产能过剩行业必须压缩，能够保持 7.5%乃至 7%已属难能可贵。2014 年可能成为中国金融风险高频率爆发的元年。影子银行业务大约 40%到期，地方政府债务到期比例达 30%，产能过剩行业不良贷款快速增加，房地产价格开始逆转。影子银行、地方债务、不良贷款、房地产泡沫四大风险，将长期困扰我国货币信贷政策，制约信贷债务扩张，从而放缓投资和经济增速。

其他新兴市场国家就更难指望。债台高筑(尤其是外债)、汇率贬值、通货膨胀、财政赤字、结构失衡等，是多数新兴市场国家的通病，实现稳定快速增长差不多是天方夜谭。

2014 年 6 月，对世界经济的悲观预期再次得到证实。美国 2014 年一季度国内生产总值年化增长率只有微不足道的 0.1%，欧元区只有 0.8%，均大大低于市场预期。日本经济再次陷入低迷，德国不尽如人意，英国再度出现房地产泡沫的威胁，中国和其他新兴市场国家的经济态势堪忧。各国衡量长期增长预期和长期利率水平的基本指标——长期国债收益率竟然普遍一致下降，显示出人们对未来增长预期日益悲观。

展望未来，全球经济相当长时期内依然是悲观预期。然而，悲观的理由倒不是近期的市场调整，不是新兴市场汇率危机，不是中国经济持续放缓，不是美国复苏基础不牢，也不是欧元区病入膏肓。

全球经济预期整体悲观的根本理由是当今全球经济体系的内在失

衡日益恶化。2008 年全球金融危机 6 年来，全球经济内在结构失衡不仅没有得到纠正和调整，反而日趋严峻。概言之，全球经济内在结构失衡的表象有 8 个：实体经济复苏乏力，虚拟经济恶性膨胀，经济整体脱实向虚，债务负担居高难下，贫富分化日益加剧，失业困境越陷越深，宏观政策基本失效，结构改革风险颇高。

让我们再次回到本书的基本主题。全球经济结构内在失衡和增速普遍放缓的总根源，全球经济危机的总根源，是过去 40 多年来（可以将具体日期定为 1971 年布雷顿森林体系崩溃），全球经济体系的内在结构出现重大突变（不是量变而是突变），即全球经济开始决定性地从产业资本主义向全球金融资本主义转变。

第三章 政治、社会、人文和生态危机

当今世界面临各种深层次危机，包括社会危机、政治危机、人文危机（信仰危机）、生态和环境危机、能源危机和粮食危机等。与单纯的金融危机和经济危机相比，社会、政治、人文和生态环境危机要更加深刻，更加危险，更难以解决。各国失业率居高不下、贫困人数有增无减、收入差距迅速扩大、贫富分化日益加剧、政治公信力急剧下降等，则成为各国社会和政治危机中最为突出的矛盾。

失业和贫穷

各国失业率居高不下和贫穷人数有增无减，是金融危机和经济危机的必然后果。金融危机让全球数千万人丢掉饭碗，丧失基本生活来源。以美国为例，2007 年 11 月到 2011 年三年时间里，超过 870 万全日制员工失业，全国平均失业率最高曾经突破 10%，许多州的失业率曾经超过 15%。贫困人口的比例从 2007 年的 12.5% 急剧上升到

2011 年的 15%，至今没有看到下降的迹象。金融危机让全球许许多多普通家庭的房产价值大幅度缩水，他们失去所有信用来源，银行不再给他们提供消费信贷、学生贷款、抵押贷款和信用卡贷款。

那么多年轻人找不到工作、谋不到饭碗、收入急剧下降、生活朝不保夕、人生价值难以实现、人格尊严日益丧失。与此同时，华尔街和全球其他地方的金融大亨们，却因为各国政府对金融机构给予及时救助，不仅没有遭遇破产倒闭的命运，工资和奖金收入反而还不断上涨。自 2000 年以来，华尔街金融业每年的分红金额始终维持在 200 亿美元以上，即使金融危机之后也没有明显缩减。2011 年 9~10 月席卷整个美国的“占领华尔街”运动，其导火线就是金融巨头们一面依靠政府和纳税人的资金来救助，一面却继续享受着天文数字般的工资、奖金和分红。“占领华尔街”运动的本质，就是普通百姓对收入差距和贫富分化的急剧扩大表达极度不满。

自金融危机尤其是债务危机以来，欧元区失业率一直持续上升，居高不下，某些国家近一半的年轻人没有工作，已经成为欧元区的头号社会和经济难题。直到 2014 年，欧元区各国的平均失业率仍然处于让人恐惧的水平：其中西班牙 23%，意大利 8.1%，爱尔兰 13.1%，希腊 16.2%，葡萄牙 12.4%，法国 9.2%。截至 2014 年 7 月 10 日星期四的最新统计数据，欧元区平均失业率依然高达 10%！

新兴市场国家除了失业上升之外，还有通胀急剧恶化的困扰。自各国大搞量化宽松政策以来，好些新兴市场国家的通货膨胀率已经急升到两位数（譬如越南、印度、俄罗斯等）。现代资本主义经济制度下，通货膨胀和失业永远是威胁政治、经济和社会稳定的两只凶残的“猛虎”。全球金融危机之后 6 年时间，从中东到非洲，从东欧到西欧，从南亚到拉美，许多国家爆发严重的政治冲突，政权更替，江山变色，甚至国家分裂，内战频仍，归根结底只有一个原因，就是失业率居高不下和贫富分化日益恶化。失业、贫穷、贫富分化同样是许多地方恐怖主义泛滥的重要温床或主要诱因。

投机赌博资本主义加剧贫富分化

全球金融资本主义的兴起，深刻改变了各国的收入分配格局，加剧了贫富分化。伦敦金融城、纽约华尔街和全球其他地区的金融巨头，跨国公司的首席执行官和其他高管，顶级律师事务所和会计师事务所的合伙人，对冲基金和私募基金经理等高收入人群的年收入往往可以高达数百万、数千万乃至数亿美元。然而即使在美国，制造业和服务业普通员工的年收入不过 3 万美元左右，好一点儿的也不过 5 万美元，高收入阶层的收入是普通员工的数十倍、数百倍。美国最富有家庭的年收入是普通家庭平均收入的 225 倍，《财富》500 强企业首席执行官的年均收入达到普通员工收入的 243 倍。其他国家普通员工的收入与巨富们的差距同样巨大。

金融业本来是实体经济的服务者或“仆人”。全球金融资本主义时代里，金融却成为实体经济的主宰者或支配者。金融巨头“大而不能倒”，金融企业受到政府几乎全方位的保护。2008 年金融海啸爆发之后，美国政府迅速行动，慷纳税人之慨，斥资数千亿美元挽救众多濒临倒闭的金融巨头，引发无数美国普通民众的激烈抗议和反对。“华尔街巨头绑架美国经济”、“华尔街巨头操纵美国经济政策”、“牺牲穷人救助富人”的谴责之声不绝于耳。美国总统奥巴马不得不向选民承诺，要立法限制华尔街金融大亨们的工资和奖金，要对华尔街的金融投机活动实施严格监管。

然而，普通百姓的愤怒归愤怒，抗议归抗议，呼吁归呼吁，金融巨头们的工资、奖金和红利却依然保持上升势头，丝毫没有受到危机的影响。不仅如此，2008 年金融海啸之后，伯南克领导的美联储打破该中央银行的所有惯例和规则，肆无忌惮地实施多轮量化宽松货币政策，释放出天量货币和流动性，绝大多数流入华尔街主导的金融投机体系，金融巨头的收入和利润很快就恢复甚至超越危机之前的水平。伯南克为量化宽松辩护的主要理由是股市上涨的“财富效应”，能够帮助刺激消费和经济复苏。然而，美国普通百姓所持有的股票数量极其有限，包括股票在内的流动性金融资产，绝大部分掌握在少数富裕人群手中，“财富效应”或财富增值的绝大部分都落入富裕人群的腰包。富者愈富，穷者愈穷。量化宽松的货币刺激事实上加剧了收入差距和贫富分化。

早在 20 世纪 90 年代，华尔街就进入了疯狂的金融投机和金融交易时代。美国著名金融史学家和金融传记作者荣 · 切尔诺曾经将 20 世纪 80 年代之后的华尔街金融模式形容为“赌博时代的降临”。中国学者王小强将过去数十年西方的经济发展模式概括为“投机赌博资本主义”。华尔街和全世界的金融投机交易者，年收入少则数十万美元，多则数亿美元。美联储前主席沃尔克批评华尔街的金融业已经从“产业服务模式”转变为“金融交易模式”，认为这是过去 40 年来全球金融业最大的改变，也是最不幸的改变，直接导致了过去几十年的金融危机和金融动荡。

华尔街令人眼花缭乱、叹为观止的金融交易和金融衍生产品创新，创造出数百万亿美元的虚拟金融财富。譬如，债务违约掉期的名义市值就曾经超过 62 万亿美元；金融市场每天的外汇交易量高达 4 万亿美元，与此相对照，全球真实贸易每年不过 20 万亿美元；利率掉期之类的衍生金融产品的名义价值高达数百万亿美元；股市和债市规模超过百万亿美元（仅全球债市市值就超过 90 万亿美元）；还有股票期货、股指期货、债券期货、商品期货，以及各种资产抵押证券和衍生产品，其复杂程度超越了普通人的理解能力，难怪华尔街金融业已经演变成为一个外行无法理喻的“高科技”行业，每年都有许多数学、物理和工程博士到华尔街就职，为金融家计算和预测无限复杂的金融产品的价格走势，设计投机交易策略。巴菲特 2003 年曾经预言，债务违约掉期和衍生金融产品将是摧毁美国和世界金融体系的“大规模杀伤性武器”，股神一语中的。

赤字、债务和政府危机

赤字财政和债台高筑是当今世界各国政府共同面临的另一个普遍性危机，它既是金融危机和经济危机的原因，又是结果。危机爆发之后，各国赤字和债务与国内生产总值之比并没有出现明显下降，某些国家甚至持续攀升。截至 2013 年，各国公债规模与国内生产总值之比依然维持极高水平。

发达经济体的赤字财政和债台高筑并不是一个新现象和新问题。本质上，赤字和债务正是西方福利和民主制度的一个顽症，金融资本主义的崛起则为赤字财政和债务融资提供了非常便利的条件，让许多国家长期饮鸩止渴。数十年的赤字财政和债台高筑，终于引爆全球性的债务危机，欧债危机和美债危机尤其严重。

2011 年 8 月 5 日，标准普尔下调美国主权信用级别，全球金融市场瞬间出现疯狂动荡，一周之内，超过 5 亿美元的虚拟财富灰飞烟灭。尽管拥有美元霸权所创造的超级特权，美国国债已经进入不可持续的轨道，却是不争的事实。美国政府的多重赤字（贸易赤字、经常账户赤字、国际收支赤字、财政赤字），已经成为全球金融和货币稳定的最大威胁。2010 年爆发的欧债危机迅速演变成为“欧元危机”，希腊、爱尔兰、西班牙的主权信用级别曾经被反复下调，法国多家重要银行和意大利的主权信用级别也被大幅度下调。时至今日，债务和赤字仍然是制约欧元区经济复苏的主要障碍。

全球金钱“老鼠赛”

什么是“老鼠赛”？那就是：跑得越快的“老鼠”，必将获得越高的回报。跑得快的“老鼠”，将分享或剥夺跑得慢的“老鼠”的收入和财富。跑得越快，收入越高；跑得越慢，收入越低。“赢者通吃”是“老鼠赛”的基本法则。全球金融资本主义已经蜕变为一种全球性的金钱“老鼠赛”。整个人类永无休止、近乎疯狂地追求金钱财富和资产市值。为了获取所谓金钱财富和资产市值，人类可以毁灭一切动物和植物，可以让美丽河山满目疮痍，可以不管沧海桑田，可以不顾任何后果去制造假烟、假酒、假食品、假药品、假报表乃至一切虚假的事物，还可以凭借尖端武器将其他国家和民族的资源据为己有。

全球金融资本主义时代，为了获取所谓的金钱财富和资产市值，人类其实已经没有任何的道德约束和道德底线。只要稍微停下每天疲于奔命的脚步，审视一下我们周边的人和事，我们立刻就会发现：整个人类正在玩儿命追求金钱财富的过程中快速沉沦，从精神、思想、文化、情趣、学术到哲学、道德、宗教，无一例外，甚至连体育也不能例外。2014 年巴西世界杯开赛前夕，英国《经济学人》杂志发表封面文章：《美丽的比赛，肮脏的生意》，直指金钱铜臭早已玷污了美丽的足球赛事和人类的体育精神。

全球金融资本主义时代创造出一种真正可怕的人类生存状态。国家拼命追求国内生产总值的规模及其增长率；企业拼命追求利润、市值及其增长率；个人拼命追求身家及其增长率。一切宗教信仰、道德伦理、思想文化和人文关怀皆退居其次，唯有赚钱才是最高目标。“万般皆下品，唯有赚钱高”。国与国之间比拼国内生产总值规模和增长速度；企业之间比拼市值规模和增长速度；人与人之间比拼身家多少和增长速度。普天之下，各种富豪排行榜漫天飞舞；斗富炫富的新奇怪招层出不穷。有一句网络语言很好地概括了金融资本主义时代的社会心态：“我是富豪我怕谁！”

如果国家的国内生产总值规模和增长率没有进入世界前列，它必将沦落为二流或三流国家，失去在世界舞台的发言权；如果企业市值规模和增长率无法迈入行业前列，它将难以逃脱被兼并收购的命运，被无情地剥夺独立生存的权利；如果个人财富不能保持持续增长，他必定被视为一个失败者或没落者，毫无体面地被剔出上流社会的荣耀社交圈。这就是今天人类的普世价值和世界观。

全球金融资本主义时代里，无论是欧洲、美国、日本还是中国、印度、俄罗斯，无论是西方还是东方，整个人类世界，完全彻底地、全身心地投入了你追我赶、无休无止、残酷无情的全球金钱“老鼠赛”。

占据全球产业高端的国家、公司或个人，其收入将是产业低端国家、公司或个人的数十倍、数百倍甚至数千倍；掌握最高端产业（譬如金融产业）控制权的国家、公司或个人，可以不费吹灰之力，将其他国家、公司或个人的财富据为己有。落后就要挨打，落后就要惨遭掠夺，落后就要忍受赤贫，此乃“老鼠赛”的一般规律。

地球上的每一个人，几乎都在绞尽脑汁，思量着如何跑得更快，如何能够在“老鼠赛”里独占鳌头。为了确保利润或市值每年、每季、每月持续增长，公司必须永不停息地开发新技术、制造新产品、开拓新市场、描述新故事，乃至制造假收入、假利润、假报表；银行为了给不断累积的资产创造更高的收益，就必须永无休止地进行金融产品创新、不断延长金融衍生链条、不断扩张信用总量；个人为了财富的快速增长，必须不断掀起一浪高过一浪的创业、兼并、收购热潮，不断发明各种能够让财富实现指数化增长的金融套利工具或欺诈手段。这其实才是全球金融危机的真正根源，它必然会爆发，而且还会不断爆发。

全球“老鼠赛”没有任何道德底线或伦理约束：如果利润达到50%，他们就要坑蒙拐骗；如果利润超过100%，他们就胆敢发动战争；如果利润超过300%，他们将践踏人间一切法律。马克思的《资本论》对资本家的利润崇拜和商品拜物教的精彩阐释，用来刻画全球老鼠赛非常恰当。

全球“老鼠赛”将人类生活的基本要素全面异化，人文精神和人文关怀荡然无存。人不再是人，而是一种“资本”；劳动者不再是拥有尊严和感情的人，而只是一种生产要素和人力资本；人的价值不再是人本身，而是他赚钱的能力和身家的多少；求学和读书本身不再是目的，而是为了寻找追名逐利的捷径和秘诀；大学不再是充满诗情画意和思古幽情的精神家园，而是培养赚钱技能的一个训练基地，或者大规模生产“人力资本”和生产要素的加工厂；建立关系网和圈子不再是为了友情和相互关怀，而是为了寻找更多的商业机会；所谓“拼爹、拼出身、拼关系、拼学历”最终都归结为“拼金钱”和“拼身家”。

“老鼠赛”将一切人文关怀、哲学美学、诗情画意完全边缘化。

如此时代里，真正受过良好人文教育的人几乎没有任何生存空间，人的价值不得不服从市场的供需规律，服从个人是否富裕或财富规模的大小，人的尊严不得不屈从金钱的诱惑和压力。

一言以蔽之，全球金钱“老鼠赛”将人类的一切事物和价值全部简化为一个词，一个单一的和量化的指标：金钱。就连基辛格也曾经忍不住要辛辣地讽刺：今日国际上所谓的政治和外交，无非就是赤裸裸的商业谈判和利益交换而已。硅谷一位著名的创业家也曾经无奈地感慨：我们正在拼命将世间的一切东西都转化为金钱。然而，当世间一切都化为金钱之后，金钱将连狗屎也不如！

狄更斯雄辩的语言能够最好地描述全球金钱“老鼠赛”：“那是最美好的时代，那是最糟糕的时代；那是智慧的岁月，那是愚蠢的岁月；那是信仰的年代，那是怀疑的年代；那是光明普照的季节，那是黑暗弥漫的季节；那是满怀希望的春天，那是充满绝望的冬天；眼前，我们仿佛拥有一切，眼前，我们仿佛一无所有；我们共同迈向通往天堂的康庄大道，我们共同朝地狱方向狂奔；一句话，那个时代跟今天一模一样：某些最喧闹的权威人士坚持要用最高级的形容词来彰显它的特征、来欢呼它的降临。说它好，是最高级的好；说它恶，也是最高级的恶。”

工业化、城市化、现代化所积累的无数传染病，或许有一天将吞食全部可怜的人类。全球对有限自然资源和生存空间的争夺或许最终将触发惨绝人寰和集体毁灭的核战争；无论科技多么发达、金融如何高明、市场如何广大、金钱如何泛滥，人类或许终将难以逃脱无家可归的悲惨结局……

人类工业化、城市化和现代化浪潮的兴起，资本主义和全球金融资本主义时代的来临，本质上就是人类斩着追逐金钱和物质财富的

“老鼠赛”道路上狂奔。

率先崛起的列强，凭借坚船利炮和先进科技，掠夺全球资源，肆无忌惮地抢夺其他民族的土地、森林、矿产和一切宝贵资源；殖民时代的腥风血雨，造就了今天的欧洲、大洋洲、北美和日本。毫无疑问，他们是全球金钱“老鼠赛”的领跑者和胜利者。在开创性著作《枪炮、病菌与钢铁》中，戴蒙德提出一系列重要和有趣的问题：“为什么是欧亚大陆人征服、赶走或大批杀死印第安人和非洲人，而不是相反？为什么是欧洲人殖民了大洋洲、亚洲、非洲和北美，而不是相反？为什么是盎格鲁－撒克逊人统治着今天的地球，而不是其他民族？”这些问题对我们理解全球金钱“老鼠赛”的起源和机制，提供了撼人心魄的基本线索。

全球金钱“老鼠赛”是人类的宿命还是历史的偶然？人类是否有一天会幡然醒悟，果断改变自己的生活方式，努力克制自己的物质欲望，真正做到与自然和其他生命和谐相处？人类是否终究会回到基本面，放弃追逐那些虚拟的金钱财富？古往今来一切伟大的宗教派别，都有一个共同的基本教义，那就是追逐财富和金钱必然导致人类自身的彻底堕落，从来没有任何一个伟大宗教的教主相信财富和金钱是人类命运的归宿。

当然，没有人敢于声称自己是人类命运的预言家，人类是否正在自我毁灭的道路上狂奔？中国全身心地加入全球金钱“老鼠赛”是否会加速人类的自我毁灭？没有谁能够给出确切的答案。

1942 年，熊彼特出版《资本主义、社会主义和民主》，他宣称资本主义和社会主义终将走到一起，人类经济制度必然“趋同”，而趋同之“同”却主要是资本主义经济制度的自由竞争和财富积累。事实证明熊彼特是对的，全球金钱“老鼠赛”让整个人类在同一条道路上狂奔。赚钱，是地球每个角落里共同的期待和呼喊，它已经成为一种新的宗教。全球金融资本主义给这种新宗教的传播注入新的动力。

生态和环境危机

人类曾经指望科技、工业和经济的进步能够从根本上解决困扰我们的诸多问题，首要的三大问题就是饥饿、贫穷和疾病。然而，虽然过去几百年时间里，人类的物质财富和生活水平得到极大提高，饥饿、贫穷和疾病却依然困扰着我们，有些问题甚至日益严峻。2010年，联合国发布报告，宣布全球至少还有10亿人处于饥饿的严重威胁之中，每年因为营养不良和缺乏基本饮用水而夭折的儿童高达数百万；各种频率高发的传染病包括艾滋病，每时每刻都在侵害着数千万人的生命健康。

最严重的危机可能是人类自身秩序的混乱，人类和自然之间的秩序混乱，人类和自然之间的和谐遭受到毁灭性的打击。

纵然我们不能完全准确地从数量角度证明今天的人类经济体系和人类社会比以往时代更加混乱、混沌和无序，更加充满风险和危机，我们至少不能否认，今天的人类社会至少和以往一切时代一样，充满风险、危机、困惑和迷茫。我们只需要列出人类所面临的几大最紧迫难题。

首先是全球气候变暖和全球性的严重环境污染。全球气候的快速变化尤其是全球气候变暖和全球范围内频繁出现的极端天气，清楚地表明，我们赖以生存的这个可爱的蓝色星球，确实一直处于“熵增”的困扰之中，正在日益变得混乱、混沌和无序。

2009年12月，192个国家的政府首脑齐聚丹麦首度哥本哈根，共同商讨如何应对人类面临的最严峻危机——工业文明所造成的气候变化。按照美国著名学者杰里米·里夫金的论述，人类面临的最严峻的债务危机，并不是各国政府、企业和家庭的金融债务危机，而是数百年工业革命所累积的“熵账单”的债务危机！工业革命以来，人类依靠大量燃烧化石能源（煤炭、石油、天然气）来推动经济增长，实现财富积累，向大气里排放了大量的二氧化碳，阻止了太阳的热量从地球上空散去，导致地球温度的灾难性变化，已经和必然继续对人类和其他生命造成毁灭性打击。

根据科学家的估计，到 21 世纪末，地球表面的温度将上升至少 3 摄氏度，大气层温度上升幅度则更大。科学家认为，地球表面温度和大气温度升高，将给地球生态系统以毁灭性破坏。仅仅 1.5~3.5 摄氏度的变化，就能导致动植物在不到 100 年的时间内大量灭绝。这将意味着最低 20%、最高 70% 的物种灭绝。物种灭绝的重要原因是森林的消失。气候变暖会严重放缓森林的生长速度，地球某些地方甚至会因为温度过高而不再生长足以维持物种生存的森林和植被。森林覆盖了整个地球的 25%，是无数物种的栖息地。水土流失和树木消失必然导致许多物种的灭绝。

工业革命所造成的全球气候变暖，最重要的影响是地球水循环系统的紊乱。地球表面温度每升高一度，大气保水量将增加 7%。这将导致水分布的根本性变化。虽然降水强度会增加，但是降水时间会减少，频率会降低，地球生态系统将变得非常不稳定和无序，其结果就是更多的水灾和更多的干旱，更多的极端性气候和灾害。

地球变暖的另一个严重后果是海平面的上升和海岸线的消失。科学家估计，21 世纪内，一些著名的旅游胜地小群岛，譬如印度洋上的马尔代夫群岛、太平洋上的马绍尔群岛，将会彻底沉入海水之下。

到2050年，世界许多著名雪山的积雪将会至少融化60%。须知世界上至少有10亿人的日常生活和生产用水依靠这些雪山。半个世纪之后，许多国家将在面临严重水灾和飓风毁灭的同时，面临着严重的干旱和缺水。水资源危机对人类的危害绝不亚于能源危机、粮食危机和任何形式的金融货币和经济危机，水资源危机将会直接威胁人类的基本生存，各国和地区围绕日益枯竭的淡水资源的争夺，甚至会引爆地区性冲突和战争。

地球变暖还有一个超出人们想象的后果，其严重程度足以真正毁灭整个地球的生命，人类自身当然在劫难逃。这个后果就是地球变暖引起地球表面永久冻土层的融化。地球的永久冻土层不仅保存着大量的淡水资源，而且是大量有机物的栖息地。根据联合国政府间气候变化专门委员会的第四次评估报告，全球气候变暖正在导致永久冻土层的融化。永久冻土层的融化会形成全球变暖的“相互强化的反馈机制”。冻土层融化将释放大量二氧化碳，二氧化碳进入大气层又会导致地球温度急剧上升。《自然》杂志发表的研究报告曾经指出，由于地球变暖，地球冻土层正在以惊人的速度融化，大量二氧化碳和甲烷排入大气层中。

2014年2月5日，世界气象组织发布报告，2013年成为有现代气象记录以来的全球第六热年份，该年度全球陆地与海洋表面气温较20世纪下半叶平均气温值高0.5摄氏度。根据该报告，2013年全球陆地与海洋表面气温比1961~1990年全球气温平均值高0.5摄氏度，较21世纪头10年全球气温平均值高0.03摄氏度，2013年与2007年并列为有气象记录以来的全球第六热年份。澳大利亚等地出现了有气象记录以来的地表最高温度。海洋方面，大澳大利亚湾及周围海域、太平洋东北部及中南部海水“异常”温暖，而全球大部分海洋表面温度都出现了自2010年以来的最高值。世界气象组织秘书长米歇尔·雅罗说："2013年全球气温与长期以来气候变暖的趋势相一致，考虑到目前创纪录的温室气体排放量，全球升温或将长期持续。"

世界气象组织的数据显示，全球有气象记录以来的14个最热年份中，有13个出现在21世纪，其中2010年与2005年并列为有气象记录以来的最热年份，其全球地表温度高出长期平均值0.55摄氏度。

很显然，如果全球气候变暖的"相互强化的反馈机制"不能得到迅速遏制，短短几十年时间里，人类的生存环境就将面临异常严峻的考验，地球上的生命有可能全部消失！这才是人类面临的真正危机。与生态危机和生命危机相比，债务危机、金融危机、货币危机和经济危机只能算是沧海一粟，甚至算不上什么危机！

我们无法列举全球气候变暖的所有事实及其对各国和不同地区的影响。然而，仅仅上述一些基本事实，足以让我们警醒：任何研究经济学和社会科学的人，都不能忽视工业革命和经济增长对地球生态系统的严重负面影响。毕竟，如果地球生态系统和生命消失，任何所谓的增长、进步和财富都将变得毫无意义。

第四章　收入差距和贫富分化

2014 年 4 月，一部名为《21 世纪资本论》[①]（英文版）的经济学著作刚一出版，迅即跃登亚马逊书店榜首，成为美国最火爆的畅销书之一，甚至掀起了所谓的“皮凯蒂旋风”。该书作者是年轻的法国经济学者托马斯 · 皮凯蒂，书的主题则是发达国家 100 多年来的收入差距和贫富分化演变史。基于 20 多个发达国家长达 100 多年的收入分配和贫富分化历史数据，《21 世纪资本论》给出了一个相当阴暗甚至恐怖的预言：如果任其发展下去，资本积累的力量必将创造一个极端不平等、极端不流动甚至极端不民主的社会。皮凯蒂声称：“过去将吞噬未来！”[②]

有评论者惊呼：皮凯蒂的著作戳破了美国人的“美国梦”。还有评论者写道：人们之所以疯狂地购买这部著作，并不是因为他们有兴

---

① 《21 世纪资本论》中文版已于 2014 年 9 月由中信出版社出版。——编者注

② Thomas Piketty, *Capital in the Twenty-First Century*, translated by Arthur Goldhammer, The Belknap Press of Harvard University Press, 2014.

趣深入研究收入差距和贫富分化的经济学问题，而是他们渴望知道自己为什么贫穷或者自己为什么不那么富裕！

“皮凯蒂旋风”席卷美国，而且大有席卷整个世界之势，它彰显了收入差距和贫富分化问题之重要性和敏感性。事实上，每年都有许多讨论收入差距和贫富分化问题的文章和专著问世，许多著作都相当畅销，尽管畅销的程度比皮凯蒂的著作要逊色得多。譬如，诺奖得主斯蒂格利茨 2012 年出版的《不平等的代价——今日分裂的社会如何威胁我们的未来》，很快就跃升《纽约时报》畅销书榜榜首，2013 年再版之后，依然颇受欢迎。

2013 年，美国《外交》杂志 2013 年第一期发表美国学者杰里 · Z · 穆勒（Jerry Z. Muller）的长篇文章《资本主义和收入分配不公》，文章开篇就说：“近些年，有两件事情支配着美国和其他资本主义民主国家的政治辩论舞台：一是经济不公平的日益恶化，二是政府究竟应该采取何种措施来解决这个问题。”[①]同年 7 月，英国《经济学人》杂志发表分析全球收入差距和贫富分化日益恶化的长篇报告。早在 70 多年前，凯恩斯就在《通论》的结尾写道：“当代人类经济社会的突出缺陷：一是无法实现充分就业，二是财富和收入分配极其武断和不公平。”[②]

收入差距和贫富分化，从来都是资本主义经济制度最令人诟病和最令人憎恶的“罪中之罪”。

---

① Jerry Z. Muller, “Capitalism and Inequality: What the Right and the Left Get Wrong,” *Foreign Affairs*, March/April, 2013.

② John M. Keynes, *The General Theory of Employment, Interest and Money*, Macmillan & Co. Ltd., 1936.

从第一次镀金时代到第二次镀金时代

实际上，自有人类历史记录以来，收入差距和财富分配始终是人类社会面临的棘手难题。经济快速增长将扩大收入分配差距，似乎是一个不可抗拒的趋势或规律。公平和效率，就像一对性格迥异的孪生兄弟，永远也无法实现真正的和谐共处。探索和阐述收入和财富分配制度的公平和正义，寻求确保公平和公正的收入和财富分配规律和法则，始终是很多经济学者毕生追求的目标。

古典经济学者里，最重视分配问题者首选李嘉图。1820 年 10 月 9 日，李嘉图致信给他亲密的学术朋友马尔萨斯："阁下以为政治经济学的研究对象是财富的原因和性质。恕我不能苟同阁下的高见。依我之见，政治经济学的研究对象应该是国民财富如何在参与创造国民财富的不同阶级之间进行分配。关于国民财富的总量及其增长，没有任何规律可循；至于国民财富如何依照某种比例进行分配，则可以找到某种差强人意的正确规律。光阴荏苒，日月如梭，我为此日思夜想，废寝忘食。时间每过一天，我就更加坚信，探索国民财富的总量及其增长规律，完全是徒劳无功和痴心妄想，探索国民财富的分配规律才是政治经济学这门科学唯一的真正的目标。"①

李嘉图对收入分配规律的卓越深邃的见解深刻影响了马克思。从收入和财富分配角度看，全部《资本论》就是要探寻收入和财富分配的公平原理和正义法则。马克思以毕生精力所证明的劳动价值理论、剩余价值学说、生产相对过剩原理、资本家剥削和无产阶级被剥削、工资铁律和产业后备军等诸多命题，无不饱含他对资本主义经济制度

① John M. Keynes, *The General Theory of Employment, Interest and Money*, Macmillan & Co. Ltd., 1936.

不公正收入分配和不合理贫富分化的极端愤怒，无不充满他矢志彻底颠覆资本主义财富分配制度的非凡热情和高远理想。

然而，李嘉图和马克思没有想到，与他们之后的时代相比，他们自己所处时代的收入差距和贫富分化还算是比较合理和公正。当马克思发表《资本论》之时，以欧洲和美国为主角的第一次全球化浪潮正开始进入巅峰时期。历史学者将19世纪后半叶称为第一次全球化时代。拿破仑战争之后签署的《维也纳和约》，缔造了欧洲所谓的“百年和平”，大体上维持了一个相对和平的国际环境。金本位制成为居于支配地位的国际货币体系，促进了自由贸易和自由投资，共同构成第一次全球化时代的基本特征和中流砥柱。全球资金自由流动，跨国投资快速增长，股份有限公司蓬勃兴起，股票市场风起云涌，推动铁路、钢铁、无线电、石油、化工、汽车产业迅猛发展，创造了惊人的产业奇迹和惊人财富，涌现出像巴林、罗斯柴尔德、华宝家族、摩根财团、洛克菲勒、西门子、巴斯夫、法本、本茨、福特、杜邦、范德比尔特等无数的商业巨子和世界富豪。

第一次全球化时代也是人类收入差距和贫富分化急剧扩大的时代。“镀金时代”、“强盗大亨”、“吸血魔鬼”、“垄断鲨鱼”、“货币黑帮”（money trust）、“华尔街贪婪”、“炫耀性消费”、“有闲阶级”、“食利阶级”、“垄断资本”、“金融寡头”等，正是收入差距和贫富分化日益扩大的时代写照。收入差距和贫富分化问题刺激了世界范围内共产主义和社会主义思潮的勃然兴起。德国铁血宰相俾斯麦首创社会福利保障制度，旨在缓解贫富分化导致的社会危机，维持社会的基本稳定，防止欧洲范围的社会主义革命。美国的老罗斯福总统带头掀起所谓“进步主义”的改革运动，痛下决心清算垄断和托拉斯，个人所得税被提上议事日程。英国首相劳合·乔治开始大肆宣扬所谓“人民财政预算理念”，费边社会主义学派的改良主张风靡世界，累进制个人所得税体系迅速成为全球潮流。很大程度上，美国的进步主义运动一直延续到富兰克林·罗斯福总统开启著名的“新政”，重塑美国经济制度……所有这一切，皆源自19世纪后期和20世纪初期镀金时代和流氓大亨时代的收入分配和贫富分化问题。收入差距日益扩大，财富分配两极分化，导致社会撕裂和政治危机，严重威胁社会稳定，迫使各国政府开始了一系列的经济政策革命，目的就是要维持经济社会的平稳运行。

第二次世界大战之后，充分就业、物价稳定、全民福利成为西方发达国家经济政策的三大基本目标。随着各国经济从战争废墟里迅速崛起，普通劳动者的收入水平和财富规模得到快速提高，欧洲许多国家开始建设全面的福利制度和福利社会，收入差距和贫富分化问题似乎逐步得到解决，不再是经济政策的头等大事。稳增长和控物价则成为各国经济政策的优先目标。宏观经济学著名的菲利普斯曲线——失业率和通货膨胀之间的此消彼长替代关系——异常简洁地概括了“二战”之后西方世界经济政策的基本课题。

然而，起自20世纪70年代的第二次全球化时代，似乎注定要成为第二个镀金时代和流氓大亨时代。1980年以来，收入差距和贫富分化不仅日益成为各国内部的重要社会问题，而且成为一个全球性重大问题。从全球角度看，收入差距和贫富分化表现为富国越来越富，穷国越来越穷。发达国家与发展中国家的人均收入差距不仅没有缩小，反而有日益扩大之势。从每个国家内部看，收入差距和贫富分化表现为极少数人占有越来越多的财富，极少数人享受越来越高的收入。这就是今日各国辩论的焦点——所谓“1%问题”。

“1%问题”：精英和巨富，靠继承还是靠创业？

当代社会，人们对收入差距和贫富分化的讨论，主要集中在所谓的 1%问题，即 1%的人群（人口或家庭）的收入和财富占一国收入和财富的比例。[①]收入是一个流量概念，即一定时期内个人或家庭所获得的收入；财富则是一个存量概念，即个人或家庭所有资产（房地产、股票、债券等）的市值总和。

所谓“1%问题”，即 1%人群所享有的收入或财富占全部国民收入和财富的比例，称为 1%占比。有统计数据表明，美国 1%人群所占国民总收入的比例，从 1976 年的 9%上升到 2011 年的 20%。另外的统计数据表明，1973 年，20%最富有美国家庭的总收入占美国全部家庭收入的 44%，2002 年该比例上升到 50%，2010 年上升到 53%。与此同时，1973 年，20%最贫穷的美国家庭的总收入占美国全部收入的比例为 4.2%，到 2002 年，该比例下降到 3.5%，到 2010 年，进一步下降到 3.2%。这些比例的下降是相当显著的。如果考虑到财富是存量，收入是流量，实际上，财富总量的两极分化则比收入分配的两极分化要严重得多。[②]

还有统计数据表明，目前美国 10%最富裕的人群拥有美国 78%的财富，40 年前，该比例还只有 48%。尤其是过去 30 多年以来（即

---

① 参与辩论的学者对 1%的定义并不完全一致，有的指家庭总数的 1%，有的指全部人群的 1%，有的指全部“收入获得者”的 1%（即所有能够赚取收入的人群的 1%）。除非明确指 1%家庭，都简要称为“1%人群”。所谓 1%占比，有时指收入占比，有时指财富占比。文中根据数据来源不同，会有分别的说明。

② Facundo Alvaredo, Anthony B. Atkinson, Thomas Piketty, and Emmanuel Saez, “The Top 1 Percent in International and Historical Perspective,” *The Journal of Economic Perspectives*, Summer 2013, pp. 3–21.

1980年以来），美国社会的财富集中度显著提高。其他国家也呈类似趋势。1980~2007年，美国和英国1%人群的财富占比增长135%，澳大利亚增长105%，加拿大增长76%，新西兰增长39%。相反，同期欧洲大陆和日本的1%人群收入和财富占比没有出现显著增长或没有增长。[①]

统计数据表明，19世纪后期到21世纪初期，美国和其他发达国家的收入差距和贫富分化呈现U形曲线，即第一次收入差距和贫富分化的高峰是19世纪后期到20世纪初期，1928年是高点，之后收入差距和贫富分化逐渐缓和，一直到20世纪70年代。1980年之后，收入差距和贫富分化再次开始逐渐扩大，2007年达到新的高点。为什么1980年之后，收入差距和贫富分化出现急剧扩大的趋势？这是值得高度关注和深入研究的一个重要现象。本书给出的基本解释是，1980年之后，全球金融资本主义迅速崛起，虚拟经济和虚拟资本过度扩张，三个两极分化（信用分配两极分化、虚拟经济和实体经济两极分化、真实收入和财富分配两极分化）相互强化，是导致收入差距扩大和贫富分化加剧的核心力量。

与美国相比，欧洲那些实施高福利制度的国家，其收入差距和贫富分化程度相对较小。然而，即使是欧元区最强大的经济体德国，收入分配和贫富分化也成为一个日益引起高度关注的社会问题。根据德国劳工部2010年的官方数据，德国最富有的10%家庭占有国家全部财富的比例，已经从1998年的45%上升到2008年的53%，而近半数

① Joseph E. Stiglitz, *The Price of Inequality: How Today's Divided Society Endangers Our Future*, W. W. Norton & Company, 2013.

的贫穷家庭，拥有财富的比例不到1%。①

2008年金融危机之后，收入差距和贫富分化问题更加严峻，更加突出。金融危机爆发之后，93%美国民众的资产净值持续缩水，而7%的美国富人的财富却在持续快速增加。

金融危机之后的时期，竟然是自1928年以来，美国富豪们的收入占国民收入的比例增长最快的时期。2008年金融危机之后的5年时间里，美国1%的人群拿走全部国民收入的20%。30多年前，1%人群的收入总和占全部国民收入的12%。2007年，美国最富裕0.1%家庭的平均年收入是其余90%家庭平均年收入的220倍。1%美国家庭拥有美国全部财富的1/3。2002~2007年，美国国民收入的净增量里，1%家庭拿走65%以上。②

金融危机之后，经济复苏所创造的收入净增长，1%的家庭拿走了93%。穷人和中产阶级的收入则完全没有增长，财富（主要是房地产）反而大幅度缩水。

美国大公司首席执行官的平均工资是普通工人平均工资的243倍。金融危机之后，最富有1%人群（家庭）的财富总额达到美国普通家庭平均财富的225倍。1962~1983年，这个比例是110倍。1979年之后，1%人群拿走全部资本收入（股票、债券等金融资产的收益）的95%，其余95%的人群获得的比例不到3%。与此同时，普通中产阶级家庭的收入却没有任何增长。事实上，1980年之后的差不多1/3

① Facundo Alvaredo, Anthony B. Atkinson, Thomas Piketty, and Emmanuel Saez, “The Top 1 Percent in International and Historical Perspective”, *The Journal of Economic Perspectives*, Summer 2013, pp. 3–21.

② Joseph E. Stiglitz, *The Price of Inequality: How Today’s Divided Society Endangers Our Future*, W. W. Norton & Company, 2013.

个世纪里，美国普通男性全职工人的收入一直停滞不前。

2007年，1%人群平均税后年收入达到130万美元，20%最低收入人群的平均年收入则只有17 800美元。1%人群一周所获得的收入，比20%最低收入人群一年的收入还要高40%。0.1%最高收入人群一天半的收入，相当于90%低收入人群一年的收入。20%最富有人群一年的收入总和超过其余80%中低收入人群年收入的总和。①

1970年之后的40多年里，尤其是1980年之后的30多年里，收入差距和贫富分化日益剧烈，2000年之后尤其如此。1980年之后的30多年里，1%人群的年均收入上涨了150%，0.1%人群的年均收入上涨了300%，90%低收入人群的年均收入却只增长了15%。1950~1970年是收入差距和贫富分化逐步缩小的时期。1970年之后，形势开始逆转。随着"里根经济学"、自由放任、金融自由化的快速推进，收入差距和贫富分化也日益严重。

在针对所谓"1%问题"的激烈争论中，美国金融业精英阶层的收入增长尤其引发关注。金融从业人员的高收入成为收入差距扩大和贫富分化加剧的重要原因。

根据统计，美国前25名对冲基金经理的年平均收入从2002年的1.34亿美元剧增到2012年的5.37亿美元（皆以2010年的美元计算）。他们的收入甚至达到美国0.1%精英阶层年均收入的116倍。自2004年开始，排名前25的对冲基金经理每年的收入总和均大于标准普尔500家最大上市公司首席执行官的全部收入总和。2010年，排名前25的基金经理的总收入是标准普尔500最大公司首席执行官总

① Josh Bivens and Lawrence Mishel, "The Pay of Corporate Executives and Financial Professionals as Evidence of Rents in Top 1 Percent Incomes," *The Journal of Economic Perspectives*, Summer 2013, pp. 57–79.

收入的 4 倍。

风险投资和私募基金经理的收入同样出现快速增长。20 世纪 80 年代，美国私募基金行业的年管理费收入不过 10 亿~20 亿美元。1996~1998 年，年管理费上升到 100 亿美元，1999~2000 年急剧上升到 200 亿美元水平，2001~2002 年有所下降。2005~2011 年，私募基金年均管理费收入高达 340 亿美元（以上皆以 2010 年美元计算）。10 年时间里，私募基金管理费收入净增长 3 倍多。一般而言，私募基金年费率是 1.5%。风险投资年费率是 2%，同时分享基金 20% 的利润。据此推算，到 2011 年，美国私募基金管理的资产已经高达 2.3 万亿美元。2012 年，著名的凯莱基金三位创始人共获得 3 亿美元收入，黑石基金创始人的收入达到 2 亿美元，KKR 两位创始人各自收入达到 1.3 亿美元。

风险投资基金的管理费 20 世纪 90 年代大约为 10 亿~40 亿美元，世纪之交的互联网泡沫时期剧增到 300 亿美元，2000 年甚至达到 700 亿美元，2001~2004 年锐减到 40 亿~50 亿美元。2004~2007 年以及金融危机之后的几年内，年管理费收入维持在 100 亿美元左右。据此推算，目前美国风险投资基金规模大约为 5 000 亿美元。①

美国 1% 人群收入的快速增长与金融市场的快速增长紧密相关。2011 年，美国 1% 的人群获得全部市场收入的 19.8%（包括劳动收入、企业收入、资本收入和资本利得）。该比例在 1928 年曾经达到最高值（23.9%），20 世纪 60 年代和 70 年代下降到 10%，然而从 80 年代开始，该比例持续上升，2007 年达到峰值（23.5%），2009 年下降到

① Josh Bivens and Lawrence Mishel, "The Pay of Corporate Executives and Financial Professionals as Evidence of Rents in Top 1 Percent Incomes," *The Journal of Economic Perspectives*, Summer 2013, pp. 57–79.

18.1%，2011 年上升到 19.8%（与 1998 年和 1999 年相当）。显然，1% 收入比达到峰值的两年恰好就是金融市场投机的巅峰时期（1928 年和 2007 年），也就是金融危机即将爆发之前的时期。

目前，研究者对 1% 问题达成了一些基本共识。一是 1% 人群所享有的收入占总收入的比例确实持续上升，无论采取哪种收入统计口径皆得出同样结论。二是 1% 收入比也呈现出高度波动态势，金融市场繁荣之时，该比例就上升；金融市场萎靡之时，该比例就下降。三是税收和转移支付对于遏制 1% 收入比的上升确实有一定效果。譬如根据美国国会预算办公室的数据，2009 年税收和转移支付之后的 1% 人群收入比大体与 1987~1988 年、1996 年和 2001 年的 1% 人群收入比相当。①

在围绕收入差距和贫富分化的激烈争论里，极少数人的巨额财富格外引人注目。根据美国《福布斯》杂志最富 400 人的财富数据，1982 年的财富总和达到 2 140 亿美元，1992 年达到 4 830 亿美元，2001 年达到 1.197 万亿美元，2011 年达到 1.525 万亿美元，分别相当于美国全部股票市值总和的 7.0%、7%、7% 和 8.5%。

由此引发的问题是：如此巨额财富究竟如何得来？是依靠财富继承还是依靠自主创业？有研究者认为，财富明星们所积累的巨额财富主要源自个人创业的勤奋和努力。

《福布斯》最富 400 人里，第一代创富者的比例从 1982 年的 40% 上升到 2011 年的 69%。财富继承延续四代、五代和六代以上者

① Joseph E. Stiglitz, *The Price of Inequality: How Today's Divided Society Endangers Our Future*, W. W. Norton & Company, 2013.

几乎没有！[①]最富 400 人里，其上一代也同样富有的比例从 60% 下降到 32%。2001~2011 年，第一代创业致富的比例略微上升，生来富有的比例略微下降。总体而言，过去 30 多年来，创业致富的比例呈现上升趋势，继承财富并使之增加和纯粹依靠继承财富的比例呈现下降趋势。其实早在 20 世纪 30 年代，经济学家熊彼特就曾经分析过欧洲"富不过三代"的案例和原因。[②]

人们认为，教育的普及和教育质量的提升是财富增长的重要源泉。在《福布斯》400 富豪里，大学毕业生所占比例从 1982 年的 77% 上升到 2011 年的 87%，辍学者的比例从 6% 上升到 8%（著名的辍学致富者包括盖茨和扎克伯格），完全没有任何大学经历的富豪比例则从 17% 下降到 5%。

产业转移和新产业的涌现，同样是制造巨额财富的重要力量，其中金融业的贡献最为显著。从财富的行业分布来看，1982~2011 年，金融和投资占财富的比例上升最快，大约上升了 16 个百分点，技术（计算机和医药）上升了 11 个百分点，零售和酒店上升了 10 个百分点，能源下降了 12 个百分点，不动产下降了 10 个百分点。如果从增加值角度计算，计算机技术领域的财富比例上升最多。具有技术含量的行业所占财富比例从 1982 年的 7.3% 上升到 2011 年的 17.8%。从增加值角度计算，技术所占财富比例从 1982 年的 7.1% 急升到 2011 年的 25.5%，超过《福布斯》400 财富之和的 1/4。[③]

① Steven N. Kaplan and Joshua Rauh, "It's the Market: The Broad-based Rise in the Return to Top Talent", *The Journal of Economic Perspectives*, Summer 2013, pp. 35–57.

② Ibid.

③ Ibid.

新镀金时代：全球性的收入差距和贫富分化

类似的1%现象，不仅美国相当显著和日益严重，其他国家也不同程度地存在，与美国经济模式类似的国家如英国、加拿大、澳大利亚、新西兰等，收入差距和贫富分化呈现出与美国类似的趋势。新兴市场国家如中国、印度、巴西等，收入差距和贫富分化快速扩大。苏联解体之后的俄罗斯，收入差距和贫富分化急剧扩大的程度举世知名。南非则一直是世界上贫富分化最严重的国家，基尼系数位居全球之最，这当然是长时期殖民统治时代“种族歧视”政策留下的恶果。

不仅如此，就连以高税收和高福利制度著称的斯堪的纳维亚国家如瑞典和挪威，也出现1%人群问题，收入差距和贫富分化也开始大幅上升。

收入差距和贫富分化急剧扩大的一个具体表现，就是全球超级富豪数量快速增加。根据《福布斯》杂志统计，到2013年，资产超过10亿美元的超级富翁，美国达到421人，俄罗斯96人，中国95人，印度48人。少数世界巨富的财富甚至超过600亿或700亿美元（包括微软创始人盖茨，墨西哥电信巨头卡洛斯，股神巴菲特等）。印度首富穆克什·安巴尼（Mukesh Ambani）斥资兴建占地4万平方英尺、楼高27层、位居孟买市中心的豪华私宅，总面积等于普通百姓住宅的1 300倍，轰动一时，其极尽奢华的程度与孟买著名的贫民窟形成鲜明对照，成为当代财富神话和贫富分化的鲜明象征。

美国人将20世纪70年代之后的40多年与19世纪后期到20世纪初期的40多年相提并论，称为“第二次镀金时代”，后者为“第一次镀金时代”。

第一次镀金时代里，美国有许多称号来形容暴富的大亨们，譬如

“强盗大亨”（robber barron）、“土豪”（new money）等。以著名的铁路和运输巨头范德比尔特家族为例，1889 年，该家族斥资兴建占地 17.5 万平方英尺（约合 1.6 万平方米）、拥有 250 个房间、建筑和装饰风格模仿法国皇家庄园的家族公馆。公馆总面积相当于美国普通家庭的 300 倍。那是美国普通家庭连自来水和电力都没有的时代，范德比尔特公馆却拥有中央供暖、室内游泳池、电梯、保龄球馆和内部通信系统。镀金时代强盗大亨们的巨额财富和穷奢极侈，直接推动了美国进入以遏制收入差距和贫富分化为基本诉求的所谓“进步时代”，反垄断、反托拉斯、反华尔街、反金融控制、限制工作时间、最低工资立法、个人所得税、社会保障和福利制度等现代社会的一切制度，都是从所谓进步时代开始露出端倪的。

根据多渠道的统计数据，与第一次镀金时代相比，第二次镀金时代的财富集中和分化速度有过之而无不及。1980 年以来，1% 最富人群占国民收入的比例从 10% 直线上升到 20%，重新回到 20 世纪初期财富分化和集中的最高程度。16 000 个家庭（仅占美国人口的 0.01%）的年均收入超过 2 400 万美元，占全部国民收入的比例从 1980 年的 1% 急升到 5%，超过 100 年前的水平。

收入差距和贫富分化急剧扩大，已经是一个全球性的普遍现象。全球许多国家的基尼系数均快速上升。

1980~2012 年，美国基尼系数从 0.3 上升到 0.39，英国从 0.28 上升到 0.34，德国从 0.22 上升到 0.32，印度从 0.32 上升到 0.34，中国从 0.28 上升到 0.42（还有统计渠道说是 0.48）。非洲和拉丁美洲历史上一直是贫富分化最严重的地区，虽然过去 30 多年来基尼系数有所下降，却仍然维持极高水平。譬如南非大约为 0.6，巴西约为 0.54。北欧斯堪的纳维亚国家是收入和财富分配比较平均的国家，基尼系数平均约为 0.25，不过即使是瑞典，过去 30 多年来，基尼系数也从不到 0.20 上升到超过 0.25。

库兹涅茨曲线：U 形还是 N 形？

收入差距、贫富分化与经济增长究竟是什么关系呢？1980 年之后，全球范围内的收入差距和贫富分化扩大是否是经济快速增长的必然结果？这是当今辩论收入差距和贫富分化问题首先需要回答的问题。

1955 年，美籍白俄罗斯经济学家、哈佛大学教授西蒙·库兹涅茨发表论文，提出关于收入差距和经济增长之间关系的曲线，即著名的“库兹涅茨曲线”，曲线大体呈 L 形。根据该曲线，工业化初期，收入分配和贫富差距会扩大，随着工业化接近完成，多数人受到良好教育，人力资本积累降低收入差距，同时民众会不断要求政府大力改进收入分配，收入差距和贫富分化会下降。

1980 年之前，尤其是 1950~1970 年，发达国家的收入差距和贫富分化似乎验证了库兹涅茨假说，收入差距和贫富分化逐步缩小。然而，1970 年尤其是 1980 年之后，库兹涅茨曲线似乎变成了 N 形，即收入差距和贫富分化先扩大、随后下降，然后又开始急剧扩大。

收入差距和贫富分化成为全球普遍高度关注的重大问题。2010 年源自美国、席卷全球的“占领华尔街”运动，让矛盾再度直指华尔街金融巨头。历史上，美国普通民众抗议华尔街的运动多次爆发，起因无一例外都是贫富分化。金融危机之后，美国民众对华尔街再度表达极度愤怒。金融巨头们借助金融投机大发横财，搞出史无前例的金融危机，凭什么政府要拿巨款（纳税人的钱）去救助他们？他们却反而继续享受着天文数字般的薪水和奖金？ 2012 年美国总统大选，辩论的焦点就是是否应该对富人征收重税，政府是否应该更多地救助穷人和如何救助。法国新当选的“平民总统”试图强征“富人税”，税率将高达 75%。西班牙和葡萄牙政府也出台类似政策，并且成为财政紧缩政策的组成部分。

收入差距和贫富分化同样是新兴市场国家政府高度关注的议题，甚至是头号政治议题。印度新政府发誓要创造“包容性增长”，坚决遏制“裙带资本主义”。巴西几届政府都将减少饥饿和贫困作为执政的首要任务之一，大幅度增加减贫、脱贫、教育和医疗开支，为低收入人群提供更多保障和机会，并且取得相当不错的成效。中国领导人致力于建设“和谐社会”和“包容性增长”，核心内容之一就是收入分配体制改革，包括坚决遏制和打击权钱交易、以权谋私、权力寻租、侵吞国有资产等。

不仅国家内部的收入差距和贫富分化日趋严重，国与国之间，尤其是发达国家和新兴市场国家之间、穷国和富国之间的收入差距和贫富分化同样日趋严重。

根据世界银行和其他机构的统计数据，全球范围内，发达国家与发展中国家人均收入差距从 1980 年的 5.6 倍扩大到 2010 年的 7.8 倍。当然，这是一个平均数对比，个别国家譬如中国的情况则恰好相反，中国人均收入与发达国家人均收入水平之差距，从 1980 年的 52 倍缩小到 2010 年的 9 倍。然而，如果从综合财富指标考核，再考虑工作时间长短和社会福利保障程度，中国与发达国家的差距远远不止 9 倍。尽管如此，多重实证数据和观察结果表明，即使是创造了惊人经济奇迹的中国，与发达国家相比，同样存在着人均收入和财富水平增长速度低于生产力增速、国内生产总值增速、贸易增速的情况，存在着某种程度的“贫困性增长困境”，即生产越多、出口越多，获得的真实财富却相对越少。

新兴市场国家的贫富分化

与美、欧等发达经济体相比，新兴市场国家的收入分配差距和财富分配两极分化状况要严重很多。某种程度上，这种趋势符合库兹涅茨曲线的理论。新兴市场国家处于经济快速增长和转型阶段，收入差距和贫富分化必然呈现扩大的趋势。

以中国为例。根据王小鲁和胡永泰 2011 年发表的著名论文《中国家庭隐瞒收入的大小及分布》的估算结果，中国居民收入分配不均的程度要比官方统计数据所显现的严重得多。中国 10% 最富有居民的收入，是最贫穷的 10% 居民收入的 65 倍，远远不是官方统计的 23 倍。中国国内居民收入分配不均的程度正在逐年上升。根据几所大学和研究机构联合举办的跟踪抽样调查结果，2002 年，10% 最富裕中国人拥有中国全部财富的比重是 47%，到 2011 年，该比例已经上升到 86.7%。

许多类似研究结果均表明，改革开放以来，我国收入分配不均的状况持续恶化。中国的基尼系数从 20 世纪 80 年代低于 0.3 的水平上升到近年的 0.48。2012 年，有机构估计中国的基尼系数已经达到 0.55，成为全球收入差距和贫富两极分化最严重的国家之一。与此同时，有研究者将全部居民按收入水平分成 5 组，收入最高的 20% 居民组与收入最低的 20% 居民组的差距，从 2000 年的 3.6 倍上升到 2008 年的 5.7 倍。在中国农村，最高和最低收入两组之间的差距，则从 2000 年的 6.5 倍上升到 2008 年的 7.5 倍。

从全球范围来看，非洲和拉美一些国家譬如南非、巴西、智利、阿根廷、哥伦比亚等，贫富差距长期高居全球之冠，这正是“拉美化”经济模式的必然后果。依照基尼系数估算，亚洲各国和地区里，中国内地和香港、新加坡均属于贫富悬殊最严重地区之列。尽管基尼系数的估算不可能严格准确，然而，各国尤其是新兴市场国家收入差距扩大和贫富两极分化情况愈演愈烈，应该是不争的事实。

中国的收入差距和“1%问题”

中国收入分配的严重失衡有三个重要特征。一是从宏观角度看，收入分配的严重失衡体现为政府收入占国内生产总值的比例持续上升，居民个人可支配收入占国内生产总值的比例却持续下降。二是从老百姓收入结构看，收入分配的失衡体现为收入分配差距急剧扩大。无论是按基尼系数测算，还是其他各种抽样调查和直观观察结果，都表明收入差距扩大和贫富分化加剧是不争事实，也是老百姓强烈不满的首要社会问题。

如果收入差距扩大和贫富分化加剧是源自合法收入增长，则不太会引起全社会普遍的强烈不满。造成我国收入不公和贫富分化日益恶化的直接原因，是各种非法和灰色收入快速增长，包括各种腐败、以权谋私、钱权交易、低价变卖或侵吞国有资产等，让少数特权分子牟取巨额利益。垄断特权、资产泡沫、不公正竞争，也是收入差距和贫富分化的重要原因。如此造成的收入差距和贫富分化，老百姓意见最大，抱怨最多。其实百姓并非天生仇富，更不是不加区别地盲目仇富。

综合分析统计数据，自 20 世纪 90 年代以来，在国民可支配收入构成中，企业和政府部门收入总体占比呈上升趋势，家庭和个人收入占比总体呈下降趋势。截至2012年底，企业部门收入占国民可支配收入的比重为21.5%，比1992年上升9.8个百分点；政府部门收入占国民可支配收入的比重为18.2%，比90年代以来的低点（2000年为14.7%）上升3.5个百分点；家庭和个人收入占国民可支配收入的比重为60.3%，比1992年下降8.0个百分点。

根据国内生产总值收入法估算，初次分配里，我国居民薪酬收入占国内生产总值的比重，1995~2007年一直呈下降趋势，从1995年的53.16%下降到39.74%，竟然下降了13.42个百分点！其中2004~2007年，从46.14%下降到39.74%；2007~2008年略有好转，上升到46.62%。然而，2009~2011年，居民薪酬收入占比又从46.62%下降到44.94%。

再分配之后，我国居民可支配收入占国内生产总值的比例从2002年的65%下降到2008年的57%，下降8个百分点，最近几年仍维持持续下降态势，目前占比大约为51%。政府收入占比则从17.52%上升到21.28%，上升近4个百分点。企业收入占比维持较快增长，增长9个百分点，从18%上升到27%。

为什么居民可支配收入占国内生产总值比重持续下降？主要原因有二。一是广大农民收入占比持续下降。城市化和工业化过程里，原本应该属于农民的土地增值收入，绝大部分被政府和企业占有。据统计，2001~2010年，全国土地出让收入从1 300亿元剧增到2.7万亿元，增长近20倍（这当然只是部分统计，实际土地出让收入远远大于这个数字）。然而农民获得的征地和拆迁补助收入平均仅占土地出让收入的37%。辽宁、浙江、河南三省征地补偿费占土地收入的比重，分别只有10.37%、2.91%和12.99%。围绕土地拆迁的各种纠纷和群体性事件层出不穷，关键就是农民的利益受到严重侵犯甚至赤裸裸的掠夺。

二是城市居民收入占比也持续下降。首先是薪酬收入偏低。我国虽然已经是世界第二大经济体，第一出口大国，由于绝大多数产业处于全球产业链中低端，产业工人的收入仍然非常低。按照人均小时工资计算，我国人均工资收入仍然只有发达经济体平均水平的 1/14，相当于美国的 1/17，德国的 1/16，日本的 1/15，法国的 1/16，俄罗斯的 1/4。其次是财产性收入没有实现稳定增长。股市长期萎靡，许多普通股民一直赔钱。很长时间里，通货膨胀超过同期银行存款利率，居民储蓄存款实际是负利率，相当于国家对普通储户征收了通货膨胀税。1996~2002 年中国平均真实利率为 2.93%。2003 年至今，平均真实利率为 –0.3%。8 年时间 96 个月里，有 52 个月（4 年多）是负利率。有研究机构测算，仅 2011 年，通货膨胀税就高达 1.5 万亿。真实利率每压低 1%，居民消费增长率就下降 0.287%。

我国收入分配问题的另一个最突出表现是贫富分化日益严峻。对于中国的基尼系数，不同机构的估算方法不同，结果差距很大，最低值是 0.48，最高甚至达到 0.61。国际公认的危险线是 0.4。美国是 0.42。根据国家统计局的估计估算，2000~2008 年，我国收入差距一直持续扩大，基尼系数从 0.44 上升到 0.491。虽然近几年收入差距似乎出现了缓慢下降势头，全国基尼系数从 2008 年的 0.491 下降到 2012 年的 0.474（当然许多人不大相信这个数据），我国收入差距和贫富分化问题非常严重，却是不争的事实。

关于中国日益严峻的贫富分化，各种说法很多，都指向一个基本事实，那就是越来越少的人群却控制了越来越多的财富。譬如，调查表明，10%收入最高家庭群体的收入，是 10%最低收入家庭群体的

65倍。2011年《纽约时报》曾经发表文章，说2000年中国财富分配还是二八开，2011年已经变成一九开了。换句话说，10%的人群占有90%的财富，90%的人只占有10%的财富。10%的人怎么构成的呢？其中90%是党政干部及其子女或者亲属；5.5%是海外或者港澳台有亲属的那些人；还有4.5%是经营有方，运气又不错的民营企业家。此类数据可能并不那么准确，却能够从一个侧面反映现实，而且与老百姓的日常观察和感受相符。

还有调查数据表明，我国劳动者人均月收入分布，1 000元人民币以下的人群占35%，1 500元以下的人群占51%。换言之，仅够温饱的穷人占劳动者的一多半。此外，从每年出台的各种富豪排行榜也能看出端倪，巨富群体收入增速远远超过普通老百姓的收入增速。我国近75%的富豪来自房地产、资源矿产及其相关行业，从一个重要角度说明了贫富差距急剧放大的内在原因。

上述因素之外，造成我国收入差距和贫富分化日益严峻的因素还包括：资本有机构成高的第二产业占比上升，劳动密集型产业占比下降。劳动力在收入分配中显然处于弱势地位；要素价格改革迟迟不启动或滞后启动；资本和权贵勾结，官僚资本横行，腐败蔓延；房地产泡沫愈演愈烈，加剧了收入和财富分配两极分化。

收入差距不断扩大，贫富分化日益严重，不仅是重大的经济问题，而且是最重要的政治和社会问题。各国历史经验一再表明，收入差距和贫富分化是导致政治和社会动荡不安的首要因素。社会学者的调查研究表明，收入差距扩大和贫富分化加剧是导致老百姓仇富、仇官、心理失衡、对社会不满乃至群体性事件频繁爆发的核心原因，也是所谓“中等收入陷阱”或“中等收入焦虑”的主要表现。“不患寡而患不均”，并非中国社会独有的现象，而是人类共有的心理。如何确保经济快速增长过程中，收入和财富分配的适度平等和动态均衡，是世界各国都曾经和正在面临的重大难题。中国也不例外。

单纯从促进经济增长角度看，收入差距和贫富分化过大，将直接拖累消费和投资增长。根据经济学基本原理：财富越多的人，边际消费趋向就越小。如果财富过度向少数人集中，必然会严重制约我国的消费增长。实际上，我国目前已经部分出现“富人有钱不消费，穷人消费没有钱”的现象（还有越来越多的中国富人选择到国外消费或购买国外产品）。有学者估计，中国富人的消费趋向只有 62%，穷人的消费趋向为 92%。美国著名的中国经济专家尼古拉斯 · 拉迪的估计结果是：中国居民可支配收入下降解释了中国消费率下降的 75%，预防和储蓄动机只能解释消费率下降的 25%。

收入差距和贫富分化：永无休止的争论和众说纷纭的解释

前面世界各国的多项数据业已表明，过去 40 多年来，全球范围内的收入差距和贫富分化迅速加剧，是不争的事实。争论不休者，是收入差距扩大和贫富分化急剧恶化的内在机制。究竟是什么力量导致收入差距扩大和贫富分化加剧？我们应该容忍收入差距和贫富分化，还是需要采取措施遏制和缓解收入差距和贫富分化？各国学者提出了许多理论假说或解释。

技术进步和技术创新说

该假说认为过去 40 多年来，人类以电脑、无线通信、互联网和生物科技为标志的技术进步和技术创新突飞猛进，掌握核心科技和善用核心科技以创造市场产品的创新者和企业家，自然就会获得史无前例的巨额收入和资本利得。这是资本主义经济制度企业家精神和创新精神的辉煌成就，应该赞美、讴歌、鼓励和发扬光大，绝不应以各种管制和高额税收限制和扼杀。

全球化假说

该假说认为过去40多年来，人类进入崭新的全球化时代，跨国公司以全球为舞台，以世界为市场，举凡能够创造和营销各种产品和服务，以满足世界市场需要的企业和企业家，必定获得高额利润和巨额收入。所以，零售和酒店业成为创造世界巨富的重要行业（以沃尔玛、麦当劳、星巴克、万豪等为代表）。

教育提升人力资本假说

该假说认为过去40多年来，各国教育水平和教育普及程度显著提升，越来越多的人受到越来越良好的教育，教育激发和开掘出人类的天才和潜能。经过良好教育的激发和开掘，某些具备超越天才和潜能的人，就能够更好地把握时代赋予的机遇，开创史无前例的伟大事业，由此获得前人难以想象的巨额财富。

以上三个假说是有关收入差距和贫富分化的正面假说。这些理论都认为，收入差距扩大和贫富分化加剧不是坏事，而是好事。它正是市场竞争活力和企业家创新精神得到褒奖的最佳体现，它正是市场竞争公平和正义的最佳体现，它正是市场竞争效率的最佳体现，绝不能将收入差距、贫富分化与效率对立起来。

有关收入差距和贫富分化的负面假说有：

公司治理失效假说

该假说认为，当代公司治理结构每况愈下，许多公司内部形成相当严重的裙带关系，公司董事会成员往往是公司首席执行官和高管的关系户，他们沆瀣一气，为公司高管们的高额薪水、巨额期权奖励和豪华福利大开方便之门。该假说认为，大公司高管们之所以能够获得天文数字的工资、奖金和福利，并非他们劳动所应得，而是公司内部的私相授受或变相行贿。解决之道就是强化公司的治理结构、强化外部监督、强化法律惩治、征收高额税收。

权力失衡假说

该假说与当代宏观经济学的有效工资学说异曲同工。有效工资学说认为，对于那些具有特殊才能和技能的员工，公司雇主往往愿意支付高于市场均衡水平的工资，以便吸引人才为公司长期服务。公司首席执行官和高管自然属于具有特殊才能和技能者。不仅如此，公司高管们往往反客为主，拥有超强的谈判能力，能够为自己赢得远超其边际劳动产出的工资水平和福利奖金。所以，众多公司高管享有超出员工数十倍乃至数千倍的总收入。解决之道，一是促进和激发职业经理人的市场竞争，二是征收高额税收，以便降低公司高管们蓄意谋求高额回报的动机。

权力寻租假说

该假说认为，少数人所享有的高收入，主要来自他们蓄意扭曲经济制度、蓄意制造制度漏洞、蓄意创造对自己有利的制度安排，以便更大规模和更方便地进行权力寻租。管制垄断、官商勾结、钱权交易、行贿受贿等，皆纳入此假说。解决之道，一是增加制度透明度，二是彻底消除垄断，三是尽量减少管制，四是强化收入申报制度，五是征收高额税收。

富二代或财富王朝假说

该假说认为，收入差距和贫富分化主要来自财富的继承。富二代和财富王朝家庭（家族）凭借先天继承的财富，与普通人站在完全不同的起跑线上，其关系网络、教育资源、商业机会，穷人和中低收入阶层无法望其项背，富人继续成功和创造巨额财富的机会要大得多。

财富王朝代代相传，不仅极大地加剧了社会的收入差距和贫富分化，而且加剧了社会层级的固化或僵化，削弱了社会活力和创新力，剥夺了普通人的机会。解决之道，一是从制度上尽可能确保人人享有平等的教育和工作机会，二是征收高额遗产税或赠予税。

税收制度扭曲假说

该假说认为高收入者之所以能够持续享受高收入，是因为过去40多年来，世界各国纷纷降低累进所得税率，譬如美国20世纪80年代里根总统采纳“供给学派经济学”，将个人所得税的累进税率从最高的78%下降到30%以下，之后长期维持低水平的累进税率。不仅如此，高收入者往往有更多办法避税、偷税或漏税，致使许多高收入者实际所缴税率反而低于中低收入者。解决之道显而易见，那就是强化税收征管，大幅提高税率，严厉打击偷税漏税。

社会习俗或惯例假说

该假说认为，某些社会里一直就有某些故老相传的惯例和习俗（譬如种姓制度、性别歧视、种族歧视、阶层歧视等），导致社会的教育和工作机会严重不平等，导致社会阶层不具有流动性，从而使得收入差距和贫富分化异常严重且代代相传。解决之道自然就是革新社会制度，消除各种歧视。

第五章　人类经济和金融体系的三个两极分化

第四章分析的各种假说，都能部分解释全球性的收入差距和贫富分化现象。然而，上述假说却无法解释 1980 年以来，全球收入差距和贫富分化急剧恶化的基本事实，尤其是无法解释收入差距和贫富分化最典型的特征。第四章已经给出详尽数据，此处再次简要总结一下收入差距和贫富分化的典型特征。

第一，自 19 世纪后期至 21 世纪初期，各国收入差距和贫富分化急剧上升的时期，都是金融市场狂飙突进的时期。以美国为例，1% 人群收入的两个峰值分别是 1928 年和 2007 年，分别位于美国两次疯狂金融投机的巅峰，接着就是股市崩盘和金融危机。这并不是简单的巧合，而是资本积累规律的反映。1950~1970 年，是美国和其他发达国家收入差距和贫富分化稳定下降的时期，该时期各国真实劳动生产力和人均真实收入均快速增长，金融业对国内生产总值和国民收入的贡献维持在很低水平。众所周知，那个时期也是全球金融最稳定的时期，资本流动和金融投机被严格限制，各国货币汇率相互固定，外汇交易和衍生金融规模极小，资产价格（股市和房地产）增长缓慢，没有出现资产价格泡沫和泡沫破灭危机。

第二，纵观全球，尤其是对比欧洲、日本、美国和其他发达国家的收入差距和贫富分化演变趋势，我们发现另外一个重要事实，凡是金融市场发达、金融投机活跃、资产价格泡沫反复出现的国家或地区，收入差距和贫富分化恶化的程度最高。奉行盎格鲁-撒克逊自由和投机资本主义的国家，譬如美国、英国、加拿大、澳大利亚、西班牙、中国香港地区等，收入差距和贫富分化均处于全球发达国家最严重国家或地区之列。相反，奉行实体经济立国、注重遏制金融投机的国家或地区，譬如北欧诸国（德国、瑞典、挪威、荷兰、丹麦等），收入差距和贫富分化相对要小得多。新兴市场国家也有类似规律性现象，凡是出现过金融投机和资产价格泡沫的国家或地区，收入差距和贫富分化往往严重，这不是巧合，而是规律。

第三，从行业收入占全部收入之比、从行业内部从业人员的收入集中度来看，凡是收入差距和贫富分化急剧恶化的国家，金融业占国民收入或国内生产总值的比重均急剧上升。譬如，1980~2007 年，美国金融业占国民收入的比例从 4.9% 上升到 8.3%，1950 年只有 2.8%。其他国家也出现类似上升趋势。与此同时，金融行业巨头总是位居各国最富有的 0.01% 人群之列，包括大银行首席执行官、高管、对冲基金和私募基金经理等。凡是收入差距和贫富分化比较严重和快速上升的国家或地区，金融业的平均收入往往高出其他行业的平均收入，譬如美国高出 70%。这也是一个基本的规律性现象。

第四，凡是收入差距和贫富分化日益严重的国家，流动性金融资产占国内生产总值的比例往往上升最快，比例也最高。美国和英国是发达经济体中收入差距和贫富分化最严重的国家，其流动性金融资产占国内生产总值的比例也最高，上升速度也最快。

新的假说：三个两极分化

如何解释上述规律性的典型事实呢？我认为从收入差距和贫富分化事实本身是无法解释其内在规律的。根据实体经济增长规律和物质资本积累的一般原理，也不能完整解释上述现象。我们需要一个新的理论假说。

我认为，人类经济体系的逐渐演变，尤其是人类货币、金融和信用体系的逐渐演变，已经形成了三个两极分化的体系：信用资源分配的两极分化，虚拟经济和实体经济的两极分化，真实收入和财富的两极分化。三个两极分化互为条件，相互强化，形成一个虚拟经济暴涨、信用资源集中、收入差距扩大、贫富分化加剧的恶性循环。“三个两极分化假说”具有如下重要含义。

第一，收入差距和贫富分化导致信用两极分化，信用分化导致虚拟经济增长，虚拟经济增长反过来推动收入差距和贫富分化。

收入差距扩大和贫富两极分化让财富越来越多地集中到少数人手中；而金融行业天生就具有“嫌贫爱富”、“锦上添花”的特性，金融和信用资源相应地就越来越多地集中到少数富人手中；富人将掌控的信用和金融资源，越来越多地运用到虚拟经济，包括股市投机、地产投机、期货投机、外汇买卖、兼并收购、对冲基金等，必然推动虚拟经济快速增长，虚拟经济快速增长的收益，绝大部分落入富人的腰包。斯蒂格利茨和格林斯潘都指出，2008 年金融危机之后，美国全部新增的国民收入中（包括工资收入净增长和金融资产增值），93% 为 1% 的最富有人群所获得。

第二，虚拟经济与实体经济的背离，是经济体系各个分系统相互循环和相互强化的逻辑起点，也是三个两极分化的逻辑起点。货币信用资源分配的两极分化，则是加剧真实收入分配两极分化与实体经济和虚拟经济两极分化的导火线和催化剂。原因很简单，人类经济体系里的少数富裕阶层和人士、大金融机构、大企业，必然获得信用资源的绝大部分，他们决定了投机性需求和虚拟经济的快速膨胀；占人口绝大多数的低收入阶层和普通百姓则极难获得金融和信用资源，然而，他们却是决定实体经济需求的绝对主体。

第三，虚拟资本或金融资本的积累规律，与物质资本和人力资本的积累规律不同。如果人类的经济增长完全来自物质资本和人力资本的积累，收入差距和贫富分化会呈现逐步下降的态势，这就是经典的库兹涅茨曲线所揭示的道理，也为 19 世纪 20~80 年代世界各国的经验所证明。虚拟资本或金融资本的积累本身，并不创造真实财富，而是协助物质资本和人力资本创造真实财富，虚拟资本则参与财富的分享或分配。这是李嘉图和马克思早已说明的道理，食利者或食利阶级参与剩余价值的分配。如果虚拟资本或金融资本快速积累，增长速度超过物质资本或人力资本的增长速度，那么，它所分享或分配的财富比例就相应增长。某种程度上，金融资本或虚拟资本就从物质资本或人力资本那里“剥削或剥夺”真实财富。这实际上是全球金融资本主义时代里，收入差距和贫富分化加剧的本质，实际上是一种新的剥削形态。

第四，金融资本主义产生之前，特别是货币发行受到外部自然力量制约的时代（即有锚货币时代里），金融资本或虚拟资本的积累往往是一种例外或短期现象，金融资本、虚拟资本、流动性金融资产的增长与物质资本的增长大体协调一致，金融资本或虚拟资本对实体经济或物质资本的“剥削”还不显著。金融资本主义产生之后，尤其是无锚信用货币时代来临之后，虚拟资本、金融资本可以完全脱离物质资本的积累，自我膨胀、自我循环、自我衍生、快速增长。虚拟资本或金融资本参与“分配”或“剥削”真实财富的比例和速度相应快速增长。这个含义其实就解释了为什么 20 世纪 80 年代之后各国收入差距和贫富分化急剧恶化，解释了金融投机最疯狂的时期，收入差距和贫富分化恶化的速度最快。

第五，虚拟资本或金融资本并非被动参与真实财富的分配或分享，而是通过各种方式主动参与真实财富的创造。尤其重要的是，虚拟资本、金融资本或金融资产的分配和价格，往往决定了物质资本和人力资本的价格和分配。古典经济学相信市场利率或实体经济增长率由真实储蓄和投资均衡决定，利率、投资率、经济增长率等，皆有实体经济变量内生决定，与金融和货币没有关系。古典经济学者相信货币长期中性或金融长期中性。其实不然。凯恩斯首先指出投资者的决策变量不是真实变量，而是名义变量，影响投资决策的是货币利率，不是真实利率。现代金融资本主义时代，货币和金融的作用则与日俱增，货币市场和金融市场所决定的利率水平，对实体经济投资具有决定性。因此，虚拟资本或金融资本脱离实体经济、脱离物质资本和人力资本自我循环和快速积累，所形成的利率水平和金融资产价格也就能够完全脱离实体经济的供求关系，从而严重扭曲物质资本和人力资本的积累。

第四章已经详细讨论了收入差距和贫富分化，本章则着重讨论另外两个两极分化。

货币信用资源分配的两极分化

货币信用资源分配的两极分化不仅限于国内，全球范围的货币信用资源两极分化更加严重。从前述“三个两极分化假说”的各个具体含义来分析，全球性的信用资源两极分化、全球性的虚拟经济与实体经济背离，本质上就是掌控全球货币信用资源的发达国家对新兴市场国家的剥削或掠夺。这是全球金融资本主义时代一种新形式的剥削或掠夺。

全球的货币和信用资源主要集中在少数发达国家，美国、欧元区和英国，三个地区是真正意义上的货币和金融超级大国，尤其是美国可以无限创造美元货币和信用资源来分配、购买（剥削或掠夺）全球的资源和财富。

要理解全球意义上的货币信用资源分配的两极分化，我们就必须抛弃封闭和国别经济思维方式，采用开放经济思维方式，从全球经济体系和人类经济体系整体来观察和思考问题。全球化时代需要全球化思维，全球化问题需要全球化解决方案。全球货币信用资源分配的两极分化，源于国际货币金融体系的不对称和失衡。要改变和改革货币信用资源分配两极分化的格局，就必须依靠国际货币金融体系的深刻变革。

从全球经济体系整体来观察，美联储、欧央行和英国有一个基本的共同点：它们是世界储备货币发行国，是全球最主要的金融中心，是老牌的金融帝国主义，是垄断资本主义大本营，是金融资本和产业资本完美结合的发源地。英国垄断全球贸易、产业、经济和金融中心近 200 年，直到 1967 年，英镑仍是高居世界第二位的储备硬通货。“二战”之后，英国经济实力迅速衰落，英国政府处理国际金融和汇率动荡问题一错再错，英镑地位一落千丈。即使如此，英镑仍然是全球主要贸易和金融交易货币之一，伦敦仍然是全球最主要的金融中心之一。伦敦金融中心的许多指标甚至超过了纽约。

根据最新统计数据，英国银行体系的存款总额与该国国内生产总值的比例高居世界第一，为什么会如此之高？主要就是英国银行体系吸收了大量全球资金。英国凭借全球金融中心地位，将全球资金吸引到伦敦，为英国金融企业创造利润，为政府创造财政收入，为国民创造就业，可谓一举多得。

主导当代国际货币金融体系的储备货币，主要是美元和欧元，美元又居于绝对主导地位。我们的时代是美元本位制时代，是美元霸权时代，是浮动汇率时代。我们可以用美元本位制+浮动汇率来概括当代国际货币体系，也可以用“两个 75%、两个 80%、一个 90%”来概括当代国际货币体系：美元和欧元加起来，占全球外汇交易总量的 75%，占全球债券发行总量的 75%，占特别提款权货币篮子的 80%，占全球贸易结算总量的 80%，占全球中央银行外汇储备总量的 90%（美元 64%，欧元 26%）。

国际货币体系不仅仅是一个储备货币发行体系，更是一个全球信用创造体系，一个全球定价体系，一个全球资源配置、收入分配和财富分配体系，一个影响全球产业分工格局的资金和信用资源配置体系。

要深刻认识全球货币和信用创造机制，我们必须从企业资产负债表视角跃升到国家资产负债表视角，去详细分析储备货币中心国家的资产负债表，剖析其对外资产和对外负债的结构和净收益。

根据国际货币基金组织 2011 年的统计数据，截至 2010 年，美国海外资产高达 20.315 万亿美元，负债高达 22.786 万亿美元。欧元区海外资产高达 21.971 万亿美元，负债高达 23.620 万亿美元。英国海外资产高达 14.539 万亿美元，负债高达 14.857 万亿美元。英国国内生产总值规模是世界第七，国际金融资产规模却依然高居世界第二，仅次于美国。

三个地区和国家的资产负债结构清楚地告诉我们，从一个国家的整体看，美国、欧元区和英国本质上就是世界性的庞大商业银行和投资银行，全球经济体系的资金集散中心、信用创造中心、资金配置中心、价格操控中心。凭借储备货币和金融中心地位，它们能够以极低的利率和成本吸收全球资金和存款，然后再拿到世界各地去投资高收益资产，赚取巨额利益。远为重要的是，储备货币中心和全球信用创造中心，让美国、欧元区和英国能够方便地为本国债务（包括国债、地方政府债和公司企业债）融资，避免国家陷入高额外债所造成的“货币错配”困局。

以美国为例，储备货币中心和全球信用中心地位究竟给美国带来了多大利益？当然很难精确测算。然而，单凭美国几乎可以随意印发钞票救银行、救企业、救政府、大肆为赤字融资，单凭外国政府和投资机构持有美国国债超过 6 万亿美元，持有地方政府和公司企业债券超过 5 万亿美元，将如此巨额资金以极低代价借给美国人使用，替美国庞大的军事开支、海外投资和国内消费买单，就可以想象储备货币和金融中心的利益有多么巨大。

假如美国不是世界主要储备货币国家，它遭遇 2007 年和 2008 年那样的金融危机，政府早就破产了，许多金融企业早就完蛋了。然而，伯南克和美国政府却可以坦然肆意增加财政赤字、举借债务、滥发货币来应对危机，全世界的资金还忙不迭去买美国国债。前面已经提到，奥巴马上任以来，每年财政赤字均超过 1 万亿美元，四年累积的财政赤字总额接近 5 万亿美元。2011 年 8 月标准普尔下调美国主权信用级别，举世哗然，然而美国国债收益率不升反降。2011 年第四季度以来，美元甚至变得比黄金还贵，比黄金还“安全”，这正是储备货币中心和全球信用创造中心的超级金融权力和影响力。

欧元区尽管难以与美国抗衡，却同样拥有储备货币和全球信用创造中心的巨大权力和利益。欧元区并非没有手段来挽救欧债危机。欧元区面临的主要麻烦是政治协调艰难，不是金融手段不足。欧元区不是一个统一的主权国家，没有统一的财政政策和支付转移机制，也没有像美国纽约和英国伦敦那样规模庞大和流动性极佳的货币市场和债券市场。

如果从各国内部的信用资源分配格局来看，货币信用资源则主要集中到少数大企业和富裕阶层，中小企业和普罗大众极难获得信用资源。各国信用体系的基本制度安排大同小异，信息不对称、逆向选择和道德风险是人类信用合约所面临的三个基本难题，由此诞生了征信体系和信用等级评级体系、抵押、质押和担保要求等一系列信用制度约束。这样的信用制度安排天然具有将信用资源向大企业和高净值人群或富裕人群倾斜的趋势。统计数据表明，各国信用资源配置与收入分配、财富分配格局大体一致。

虚拟经济和实体经济的两极分化

有多个指标可以衡量全球范围和各国虚拟经济与实体经济的背离。从全球范围来看，根据麦肯锡全球经济研究所的不完全统计，1980 年，全球虚拟经济与全球国内生产总值之比刚刚越过 100%，1995 年突破 215%，2005 年突破 316%，2010 年突破 338%。2010 年，美国、欧元区和英国的虚拟经济规模分别达到本国或本地区国内生产总值的420%、380%和350%。到2013年，根据全球金融稳定局的数据，全球流动性金融资产与国内生产总值的比例已经超过500%，美国流动性金融资产与国内生产总值的比例已经超过11倍。

从历史趋势来看，“二战”之后，欧美各国经济快速复苏，股票市场和其他金融投机市场却增长缓慢，固定汇率体系确保利率水平和通胀稳定，外汇交易和衍生金融产品刚刚萌芽。1950~1970年的20年间，大体属于实体经济增速超过虚拟经济增速的时期。

20世纪70年代开始，纯粹美元本位制和浮动汇率刺激全球流动性急剧膨胀，尤其是撒切尔执掌英国和里根入主白宫之后，经济金融自由化浪潮席卷全球，金融开放和金融自由化刺激全方位金融创新，外汇买卖和投机交易飞速增长，商品期货、金融期货、垃圾债券及其衍生产品风起云涌，令人眼花缭乱。20世纪80年代美国总统里根发动供给学派革命，以史无前例的大幅度减税刺激走出“滞涨”，进入有史以来持续时间最长的高速增长时期，华尔街股票市场迎来迅猛飙涨的黄金时期。虚拟经济、虚拟资本、金融资本、资产价格的增速开始大幅度超过实体经济和物质资本的增长速度。

20世纪90年代，信息科技革命风靡全球，纳斯达克股票市场和硅谷成为全世界IT精英的梦幻乐园，成为所有渴望成功的年轻人的朝圣“麦加”。IT热潮以迅雷不及掩耳之势激荡全球，纳斯达克指数急速飙升超过5 000点。全球许多国家皆涌现热闹非凡的IT股浪潮和泡沫，直至2000年全球性IT泡沫破灭，人们才如梦方醒，惊觉虚拟投机泡沫确实是“非理性繁荣”。

美国IT泡沫破灭不久，本·拉登发动了人类历史上最令人惊愕和最不可思议的“9·11”恐怖袭击，全球金融市场瞬间掀起恐慌性抛售浪潮，市场濒临崩溃，世界经济阴霾密布。为力挽狂澜，美联储主席格林斯潘断然决定实行长期低利率，时间长达16个月。与此同时，1998年克林顿总统开启的放松管制和促进金融创新改革法案开始产生效果。多重力量汇聚发酵，次贷泡沫应运而生。信用评级机构和信用违约掉期推波助澜，虚拟经济和虚拟资本的膨胀速度达到历史最高水平。

我们可以从供给和需求角度来简要分析实体经济和虚拟经济运行机制。实体经济和虚拟经济的需求和供给行为有本质区别。实体经济的需求和供给是生产性需求和生产性供给，可以称为真实需求和真实供给。虚拟经济的需求和供给则是投机性需求和投机性供给，可以称为虚拟需求和虚拟供给。真实需求和生产性需求主要来自占人口绝大多数的普通百姓，也就是很难获得信用资源的普通百姓；投机性需求则主要来自占人口极少数的富裕阶层和各类金融机构和投资机构，他们很容易获得货币信用资源，以满足其投机性需求。

虚拟经济或投机性金融活动或投机赌博资本主义，其核心机制是信用创造和杠杆交易，举凡一切金融衍生产品，无不大肆运用金融杠杆。20世纪80年代以来，传统投资银行迅速转型为“投机模式”或“交易模式”的金融交易主角；商业银行亦全身心投入金融交易和投机套利。高杠杆成为所有金融机构的共同特征。财雄势大的金融巨头和富可敌国的富豪，能够轻而易举凭借高杠杆从事金融投机。信用资源分配的两极分化，虚拟经济与实体经济的两极分化，之所以成为一对孪生姐妹，相互依赖，相互强化，核心机制就是高杠杆和高负债金融模式。

以美国为例，10%的最富裕人群持有75%的股票资产，前10家金融机构控制了80%的金融衍生产品交易，其他国家情况类似。

收入差距和贫富分化对消费和投资具有深刻的负面影响。马克思的生产相对过剩理论，源自普通劳动者的收入和消费不足。凯恩斯的有效需求不足理论，就是基于边际消费趋向持续下降。人们的收入越高，边际消费趋向就越低，储蓄趋向就会越高。如果社会财富过度集中到少数富裕人士和富裕阶层，占人口绝大多数的人群尽管边际消费趋向很高，绝对消费水平却非常低，那么，经济社会整体消费水平和消费总量就可能很低，难以维持经济平稳增长和充分就业。因此，虚拟经济背离实体经济对物质资本的积累和实体经济增长，具有严重的负面影响。富裕人群的收入和财富越来越多，低收入人群和穷人的收入和财富却越来越少。前者拥有巨额财富，边际消费趋向却很低；后者边际消费趋向高，收入和财富却很少。所以我们看到，虚拟经济、虚拟资本快速增长时期，实体经济增速往往很低。

虚拟经济背离实体经济的主要机制

货币、金融或信用的引入，至少引发经济体系内在结构五个层面的变化。一是所有权和经营权的背离；二是金融资产和实物资产的背离；三是资金供应者和资金需求者的背离；四是当前决策和未来决策的背离；五是实体经济和虚拟经济的背离。

所谓背离，包括两个方面的重要含义。

第一，参与者和决策者不是同一群人。譬如，所有者和经营者不是同一群人；金融资产持有者和实物资产持有者不是一群人；资金供应者和资金需求者不是同一群人；侧重当前的决策者和侧重未来的决策者不是同一群人；从事实体经济和从事虚拟经济者不是同一群人。

第二，决策者效用最大化的“效用”内涵完全不同。企业所有者追求的是古典经济学所标举的“利润最大化”，企业经营者则追求“管理者目标最大化”①。实物资产持有者追求的保值增值目标和方式，与金融资产持有者追求的保值增值目标和方式往往大相径庭。

经济活动的内容相互脱节。全球外汇市场交易与真实贸易之间的关系日益微弱；外汇交易与规避贸易风险的套期保值几乎完全失去联系，外汇交易成为纯粹的投机套利活动；衍生金融工具的创造和交易与实体经济活动几乎没有关系；绝大多数金融资产买卖者或交易者根本不知道自己从事的金融活动与实体经济活动的关系何在（美国次级贷款相关衍生产品是典型案例）。

价格机制相互脱节。金融市场所决定的众多价格，包括汇率、利率、债券收益率、大宗商品价格等，并非实体经济相对价格的金融反映。换言之，不是实体经济体系的相对价格决定金融资产价格，而是金融投机活动所决定的价格左右实体经济活动的相对价格。这是全球金融资本主义新时代的重大变化，从根本上颠覆了以往几乎全部金融理论，尤其是传统的货币理论。传统货币金融理论的逻辑基础是“长期货币中性”或“货币是一层面纱”，其哲学意义就是金融市场里金融产品或金融资产的相对价格是实体经济体系相对价格的反映，后者决定前者。如今乾坤颠倒，前者变成主导者，金融产品或金融交易价格反过来决定实体经济体系的价格。

货币和金融的基础理论失效。包括购买力平价理论、利率平价理论和货币数量论均全部或部分失效。

① 管理者目标最大化不同于所有者或股东的利润最大化，是企业理论经久不衰的重要话题。管理者目标包括建造企业帝国的梦想、个人野心、社区目标、雇员福利等。

虚拟经济背离实体经济：信贷过度扩张假说

为什么虚拟经济会背离实体经济，成为一个快速膨胀的自我循环体系？最根本原因是货币信贷扩张过度。从信用创造和信贷扩张角度解释虚拟经济与实体经济背离，解释虚拟经济自我循环和自我膨胀的理论思路，我称之为信贷过度扩张假说。

信用制度是现代资本主义和市场经济最重要的特征和最关键的制度基础。信用制度包括公司制度、银行体系、中央银行制度、货币市场、外汇交易、股票市场、票据市场、大宗商品市场、期货市场、债券市场、衍生金融市场等所有金融制度创新和金融产品创新，包括有限责任公司、股份有限公司、公众上市公司、商业银行、投资银行、保险、信托等数之不尽的企业制度创新和银行制度创新。全部资本主义和市场经济的历史，就是信用制度创新的历史。资本主义和市场经济之所以能够率先在欧洲崛起并迅猛发展，根本原因是各种机遇巧合，让欧洲首先创造出现代信用和金融体系的各种关键制度，这些制度创新很快融合起来，如涓涓细流汇成滔滔江河，一发不收，一泻千里，以其磅礴之势，迅猛席卷整个欧洲乃至世界。

20 世纪伟大的经济学者熊彼特，曾经撰写长达 1 095 页的鸿篇巨著《商业周期》，详尽总结第一次工业革命以来的资本主义和市场经济发展历史。他的结论是："企业家、信用创造和创造性毁灭，是资本主义最本质的特征。"信用是现在和未来的桥梁，是现在和未来交易的媒介，是资金供应者和需求者之间的媒介。没有信用的创造，企业家就不可能从事充满不确定性和风险的伟大事业，消费者就不可能将未来收入和今天的消费进行最优组合和权衡。没有信用创造，整个资本主义和市场经济活动就会完全停滞、枯竭和消亡。

信用制度的进展至少有五条脉络同时发展：一是现代公司制度的发明和不断创新；二是现代商业制度的发明和不断创新；三是现代中央银行制度的发明和不断创新；四是现代金融市场的创建和飞速发展；五是金融产品的不断创新和日益多元化。

信贷扩张过度假说由如下两个命题构成。

一、货币和信用有重要区别，货币创造机制和信用创造机制有重要区别。货币创造不等于信用创造，货币扩张不等于信用扩张。货币扩张和基础货币创造，只是信用扩张的必要条件，非充分条件。一旦经济体系陷入零利率和流动性陷阱，基础货币扩张就不能刺激信用扩张。因此，分析人类经济历史上反复出现的信用扩张和虚拟经济膨胀，除了分析基础货币创造和扩张机制之外，我们还必须深入考察其他信用创造机制。

二、公司制度创新、银行制度创新、支付手段创新、货币本位制转换、纸币的发明、金融管制放松、风险管理工具创新、利率和汇率市场化或自由化、金融产品创新、私募基金和风险投资、债券市场尤其是垃圾债券市场勃兴、衍生金融产品蓬勃发展等，都是信用工具和信用创造机制的重大创新。我们应该从信用创造角度考察上述各种金融制度创新对人类经济活动的深远影响。

20 世纪 70 年代，全球信贷总量与国内生产总值之比小于 100%，此后逐渐上升，到 21 世纪，该比值已经上升到 150%。高收入国家里，国内信贷总量与国内生产总值之比已经超过 200%。截至 2011 年，我国银行信贷总量与国内生产总值之比已经超过 123%。

国内银行信贷急剧膨胀，几乎无一例外是酿成资产价格泡沫和金融危机的直接原因。美国学者莱因哈特（Reinhart）等人曾经对比了多个国家金融危机爆发时，国内信贷与国内生产总值之比的最大值和危机之前10年该比值最小值之间的差距。在对16个曾经发生严重金融危机国家的数据对比中，国内信贷与国内生产总值之比的平均上升幅度为38%，日本20世纪90年代泡沫破灭期间，国内信贷与国内生产总值之比最高甚至达到260.5%的最高峰。智利1981年金融危机爆发时，国内信贷与国内生产总值之比超过10年平均值达到90个百分点。泰国1997年金融危机期间，国内信贷与国内生产总值之比也上升超过80个百分点。其他各国譬如菲律宾、墨西哥、韩国、马来西亚、西班牙、印尼、瑞典、土耳其、阿根廷、哥伦比亚、挪威、荷兰等，均出现类似情形，即国内信贷的急剧快速扩张，最终酿成金融危机。

莱因哈特还发现，经济快速增长时期，土地价格和房地产价格上涨速度远远超过国内生产总值增长速度。譬如1955~1965年和1965~1975年，日本的城市土地价格分别上涨589%（年均增长21%）和310%（年均增长15%），远远超过名义国内生产总值增长速度。与此同时，房地产价格上涨幅度也高于通货膨胀率。1965~1979年，日本年通胀率为8%，房价年均增速为13%。1980~1994年，通胀率为2%,房价每年上涨5%。1995~2009年，每年通胀率为0，房价则下降3%。

美国的情况类似，譬如1961~1985年，美国年均通胀率为5.4%，房价上涨7.6%。1986~2010年，通货膨胀率为2.8%，房价上涨为3.9%。

第六章　货币信用、虚拟经济和实体经济的一般均衡

人类经济行为的本质

要透彻理解全球金融资本主义经济体系的基本逻辑及其今天所面临的基本困境，我们首先需要找到一个恰当视角来解剖人类经济体系，正如如果希望透彻理解人类生命体系的运行机制，我们就必须从一个恰当角度对人体进行解剖一样。从有机、动态、演化、非均衡、非线性多个角度观察，人类经济体系最恰当的对比是人类生命系统，不是机械系统和物理系统。

人类经济行为或经济活动的本质究竟是什么？人类经济体系的内在秩序和内在规律究竟是什么？这是经济学者致力于回答的最大问题。透悟人类经济行为和经济活动的本质，是一切经济分析的基本前提。许多经济理论貌似高深却似是而非，缺乏深刻见解，是理论倡导者没有透彻理解人类经济行为的本质或本源。我们可以简要回顾一下

经济学历史上最重要的思想和理念创新。工业革命兴起和资本主义经济体系的迅猛发展催生了现代经济学。我们可以说，全部现代经济学的发展演变，就是希望理解资本主义经济体系的内在逻辑。

斯密是第一个试图全方位阐释资本主义经济内在逻辑的伟大哲人。他继承西方先哲的根本理念，相信人类经济体系具有某种内在和谐的天赋秩序，是整个宇宙天赋秩序的一部分。斯密撰写《国富论》的中心目标，就是发现人类经济体系的天赋秩序或自然秩序。他认为人类经济活动的最本质特征是劳动分工和市场交换。《国富论》开篇就讨论劳动分工和市场交换。斯密的整个理论体系以分工和交换为逻辑起点，逐级递进，从分工理论、交换学说、价值理论（价格理论）、货币理论、资本理论、增长理论，直至发现“看不见的手”的天赋秩序或自然秩序。

斯密为发现“看不见的手”的自然秩序兴奋不已，相信自己找到了人类经济体系运转变化的枢纽和秘密。《国富论》决定了西方经济学迄今为止的发展方向，深刻影响了人类学术思想的进程。达尔文“物竞天择，适者生存”的思想，源自斯密自然秩序理念之启发；哈耶克“自发自在秩序”的理念，是斯密“看不见的手”的引申和发展；现代内生经济增长理论，是斯密劳动分工学说的扩展和深化；产权和交易费用经济学，则为斯密的市场交换学说开启新的篇章，焕发着崭新异彩。

斯密之后的一位思想怪杰是边沁。他是效用理论和功利主义哲学的鼻祖，曾经自豪地宣称自己“种下了效用的种子，未来必将长成参天大树”。边沁首倡“效用”是人类经济活动的本质追求，历经无数高手演绎，边际效用、总效用、效用最大化竟然成为经济学最基本的研究范式。

《资本论》是剖析资本主义经济体系内在本质和运行规律的鸿篇巨制。马克思是第一个明确宣称以研究资本主义生产方式为己任的伟大思想家，他是“资本主义”和“社会主义”等术语的发明者。熊彼特认为马克思兼具经济学家、社会学家、预言家和导师四重身份。马克思的基本经济理念深受其哲学和社会学思想的影响。

《资本论》剖析资本主义生产方式的逻辑起点是商品（或一般而言的物质财富）的“二重性”，即所谓自然属性和社会属性。以此逻辑起点出发，衍生出使用价值和交换价值、价值和价格、劳动和资本、货币和资本、利润和资本、剩余价值和剥削、生产力和生产关系、经济基础和上层建筑等数之不尽的“二重性”概念，构成思辨严谨、庞大无比的理论体系。其价值理念源自斯密和李嘉图，演绎逻辑则是黑格尔的辩证法。《资本论》对于我们理解当代全球资本主义的运行规律仍然具有重要价值。

1890 年，剑桥大学经济学开山大师马歇尔发表《经济学原理》，首次以供给和需求来概括人类经济活动的本质，为西方主流经济学奠定最基本（也是最简洁）的逻辑分析架构。当代教科书流行的总供给—总需求宏观经济模型（所谓AS-AD模型），不过是马歇尔供求分析架构的简单扩展。

凯恩斯《通论》的主要创新之处，是强调货币和金融市场对总需求和总供给决定的极端重要性，强调预期和不确定性是货币、金融和人类经济体系的本质特征。希克斯对《通论》的阐释，则是将经济体系简单划分为货币市场和商品服务市场。货币市场以LM方程来描述，商品服务市场则类似本书所说的实体经济，以IS方程来描述。

强调货币和金融市场的极端重要性，强调预期和不确定性的极端重要性，是凯恩斯最具洞察力的深刻见解。他从预期和不确定性角度出发，深入分析货币和金融的本质功能，以及货币和金融市场的运行规律，对实体经济活动的动态过程则几乎没有涉及。美国学者保罗 · 戴维森（Paul Davidson）有一部阐释凯恩斯学说的名著，书名为《金钱与真实世界》(*Money and the Real World*)，确实抓住了凯恩斯观察经济体系的根本视角。

遗憾的是，凯恩斯和他的众多追随者没能明确区分货币和信用，没有明确区分实体经济和虚拟经济。IS-LM模型本质上依然是从“货币中性”或“货币市场—实体经济二分法”角度来观察经济体系，因此，凯恩斯对资本主义经济体系内在规律和周期性动态波动的解释，也只算是差强人意。

蒙代尔观察人类经济体系的出发点，是“内部均衡—外部均衡”的一般均衡，由此开创出最优货币区理论和开放经济宏观经济学，即著名的蒙代尔–弗莱明模型。“内部均衡—外部均衡”的划分源自1923年凯恩斯发表的《货币改革论》。蒙代尔的开放经济宏观经济学的主要创新是从货币调节机制角度来考察内外部均衡。传统的贸易纯理论则主要从实体经济角度考察内外部均衡。我以为，从全球信用体系（或全球信用创造体系）角度考察内外部均衡，应该是当代货币理论的基本任务；从虚拟经济角度考察内外部均衡和失衡，则是考察全球资本市场、全球利率走势和全球经济失衡的基本出发点。

概而言之，一切经济分析模型，若追根溯源，皆要回归人类经济行为的本质。经济分析模型对错之分，高下之别，即看该模型是否抓住了人类经济行为的本质或本质特征的某一方面（某个角度）。马歇尔说得好：经济学的一切概念、术语或模型，皆是我们洞察经济本质的不同角度。角度是否精彩，洞察是否深刻，决定了理论模型能否流芳百世。

本书提出一个新的角度来解剖人类经济体系，解剖全球金融资本主义。新的经济模型就是“信用体系—实体经济—虚拟经济”一般均衡模型或循环系统。

新经济模型的行为基础：对人类经济行为的四个新观察

新模型的逻辑基础源于我们对人类经济行为本质的重新认识。我们提出四个方面的新观察。

第一，依照对人类经济行为本质的深刻分析，我们可以将全球金融资本主义经济体系划分为相互依存、相互协调的三大系统，即货币信用体系、实体经济体系和虚拟经济体系。实体经济活动，是一切必须经过物质转换过程的经济活动；虚拟经济活动，是单纯购买资产并等待资产价格变化以获利的经济活动，它无须经过任何物质转换过程。货币是旨在降低一切交换活动成本（交易费用）的媒介或工具，信用则是现在与未来相互交换的媒介或工具 。

新经济模型的第一个关键假设，是严格区分实体经济和虚拟经济。

根据物理学著名的物质不灭定律，宇宙间物质总量恒定不变，变化的只是物质的种类和形态。人类经济活动的本质，是将不适合人类生存和享受需要的物质形态和种类，转化为适合人类生存和享受的种类和形态。一切科技进步和创新，皆应作如是观。实体经济活动亦即真实财富创造过程，必定要经过一个物质转换过程（物理的、化学的、生物的等）。当代内生经济增长理论的代表人物保罗 · 罗默（Paul Romer）也反复强调，经济增长的本质就是将无用物质转化为有用物质，科技进步的本质就是发现物质转换的新方法。

新经济模型的第二个关键假设，是严格区分货币和信用。

虚拟经济活动的产生，源自货币和信用发明之后人类财富理念的变化。没有货币和信用，虚拟经济活动不可能产生。数之不尽的学者谈论虚拟经济和实体经济的分野，却未能从逻辑上给出严格定义，也未能明确指出货币和信用的发明，是虚拟经济和实体经济分化或背离的起点。

然则货币和信用的区别究竟何在？经济学长期没有明确回答。经济现实告诉我们：货币和信用并不完全等同，货币总量（无论是M0、M1、M2、M3 还是最广义的流动性L）并不等于信用总量，信用创造过程并不等同于货币创造过程。

数百年来，围绕究竟什么是货币，经济学者屡起纷争。为稳定物价水平和整个经济体系，中央银行是应该控制货币供应量还是应该控制信用总量，是货币理论和货币政策重大争论之一，至今未有定论。

本书的一个基本思想是：货币和信用有本质区别。我们至少能够从理论逻辑上严格区分货币和信用，尽管我们可能无法从数量上严格区分和量度。

货币是任一时点上，现货商品相互交易的媒介（空间交易）；信用则是跨期交易或时际交易（intertemporal）的媒介（跨期交易）。决定实体经济与虚拟经济的分化和背离，决定经济的周期波动，决定通货膨胀的最重要变量（通货膨胀是一个面向未来的预期概念），不是货币而是信用。正因为通货膨胀是一个面向未来的预期概念，通货膨胀与信用总量具有更紧密的关系。货币数量论公式（MV=PY）是一个时点概念，不是跨期或预期概念，所以无法准确描述和量度通货膨胀的过程。

第二，理论逻辑上，人类经济体系有两个极端。假如人类经济体系没有货币和信用，则人类经济活动将蜕变为最原始、最简单的自给自足经济，辅之以极其少量的以物易物活动。在这一极端情形下，人类经济活动的规模和财富创造能力将退缩至最小。

历史上许多思想家或空想家曾经设想没有货币的社会才是最理想的经济制度，最著名者当属马克思和恩格斯。然而，人类历史上实际存在的没有货币的社会，物质财富却极度匮乏，譬如亚马孙森林地区的奴卡克马库（Nukak Maku）部落，是一个完全没有货币、没有商品交易的部落，甚至连“未来”的概念都没有。理论逻辑可以证明，如果人类没有“未来”概念，则完全不需要货币和信用！当然，此类部落是人类历史上极其罕见的现象。即使是最极端的计划经济体制（譬如当时的苏联和今日朝鲜），也没有或不可能完全取消货币。

假如人类全部经济活动都致力于虚拟经济，没有人从事任何物质转换和真实财富创造，所有人都致力于虚拟经济活动，单纯依赖资产价格的变化以牟利，人类真实财富的创造也将完全陷于停顿。换言之，人类经济体系必定处于两个极端之间。然而，人类经济体系永远处于动态演变之中，恰如一个永不休止的钟摆，始终徘徊于上述两个极端之间（图 1）。

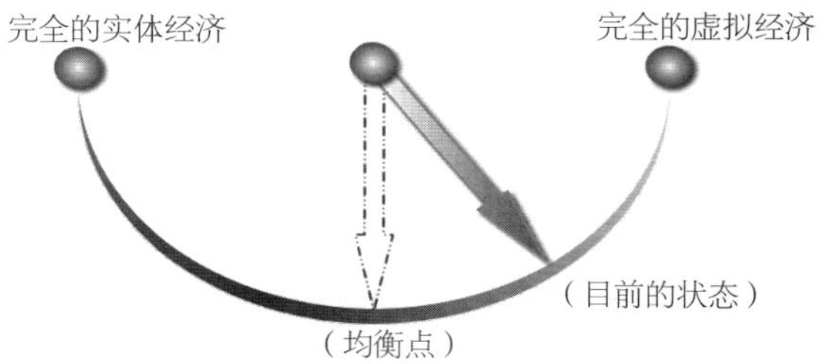

图 1　人类经济体系的“钟摆”：寻求实体经济与虚拟经济的均衡

第三，前面的简单逻辑告诉我们一个深刻的道理：信用市场或信用体系是左右人类经济活动、决定人类经济活动周期唯一重要的变量。探索人类经济体系的波动或经济周期或金融危机或经济危机，最主要的注意力应该集中于信用市场或信用体系。弗里德曼毕生致力于以货币供应量的变化来解释经济周期波动，成就举世皆知。然而，仅仅考察货币供应量不够，还必须集中考察信用创造机制或信用体系的演进。历史上，许多经济思想家都认识到：信用创造和信用周期是经济周期或经济危机的最根本的推动力量。最杰出的代表应该是马克思和熊彼特。

第四，实体经济和虚拟经济活动的行为动机和内在规律迥然不同。我们不能不加区别地将“效用最大化或利润最大化假设”应用于虚拟经济和实体经济活动。实体经济活动的供给和需求，是生产性供给和需求（或称为真实需求和真实供给）；虚拟经济活动的供给和需求，是投机性供给和需求。两者的区别根源于人类收入和财富分配结构，以及收入和财富分配结构所决定的行为动机和行为模式。

新经济模型的历史依据

新经济模型的历史依据有三个方面。

第一，迄今为止的人类经济史表明：一切金融危机（包括货币危机、资产价格的泡沫兴起和泡沫破灭）都源于之前的信用扩张。换言之，假如没有信用的创造和扩张，所谓金融危机（资产价格泡沫及其破灭）就不会发生。因此，要透彻理解人类历史上的金融危机，尤其是理解历史上席卷全球或地区的金融危机，我们必须集中注意力，深入分析全球信用扩张的内在机制。当今时代，我们需要特别注重研究美元本位和浮动汇率制度下全球货币和信用的创造和扩张机制。

哈佛大学的经济史学家尼尔 · 弗格森通过总结历史上反复出现的股市泡沫及其破灭周期（金融危机），得到如下结论："最重要的特征是信用过度扩张。没有信用的过度扩张，不会出现真正的泡沫。这就是为什么历史上如此众多的股市泡沫，其根源不是中央银行有意放纵信用扩张，就是中央银行对信用扩张视而不见，不加控制。"

以发明货币政策"泰勒准则"知名的美国货币理论大师约翰 · 泰勒从货币和信用过度扩张的角度，对2007~2009年的全球金融危机（主要是美国的金融危机）给予了令人信服的阐释。他说："金融危机其实早就有经典解释（可以追溯至数百年前），那就是金融危机通常都是由货币过度扩张所引起的。货币过度扩张导致资产价格泡沫，泡沫最终破灭。此次金融危机之前，我们首先看到住房市场泡沫，泡沫最终破灭造成美国和其他国家的金融动荡。我将用数据揭示货币扩张乃是资产价格泡沫和破灭的主要原因。"

其实，泰勒引用的数据所揭示的不是货币扩张，而是信用扩张。明斯基以金融体系不稳定性假说来解释金融危机，关键点也是信用制度的不稳定，尤其是信用过度扩张的倾向。金德尔伯格的经典著作《疯狂、恐慌和崩盘》，即以明斯基的理论为基础。然而，明斯基模型没有明确定义实体经济、虚拟经济和货币信用的关系，这正是本书试图努力的重点。我们可以将弗里德曼关于通货膨胀的名言改写为："无论何时何地，金融危机都是一个信用现象。"

第二，迄今为止的人类经济史表明：货币和信用的创造和扩张速度，似乎总是远超实体经济和真实财富的创造和扩张速度，货币和信用的创造和扩张，似乎有逐渐加速的趋势。多个货币总量和信用总量与真实国内生产总值之比，充分显示出这一长期历史趋势。与此相应，虚拟经济活动的扩张速度似乎也是远超实体经济和真实财富的创造和扩张速度，固定汇率体系崩溃（1971 年）之后数十年尤其如此。因此，从大历史角度来考察人类经济体系的演变，“信用体系—实体经济—虚拟经济”一般均衡模型应该是一个值得尝试的视角。

第三，过去数十年来，伴随着固定汇率体系崩溃和各国信用货币的发行失去约束，货币信用空前扩张，资产价格“泡沫兴起—泡沫破灭”的动荡周期反复出现，货币危机、汇率危机和金融危机频繁发生，已经成为人类经济体系最显著的特征。与此同时，全球实体经济的增长速度却远远逊色于固定汇率时代的实体经济增长速度，人类经济体系出现惊人的“实体经济和虚拟经济严重背离或脱节”的现象。主流经济理论无法令人信服地解释此一背离或“悖论”，所以我们需要新的理论架构。

新经济模型的理论证明

我们用预期通货膨胀率（π）和名义利率（R）来描述整个经济体系。我定义的预期通货膨胀率不同于目前流行的预期通货膨胀率指标。目前，各国主要以消费价格指数（CPI）、生产价格指数（PPI）、国内生产总值平减指数来衡量通货膨胀。然而，衡量通货膨胀的正确指标，不仅应该包含实体经济的价格水平变化，而且应该包含虚拟经济的价格水平变动（主要是各类资产价格的变化）。

1. 信用市场或信用体系的均衡条件是真实利率不变，我们用CC来描述货币信用市场的均衡，CC线上的每一点，都是真实利率不变，沿着CC线，预期通货膨胀率和名义利率以相同速率变化，因此CC线向右上方倾斜。

2. 我们用VV线来描述虚拟经济的均衡条件。虚拟经济的需求和供给属于投机性需求和供给，预期通货膨胀率越快，投机性需求越高。为满足投机性需求的增加，投机性供给就要相应增加。投机性供给的增加，要求名义利率的下降，因此VV线向右下方倾斜。

3. 我们用XX线来描述实体经济的均衡条件。实体经济的均衡条件就是真实储蓄等于真实投资。预期通胀率的上升刺激人们增加真实储蓄（这就是著名的蒙代尔-托宾效应），真实储蓄的增加要求真实投资相应增加，相应就要求真实利率的下降，对应于每一水平的预期通货膨胀率，真实利率的下降则要求名义利率的下降，因此XX线也向右下方倾斜。

需要证明的是VV线的斜率比XX线斜率大。原因有二：一是虚拟经济的调节速度比实体经济快，二是实体经济的均衡条件取决于真实利率，而真实利率等于名义利率减预期通货膨胀率。给定预期通货膨胀率的变化（譬如上升），实体经济的均衡所要求的名义利率的变化要小于虚拟经济所要求的名义利率的变化。

图 2 是一般均衡模型。一般均衡点是经济体系三个系统的共同均衡点。

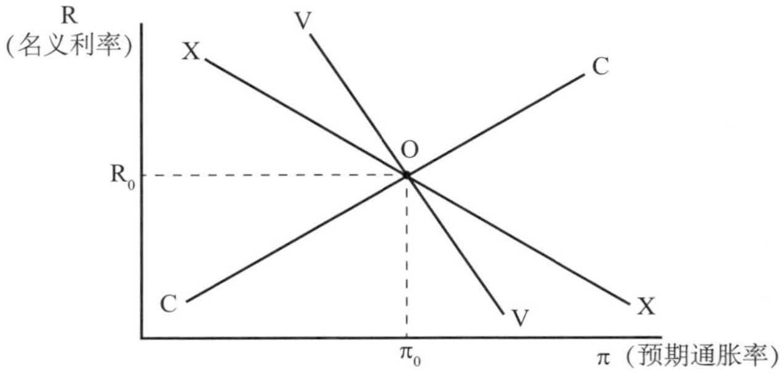

图 2　货币信用—实体经济—虚拟经济的一般均衡

新经济模型的基本含义

模型最基本的含义如下：

1. 一切经济周期都是“信用扩张和信用收缩的周期”，没有信用扩张和收缩，就不会出现经济周期波动。信用扩张周期，可以称为“经济体系阳周期”。图3表明，信用扩张（CC线移动到C′C′线）首先刺激虚拟经济扩张（最主要特征是金融资产价格上涨）（VV线移动至V′V′线）。接下来，假如实体经济开始扩张（实体经济XX线沿着CC线向外移动），则会进一步推动虚拟经济上涨；相反，假如实体经济萎缩，虚拟经济上涨一段时间之后，将掉头逆转，开始收缩。信用为什么容易流入虚拟经济，却不能同时流入实体经济？这是一个极其重要的问题，下文将详述。

2. 金融危机的本质。一切金融危机的起点都是资产价格泡沫的破灭。图3揭示了金融危机的本质。资产价格泡沫破灭或虚拟经济急剧萎缩（VV线移动至V″V″线），经济体系的信用立刻急剧萎缩（CC线移动至C″C″线）。此时如果实体经济相应萎缩（绝大多数金融危机都伴随着实体经济衰退或萧条），虚拟经济则持续萎缩。这是金融危机的一般规律，我们可以称之为“经济体系阴周期”。

3. 以伯南克式的“量化宽松货币政策”来挽救金融危机，从根本上是错误的策略。

“信用体系—实体经济—虚拟经济”一般均衡模型的最基本假设是：实体经济和虚拟经济的需求和供给行为有本质区别。实体经济的需求和供给是生产性需求和供给（或称为“真实需求和供给”）；虚拟经济的需求和供给则是投机性需求和供给（或称为“虚拟需求和供给”）。真实需求主要来自占人口大多数的普通百姓（亦即很难获得信

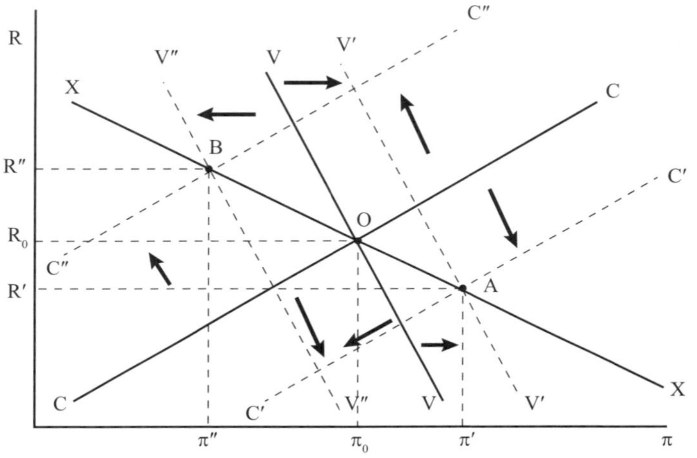

图 3　经济周期和金融危机的本质

用的普罗大众）；投机性需求则主要来自占人口极少数的富裕阶层和各种类型的金融机构或投资机构（亦即最容易获得信用的个人和机构）。

受金融危机打击最剧烈的人群，恰好就是收入相对微薄的普通百姓，他们的真实需求急剧下降（譬如失业和减薪导致收入急剧下降），导致实体经济急剧衰退和萧条。伯南克式的“量化宽松货币政策”所释放的货币和刺激的信用，很少能够到达低收入的普通大众手中，却可以轻而易举地流入富裕阶层和大金融机构、投机机构或投资机构手中。换言之，“量化宽松货币政策”所释放的货币和信用，可以非常方便地刺激投机性需求，刺激虚拟经济（各种金融资产的价格）快速上涨，与此同时，实体经济却持续萎缩。图 4 证明：“量化宽松货币政策”所释放的货币和信用，首先刺激虚拟经济扩张（临时均衡点 D），然而，假如实体经济持续衰退和萧条，虚拟经济也将回落（资产价格泡沫必将破灭，均衡点 E或F）。

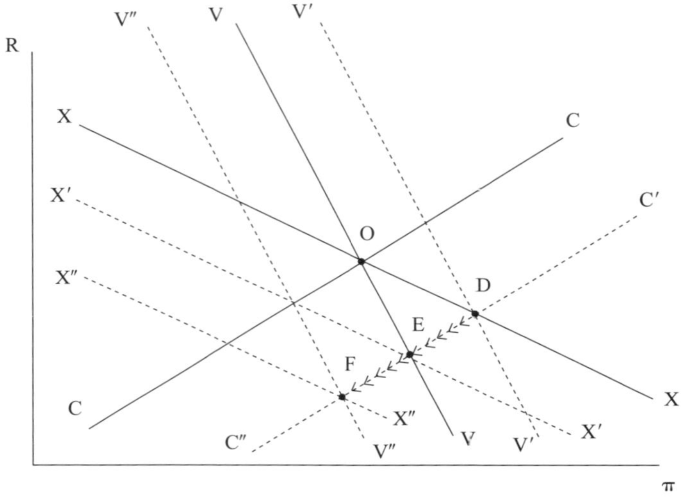

图 4　“量化宽松货币政策”不是拯救金融危机的正确策略

4.新经济模型证明：挽救金融危机的正确策略不是通过“量化宽松货币政策”来释放货币和信用，以刺激投机性需求和投机性供给，而是通过资助低收入的普通大众来刺激真实需求。换言之，挽救金融危机的正确策略既不是“凯恩斯式的财政赤字开支”（除非财政开支通过转移支付成为普通大众的真实收入），更不是“伯南克–弗里德曼式”的货币扩张（弗里德曼将大萧条归罪于当年美联储没有搞“量化宽松货币政策”，是错误的结论），而是提升普通大众的真实收入，包括财政转移支付、税收减免、大力扶持消费信用、大量发放消费券，甚至开动“直升机”将钞票撒到低收入的老百姓手中。（借用伯南克的著名比喻。然而，“直升机伯南克”将钞票撒错了地方，他撒给了富裕阶层和各种金融机构，刺激的是投机性需求和投机性供给，真实需求却持续萎靡。）

图 5 证明：当实体经济逐步扩张之时，即使信用条件没有变化，虚拟经济也随之增长。此种情形下，通常所说的“股市或资产市场是经济的晴雨表”才勉强成立。换言之，挽救金融危机的策略，必须从实体经济的微观层面入手，包括尽可能解除实体经济投资的限制、采取各种促进就业的政策、改革收入分配结构等。

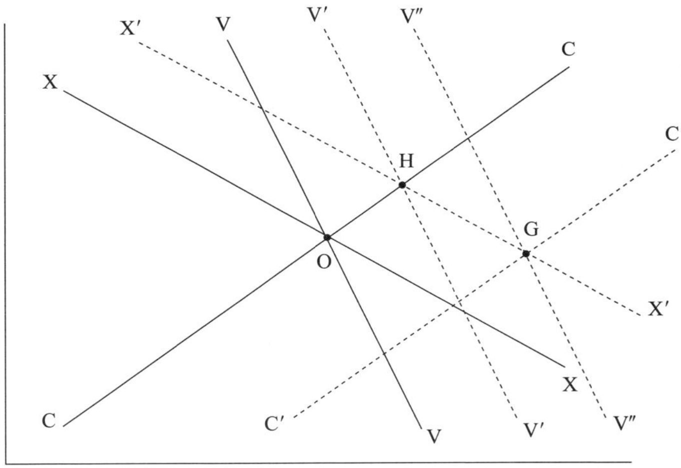

图 5　挽救金融危机的正确策略，及对全球经济长期低利率趋势的解释

5.“信用体系—实体经济—虚拟经济”一般均衡模型可以很好地解释日本 1990 年泡沫经济破灭后长期经济萧条的困境。

关于日本经济 1990 年泡沫破灭后的困境，目前主要有三个假说来解释：“流动性陷阱”假说、“日元长期升值预期综合征”假说、“资产负债表衰退”假说。三者皆包含重要真理，其中最好的是“资产负债表衰退”假说，它将日本经济长期低迷的原因归咎于实体经济的衰退，即实体经济的信用融通机制接近崩溃，真实信用需求极度低迷或负增长。

本书的上述模型将日本1990年之后的经济困境分为两个阶段：第一个阶段是泡沫破灭至日本启动“零利率货币政策”的时期；第二个阶段是启动“零利率货币政策”至今。第一个阶段，整个日本经济体系的货币信用萎缩，导致实体经济和虚拟经济双双急剧下降（图6均衡点J和均衡点K）；第二个阶段，“零利率货币政策”所释放的货币和信用，短期内刺激虚拟经济上涨，然而，实体经济的持续萎靡，很快拖累虚拟经济（图6均衡点M和均衡点N）。日本实体经济和虚拟经济双双持续萎靡，还有一个重要原因，那就是日本国民和海外投机者通过所谓的“套利交易”，将日元信用兑换为美元信用，大肆购买美元资产，从而加剧全球低利率和资产价格膨胀的趋势。索罗斯所说的全球经济“25年超级大泡沫”，日本“零利率货币政策”功不可没！

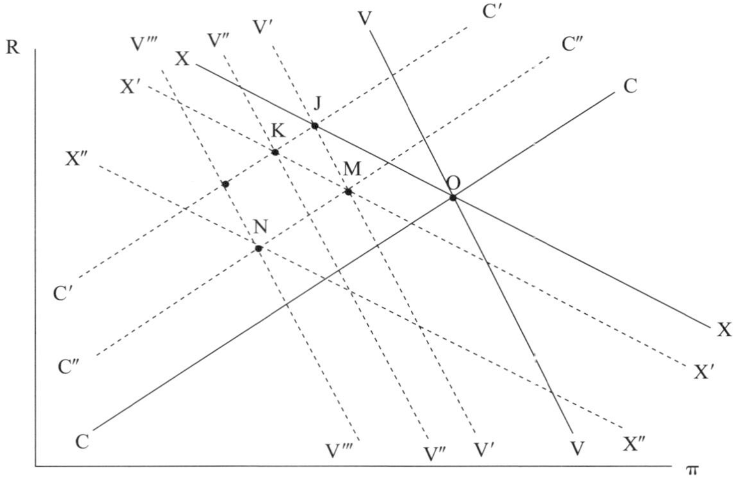

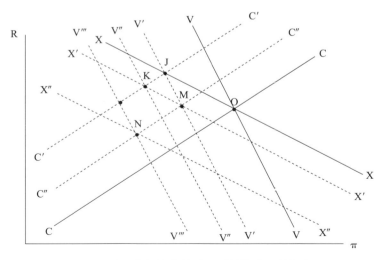

图6　对日本经济泡沫破灭后长期衰退的解释

6. 20 世纪 70 年代以来，人类经济体系的真实利率总体处于不断下降的趋势，90 年代之后尤其如此。此重大现象成为国际经济学界热烈争论的焦点。格林斯潘和马丁 · 沃尔夫称之为“真实利率下降之谜”。因为依照标准的经济学理论，经济快速发展时期必然伴随真实利率持续上升， 90 年代之后，全球经济总体增速相当可观（尽管真实增长率赶不上固定汇率时期），然而真实利率却呈持续下降态势。伯南克曾经提出“储蓄过度假说”（Savings Glut Hypothesis）来解释真实利率持续下降和全球经济失衡，《美元危机》（*The Dollar Crisis*）的作者理查德 · 邓肯则以“货币供应过度假说”（Money Glut Hypothesis）来解释。伯南克的解释是错误的，邓肯的阐释则棋差一着。

“信用体系—实体经济—虚拟经济”一般均衡模型可以很好地解释真实利率下降和全球经济失衡。图 5 证明：假如没有信用大规模扩张，实体经济的快速增长必将伴随名义利率和预期通胀率双双上升，且名义利率上升幅度大于预期通货膨胀率上升幅度，真实利率呈上升趋势。然而，假如与此同时，货币和信用快速扩张，则预期通货膨胀率上升幅度将超过名义利率，真实利率则呈持续下降趋势甚至出现负利率（如果我们将资产价格纳入预期通货膨胀率，全球真实利率下降趋势尤为剧烈）。换言之，全球经济体系的真实利率持续下降和全球经济失衡的根源，不是 “储蓄过度”，而是货币和信用扩张过度，尤其是美元本位制和浮动汇率主导下的货币和信用扩张过度。我们提出“信用扩张过度假说”，将问题的重心彻底转向全球货币体系和金融体系的制度安排和运行机制，尤其是美元本位制、浮动汇率和金融创新对全球信用扩张的决定性作用。这是“货币信用—实体经济—虚拟经济一般均衡模型”最重要的含义之一。

第七章　资本积累的一般原理

全球金融资本主义的最大秘密和最显著特征，就是虚拟资本或金融资本的积累速度和规模，超过物质资本和人力资本的积累速度和规模。全球金融资本主义的各种危机皆源于此。为理解这个秘密，我们需要分析资本积累的一般原理或规律。

资本积累的一般原理就是投资的一般原理，投资的一般原理也就是风险和不确定性的一般原理。为分析资本积累或投资的一般原理，我们需要对资本及其相关概念有深入理解。为分析物质资本、虚拟资本和人力资本积累的不同规律，我们还需要对资本进行必要的分类。

什么是资本

什么是资本？这个简单问题的答案，其实绝不简单。经济学的资本概念，数百年来，演变繁复，争议纷纭，牵涉到经济学众多理念和理论，举凡价值和价格理论、收入和分配理论、投资和增长理论、信用和货币理论，无不关涉到资本的定义和内涵。讨论资本家和资本主义，自然必须首先厘清“资本”的内涵。

经济学众多理念里，收入与资本概念关系最紧密。换言之，资本必须以收入为基础来定义。收入是比资本更为基础的理念。自从费雪发表《利息理论》以及《收入和资本理论》以来，学界大体都接受费雪一般化的收入理念。依照一般化的收入理念，资本理念自然也随之一般化。凡是能够带来收入的一切事物皆是资本。能够带来收入的事物，可以是物质的，也可以是精神的。所以资本不仅包括物质资本，也包括精神资本。物质资本包括一切自然资源，举凡土地森林、矿产金属、机器设备、厂房建筑、铁路公路、水运航道等，都是物质资本。精神资本则包括一切文化精神产品，举凡宗教、艺术、教育培训、法律政治、公民权利、科学发现、技术创造、商业模式、历史经验等。

为分析资本积累的一般规律，我们姑且将人类全部资本分为三大类：物质资本、虚拟资本和人力资本。

物质资本是经过人力改造或人类生产制造的一切有形资产，它涵盖一切生产设备和厂房，一切公路、水路、航运等交通设施，一切耐用消费品譬如住宅和家具等，一切文化娱乐设施，一切医疗卫生和教育设施，一切能源装备，一切经过人力改造和使用的矿山等，举凡人们通常所称的有形资产皆归为此类。

虚拟资本是指一切能够给资产持有者带来未来货币或现金收入流的金融性或货币化资产，包括一切股票、债券、银行存款、外汇资产、投资性或投机性房地产、衍生金融合约、投资性或投机性大宗商品、投资性或投机性古玩字画等。

人力资本是指一切能够直接或间接转化为产业或产品的科学发现

和专利发明；国民的创造性、创新力和想象力；国民的专业技能和职业精神；国民的道德素养和生活品味；国民的精神追求和终极关怀；一切能够提升人类精神生活品味、有助于人类培养良好道德情操、有助于人类精神愉悦和享受的精神产品，哲学、文学、历史、音乐、体育、绘画、设计、雕塑等无所不包。显然，此处所定义的人力资本比经济学者通常所定义的人力资本要宽泛得多。不过，根据前面我们对资本理念的阐释，上述一切毫无疑问都是极其重要的人力资本。

与经济学里的其他所有概念一样，虽然从逻辑上我们可以对人类资本做出明确清晰的划分，然而从数量上我们却很难准确分类和统计。三大类资本划分本身就有相互交叉和重复的地方。譬如教育、科研和医疗设施，为创造人力资本所不可或缺的条件，原则上也可以归纳为人力资本。后面我们将分析，人力资本的积累规律对这一部分物质资本的积累规律有着重要影响。为简单起见，我们姑且将这部分资本归为物质资本。再如，某些原本供自我消费的资产（譬如房地产和古玩字画）可以转化为完全投机性的资产或资本，即转化为虚拟资本或虚拟资产。

资本积累规律的基本原理

资本积累规律的四个基本原理：财富原理、收入流原理、贴现率原理、风险和不确定性原理。

理解资本积累的一般原理，其实并不需要复杂的数学模型，只需要清楚理解经济学的五个基本原理：收入或收入流原理、财富原理、贴现率原理、风险原理和不确定性原理。五个基本原理皆是经济学的基础或基石，其含义深刻而细微，非慎思明辨者无法全面掌握。

收入流原理

那么收入是什么？费雪始终强调收入是经济学最重要的基础理念费雪《利息理论》开篇第一句话就是："收入是一连串的事件。"就是这一句话，准确概括了收入流原理的全部内容。此论断或原理新颖奇特，石破天惊，深入含义至少有三。

第一，收入是一个面向未来的概念。过去已经发生的事件，对今天和未来的收入当然有重要影响，然而却只是影响而已，今天和未来的收入如何，自然要取决于今天和未来发生的事件。将时间无限细分，今天也是未来，因此我们可以一般性地认为，收入是一个面向未来的概念。

第二，面向未来的事件自然深受人们预期和决策的影响，预期和决策是主观变量，非客观变量，因此收入并非一个客观、当然和自然的事物，它是一个主观、或然、取决于人们心理和价值判断的事物，与价值理念一样。价值从来就是一个主观概念，不是一个客观变量。费雪《利息理论》将收入分为四个层面：货币收入、真实收入、物质收入和享受收入。享受收入是一切收入的最终目的，正如斯密说一切生产的最终目的是消费一样。所谓享受收入自然是一个主观理念，譬如居住豪华别墅、享用高级美食、欣赏自然奇观、参观艺术展览等，皆是重要收入，我们为之支付高额成本，期望赢得各种享受，包括舒适惬意、自我满足、身心健康、体验美味、思古幽情。举凡人类一切享受，皆难以客观、标准地衡量。我们能够衡量人们的货币收入、真实收入和物质收入，真实收入就是扣除物价因素之后的收入，物质收入则是人们最终所能购买的一切物质产品。然而，尽管经济学者做出许多努力，我们却无法衡量人们从物质收入里所获得的享受收入和福利。

第三，收入是一个流量概念。所谓一连串事件，自然是一个流量概念，所以我们经常用到收入流、流量和存量的概念来描述经济体系。面向未来无限时间是收入流，按照某个贴现率贴现为现值，即为资本或资产或财富之值。资本和资产或财富也有区别吗？老生常谈，以货币形态言之则为资本，以物质形态言之则为资产，以一般形态概言之则为财富。

如果接受上述三个含义，一个人、一个公司、一个家庭、一个国家乃至整个人类所拥有的资本，我们果真能够准确完整计算出来吗？不能。首先，无论什么资产，我们断然无法准确知道其未来究竟会怎样，即我们断然无法知道任何资产未来的收入流会如何。就最简单、最稳定、最具确定性的资产——银行存款而言，银行许诺每年、每月乃至每日支付多少利息，这是储户所能获得的名义收入流。然而，银行可以破产，可以违约，通胀可以恶化，央行货币政策可以调整，凡此种种，都极大地影响储户面向未来的收入流。

财富原理

财富原理：财富是未来预期收入流的贴现值。换言之，财富的定义取决于三个基本要素：收入流、贴现率和预期。预期是笼罩一切的理念，收入流和贴现率反过来皆取决于预期。财富并非一个静止或静态概念，财富本质上是一个面向未来的动态概念。譬如，一位投资家斥资数百亿建设一家钢铁厂或汽车厂，此钢铁厂或汽车厂本身并非财富，它是否是财富或者是多少财富，取决于钢铁厂或汽车厂未来能够生产的产品和能够创造的收入流，将未来收入流贴现，则是该钢铁厂或汽车厂的财富总量。假如钢铁厂或汽车厂建成之后，市场钢铁或汽车严重过剩，以至于产品完全卖不出去，没有任何现金流和收入流，那么钢铁厂或汽车厂则可能变成一堆垃圾或废墟，完全不是任何意义上的财富了。

再如农民拥有一片果园，春天来临，莺歌燕舞，鸟语花香，当然是美的享受，也是重要收入。从投资收益角度看，该果园究竟是多大一笔财富，则取决于未来鲜果产品所创造的收入流的贴现值。假如果树开花结果之时，市场消费者品味发生巨变，不再食用此类鲜果，果园鲜果无法销售，没有任何现金流，那么此果园就不再是财富了。春天来临的鸟语花香当然另当别论。

既然收入可以划分为四类收入，相应地，财富也可以划分为四类：货币财富（以现价计算的财富总量）、真实财富（扣除通货膨胀的财富总量）、物质财富（货币化财富所购买的物质产品和服务）和享受财富（消费者消费财富所获得的最终享受）。

贴现率原理

贴现率是什么？依据什么确定？实际上贴现率是一个主观预期的概念，况且每个人针对每样不同的资产，皆有不同的贴现率。凯恩斯的《通论》阐述了货币和利率的本质。费雪的《利息理论》其实基于非货币经济体系，亦即没有货币的利息和利率理论。依照费雪的深入解释，利息或利率的高低，取决于人们对未来的悲观乐观、积极消极、保守进取、有耐心无耐心等，即取决于个人对今日消费和未来消费之间的取舍，当代术语是“现在和未来之间的权衡或边际替代，或者时际替代关系”。要解释收入分配、投资储蓄、资本积累、经济增长等人类重要现象，就少不了时际替代或者时间边际替代的概念。

风险和不确定性原理

奈特对风险和不确定性做了经典区分。风险是可以计算出概率的不确定性。不确定性本身包含的范围要广阔得多。真正的不确定性完全无法预知其概率。

风险第一原理：风险是自然和人类社会的基本事实和本质特征，

普天之下没有绝无风险的现象和事情。本质上，风险源自任何系统的熵增。

熵增原理告诉我们，宇宙、自然世界和人类社会永远朝着熵增的方向演化。熵增意味着宇宙秩序日益混乱，任何事情都可能出错，任何事情都可能超出人们的预料，偏离或背离人们的期望和愿望。熵减意味着旧秩序的消亡，新秩序的建立。

人类社会的风险和不确定性还来自于人性内在的“动物精神”。凯恩斯首创“动物精神”来描述人性的多样性和变动不居。人性具有多重不对称性：乐观和悲观的不对称性；恐惧和宁静的不对称性；痛苦和快乐的不对称性；收益和风险的不对称性；现在和未来的不对称性；短期和长期的不对称性；熟悉和陌生的不对称性；成功和失败的不对称性；个体和群体的不对称性；理性和非理性的不对称性。

风险第二原理：风险可以分散和分担，却无法消除。熵增原理意味着，局部的有序状态（局部领域的熵减）必然是以整个系统更大的熵增（整个系统的更加无序或混乱）为代价的。物理学的熵增原理告诉我们，将一种无法满足人类需要的物质形态或能量形态，转换为新的能够满足人类需求的物质或能源形态，意味着建立某种局部的有序状态或局部熵减状态，也必然意味着整个体系更大程度的熵增或无序。

任何经济增长过程都可以理解为一种新的自然和社会有序系统（局部有序系统）的建立。根据熵增原理，这必然意味着整个自然系统和人类社会系统的其他地方出现更大幅度的熵增或无序。有序或秩序的建立，也就是风险和不确定性的降低。局部风险和不确定性的降低，必然意味着整个系统或大系统的熵增（风险或不确定性）的增加。这种整个系统的熵增（风险或不确定性）最终必然以各种方式爆发出来。

然而，是否存在某种自然过程或经济活动，在创造局部秩序（创造财富）或局部熵减的过程里，同时也创造着宏观大系统秩序或系统整体的熵减。换言之，是否存在着某种技术创新或技术进步，在创造局部秩序（熵减）或能量转换过程里，同时也创造着系统整体的熵减或秩序呢？

风险第三原理：熵增和风险递增原理。随着经济持续增长、资本不断积累，整个人类社会和经济体系日益复杂，日益复杂的经济和金融体系本质上就是风险和不确定性增加。系统越复杂，控制风险的能力就越弱，系统之间需要更加精密的配合。且以人们的交通出行说明。人类的交通出行技术手段进步很快，从步行、抬轿、马车到自行车，从火车、汽车再到轮船、飞机，以后还可能有宇宙飞船太空旅行。每前进一步，出行效率和速度就大幅提高。然而与此同时，每一次技术进步，都需要制定新的、更加严格的出行规则。自行车规则当然比步行要多，汽车交通规则的复杂和严格，众人皆知。民用飞机技术保障的复杂超出一般人想象，而起飞降落和航空管理的严密规范，非受过严格训练的专业人员无法处理。

资本积累的一般原理：收入流、收益率和贴现率

现代经济学者喜欢构造复杂的数学模型，希望以此揭示资本积累的秘密，分析储蓄、投资、利率、人口、资本积累、经济增长等各种变量的因果关系。其实，理解资本积累的一般原理，不需要复杂的数学模型，只需一个简单关系式。这个关系式最早由费雪给以系统阐释。

$$W = S/r$$

这个简单关系式是前述简单理念的数学表达。其中，W为财富现值，S为未来收入流，r为贴现率。假设一项投资在未来n年或无限多年内（n个时期或无限多个时期内）都能够给投资者带来现金流，该项投资的财富现值就等于所有各期现金流的贴现值总和。

假如贴现率不变或一定（我们下一节再讨论贴现率），那么，投资者追求财富最大化就简化为（或等于）追求未来现金流最大化。那么现金流如何计算呢？

$$S = Z \times R$$

其中Z是初始投资总额，R为未来各个时期的预期回报率。再假设初始投资额一定，那么，追求收入流最大化就进一步简化为追求预期回报率或收益率最大化。关键问题就变为：究竟是什么因素决定或影响投资者的预期回报率呢？这是所有投资者面临的最大难题，无论风险投资者、私募股权投资者、股票投资者、债券投资者、衍生金融投资者、房地产投资者、大宗商品投资者，还是钢铁厂、汽车厂或手机生产厂投资者，所面临的问题都是一样的，那就是预期收益率是多少？只有知道了预期收益率，才能计算出未来各期现金流，才能计算出一笔投资的财富现值，也才能够决定某项投资是否值得。

然而，面向未来的预期收益率是不可能知道的，我们只能“预期”它，却无法“知道”它。凡是有投资经验的人都知道，当他们估计一项投资的未来收益时，原则上只有两个办法。一是与同类投资或同行业其他投资者已经获得的收益率进行简单对比，将同类行业或同类投资已经取得的收益率拿来参考；二是“拍脑瓜”，尽管“拍脑瓜”的过程可以相当“科学”，我们找出各种市场需求数据，煞有介事地进行计算。无论计算多么复杂，看起来多么科学，其实还是“拍脑瓜”。面向未来的预期收益率本质上就是一种预期，它是无法计算出来的。

所以我们需要讨论的，就是哪些因素决定或影响投资者的预期？经济学者和心理学者经过长期研究，将投资定义为“不确定性和风险条件下面向未来的决策行为”。面向未来、面对风险和不确定性，投资者或决策者首先必须形成一个成功或失败的概率。

面向未来的事件概率分为两种：客观概率和主观概率。客观概率一般是自然现象发生的概率，譬如天气变化、地震、海啸、洪灾、干旱、火灾、蝗虫、太阳黑子、汽车和飞机事故、传染病或其他疾病的发生、人的平均寿命、掷骰子出现不同数字的机会等，总之，根据历史经验和自然科学的规律，能够计算出的概率就是客观概率。现代保险业的一切保险业务，都是能够计算出客观概率的事件，否则保险公司无法设计出保险产品。客观概率能够计算出来，大家都同意，而且可以向保险公司投保。能够计算出客观概率的事件，一般被称为风险事件。

主观概率一般是指人类行为发生和变化的可能性。之所以称为主观概率，是因为这类事件的本质是不确定性，虽然每个人都可以对这类事件的发生形成自己的预期、判断或概率，但是却无法形成一个大家都同意的“客观”的概率。此类事件的发生也无法向保险公司投保。更麻烦的是，此类事件往往变幻莫测，即使个人的主观概率也是随时变化或者变动频率很高。这就是不确定性的本质特征，是不确定性与风险的本质区别。譬如，一个人立志成为总统、决心考上哈佛大学或矢志成为世界首富等，此类事件的成败，是完全无法计算出一个概率的，任何保险公司也不敢为此类事件提供保险产品。举凡人间一切，包括爱情、婚姻、求学、经商、从政、从艺、成名、成家、欺骗、犯罪等行为，不可能计算出客观概率，只能形成某种模糊的主观概率或主观判断。面向未来必须抉择，所以必须形成主观概率，必须做出判断。既然是主观概率，自然因人而异。所以我们常常看到，面对同样的商业环境和投资机遇，某些人果断出手，某些人犹豫不决；面对同一场战争，不同军事指挥员却往往采取截然不同的战略战术。投资是典型的预期或主观概率事件。一个社会或国家的资本积累规模、种类和速度，取决于投资；投资则取决于投资者的主观概率。

经过长期深入的理论和实证研究，经济学者已经找到了决定投资者主观概率或预期的五个关键变量。第一，有效需求规模（市场规模）；第二，收益率（回报率）的时间分布（风险分布）；第三，投资（资产）的流动性（可转让性）；第四，宏观市场风险（政治环境、产业政策和宏观经济稳定性）；第五，社会氛围（经济发展水平、富裕程度、公众品味、社会心理、文化传统、精神追求）。具体地说，前四个变量主要决定未来预期收入流，第五个变量则主要决定贴现率。五个变量共同决定了投资者财富最大化的投资决策。

物质资本积累的基本原理或规律

与其他资本形态相比，物质资本具有如下特点：（1）折旧。技术进步越快的领域，投资折旧速度就越快。过去半个世纪以来，计算机和移动通信领域的资产折旧速度达到惊人的程度。（2）流动性差。固定资产投资转让的难度或交易费用高，资产变现能力差。（3）规模收益递增决定投资起点高。譬如汽车厂、钢铁厂、飞机制造厂的投资动辄数十亿或数百亿。（4）需要持续投资以维护正常运转。

上述特点决定物质资本投资的风险主要集中于现金流或收入流。及时和持续创造现金流或收入流，是物质资本投资的生命线，由此决定了物质资本积累的几个基本原理：（1）长期而言，物质资本积累的规模和速度取决于有效市场需求的规模和速度；（2）追求规模收益、集中和垄断是必然趋势；（3）技术进步必然使资本有机构成提高，机器替代劳力是必然趋势，并且导致“增长性失业”；（4）市场氛围扩大加速分工的细化和深化，必然演变为全球产业分工体系；（5）周期性的过剩和短缺并存。

决定物质资本积累速度和规模的主要变量是市场范围和有效需求。市场范围日益扩大，有效需求不断增长，资本积累的速度和总量则相应快速增长。斯密《国富论》最早揭示了这个基本原理，分工受市场范围的限制。斯密详细分析了市场规模、市场范围与分工深化之间的关系，后人将此概括为“斯密定律”。投资的本质、资本积累的本质、经济增长的本质，其实就是人类社会分工的深化。马克思论述了资本主义积累的一般规律，用很大篇幅分析分工、协作、工场手工业到机器大工业的技术和管理演变历程。①

马克思资本主义积累规律的基本原理是资本有机构成的提高和相对剩余价值的创造，本质上是分工的深化，背后的基础则是市场规模（范围）的扩大和有效需求的增长。正是基于此原理，马克思

① 《资本论》第一卷用 200 多页的篇幅论述分工、协作、工场手工业、机器和大工业。参见马克思《资本论》第一卷第四篇第十一到第十三章。

断言资本主义必然走向集中和垄断，[①]因为通过集中和垄断形成大规模生产和销售，既是分工和协作的内在需要，也是企业力求满足市场规模和有效需求不断增长的必然选择；正是基于此原理，马克思断言资本主义必然追求无限扩张的市场，必然创造一个全球性市场[②]；正是基于此原理，马克思断言随着资本的规模和能力（技术水平）不断增长，机器必然逐渐取代劳动，资本积累的规模和速度越快，机器代替劳动的规模和速度就越快，产业后备军的相对量就越大。无产阶级产业后备军的相对量与资本家财富的力量一同增长，产业后备军规模越大，常备的过剩人口也就越多，他们的贫困同他们所受的劳动折磨成反比。马克思将这个规律称为“资本主义积累的绝对的、一般的规律”。[③]一方面是资本积累的规模和创造财富的能力不断增长，一方面却是机器替代劳动，产业后备军、过剩人口及其贫困程度不断增长，必然导致有效需求无法吸收或消化日益积累的资本所创造的财富。资本主义生产的相对过剩和无产阶级的相对贫穷和绝对贫穷（有效需求相对不足）之间的对立，是资本主义经济制度的基本矛盾，这个矛盾无法调和且不断恶化，不仅导致资本主义周期性的生产过剩危

① “一个资本家打倒许多资本家。随着这种集中或少数资本家对多数资本家的剥夺，规模不断扩大的劳动过程的协作形式日益发展，科学日益被自觉地应用于技术方面，土地日益被有计划地利用，劳动资料日益转化为只能共同使用的劳动资料，一切生产资料因作为结合的社会劳动的生产资料使用而日益节省。”（马克思《资本论》（第一卷），中共中央马克思恩格斯列宁斯大林著作编译局译，人民出版社，2004 年，第 831 页）

② “各国人民日益被卷入世界市场网，从而资本主义制度日益具有国际的性质。”（同上）

③ 马克思《资本论》（第一卷），中共中央马克思恩格斯列宁斯大林著作编译局译，人民出版社，2004 年，第 707 页。

机，而且最终必然导致资本主义的灭亡。

物质资本的积累规律仍然是现代西方主流经济学资本积累、投资和经济增长理论的重心，出发点还是凯恩斯《通论》首创的有效需求理论。[①]凯恩斯之后，资本积累、投资和增长理论的主要发现如下：

第一，长期而言，资本积累的规模和速度、实体经济增长的规模和速度只取决于技术进步和劳动生产力（全要素生产力）的增速。这与斯密定律并不矛盾，斯密定律说技术进步或劳动分工的程度受市场范围的限制。

第二，凯恩斯相信，随着资本积累规模日益庞大，投资机会必然减少，投资收益率必然下降，[②]与此同时，随着人们收入日益增长，边际消费趋向必然下降，有效需求不足将日益严重。供给和需求两个力量必然导致资本主义经济的停滞或衰退，这一点与马克思颇有异曲同工之妙。通过引入资本积累的动态机制，特别是引入熊彼特的创新、企业家精神、创造性毁灭等新理念，后世学者证明资本主义经济体系是一个周期性波动的动态演化体系，资本积累则主要是一个创造性毁灭过程。旧的产业不断消失，新的产业不断创生；当旧产业利润率下降时，资本就迅速转移到新的产业。马克思的行业平均利润率不断下降的规律、凯恩斯的资本积累必然导致投资机会日益减少的论断，主要是短期现象，非资本积累的长期和必然规律。

第三，物质资本积累并不能包含全部人力资本积累，甚至只能包含极少部分的人力资本。为实现长期经济增长和相对平等的国民收

---

① 20 世纪 80 年代后期开始兴起的内生经济增长理论逐渐转向对分工、协作、技术进步、人力资本、创新和创造性毁灭。

② 凯恩斯使用的术语是“资本边际效率下降”。

入分配，人力资本积累比物质资本积累重要得多。[①]人力资本的积累规律不同于物质资本的积累规律，前者主要取决于教育制度、文化传统、社会氛围、生活品味和精神追求，后者则主要取决于市场规模、有效需求和居民储蓄率。

第四，有效需求不足仍然是制约短期经济增长或导致短期经济周期性波动的主要因素。凯恩斯的基本论点仍然成立。区别在于，后世经济学者努力探索出管理或刺激有效需求的新办法，除了凯恩斯倡导的财政赤字和债务融资之外，还有非常规的货币创造、汇率贬值、金融市场（尤其是股票市场）的财富效应等。然而，围绕需求管理政策的好处和弊端的争论，始终没有达成任何一致的结论。

第五，伴随资本积累的收入差距和贫富分化，始终是资本主义经济制度的内在矛盾。这一点同样肯定了马克思、凯恩斯和其他前辈学者的基本结论。新的发现是：与物质资本的积累相比，人力资本积累最有利于降低收入差距和贫富分化。然而，20 世纪 70 年代（尤其是 20 世纪 80 年代）之后，许多国家的收入差距和贫富分化持续扩大，似乎又否定了上述结论。究竟是什么因素导致了过去 30 多年来的收入差距和贫富分化扩大？这不仅是当代经济学界的重要课题，而且成为各国政治舞台辩论的主要议题。本书从新的角度系统阐释了这个重要现象。

虚拟资本积累的原理或规律：短期名义利率

根据本书的定义，虚拟经济是不经过任何物质转换过程，单纯依

---

① *Landmark Papers in Economic Growth*, edited by Robert M. Solow, Edward Elgar Publishing Ltd., 2001, p. 215.

靠投资标的物的价格变动来赢利的经济活动。虚拟经济活动的投资标的物可以是任何形态的物质资产、金融资产、人力资本或资产、衍生合约以及任何可以想象的其他形式的投资标的物。虚拟经济活动的投资标的物可以与实体经济有关系，也可以毫无关系。房地产、股票和大宗商品投资，与实体经济有最直接的关系；外汇、期货、衍生金融投资，与实体经济的关系非常微弱；还有一些虚拟投资的标的物与实体经济毫无关系，譬如最近开始兴起的所谓二元期权，以及从古至今延绵不绝的纯粹赌博活动等。

与物质资本投资相比，虚拟资本投资具有如下特点：

第一，物质资本投资的收益来自最终产品和服务的销售获得的收入和利润，虚拟资本投资的收益则来自投资标的物的价格变动。因此，物质资本投资的收益取决于真实需求和供给，虚拟资本投资的收益则取决于资产价格的随机波动。

金融学的理论和实证研究表明，实体经济的供给和需求对资产价格的波动有重要影响（所谓基本面），长期而言，资产价格与经济基本面非常密切地正相关，或者说，基本面最终决定资产价格或价值。然而，资产价格的短期波动往往脱离基本面，完全受投资者的情绪、预期、牛群效应以及货币和财政政策的影响。我们将这些影响归纳为虚拟经济的供给和需求。虚拟经济的供需规律，不同于实体经济的供需规律。

第二，一般而言，虚拟资本投资的杠杆率远远高于物质资本投资的杠杆率。股票市场、债券市场、期货市场以及其他衍生金融市场的高杠杆率是尽人皆知的事实。物质资本积累领域的杠杆率极限是100%，即债务与总资产的比率不能超过100%，否则就会资不抵债。

第三，虚拟资本投资之所以能够使用极高的杠杆率，是因为它具有高度的流动性，大幅降低了借贷的交易成本。物质资本投资的流动性较差，一般只能通过收购兼并实现股权转让；人力资本投资的流动性最差。

第四，虚拟资产或金融市场的调节速度远远快于物质资本或物质资产市场的调节速度。现代经济学和金融学的研究表明，货币信用市场调节速度最快，金融资产市场调节速度次之，物质资产市场调节速度最慢。所谓调节速度，是市场价格对外部冲击的反应速度（譬如对货币政策变动的反应速度），调节速度取决于市场的规模和流动性。

第五，虚拟资产或金融市场的规模和流动性主要取决于货币和信用创造，货币和信用创造则主要或完全取决于货币制度安排和货币政策操作。

第六，根据财富最大化假设，在贴现率一定的条件下，财富最大化就是收入流的最大化，特别是短期收入流的最大化。贴现率一定的条件下，越是短期的收入流，贴现值就越大。只要有可能，投资者必然追求短期收入流。虚拟资产或金融市场恰好为投资者提供了追逐短期收入流的最佳制度安排。因此，金融市场越发达，规模和流动性越高，虚拟资本积累速度就越快。

The New Capitalism

卷三

全球金融资本主义的救赎

序　章　危机和救赎

2008 年 11 月，金融海啸席卷全球两个月之后，代表世界主要经济体的二十国集团领导人齐聚华盛顿，举行二十国集团第一次峰会。各国领导人共同评估国际社会应对全球金融危机取得的进展和经验，讨论金融危机产生的原因，商讨促进全球经济发展的举措，探讨如何加强国际金融领域监管规范，推进国际金融体系改革。各国领导人一致承诺反对各种形式的保护主义、继续维持和推进全球经济的开放性和包容性。半年之后的 2009 年 4 月，各国领导人再次聚会英国伦敦举行二十国集团第二次峰会。峰会议题包括：如何摆脱当前危机，促进经济尽快复苏；如何改革国际金融体系，加强监管，防止危机再次发生；如何改革国际货币基金组织和世界银行等国际金融机构，使之在防范危机和支持增长方面发挥更大的作用。

到 2013 年为止，二十国集团峰会共举行了 8 次。8 次会议，5 个不变的主题，分别是：应对金融危机，刺激经济增长；改革国际货币体系；完善金融监管体系；遏制贸易和投资保护主义；协调各国宏观经济政策。然而，金融危机发生 6 年了，二十国集团领导人围绕全球经济政策五大主题的具体意见却依然分歧严重，迄今为止取得的成效也非常有限。

从全球范围来看，各国经济仍然面临至少有八大异常严峻的挑战：经济复苏依然乏力（或经济增速持续放缓），结构改革步履艰难，收入差距加速扩大，贫富分化日益严重，环境问题未见缓解，恐怖威胁与日俱增，信仰危机快速蔓延，政府公信急剧下降。八大问题充分表明，人类经济体系、政治体系和社会体系面临全面的深刻的危机。

遗憾的是，面对全面的深刻的全球性危机，全球领袖和精英们的注意力却主要集中在经济、金融和货币层面，焦点则是以量化宽松为核心的货币政策，以赤字和债务为核心的财政政策。货币政策和财政政策被奉为万应灵药，货币政策万能论和财政政策万能论被奉为金科玉律，甚至成为某种新的宗教。一种新的机械的约化论或形而上学教条统治着人们的思想，支配着各国的政策方针。

这种约化论或教条的教义如下：一切政治和社会问题皆必须通过经济发展和增长来解决，发展和增长则需要货币扩张和财政开支来刺激，财政开支和债务增长空间已经有限，因此，无限量的货币扩张（量化宽松）就是唯一选择。

这种约化论或形而上学教条充分彰显了当代人类思想的贫乏和思维的僵化，这种约化论或形而上学教条将宗教信仰、道德伦理、人文关怀彻底边缘化了。然而，人类历史的经验一再告诫我们，要应对全面的深刻的危机，为人类谋求新的出路，开辟新的经济模式、新的政治文明、新的生态文明、新的生活方式，首先就需要复兴和重塑人类的宗教信仰、道德情操和人文关怀。

本书的重心是全球金融资本主义的兴起、危机和救赎，然而，救赎不能单纯依靠货币、金融和财政政策。以新的货币、金融和财政扩张来挽救金融危机和经济危机，从长期和本质上看，无异于饮鸩止渴。我们必须回到基本的问题，回归基本的政策，必须重新开始人和自然的对话，重新开始东西方文明的对话。

本卷层层深入，试图系统阐述全球金融资本主义经济体系的救赎之道，内容分为五个部分。第一部分集中阐释量化宽松政策为什么失败，或者至少没有达到预期效果，并深入分析量化宽松理论逻辑的内在缺陷。第二部分阐释货币和信用理论新思维，着重论述信用才是助推实体经济的关键力量，然而，信用创造和货币创造并不是一回事。第三部分则深入反思经济学的哲学基础和道德基础，为重建经济学指明方向。重建经济学是改变经济政策思维的前提。第四部分则从货币、金融和经济学转向人和自然的新对话以及东西方文明的新对话。要真正应对和挽救人类所面临的全面的深刻危机，必须从最基本的层面，重新认识人和自然的关系，重新融会东西方文明以创造出人类新文明。第五部分论述中国模式的世界意义。

阐述量化宽松政策为何失败之前，我先简要总结一下本书关于全球经济失衡的核心论点。

全球经济大变局和大危机

全球经济复苏乏力的根本原因是全球经济的内在结构失衡，没有哪个国家有能力单独纠正全球经济内在结构的根本性失衡。

当今全球经济结构内在失衡的总根源，是过去 40 多年来（我将具体日期定为 1971 年布雷顿森林体系崩溃之时），全球经济体系的内在结构出现重大突变（不是量变而是突变），即全球经济开始决定性地从产业资本主义向全球金融资本主义转变。核心特征有二：一是虚拟经济（金融业或资产价格）脱离实体经济自我循环、自我膨胀，虚拟经济开始主导实体经济，虚拟经济的投机行为开始主导整个经济体系的价格机制。二是制造业中心与虚拟经济中心（或金融中心）背离，发达国家继续掌控货币金融中心和全球定价体系，新兴市场国家逐渐成为全球制造中心，却没有掌握全球资源和产品的定价权。发达国家凭借货币金融霸权地位给全球资源、技术、产品和服务定价，以非常强有力的手段实现全球收入再分配，将新兴市场国家创造的真实财富转移到发达国家，新兴市场国家则面临着"贫困性增长困境"。所谓贫困性增长困境，就是生产越多，出口越多，资源消耗越多，相对真实收入水平反而越低，相对生活水平反而越低。

具体言之，全球经济内在结构的失衡主要表现为全球经济的五大变局。

第一大变局：虚拟经济恶性膨胀，日益背离实体经济。这成为过去 40 年来全球经济最显著的特征，也是全球经济最令人困惑、最有趣的重大现象。

第二大变局：全球产业分工体系进一步深化，所谓产业"微笑曲线"完全颠倒过来。制造业越来越廉价，新兴市场国家围绕制造业的竞争越来越激烈。发达国家控制金融货币、价格体系、技术和品牌，新兴市场国家则为了成为全球加工中心而激烈拼杀。在全球产业链分工布局上，新兴市场国家总体处于劣势。全球产业分工格局的另一个基本特征是：发达国家金融货币产品过剩（流动性过度），新兴市场国家制造产能过剩（产能过度）。

第三大变局：金融资本主义主导全球价格和资源分配体系，货币金融霸权形成新的剥削形态。新兴市场国家加工制造的产品在新兴市场国家的售价往往远高于在发达国家的售价。新兴市场劳动者的工资和福利始终维持在低水平。本质上，新兴市场国家正面临着“贫困性增长困境”。

第四大变局：2008 年全球金融危机以来，以美联储为首的发达国家中央银行实施量化宽松货币政策，进一步改变全球货币金融格局，加剧虚拟经济与实体经济的背离，成为全球经济金融稳定的主要威胁。

第五大变局：金融危机和量化宽松不仅没有削弱美元霸权，反而从多个侧面强化美元霸权。外国中央银行和投资者持有的美国国债快速增长，美国国债市场的流动性持续扩张。新兴市场国家希望改革国际货币体系、削弱或部分取代美元霸权、摆脱美元依赖的努力还没有取得明显成效。

从更深层次来分析，全球金融资本主义代表着人类经济体系演化的一个崭新阶段。人类经济体系演变到今天，尤其是人类货币信用体系演变到今天，成就了一个异常奇怪的经济金融和货币体系，那就是三个“两极分化”相互加强的经济金融体系，即货币信用分配的两极分化、真实收入分配的两极分化、实体经济和虚拟经济的两极分化。“三位一体”两极分化体系是全球金融资本主义时代整个人类经济金融体系最根本的制度缺陷，是金融危机频繁爆发的根本原因，是全球经济失衡和难以实现稳定持续增长的总根源。

从全球范围看，三个两极分化很好地描述了当今世界的整体经济模式。随着虚拟经济日益背离实体经济，全球制造中心和金融中心加速背离，发达国家（美国、欧洲和日本）的制造业逐渐“空心化”，全球制造中心决定性地转移到新兴市场国家，尤其是转移到亚洲（重心又是中国）。然而，由于发达国家继续掌控着全球货币金融中心或者一般购买力创造中心，掌控着全球价格体系、资源配置体系和收入分配体系，于是就形成主导过去数十年全球经济的“基本模式”。这个模式就是：东方拥有产品制造和加工中心，西方掌控货币金融中心；东方制造和加工产品，西方创造货币购买力；东方为全世界制造产品，西方为全世界产品定价；西方大量发行债券和创造各种金融产品，东方则用自己的储蓄去购买这些金融产品；东方储蓄，西方消费；东方节俭，西方挥霍；西方向东方借钱，东方给西方融资。2014年2月10日美国《华尔街日报》发表评论文章《全球复苏的不祥预兆》，认为金融危机过去5年多，全球经济运行的基本模式却依然如故。不过，该文作者对全球经济模式本质的认识不够深入和系统。

从这些核心论点及其分析逻辑里，我们可以非常清楚地认识到，全球金融资本主义的危机是全面的深刻的危机，危机的深层次原因并不完全是货币和金融体系的弊端，虽然国际货币和金融体系的动荡是导致金融危机和经济衰退的直接诱因，虽然货币和金融危机是全球经济金融体系内在缺陷的主要表现之一。本书第二卷已经阐明，全球性的政治危机、社会危机、生态危机、政府公信力危机、信仰危机才是人类面临的真正大麻烦。

应对危机的政策方向

要纠正全球经济内在结构的重大失衡，要应对当代全球经济、政治和社会面临的全面和深刻的危机，我们至少深入思考如下政策方向。

第一，对国际货币金融体系实施重大改革，并根据某些重要原则，对全球宏观经济政策进行协调和调整。金融危机至今，以美国为首的发达国家从来就不愿意进行国际货币金融体系改革，国际宏观经济政策的协调几乎没有任何进展，各国国内的结构性改革由于政治风险太高而无法真正实现。没有国际货币体系的改革和重塑，没有主要大国宏观经济政策之间的有效协调，就不可能实现全球经济的再平衡。一个真正全球化的经济体系确实需要一个全球治理结构。

第二，各国尤其是西方发达国家应该更加充分地开放本国劳力市场和投资市场，创造更加公平和完善的移民政策和投资政策环境，妥善保障外来投资者和移民的合法权益，鼓励外来移民和外国企业家到本国投资兴业，以激活本国投资和消费，同时刺激本国劳动力市场的改革。与欧洲相比，美国经济的复苏步伐要快得多，美国市场的活力要强劲得多，重要原因就是相比欧洲而言，美国对外来投资和外来移民要更宽容和热情。

全球化不能只是贸易和金融的全球化，必须是全方位的全球化，包括移民、劳动力和投资的全球化。欧洲及其他一些发达国家面临的根本性难题是人口老化和消费弱化，若不能实施富有远见的重大改革，全身心拥抱移民、劳动力和投资的全球化，反而固守僵化的保护主义政策，这些国家的经济将陷入长期甚至永久的衰退或低速增长。

第三，发达国家应该拿出更多资金，援助和支持世界上极端贫穷国家和地区的经济发展和民生改善。在一个流动性金融资产高达数百万亿的全球金融资本主义时代，极少数人每天的收入高达数万乃至数十万美元，极少数人每时每刻都有能力穷奢极侈、肆意挥霍，而与此同时，地球上却还有至少10亿人每时每刻面临着饥饿和传染病的威胁，这是人类共同的耻辱。许多极端贫穷的国家，正是今天那些发达资本主义国家曾经肆意掠夺和凌辱的殖民地。无论从人道角度，还是从全球发展角度，发达国家都应该大幅度增加对极端贫穷国家的援助和支持。

第四，人类需要崭新的政治、经济、思想和文化思维模式。全球领袖和精英们应该带头反思今天人类经济和政治体系所面临的全面和深刻的危机，尤其是虚拟经济恶性膨胀、整体经济脱实向虚、生态环境加速恶化、贫富分化日益严重、社会矛盾日益尖锐、恐怖主义日益猖獗等全球性重大问题，反思人类的经济、政治和思维模式所存在的重大缺陷。西方发达国家的精英们应该抛弃西方文明中心论，抛弃持续数百年的唯我独尊的帝国主义和沙文主义意识，抛弃冷战思维，抛弃双重标准，抛弃极端形态的“华盛顿共识”，以虚心和真诚的态度与发展中国家展开对话，东西方文明的对话尤其重要和迫切。

第五，人类需要重新认识自然，重新认识自然和人类的关系，重新认识经济增长和财富积累的本质。经济学应该从自然科学、哲学和宗教里面充分吸取营养，尤其需要引入物理学的“熵增”理念、物质不灭定律和能质转换原理以改造成本、收益、财富、资本等经济学的所有理念、概念和方法论，引入“经济生态链”理念来改造我们对产业分工体系和价格机制的认识。

第一章　用金融挽救金融：饮鸩止渴

2009 年，当美联储开始实施大规模量化宽松和低利率货币政策时，联储主席伯南克荣登《时代》周刊年度封面。全球精英一致欢迎伯南克史无前例的“伟大发明”，相信量化宽松能够挽救金融危机，实现经济复苏。中央银行不仅是金融危机的“救火队”，而且是经济复苏的“救世主”；中央银行能够无限创造的无锚信用货币不仅成为金融机构的“救命血”，而且成为实体经济复苏和增长的“万灵药”。6 年过去了，量化宽松对全球金融资本主义的救赎却并不成功，相反，全球经济面临的各种难题和麻烦却与日俱增。

无锚货币时代的赤字诱惑和债务魔咒

2011 年 8 月，美国国会和白宫为提高国家债务上限纠缠不休。一家澳大利亚报纸刊登了一幅漫画，讽刺美国债台高筑和美联储印刷钞票为债务融资。漫画的文字对白如下：一位白宫助理兴高采烈地告诉总统奥巴马："我们终于达成协议了，新的债务上限高达 14.3 万亿美元。"奥巴马问："折换成硬通货是多少？"答："约等于 12 根上好的澳大利亚香蕉！"

保守估计，目前美国政府全部债务总额（包括政府直接借债、政府支持企业的债务等）高达 34 万亿美元，如果算上联邦和州政府的间接和隐形债务，总额超过 80 万亿美元。金融危机爆发之后，美国国债继续大幅度攀升，目前仅国债规模就已经达到 16.5 万亿美元，与美国国内生产总值之比跃升到 100% 多一点儿。2010 年，国际货币基金组织曾经预计，2015 年美国国债与国内生产总值之比将超过 100%，实际上国债规模的增长大大超过国际货币基金组织的预计。全球金融危机爆发之后，奥巴马以改革者和"救世主"的姿态入主白宫，发誓立刻挽救金融危机，尽快复苏美国经济。主要手段就是财政赤字和量化宽松。奥巴马入主白宫以来，每年财政赤字都在 1 万亿美元左右，第一任期累积的财政赤字逾 5 万亿美元。美国政府和国会几乎年年都要围绕财政赤字和债务上限激烈争吵。与此同时，以滥发钞票和通货膨胀来实质性削减债务负担，已经成为美国政府（亦包括其他国家）难以抗拒的诱惑和易如反掌的捷径。

1998 年亚洲金融危机时期，美国《时代》周刊曾经将格林斯潘选为年度封面人物，赞扬他是拯救世界的三位英雄之首。11 年之后的 2009 年，该杂志却将格老列为 2008~2009 年全球金融海啸和金融体系崩溃三大元凶之首，格老的继任者伯南克却荣登年度封面人物。人们不禁发出疑问：2008 年之后，伯南克发明的量化宽松货币政策与格林斯潘之前长期实施的低利率货币政策有什么本质不同吗？答案是否定的。若干年后，伯南克或许要遭遇与格林斯潘同样的命运。

格林斯潘执掌美联储近20年时间里，多次长时间实施低利率和过度宽松的货币政策。2000年IT泡沫破灭和“9·11”恐怖袭击之后，格老将联储基准利率维持历史低位长达16个月，次级贷款泡沫应运而生。如果严格依照美国长期经济增长趋势来制定货币政策，美联储基准利率的适当水平应该是4%~5%，然而，21世纪长达10年时间里，美联储基准利率超过4%的时间总共只有16个月，即2006年6月29日至2007年9月18日，其余时间里，美联储一直坚持实施低利率政策。很长时间里，美国的真实利率（即名义利率减去预期通胀率）为负数。人类金融和货币历史的经验反复证明：低利率和负利率必然导致资产价格泡沫，资产泡沫破灭必然诱发银行危机和金融危机。全球金融资本主义时代的基本制度基础就是无锚货币。无锚货币或完全信用货币赋予中央银行创造货币和赤字融资的无限权力。这既是助推全球金融资本时代兴起的核心力量，也是全球经济和金融极度不稳定的总根源。

量化宽松货币政策：全球金融资本主义时代的伟大发明

与格林斯潘相比，伯南克无疑才是美联储历史上最勇敢的人物，他颠覆了中央银行货币政策长期信守不渝的一切规则、惯例、哲学和禁忌。著名货币理论家和美联储史学家艾伦·梅尔策（Allan H. Meltzer）认为：“2008年，伯南克领导的美联储彻底改变其货币政策。它抛弃了以往所有先例，破天荒接受不具有流动性的长期债务资产为抵押品，以便向银行体系无限度提供贷款和流动性。仅仅数周时间，美联储资产负债表上超过一半的资产就变成长期债务资产。这是所有发达国家中央银行历史上前所未有的巨大变革。”梅尔策还说：

“伯南克创造了自汉密尔顿孩童时代以来，美国历史上最长时间的最低利率水平。他就像变戏法那样，转眼间给美国银行体系制造出天文数字般的超额储备。”①

量化宽松货币政策简史

如果说量化宽松货币政策的发明者是美联储，那么零利率货币政策的始作俑者则是日本中央银行。1990年股市和房地产的惊天大泡沫破灭之后，日本经济陷入长期低速增长和衰退。1996年，日本中央银行首次宣布实施“零利率”货币政策。自那时至今，日本中央银行大体一直维持低利率或零利率货币政策。2007年3月美国爆发次贷危机，为应对金融体系流动性急剧紧缩和货币市场崩溃的危机，美联储的货币政策逐步迈上零利率和量化宽松之路。

为深入检讨量化宽松货币政策的后果，我们首先简要回顾2007年美国次贷危机爆发以来，美联储实施量化宽松货币政策所采取的主要步骤：

1. 2007年12月12日，次贷危机愈演愈烈，美国经济通缩局势不断恶化，银行金融体系和实体经济体系的“去杠杆化”导致信贷萎缩日益加剧。为了缓解通货紧缩和信贷萎缩，美联储宣布实施针对商业银行的短期贷款新政策，大量向商业银行体系提供短期贷款，以鼓励商业银行相互借贷，并确保商业银行体系以低成本向个人和企业提供信贷资金。

2. 2008年9月15日，华尔街第五大投资银行雷曼兄弟被迫宣布

① Alan Meltzer, *A History of Federal Reserve, Volume II: Book II,1970-1986*, The University of Chicago Press, 2009.

破产，几天之内，美林证券和美国国际集团等许多美国金融巨头相继陷入濒临破产边缘的绝境，被迫接受政府紧急资金救助或被收购，金融海啸席卷全球。美国货币市场、债券市场和其他金融市场均遭受重创，银行同业拆借市场几乎陷入停顿。商业银行和其他金融机构对实体经济（个人、家庭和公司）的信用活动迅速进入冰冻期。为应对数十年以来最可怕的金融海啸（格林斯潘认为是“百年一见”的金融危机），联储主席伯南克连续宣布实施多项紧急货币信贷政策，向商业银行、投资银行和其他金融机构无限度提供信贷支持，协助商业银行恢复彼此之间的同业拆借，以稳定货币市场正常运转，同时鼓励商业银行和其他金融机构继续向实体经济提供信贷资金。

3. 2008 年 12 月 16 日，全球金融海啸持续肆虐，连享誉全球的金融百年老店、美国金融业“皇冠上明珠”的花旗银行也陷入流动性和支付危机。全世界都在谈论美国金融体系将要崩溃，美联储面临空前考验，必须采取断然措施挽狂澜于既倒。美联储主席伯南克对 20 世纪 30 年代大萧条痛苦的历史经验素有研究，他下定决心要避免重蹈历史覆辙，果断正式宣布美联储实施“零利率货币政策”，将联邦基金利率降低到史无前例的 0~0.25% 的水平，期望美联储的零基准利率可以大幅度降低经济体系的整体利率水平，即大幅度降低真实利率水平，从而刺激信贷、消费和投资。伯南克“零利率货币政策”的目的有二，一是防止美国商业银行大面积破产垮台，二是避免美国经济陷入长期萧条和衰退。

4. 2009 年 1 月 28 日，各种数据清楚表明，美国银行体系已经大幅度削减了对实体经济的信用供给，美国经济的“去杠杆化”过程将非常漫长，美国事实上已经陷入“流动性陷阱”。美联储正式宣布实施“量化宽松货币政策”。主要手段包括：大规模购买美国国债，鼓励商业银行或银行控股公司以更低利率和更廉价资产抵押向美联储借钱，期望银行和金融机构反过来可以向实体经济体系提供信贷资金。

5. 2009 年 3 月 18 日，“量化宽松货币政策”加速推进。美联储宣布购买总额高达 1.7 万亿美元的住房抵押贷款债券和财政债券，期望大规模购买住房抵押债券能够进一步降低抵押贷款利率和其他贷款利率，尤其是长期利率，以帮助经济摆脱流动性陷阱和衰退。

6. 2009 年 9 月 23 日，美联储将购买住房抵押贷款债券的期限从原来计划的 2009 年底，延长到 2010 年 3 月 31 日，期望继续维持住房抵押贷款市场的低利率，以活跃美国住房贷款市场和刺激地产经济复苏。

7. 2010 年 4 月 30 日，鉴于当年第一季度数据表明美国经济复苏迹象似乎越来越明显，势头似乎越来越强劲，美联储宣布向银行体系发行类似大额定期存单的金融票据，以帮助收回银行体系过剩的流动性。也就是说，美联储打算自 2010 年 4 月 30 日开始逐步退出量化宽松货币政策。

8. 然而，仅仅过了 3 个多月，形势却急转直下。2010 年 8 月 10 日，美联储的例行货币政策会议（即公开市场委员会会议）发布决议，对美国经济复苏前景深感悲观。为应对美国疲弱和持续放缓的经济复苏步伐，美联储宣布有可能迅速启动第二轮量化宽松货币政策（QE2），主要手段包括：继续维持联邦基准利率“零水平”（亦即 0~0.25%）；增加购买长期国债；将到期的机构债券和机构支持证券的本金收入重新用于购买机构债券，并对美联储持有的到期国债实施展期。重启量化宽松货币政策的目的，还是希望继续维持长期国债的低利率，期望借此刺激信用市场和实体经济复苏。

9. 2010 年 9 月 21 日，美联储货币政策会议再度明确宣布量化宽松货币政策的大门已经重新开启。由于基准利率即联邦基金利率已经降无可降，美联储只能采取大规模购买长期债券的非常规举措，力图进一步迫使长期利率下降。2010 年 10 月 29 日，伯南克高调重申：美国疲弱的经济复苏，要求联储采取更多政策行动，大规模购买财政债券和其他债券，以持续维持抵押贷款低利率和整体经济体系的低利率，期望以此刺激实体经济的借贷、消费和投资活动尽快强劲复苏。

10. 2010 年 11 月 4 日，美联储正式启动第二轮量化宽松货币政策，决定到 2011 年 6 月底将购买总额高达 6 000 亿美元的财政债券和机构债券，每月购买额度为 750 亿美元。消息传出，震惊全球。举世一致批评美联储再度采取量化宽松货币政策是极端不负责任之举，无助美国经济复苏，却必将加剧全球流动性过剩、热钱投机冲击、汇率波动和金融动荡，必将恶化全球长期通货膨胀预期、刺激资产价格泡沫和未来更大规模的金融危机。然而，伯南克不为所动，宣布第二轮量化宽松之后，开始到欧洲和世界各国访问，为美联储政策辩护。

11. 2012 年 9 月 13 日，美联储正式宣布实施第三轮量化宽松货币政策（QE3）。该政策包括如下举措：第一，每月新增购买 400 亿美元联邦机构发行的抵押债券，主要是联邦房贷机构发行的债券。第二，继续实施利率扭曲操作，以降低长期利率。加上利率扭曲操作的长期债券购买量，到 2012 年底，联储每月购买的债券量为 850 亿美元，与第二轮量化宽松的购债量持平。第三，继续将所持联邦机构发行债券的到期本金收入，重新用于购买联邦机构发行的债券。第四，只要就业市场没有充分好转，联储就将持续实施上述政策措施。第五，将零利率（0~0.25%）政策延长到 2015 年年中。

与前两轮量化宽松相比，第三轮量化宽松具有两个特点：一、购债期限和购债总量没有限定。二、目标直指就业市场，却没有具体说明失业率降到哪个水平，联储才会停止量化宽松。

12. 2013 年 12 月，鉴于美国失业率稳步下降，经济持续复苏，美联储宣布开始缩减月度购债规模，退出量化宽松。2014 年耶伦继任联储主席，继续实施量化宽松退出政策，同时维持低利率和前瞻指引。

被打开的“潘多拉盒子”：量化宽松改变全球经济的基本逻辑

2009 年美联储开始实施量化宽松货币政策之后，对全球所有国家的货币政策都产生了决定性的影响，绝大多数国家或主动或被迫追随美联储的货币政策。当今世界，全球近 70 个国家的货币与美元直接和间接挂钩。固定汇率或挂钩汇率（钉住汇率）意味着该国或地区的货币政策必须跟随美联储的货币政策随波逐流。

日本央行和英格兰央行自不必说，它们其实是量化宽松货币政策的始作俑者和急先锋。欧洲中央银行自诞生之日起，发誓要矢志捍卫德意志联邦银行（即德国中央银行 Bundesbank）数十年秉承的稳健货币政策哲学，对采取量化宽松慎之又慎。然而，自 2010 年起，面临日益严峻的欧债危机和欧元区崩溃的巨大风险，欧洲央行也无法抗拒量化宽松货币政策的诱惑。

2011 年底和 2012 年初，欧洲央行实施两轮“长期再融资操作”（LTRO），数月内就向金融市场释放超过 1 万亿欧元的货币流动性。2012 年 7 月，欧洲央行宣布实施“直接货币交易计划”（OMT, outright monetary transaction），决定无限度从二级市场购买危机各国所发行的国债，欧元区的量化宽松货币政策也升级换代。2014 年 6 月 5 日，鉴于欧元区通缩形势持续恶化，欧洲央行宣布史无前例的负利率货币政策，同时加大量化宽松规模（即欧洲央行从市场购买债券的规模）。

全球主要储备货币国家持续放水，相当部分流到新兴市场国家，迫使新兴市场国家中央银行大量买入美元和欧元储备货币，被迫释放大量本国货币。从货币中心国家到边缘国家，从储备货币国家到非储备货币国家，从中央银行到商业银行和其他金融机构，全球性量化宽松的滚滚洪流以迅雷不及掩耳之势泛滥到世界每一个角落。

全球范围的量化宽松，就像被打开的“潘多拉盒子”，奔流不息的货币洪流就像肆意兴风作浪的魔鬼，不断卷起货币信用、资产泡沫和金融危机的惊涛骇浪。伯南克自己也承认这一点。他在新世纪之初（2002 年）就写道：“过去 20 年里，全球金融不稳定性显著增加，其中的重要环节就是资产价格的剧烈波动。”然而，他并没有认识到，全球货币秩序崩溃、货币供应量失去约束，才是导致全球资产价格剧烈波动的根本原因。

格林斯潘的低利率政策和伯南克的量化宽松（也包括全球许多中央银行主动或被动实施的类似政策），已经导致和正在加剧全球货币和金融体系史无前例的大变局。时至今日，很少有人真正深刻认识到低利率、负利率和货币泛滥对全球货币金融体系和人类经济体系的深远影响，很少有人真正理解它是人类面临的最大麻烦之一，没有任何国家能够躲避这个麻烦。

自 2008 年以来，高油价、粮食危机、能源危机、大宗商品价格暴涨、股市暴涨轮番上演，实体经济却始终陷入衰退和低速增长，至今没有实现稳定的快速复苏。金融危机 6 年之后，欧元区深陷通货收缩难以自拔，美国经济复苏艰难曲折，新兴市场国家经济增速普遍放缓。与此同时，各国的资产价格泡沫，从美国的股市泡沫到英国的房地产泡沫，却愈演愈烈。

依靠量化宽松实现经济稳步和快速复苏的愿望完全落空，全球流动性金融资产规模却昂首阔步，迅猛增长。2008 年全球金融危机以来，尤其是各国大搞量化宽松货币政策以来，世界各国货币政策快速趋同。2007 年 1 月至 2012 年初，美联储资产规模从 9 000 多亿美元扩张到 2.9 万亿美元，增长幅度达到 232%。同期，英格兰银行资产负债从 852 亿美元扩张至 3 082 亿美元，增长幅度达到 262%。欧央行资产负债规模从 11 544 亿欧元扩张至 26 557 亿欧元，增长幅度达到 150%。2008 年 9 月至 2012 年初，美联储基础货币量从 5 000 亿美元增加到 25 000 亿美元。欧元区基础货币供应量加速扩张，英国基础货币供应量持续增长，日本基础货币供应量屡创历史新高。

从 2007 年 1 月到 2012 年初，全球主要央行基础货币供应量增幅超越以往一切历史时期，美联储、欧洲央行增幅最大。与此同时，全球利率水平直线下降。2008 年以来，美联储实施三轮量化宽松，联邦基准利率长期维持在 0~0.25%的水平。英格兰银行多次实施量化宽松，基准利率长期维持在 1%以下。欧央行实施两轮量化宽松，四次降低基准利率。日本中央银行实施三轮量化宽松，三次降低基准利率。2014 年 6 月，欧央行在持续多年实施低利率政策之后，史无前例地宣布负利率货币政策。这是人类货币历史上从来没有经历过的新试验。

让我们简要勾画出当今全球货币金融和经济体系的基本逻辑：全球货币扩张→全球信用扩张→全球资产价格泡沫→泡沫破灭和崩盘→货币危机、债务危机、银行危机和金融危机→经济危机或衰退萧条→再度扩张货币（低利率和量化宽松）试图挽救危机和刺激经济复苏→扩张的货币和信用绝大多数却流入虚拟经济体系→迅速刺激新一轮资产价格泡沫产生→新一轮资产价格泡沫破灭再次导致新一轮货币危机和金融危机→各国中央银行重新开启新一轮的危机救助和经济刺激措施→新一轮的货币和信用扩张应运而生……如此循环往复，以至无穷。

量化宽松实际上已经改变了全球经济、金融和货币运行的基本逻辑，全球货币和金融出现大变局，全球货币和金融的不稳定性急剧恶化。

首先是各国虚拟经济与实体经济背离、经济整体“脱实向虚”的情况日益严重。2010 年，全球虚拟经济与全球国内生产总值之比超过 338%，2012 年，美国、欧元区和英国的虚拟经济规模分别达到国内生产总值的 420%、380% 和 350%，其他渠道统计的虚拟经济规模还要大得多。“投机赌博新经济”、“盎格鲁–撒克逊模式的金融资本主义”、“华尔街资本主义”、“赌场资本主义”成为人类经济体系的一个显著特征，成为金融危机频繁爆发的内在根源。我们看到到处是货币，到处是金融，却看不到实体经济的快速增长、失业率的显著下降和收入分配的有效改善。

当代世界各国宏观经济政策所面临的最大难题，就是虚拟经济和实体经济严重背离，就是经济整体“脱实向虚”。如何引导货币金融服务实体经济，是各国共同面临的政策难题。赤字财政政策和宽松货币政策已经无力刺激实体经济复苏，至少刺激效果或边际效率已经显著下降。因为量化宽松和财政赤字所释放的货币和信贷，绝大部分进入虚拟经济的自我循环体系之中，无法流到实体经济体系。

2008 年以来，美联储先后实施了三轮大规模量化宽松，美国实体经济复苏却依然缓慢和脆弱。与此相反，道琼斯股票指数、纳斯达克指数、金融市场交易量、外汇市场交易量、衍生金融产品交易量、债券交易量、大宗商品交易量等所有金融经济或虚拟经济指标，却早已跨越危机之前的最高水平，屡创新高，高歌猛进，势不可当。欧洲、英国、日本和许多新兴市场国家的情形大同小异。

如果说虚拟经济和实体经济背离是人类经济体系的一个内在特

征，如果说全球金融资本主义体系是一个内在不稳定体系，那么，毫无疑问，2008年以来的全球性量化宽松货币政策，则大幅度加剧了虚拟经济和实体经济的背离以及全球货币和金融体系的不稳定。

虚拟经济和实体经济的严重背离，是本书着重阐述的基本主题之一。传统的宏观经济模型，包括经典的封闭经济IS-LM模型、开放经济的蒙代尔–弗莱明模型、通货膨胀率和失业率此消彼长的菲利普斯曲线模型、完美信息假设下的理性预期模型和有效市场假说，和以伯南克为代表的新凯恩斯经济学派，都无法令人满意地阐释虚拟经济—实体经济日益严重背离的内在机制，从而也无法拿出解决当代全球经济和金融重大难题的恰当政策。

全球虚拟经济或金融投机经济日益成为一个自我循环、自我膨胀的体系。与实体经济几乎毫无关系的金融交易（尤其是衍生金融交易）已经成为银行和许多金融机构收入和利润的重要来源甚至是主要来源。譬如，2009~2012年四年间，美国四家最大银行（花旗银行、美国银行、摩根大通和富国银行）的税前利润总额，金融交易的贡献比例分别高达149.44%、75.95%、59.50%和48%。全球金融衍生品名义价值高达数百万亿美元，外汇市场日交易量已经超过5万亿美元，全年超过1 000万亿美元，与此对照，全球每年真实贸易额不过20万亿美元左右，全球实体经济（全球国内生产总值）的规模也只有大约60万亿美元。

量化宽松与实体经济复苏之间的关系非常微弱，与资产价格之间的关系却非常密切。2009年，当美联储实施第一轮量化宽松货币政策之时，美国著名货币理论学者、泰勒准则发明人约翰·泰勒出版了一部精彩的小册子《南辕北辙：政府行动如何触发、延长和恶化了金融危机》。泰勒的结论很清楚，美联储降低利息和实施量化宽松政策最引人注目的效果就是美元的急剧贬值和油价的急剧上升。金融危机第一年，油价翻番，从2007年8月的70美元一路飙升到2008年7月的140美元。随后数月，全球实体经济急转直下陷入负增长，迫使油价急剧回落。

2011年1月，美国国会曾就量化宽松货币政策的实际效果举行听证会。国会议员就量化宽松对实体经济的刺激效果询问伯南克。伯南克认为，量化宽松首先推动股市上涨，股市上涨的财富效应则有助于实体经济复苏。伯南克宣称，我们的政策对于股票市场的强劲增长贡献极大。最新一轮量化宽松货币政策让标准普尔指数上涨超过20%，罗素指数（Rusell Index）上涨超过30%。然而，伯南克所期待的股市上涨的财富效应，却没有成为推动实体经济复苏的强大引擎，因为股市上涨的财富效应，绝大部分落入极少数金融家和富人的腰包，普罗大众其实根本享受不到多少财富效应。[①]

量化宽松让大宗商品成为地地道道的金融投机产品，大宗商品价格已经严重脱离实体经济体系的供给和需求，投机炒作成为大宗商品价格的主要决定力量。金融投机推动大宗商品价格持续暴涨，输入性通胀成为新兴市场国家长期面临的最大威胁。

世界货币和金融领域几乎所有的领袖人物（包括伯南克本人）都承认，量化宽松货币政策是导致大宗商品价格持续暴涨的主要力量，大宗商品已经成为金融投机产品。世界银行前任行长佐利克说："全球金融市场流动性泛滥，粮食作物成为金融交易的重要产品。全球粮食作物的价格波动，与石油价格波动紧紧联系到一起。过去10年来，这种联系变得越来越紧密。"金融学者为这个现象取了一个名字："全球粮食作物的金融化"。佐利克还说："毋庸置疑，我们通常所说的大

① 关于股市和金融资产价格上涨的财富效应分配，请参见本书卷二第四章的详细分析。

宗商品如粮食和石油，早就是金融投机的主要标的物。”

全球金融资本主义时代或量化宽松时代，几乎所有传统货币理论完全失效。全球货币供应量以天文数字般突飞猛进，却并没有如人们预期的那样导致全球恶性通货膨胀，封闭经济的货币数量论和全球货币数量论似乎都难以解释这个奇特现象。全球经济和金融市场的极度不确定性，导致许多国家出现名义负利率，传统货币政策工具完全失效，非传统的量化宽松货币政策工具也无法奏效，迫使我们必须重新思考货币政策的传导机制，重新思考货币影响经济运行的内在机理。

国际资金追逐短期收益的投机行为和风险偏好的快速变化，让经典的利率平价理论完全无法推测利率和汇率之间的相互联系，利率水平高的国家，汇率往往持续升值，利率水平低的国家，汇率往往持续贬值，利率和汇率的均衡力量似乎不再发挥作用。

当美联储 2008 年启动第一轮量化宽松货币政策时，因全球金融海啸迫使国际资金蜂拥流入美国市场，美元汇率竟然随着美元流动性的天量扩张而急剧升值。许多学者依照传统货币理论预言：美元流动性扩张必然导致美元汇率急剧贬值乃至崩溃，这类判断和预言却没有成为现实。相反，当美联储 2012 年上半年迟迟不宣布实施第三轮量化宽松时，由于人们担心没有新一轮量化宽松的刺激，美国经济将陷入二次衰退，美元汇率竟然持续贬值。欧元区的情形同样如此。当欧洲央行启动所谓“长期再融资操作”，亦即欧元区的量化宽松货币政策时，欧元汇率不但没有出现贬值，反而大幅升值。

换言之，全球金融资本主义或量化宽松时代，我们已经无法运用传统的货币理论和汇率理论来推测通货膨胀和货币汇率的走势。我们需要寻找新的理论架构来阐释经济、货币和金融体系等变量之间的内在关系。

第二章　细节里的魔鬼：量化宽松为何失效

量化宽松的主要工具和目标

各国量化宽松的主要手段，概言之，就是大规模购买国债、政府担保机构发行的债券（譬如美国“两房”发行的债券）以及金融企业持有的低信用等级资产，即“垃圾资产和有毒资产”，包括低信用等级的公司债券、抵押贷款支持债券等。

理论上说，量化宽松货币政策期望实现两大目标。第一，降低长期利率，从而刺激私人部门的信用（借贷）和消费增长。当今世界，各国都是信用高度发达的经济体系。只有信用增长，才能刺激消费和投资增长。第二，摆脱通货收缩陷阱，实现经济再通胀。长期利率降低，储蓄者的利息收入随之下降，储蓄者被迫放弃或减少储蓄，不得不将资金投入商品市场、股票市场和其他资产市场，从而提升经济体系的通胀水平，有助于各国经济摆脱通货收缩泥潭或实现再通胀。从伯南克的量化宽松到日本的“安倍经济学”和黑田东彦的“无限度宽松”，核心目的都是实现经济的再通胀。

量化宽松政策被称为“非常规货币政策”（non-conventional monetary policy）。众所周知，常规货币政策主要有三个政策工具：中央银行调整对商业票据的贴现率或对商业银行的贴现政策、改变商业银行的法定存款准备金率和调节基准利率（通常指1年期存贷款基准利率）。

“二战”之后，贴现率和票据贴现政策已不是中央银行的重要政策工具。经济萎靡不振之时，中央银行即使使用票据贴现政策来刺激经济，也是杯水车薪，缓不济急。下调存款准备金率也派不上多大用场。金融危机和经济衰退时期，银行金融体系皆如惊弓之鸟，忙于修复资产负债表，对发放新贷款、扩张信贷非常慎重。中央银行纵然将存款准备金率下调为零，深陷“去杠杆化”泥潭难以自拔的商业银行，也不愿或没有能力扩张信贷。

事实上，2007年次贷危机以来，美联储竭尽全力鼓励商业银行向联储借钱，主动降低商业银行向中央银行借钱所需的抵押物标准，大规模购买商业银行的“垃圾资产”或“有毒资产”，帮助商业银行清理和修复资产负债表，美国商业银行体系的实际存款准备金率早就为“负”。截至2012年年中，美国商业银行体系的超额准备金超过1.6万亿美元，商业银行体系的流动性异常宽松，史无前例。然而，流动性宽松并不一定意味着实体经济体系的信贷出现相应扩张。

欧央行面临同样困境，自2011年欧央行实施所谓“长期再融资操作”以来，欧元区商业银行并没有向央行大规模借钱，然后再向实体经济提供信贷。相反，欧元区商业银行竟然不断归还之前的央行借款，导致欧元区通货收缩愈演愈烈。中央银行无论实施多么宽松的货币政策，都无法刺激实体经济的信贷扩张，这是当今全球经济尤其是发达国家经济出现的一个非常重要的新现象，也是令人极度困惑的新现象。

量化宽松的理论基础

量化宽松的理论基础就是伯南克所倡导的“灵活的通货膨胀基准目标”理论。对此货币政策准则理论，伯南克曾经给予详尽解释。他说：

“什么是灵活的通货膨胀基准目标？虽然具体操作各有差异，但一般而言，通货膨胀基准目标具有三大特征。第一，顾名思义，通货膨胀基准目标要求货币政策必须致力于实现既定的长期通货膨胀目标，长期价格稳定是货币政策压倒一切的或首要的目标。重要的是，通货膨胀基准目标要求通货膨胀率既不能太低又不能太高。避免通缩与避免通胀同等重要，或许更重要。第二，在致力于实现长期通胀目标的约束下，短期内中央银行有一定程度的灵活性，以追求其他目标，包括产出增长和就业稳定。这就是为什么叫灵活的通货膨胀基准目标。第三，通货膨胀基准目标要求：货币政策决策者必须保证货币政策充分开放和透明，比如定期发表通胀形势报告，公开讨论政策方案和计划。”

依照伯南克所倡导的货币政策准则，实施量化宽松似乎有充足理由。

第一，自2008年金融海啸爆发以来，根据美联储的统计数据和分析判断，美国国内的实际通胀率长期处于较低水平，长期通胀预期持续稳定，并且始终存在着通缩危险。根据灵活的通货膨胀基准目标要求，联储应该继续实施宽松货币政策。

第二，控制通胀并非联储的唯一政策目标。只要长期通胀预期稳定，现实通胀处于控制范围，联储则要优先考虑产出稳定和就业增长。正如2012年9月13日的美联储公报所说："联储法律要求，货币政策须致力于实现就业最大化和价格稳定。我们担心，假如不继续实施进一步的货币宽松政策，经济增长步伐就不足以持续改善劳动力市场就业状况。与此同时，国际金融市场动荡不安加大了经济下行风险。况且，我们预计中期通胀水平将维持2%的目标水平或低于2%。"

不确定性和负利率

量化宽松是否能够像人们所期望的那样发挥作用，首先取决于利率传导机制的有效性。

利率传导机制的有效性分为两个渠道。第一，央行货币政策操作是否能够降低市场利率水平；第二，利率水平是否能够有效刺激投资和消费。如果第一个渠道失效，第二个渠道自然就难以发挥作用。然而，事实上美欧等发达经济体系早已深陷负利率和流动性陷阱，量化宽松货币政策传导机制基本失效，难以达到预期效果。以前人们普遍相信中央银行货币政策的基本约束条件是名义利率不能为负值，如今名义利率竟然降到零以下，深刻说明不确定性阴霾笼罩着发达经济体，传统货币政策和非传统的量化宽松货币政策均难以奏效。

自2011年以来，全球货币金融市场开始出现前所未有的奇特现象：多国名义利率降到零以下，成为"负利率"。欧洲出现名义负利率的国家包括瑞士、丹麦、德国、比利时、芬兰、荷兰和法国。2012

年二季度，欧洲金融稳定机制（ESM）以－0.0217%的名义利率发行3个月期限债券，总额14.3亿欧元；丹麦政府以－0.59%的利率举债7 000万美元；德国以－0.06%的利率发行两年期债券，总额41.7亿欧元。瑞士两年期国债利率长期为负。比利时、芬兰、荷兰和法国均时常出现负利率。2012年二季度，丹麦中央银行就曾经对商业银行的央行存款实施收费。

早在2012年，欧央行就开始考虑对商业银行的央行存款实施收费，即实施负利率货币政策，自2011年以来，欧央行的隔夜拆借利率就一直维持零水平。2012年，美联储也曾经考虑实施负利率政策，对商业银行的央行存款收费。当时，美联储主席伯南克曾经发出明确信号，如果量化宽松效果仍不理想，商业银行向实体经济的信贷增量仍然不如预期，美联储就可能对商业存款实施收费，以此强迫商业银行向实体经济（非金融企业、家庭和个人）发放贷款。

2013年之后，美联储开始缩减购债规模，退出量化宽松，欧央行却反其道而行之，开始大规模实施量化宽松和负利率政策。到2014年6月，欧央行明确宣布实施史无前例的负利率政策。

支持央行采取负利率政策的学者不乏其人。譬如，2012年，美联储前任副主席、普林斯顿大学教授艾伦 · 布林德（Alan Blinder）就强烈呼吁公开市场委员会向商业银行的超额储备征收0.25%的费用，以负利率手段迫使商业银行向实体经济放款。芝加哥联储总裁查尔斯 · 埃文斯（Charles Evans）是最极端的鸽派人物，他甚至宣称，只要美国失业率不降低到7%以下、中期通胀水平不上升到3%以上，公开市场委员会就不应该改变零利率货币政策，甚至应该实施负利率货币政策。

金融市场出现名义负利率现象非同寻常，耐人寻味。如果你花

100 元购买面值 100 元的两年期债券，两年后债务人只还你 96 元，你为什么要如此“傻”干呢？

根据简单的资产定价公式：任何资产的总收益 $Y = q - c + l$。其中 q 是资产持有期限内资产本身所创造的净收益；c 是持有期限内资产可能遭受的损失，或者必须为维持资产价值所支付的维护成本；l 是资产的流动性收益或流动性溢价。以现金、股票和房产三类资产为例。持有现金的净收益为零，维护和保管成本几乎为零，流动性溢价或收益很高。持有股票的净收益（至少预期净收益）很高，维护和保管成本几乎为零，流动性溢价较低。房产净收益可能较高，维护成本很高，流动性收益则极低。所谓资产组合选择或者理财策略选择，无非就是在上述三个资产收益之间进行权衡，以寻找可能的最大化总收益。原则上，如果你持有的资产给你带来的总收益（Y）小于 0，你是不会选择拥有这项资产的。

多国出现名义负利率，意味着 q 为负。债券持有成本或保管成本（c）极低，可以忽略不计。那么，人们愿意购买负利率债券，意味着资产的流动性收益或溢价（l）极高，说明市场人士的风险偏好极度保守，极度厌恶和担忧风险，表明全球货币金融市场和整体经济的不确定性大幅度上升。

换言之，低利率和负利率充分说明全球经济整体陷入流动性陷阱，说明全球经济迷失到不确定性丛林之中，找不到出路。流动性陷阱是指无论利率水平多么低，人们对未来任何投资皆没有信心，只好拥有流动性最高的资产（现金和高信用级别资产，譬如国债）。

凯恩斯和费雪的流动性陷阱理论

名义利率越低，投资反而越少；名义利率越低，流动性资产越受欢迎；名义利率越低，经济活动越萎靡。凯恩斯的《通论》曾经详细讨论流动性陷阱的形成机制。不过他认为当经济整体堕入流动性陷阱时，名义利率虽然很低，却不会降低到零。他还相信名义利率不可能为负。凯恩斯“流动性陷阱”理论的背景是20世纪30年代的大萧条。假如凯恩斯灵魂不灭，知道今天竟然真的出现名义利率为负，他当年的判断被推翻，他可能会迫不及待地去修改《通论》的相关章节。

人类经济体系为什么会陷入“流动性陷阱或信用陷阱”而难以自拔？与凯恩斯同时代的另一位经济学天才欧文 · 费雪揭示出经济体系的另外一个调节机制，那就是著名的“债务—通缩调节机制”。

凯恩斯和费雪的理论异曲同工。如果经济体系陷入通货收缩、通胀率为负、真实利率为正、投资和消费萎靡不振、实体经济投资收益前景黯淡，那么，几乎所有人都会“理性地”选择到银行存钱，甚至将钱藏到家庭保险箱或床底，因为存款或持有现金的真实收益高于一切投资的真实收益。与真实利率一样，投资的真实收益等于名义收益减去通胀率。当通胀率为负（通货收缩）时，即使名义收益率为零，真实收益率也为正。每个人都这样做，整个经济体系就堕入流动性陷阱：经济体系的流动性非常充裕，可是大家就是不愿意消费和投资，宁愿存钱到银行或者把钱攥在手里。流动性陷阱绝不是人们发神经的“非理性行为”，恰恰是通货收缩周期里人们最理性的行为选择。

中央银行为了阻止通缩恶化，可以不停地降低名义利率，直至名义利率降无可降（降到零或名义负利率）。如果此时通缩依然严重，真实利率依然居高不下，所有人还是继续选择存钱而不是投资和消费，实体经济依然萎靡不振，那么中央银行还能有什么秘密武器呢？

教科书里经典的IS-LM模型，只考虑货币市场以及商品和服务市场，没有考虑资产市场，所以一旦经济体系陷入零利率或低利率流动性陷阱，该理论就宣称货币政策弹尽粮绝，此时财政政策就该担负刺激经济的重任。20 世纪 70 年代之后，随着全球（尤其是美国华尔街）债券和资产市场日益发达，许多经济学家尤其是以美联储主席伯南克为代表的一派经济学者认为：当经济体系陷入零利率或低利率流动性陷阱时，尽管中央银行无法持续降低名义利率，却可以继续购买政府债券和其他长期债券，继续为经济体系注入流动性或基础货币，以防止经济体系陷入长期通缩。这就是量化宽松货币政策最重要的理论依据。

量化宽松为何失败

西谚有云：魔鬼隐藏在细节之中。同样，许多真理也往往隐藏在细节之中。

货币理论的相关细节有趣而重要。最近几十年来，货币理论专家八仙过海，各显神通，竞相发表研究成果，期望彻底厘清货币影响经济活动的内在机制和多种渠道，尤其是货币政策的多样传导机制，从而为货币政策指出一条明路。

针对如何跳出流动性陷阱，就有如下重要问题需要回答：（1）经济体系为什么会“突发神经”，陷入流动性陷阱？尽管有凯恩斯、费雪等许多学者的深入阐释，流动性陷阱的个人行为机理至今还没有完全弄明白。（2）名义利率降无可降时，原则上中央银行可以购买债券，继续释放货币洪水，那么是购买短期债券有效还是购买长期债券有效？经济学者经过多年观察和理论分析，终于发现：经济体系陷入流动性陷阱时，短期债券与现金货币近乎完全等价，中央银行以现金货币去交换公众手里的短期债券，等于什么也没有改变，白忙活一场，所以购买短期债券无效。（3）既然购买短期债券无效，那么购买长期债券是否有效呢？经验证据和理论分析至今依然莫衷一是。理性预期学派认为，中央银行购买长期债券也是“竹篮打水一场空”，毫无效果。然而，有些经济学者却认为：2002 年之后日本货币政策的经验，以及美国货币政策历史上的几次经验都表明，当短期利率为零或接近零时，中央银行购买长期债券能够将经济拉出流动性陷阱。（4）即使中央银行购买长期政府债券依然无法将经济拖出流动性陷阱，他们手中依然握有秘密武器，那就是大量购买投资级别以下的垃圾债券，乃至直接购买实物资产，譬如房地产。例如，2008 年全球金融危机爆发之后，美国哈佛大学教授、前国际货币基金组织首席经济学家罗果夫（Kenneth Rogoff）就曾经向伯南克献计：美联储可以直接入市购买房地产！

罗果夫、伯南克等货币理论家对于摆脱流动性陷阱的央行货币政策工具，为什么会如此信心十足呢？首先，原则上，他们根本不承认经济体系能够真的堕入流动性陷阱。其次，他们认为，货币政策有许多工具，货币影响经济体系有多条道路。此路不通，另有通衢，条条道路通罗马。中央银行可以购买长期债券、外汇、真实资产（房地产、股票等），以及以真实资产为基础的各种商业票据和金融票据等，不断向市场注入货币，直到所有人突然明白，他们手中的货币实在多得不能再多了，货币真的不值钱了，钱真的毛了，依照经济学术语，就是公众的真实货币头寸太多了，必然开始大把花钱购买商品（消费）或资产（投资），经济体系也就顺理成章地可以跳出流动性陷阱，迈向经济复苏的康庄大道了。

然而，从刺激实体经济复苏角度看，2008 年以来的量化宽松政策并没有达到预期效果。问题出在哪里呢？根据本书对货币和信用理论的新阐释，我认为伯南克等经济学者的量化宽松政策哲学有四方面的错误或不足。

1. 他们没有明确区分信用和货币，甚至简单将货币等于信用。他们似乎以为，大规模扩张银行体系或经济体系的货币量或流动性，必然意味着银行体系或经济体系的信用增加。他们似乎也没有明确认识到：真正左右实体经济活动的并不是货币或流动性，而是信用或借贷。增发金融体系的货币或流动性，并不等于实体经济的信用或借贷增加。

2. 他们假设中央银行扩张的货币或流动性，能够顺利甚至均匀流向经济体系的每一个决策单位（个人、家庭、公司等）。因为逻辑上，只有中央银行扩张的货币流入经济体系的每个决策单位，让他们觉得手中货币实在多得不能再多了，货币真的不值钱了，他们才会开始大把花钱购买商品（消费）或资产（投资）。假如中央银行扩张的货币并不能均匀流入经济体系的每一个决策单位，伯南克的货币政策思路就走不下去，行不通。实际上，中央银行扩张的货币或信用绝大多数流入金融体系或大公司，中小企业和个人很难获得信用或只能获得极少部分。

3. 根据消费经济学领域众所公认的“永久收入假说”，个人消费最终取决于永久收入或长期收入，本质上与货币无关（这是“货币长期中性”学说的另一个版本）。如果扩张货币或流动性不能改变人们的永久收入预期，甚至恶化人们的永久收入预期，那么货币政策对于刺激经济复苏必将适得其反。20 世纪 60 年代，未来的两位诺贝尔经济学奖得主、货币理论大师托宾和蒙代尔就曾经指出人们经济行为的一个重要性质：当人们的通胀预期恶化时，人们就会预期自己的真实财富下降，可能反而有增加储蓄的趋势！换言之，通胀预期恶化不仅不会刺激人们去消费和投资，反而会打击消费和投资！这就是著名的“蒙代尔–托宾效应”（Mundell-Tobin Effect）。的确，多个国家不同历史时期的经验表明：通胀预期恶化对消费和投资的打击非常严重，经济增长往往一蹶不振。

4. 实体经济复苏的关键是信贷需求和供给的持续增长。从刺激实体经济信用需求和供给的角度看，假如通胀预期恶化，尽管原则上信用需求可能增加，因为债务人未来的还款负担可能因通胀恶化而降低，然而，信用供给却可能急剧下降或持续萎靡，因为债权人担心未来债权因通胀而缩水，经济持续萎靡让赖债风险上升。从信用供需角度看，我们不能肯定量化宽松货币政策能够刺激实体经济的信贷供给，能够刺激实体经济复苏。

实施多轮量化宽松之后，美国实体经济复苏依然疲弱，证实了上述基本论点：决定经济复苏的根本力量，不是货币供应量或流动性，而是私人经济部门的真实信贷供给和需求。某种程度上量化宽松可以左右信贷供给，然而，当经济主体（企业和个人）深陷“去杠杆化”过程时，经济体系信贷流量的决定性力量是信贷需求，不是信贷供给。然而，量化宽松对信贷需求的刺激效果极其有限。

当银行和金融机构过度担忧流动性风险和对手风险，或者它们自身也陷入去杠杆化过程时，量化宽松货币政策对信贷供给的刺激效果同样非常有限。过去四年来，美联储和欧央行的量化宽松货币政策经验早就证明了这个结论。美国商业银行体系的超额储备从危机之前的约 20 亿美元，急剧增长到 2011 年的超过 1.6 万亿美元，欧元区商业银行超额储备也大幅度增长，以至于央行对超额储备不再支付利息甚至准备收费，以强迫商业银行增加信贷，充分说明量化宽松货币政策对信贷供给的刺激效果显著下降。

量化宽松的负面效果

要系统准确评估量化宽松货币政策的效果，几乎是一件不可能的事情。经济体系各个变量相互作用，错综复杂，不可能完全分离出量化宽松的效果。前面从理论上概述了量化宽松传导机制可能存在的有效渠道和传导机制失效的多种方式。此处则综述学界对量化宽松负面效果的主要批评。

第一，大量数据表明，前两轮量化宽松的主要效果是刺激油价、大宗商品价格和粮食价格飙升。三大价格飙涨大幅度降低了普通老百姓的真实收入，削弱了国内真实消费需求，严重拖累了实体经济复苏步伐。2008 年 10 月至 2010 年 3 月第一轮量化宽松时期，大宗商品价格上涨 36%，粮食价格上涨 20%，油价上涨高达 59%。2010 年 10 月至 2011 年 6 月第二轮量化宽松期间，大宗商品价格上涨 10%，粮食价格上涨 15%，油价上涨超过 30%。

第二，量化宽松刺激股市大幅度上涨，虚拟经济和实体经济持续严重背离，恶化收入分配失衡和贫富差距。量化宽松实施以来，美国股市指数连创新高，早已回升到危机之前高位。2012 年 9 月 13 日，当华盛顿美联储传来实施第三轮量化宽松消息时，华尔街股市应声飙涨，标普指数迅速创下 5 年来新高。

股市脱离实体经济快速上涨，主要效果是加剧贫富分化。根据统计，美国10%的富裕人群持有75%的股票，股票大幅上涨的财富效应主要由10%的富裕人群享受，其余90%的人享受不到多少财富效应。相反，对于美国多数家庭尤其是占人口20%的低收入家庭来说，与油价相关的开支占收入的8%~10%，食品开支占收入的30%~40%。油价和粮价大幅度上涨意味着普通百姓收入遭受损害。

第三，长期过度低利率和银行体系天文数字般的超额储备，给美国和全球经济体系埋下了恶性通胀的巨大隐患。量化宽松创造的天文数字般的银行体系超额储备，就像一颗定时炸弹。尽管目前贷款需求疲弱，银行体系没有大量发放贷款，然而，一旦经济开始加速复苏，商业银行将快速增加放贷，银行体系积累的大量超额储备就可能像洪水一般迅速涌入经济体系，从而导致货币供应量急剧飙升和恶性通货膨胀。当然，伯南克和其他央行领袖们信誓旦旦地宣称：一旦经济迈入快速复苏和增长轨道，他们就会采取措施收回市场上的大量流动性，以避免快速经济增长导致通货膨胀。然而，人类以往的历史经验表明，一旦通胀预期形成并进入预期自我实现过程，要遏制通胀预期，就需要反方向的剧烈货币紧缩措施，实体经济复苏步伐有可能终止，甚至再度陷入衰退。面向未来，各国央行尤其是美联储和欧央行是否有能力将量化宽松货币政策平稳过渡到正常货币政策轨道，人们普遍心存疑虑。

第四，量化宽松货币政策严重扭曲经济体系的内生调节机制尤其是价格调节机制。量化宽松从四个方面扭曲和破坏了经济体系的内生调节机制。

其一，低利率、零利率和负利率刺激货币资金流向某些特殊资产市场（譬如房地产市场和投机性资产市场），导致某些行业的过度投资和错误投资。事实上，美国次贷危机的根源就是格林斯潘“9·11”

恐怖袭击事件之后实施长期低利率货币政策。历史经验一再表明：长期低利率或实际负利率，必然导致某些领域的过度投资、错误投资和资产价格泡沫，金融危机和资产价格泡沫破灭则是经济体系的大量宝贵资源和资本惨遭毁灭，大量财富和价值惨遭毁灭。

早在 1867 年，古典经济学大师级人物约翰·穆勒就深刻认识到过度投机毁灭财富和资本的内在机制。他曾经指出："毁灭资本和价值的并不是金融恐慌本身，金融危机所揭示的重大事实是，人们之前的过度投机和盲目投资将大量资本投入毫无任何生产价值领域的程度有多么严重。"

其二，低利率、零利率和负利率政策让那些行将就木的坏公司、坏资产、有毒公司、有毒资产得以苟延残喘，让经济体系失去刮骨疗毒、新陈代谢、自我修复的功能。2008 年金融危机爆发，美国银行体系累积了那么多有毒资产，某些银行早已成为危害经济整体的"有毒银行"，一个健康经济体系的调节机制就应该让这些有毒资产和有毒公司快速死亡和退出市场。然而，美联储大规模购买有毒资产，挽救有毒公司，让它们苟延残喘，拖累和延迟了经济体系的自我复苏和修复机能。

其三，量化宽松的核心是大量购买国债或政府机构发行的债券，成为政府挥霍浪费或不负责任的财政政策的保护伞或避难所。本来，假如债券市场能够正常运作，那么，如果美国政府持续维持高额赤字，美国国债收益率和融资成本就会大幅度飙升，从而有效约束美国政府大举借债。然而，美联储量化宽松刻意压低国债收益率，尤其是不惜一切代价压低长期国债收益率，让债券市场调节机制完全失去作用，直接协助美国政府继续几乎无限度地扩张赤字和债务。

第五，量化宽松货币政策严重干扰世界各国货币政策，迫使各国为美国财政赤字和滥发货币埋单。因为量化宽松释放的大量流动性，相当部分流入其他国家以寻求高收益，其他国家的中央银行被迫大量购买美元储备，释放本国货币维持美国国债市场和美元汇率。

上述五个负面效果结合起来，导致全球金融和货币体系出现重大变局，严重加剧全球货币金融的不稳定性。正是从这个意义上，我们说量化宽松货币政策是全球经济面临的主要威胁。

第三章　错误的诊断，错误的药方

既然量化宽松没能达到预期效果，或者从理论上能够证明量化宽松无法达到预期效果，那么，为什么各国央行还要反复使用这个“非常规的货币政策”呢？美联储并非零利率和量化宽松的发明者，始作俑者是日本，日本持续多年的经验也充分证明零利率和量化宽松没有达到预期效果。

因此，一个更重要和更基本的问题是：为什么各国争先恐后采取量化宽松政策？难道没有其他政策来挽救金融危机和刺激经济复苏吗？从全球经济整体和大历史角度来考察，发达经济体以及全球经济面临的根本问题究竟是什么？只有理解这些更重要、更本质的问题，我们才能理解量化宽松政策的实质和该政策无法奏效的内在原因。

2008 年全球金融危机爆发之后，全球“货币战”、“贸易战”、“金融战”此落彼起，贸易和投资保护主义愈演愈烈。激烈争吵和相互遏制的背后，则是全球经济的根本失衡，是各国宏观经济政策陷入困境，是人们对金融和经济危机的原因缺乏共识，是政治领袖人物政策理念的短视、偏见和自私。

发达经济体系面临的五个基本困难

全球金融资本主义时代，尤其是全球金融危机爆发之后，发达经济体普遍面临五个基本困难。危机至今已六年，五个基本困难没有根本缓解，许多方面继续恶化。

第一，经济负增长或增速长期放缓。危机爆发之初，各种关于经济快速复苏和快速回归正常增长的预言皆破产。到 2011 年，人们终于面对现实，承认经济增速放缓和衰退可能是长期趋势。到 2014 年，随着欧元区深度陷入通货收缩，新兴市场国家经济增长普遍减速，全球经济整体前景继续深度悲观。

第二，政府债务规模和财政赤字居高不下，且日益恶化。2008 年全球金融危机爆发不久，欧元区很快就爆发主权债务危机，财政赤字和债务问题成为困扰欧元区经济复苏最严重的障碍之一。美国奥巴马政府上台之后，立刻面临财政开支方面的多重挑战，既要大笔斥资挽救金融机构，又要大搞财政刺激以挽救经济衰退，还要维持庞大的军事开支、社会福利开支和失业救济支出，财政赤字不断创造新纪录。奥巴马的第一任期里，累计财政赤字超过 5 万亿美元，创造了美国历史上从来没有出现过的惊人赤字纪录。日本国债规模同样继续攀升，债务总额与国内生产总值之比超过 220%，为举世最高水平，人类历史所仅见。英国和其他地区大同小异。经济增长放缓或负增长，财政收入锐减；社会福利和失业救济开支不仅难以削减，反而还要增加。各国围绕财政紧缩的利与弊、好与坏、正（效果）和负（效果），反复辩论，众说纷纭。无论如何，债务和赤字规模难以缩减确是极难改变的事实。

面向未来，各国中央政府和地方政府，都面临异常严峻的长期“去杠杆化”过程，财政赤字和债务规模无法继续大规模增加。很大程度上，2008 年的全球金融危机就是发达国家赤字财政和债台高筑必然引发的一场危机。金融危机反过来进一步恶化各国财政赤字，债务持续攀升。如何摆脱这种两难困境，目前各国还没有找到好的办法。

第三，“零利率”或“低利率”政策无法实现经济“再通胀”。各国反复实施量化宽松政策，效果很不理想，迫使人们重新思考货币政策的传导机制和效率。目前大体有一个基本共识，当经济陷入负循环、不确定性笼罩经济活动、投资者和消费者信心普遍疲弱的阶段，货币政策难以奏效。日本过去 20 多年的经验已经证明经济体系陷入负循环周期时，货币政策近乎完全失效。它不仅无法刺激经济回归快速增长轨道，甚至完全无法实现经济的“再通胀”，无法避免经济陷入长期的通货收缩。

第四，私人消费和投资持续萎靡，个人和家庭的“去杠杆化”过程远未结束，个人和家庭对信贷的需求持续下降。经济学者辜胜明将 20 世纪 30 年代的世界大萧条、日本 1990 年之后的长期衰退和 2008 年金融危机之后的全球衰退，概括为“资产负债表衰退”。资产负债表衰退期间，个人和企业的经济行为发生根本变化，他们不再追求效用最大化和利润最大化，而是追求债务最小化。资产负债表衰退和债务最小化假说确实包含重要真理，是非常具有启发力的假说。2008 年，诺奖得主阿卡洛夫和《非理性繁荣》的作者席勒共同出版新著《动物本能——人类心理行为如何左右经济运行以及它们对全球资本主义的重大意义》，专门强调信心强弱、悲观乐观情绪、预期稳定和变幻等心理因素如何决定经济周期波动。本书的宏观分析模型，能够解释经济衰退期间普通个人和家庭“去杠杆化”过程为什么如此艰难和漫长，能够解释为什么量化宽松难以有效缓解“去杠杆化”过程的痛苦。

第五，银行体系的“去杠杆化”过程远未完成，补充资本金是一个漫长的过程，信贷供给短期内没有可能恢复快速增长。银行和金融体系的过度杠杆经营，是导致金融危机的核心原因。危机来临，银行和金融体系高杠杆所蕴藏的风险暴露无遗，被迫开始漫长而痛苦的“去杠杆化”。《巴塞尔协议III》、美国《多德–弗兰克法案》、“沃尔克法则”等，旨在从法律和监管架构上迫使银行业降低杠杆比例。

实体经济负循环和信用负循环

上述五个基本困难环环相扣，相互强化，原因产生结果，结果产生原因，形成典型的经济“负循环”。

实体经济的“负循环”机制如下。

经济增速放缓的负循环机制。居民收入和政府收入持续下降，私人消费、投资和政府开支必须相应缩减，私人消费、私人投资和政府开支缩减反过来加剧了经济增速放缓。

失业上升的负循环机制。失业意味着收入减少，收入减少意味着需求下降或需求弱化，需求下降或需求弱化意味着企业开工不足，开工不足则意味着失业人数进一步增加，失业人数上升和失业率居高不下进一步导致普通百姓的收入下降。

预期收入下降的负循环机制。经济增速放缓和失业人数持续增加，让人们对未来预期收入的前景持续悲观，悲观的收入前景迫使人们进一步收缩消费。根据消费理论的“永久收入学说”，消费不是取决于当期收入，而是取决于永久收入和一生收入的预期。消费下降则进一步恶化经济前景，反过来进一步恶化预期收入的悲观预期。

信用萎缩的负循环机制。经济放缓、失业上升、预期收入下降，迫使经济的所有部门“去杠杆化”，整个经济体系的信用总量（信用需求和供给）持续收缩，真实利率持续增加，社会财富（私人财富和政府财富）持续缩水。

经济体系的负循环机制中最重要的是“信用萎缩的负循环机制”。根据本书的“信用体系—实体经济—虚拟经济”一般均衡分析模型，刺激实体经济增长的决定性力量是实体经济的信用增长，不是传统理论强调的货币供应量。观察经济复苏，我们应该特别注重观察各国信用总量增长速度和结构变化，传统理论所关注的货币供应量和货币流通速度，不是推测宏观经济走势的有效指标。①

历史经验一再表明：一旦经济陷入信用萎缩的负循环，货币政策就完全失效，无法将经济拉出“信用萎缩负循环”的深渊。

“信用萎缩负循环”与凯恩斯当年所描述的“流动性陷阱”并不相同。如果经济只是陷入流动性陷阱，那么中央银行持续实施量化宽松货币政策和“零利率货币政策”，就完全有可能将经济体系拉出流动性陷阱。但是，一旦经济体系陷入信用萎缩的负循环或信用陷阱，量化宽松货币政策或零利率货币政策就没有办法发挥作用，因为货币

① 金融危机之后，越来越多的学者开始使用M3来分析宏观经济波动。多个研究者的实证研究表明，几乎所有发达经济体的M3增长速度都远远低于传统的广义货币供应量M2以及狭义货币供应量M1和M0的增长速度，有些国家的M3甚至出现负增长。其实，M3所描述的变量正是社会信用规模。M3的增速与M2、M1、M0增速的背离和差距，其实正是货币和信用增长的背离和差距。

创造机制并不等同于信用创造机制，货币供应量的持续扩张并不等同于实体经济的信用扩张。日本所谓“失去的 20 年”，内在机制就是信用萎缩的负循环。全球金融危机 6 年多的惨淡现实再次证明：一旦经济体系陷入信用萎缩的负循环，量化宽松就失去作用。货币扩张不等于信用扩张，这是全球金融危机给货币理论的一个基本的重要教训。

实体经济各个变量和信用的负循环机制直接导致各国经济政策的三个“两难困境”。

财政政策的两难困境。一方面是经济复苏需要持续大规模的财政刺激，另一方面则是财政赤字和债务规模无法继续上升，此为财政政策的“两难困境”。深陷欧债危机的各国政府、面临“财政悬崖”的美国政府、债务与国内生产总值之比创造世界纪录的日本政府，某种程度上都堕入此两难困境难以自拔。

货币政策的两难困境。一方面，各国中央银行持续实施量化宽松政策，导致汇率动荡、竞争性贬值、全球资金无序流动、全球资产价格泡沫和通胀预期恶化，另一方面，各国中央银行又必须努力避免汇率的过度动荡、国际资金无序流动和资产价格泡沫，抑制长期通货膨胀预期，防止虚拟经济暴涨。此为货币政策的“两难困境”。

汇率政策的两难困境。一方面，许多国家都渴望本国货币弱势和货币贬值，以刺激出口和经济复苏，另一方面，各国却又渴望避免金融市场过度动荡，害怕汇率过度波动和热钱冲击，期望全球贸易、金融和汇率环境稳定。此为汇率政策的“两难困境”。

基础货币扩张并不等于信用扩张

理论上，量化宽松希望通过降低基准利率，进而降低经济体系的长期利率和短期利率（即经济体系的总体融资成本），以刺激消费和投资。

从深层次理论角度分析，量化宽松政策理论的重大缺陷，是将货币扩张简单等同于信用扩张，以为基础货币供应量的增长必然意味着名义利率降低和实体经济信用的扩张。

从基础货币扩张到实际投资和消费增长，中间至少需要经过三个渠道：基础货币供应量增加刺激利率水平降低；利率水平的降低刺激信用规模的扩张；信用规模的扩张刺激投资和消费增长。只要三个渠道中一个不畅通，整个货币政策传导机制就会失效。

当经济体系陷入“去杠杆化过程”、“流动性陷阱”、“负循环”时，第一个渠道就中断，即货币供应量增加并不能降低名义利率和真实利率。根据货币市场均衡等式$M/P = L(Y, i)$，当L（流动性）接近无穷大时，货币供应量的增加（M增加）难以或根本不可能促使经济体系摆脱通货收缩。货币供应量增加时，通胀水平（P）反而可能下降，经济陷入持续通缩，真实利率继续上升，从而进一步抑制投资和消费。2008 年全球金融危机之后，主要发达国家的经济情况就是如此。

假如名义利率下降，信用总量是不是会相应增加？也不一定。利率只是决定信用供给和需求的因素之一，而且不是最重要的因素。金融危机和经济危机时期，即使名义利率很低，经济体系的信用总量和信用活动可能依然疲弱。

从企业和个人经济行为的角度来观察，货币创造机制和信用创造机制有重大而明确的区别。

第一，企业、家庭和个人的资产负债表状况，显著影响他们的信用需求，影响的程度要远远大于对货币需求的影响。经济学者的实证数据表明：金融危机之后经济萧条最显著的特征，是企业、家庭、个人资产负债表的严重恶化，从而极大地削弱他们的信用需求。即使信用供给没有改变甚至增加，即银行体系相对健全或愿意发放贷款，实体经济仍将陷入长期衰退。辜胜明的“资产负债表衰退假说”，集中讨论了经济衰退期间，由于资产负债表严重恶化，企业借贷需求急剧下降。此时，尽管名义利率极低，或者即使真实利率也维持低水平，实体经济的信用需求依然会异常萎靡，经济持续衰退和萧条。经济处于资产负债表衰退周期时，货币政策就完全失效。

第二，伯南克及其合作者的研究发现：货币需求与经济周期往往同方向变化，信用需求（至少初期如此）往往与经济周期反方向变化。换言之，货币扩张不一定自动创造信用扩张；货币收缩不一定自动创造信用收缩。

20 世纪 30 年代的大萧条、20 世纪 90 年代的日本经济衰退、2008 年金融危机之后的全球经济衰退，是三大经典实例。三个时期内，尽管中央银行皆大幅度扩张基础货币供应量，然而企业和个人的信用需求却持续萎缩和低迷。当然，各个学者解释信用需求萎靡的关键变量互不相同。

弗里德曼和施瓦茨解释 20 世纪 30 年代的大萧条时，将主要责任归咎于美联储没有大规模实施宽松货币政策以缓解和增加市场流动性。此解释很快成为大萧条的经典阐释，确实包含许多重要真理。其他学者包括伯南克本人的进一步分析表明，货币供应量的下降只是导致大萧条的部分原因甚至是次要原因，非货币因素才是导致大萧条的主要力量。

当然，弗里德曼和施瓦茨也充分强调了信用供给的重要性。譬如他们强调公众“手持现金—存款比例”和银行体系“储备金—存款比例”的大幅度上升是大萧条的关键解释变量，背后原因则是银行大面积破产，导致公众挤兑银行、对银行体系健全丧失信心，银行为求自保，大幅度提高储备比例、收回贷款、对发放新贷款异常谨慎。

伯南克解释大萧条的关键变量是真实信用融通成本（CCI）。其定义是："银行将资金从最终储蓄者或贷款者手上，融通到好的借款者手上需要付出的成本。它包括识别、监督、会计或审计成本，以及预期坏的借款者所造成的损失。"大萧条的根源是银行体系大规模破产，导致真实信用融通成本急剧上升，即使某些银行有意愿供给信用，某些企业有意愿需求信用，然而信息成本普遍上升，让需求者和供给者无法走到一起。伯南克的解释角度显然是不对称信息或交易成本，是信用供需双方融通渠道不畅通。伯南克的全部学术研究可以用"信用创造机制理论或信用创造渠道理论"以蔽之。

辜胜明解释大萧条的关键变量则是企业信用需求持续萎靡。如果说弗里德曼和施瓦茨采取的是信用供给角度，那么辜胜明采取的是信用需求角度，伯南克采取的则是信用供需融通角度。三者角度尽管不同，强调信用市场重要性却完全一致，三者皆充分证明：货币供应量的扩张，并不意味着信用量的相应扩张。

日本"失去的20年"之谜

日本曾经是人类经济奇迹的创造者。20世纪50~70年代，日本经济长期维持高速增长，迅速崛起为世界第二大经济体。然而，恰如《罗马帝国衰亡史》作者吉本所说："好景总是不久长！"20世纪70年代后期开始，全球经济发生深刻变革、布雷顿森林体系崩溃、浮动汇率时代降临、两次石油危机震惊世界、席卷世界的恶性通胀愈演愈烈。日本人民果断实施经济转型，以"轻薄短小"的产业政策成功应对能源危机和全球原材料价格暴涨，继续维持了经济的快速增长。尽管如此，进入 20 世纪 80 年代之后，日本高速增长奇迹却迅速消失，20 世纪 90 年代泡沫经济破灭，从此进入所谓“失去的 20 年”。日本经济的迅速转变，特别是泡沫经济破灭之后“失去的 20 年”，至今仍然是经济学界一个未能很好解决的难题，真正是一个难解之谜。

1985 年美国联合西方主要经济大国，迫使日本签署著名的《广场协议》，日元汇率曾经一天升值超过 23%，日元币值迅速从 1 美元兑换 280 日元，急升至 1 美元兑换 100 日元以上。惊天的资产价格泡沫应运而生。日经指数一度逼近 40 000 点大关，房地产价格的涨幅创造人类有史以来的最高纪录。遥想日本泡沫经济时代的巅峰时期，日本皇宫小小一片土地的市值，竟然超过整个美国加州土地的市值！凭借日元升值的无穷魔力，全球资产规模最大的十家银行，日本独占前九席！四家日本投资银行（野村、山一、大和、兴业）一跃位居全球顶级投行之列。

几乎是一夜之间，资产价格泡沫轰然崩盘，日经指数迅速跌破 30 000、20 000、10 000 大关，最低跌破 5 000 点。全球十大商业银行和顶级投资银行的光芒和荣耀很快就灰飞烟灭。日本的全球出击戛然而止，经济几乎立刻陷入衰退和超低速增长。

自从 20 世纪 90 年代初期日本经济陷入衰退和超低速增长开始，日本人民可谓绞尽脑汁，用尽浑身解数，希望重振日本经济奇迹的雄风，为此献计献策的外国人（主要又是美国人）犹如过江之鲫，数之不尽。日本是零利率货币政策的首创者，是极度财政赤字和债务扩张政策的人类纪录创造者。日本中央银行维持低利率或零利率货币政策的时间创造了人类纪录，日本政府债务规模与国内生产总值之比创造了人类纪录。与此同时，日本经济衰退和萧条周期之长，也创造了人类纪录。这是真正令人困惑的悖论。举世经济学者耗费精神，试图给此悖论以明确解释，至今仍然没有完全令人满意的答案。所以全球经济学者有所谓“日本衰退之谜”之说。

那么，“日本衰退之谜”或“日本病”究竟是怎么回事呢？日本极度过分的财政赤字刺激和创纪录的长时间的零利率货币政策为什么没能产生预期效果？尽管如此，日本为何还能够长期维持非常高的政府债务规模？这些问题的解答，几乎牵涉到宏观经济学的全部课题，其实也是当代世界各国面临的共同难题。

日本债务问题的内在机制。日本债务扩张机制和货币扩张机制有其特殊性。日本债务、货币、金融运行机制大体如下：（1）日本国民储蓄率一直很高；（2）日本私人消费和投资率一直萎靡不振；（3）日本银行存款利率一直极低（零利率和量化宽松政策的必然结果）；（4）日本国民购买的国债的收益略微高于银行存款，故庞大日本国债始终有人购买；（5）日本政府发债所获得的资金，通过各种转移支付和福利开支渠道又重新回到日本国民手里；（6）日本国民转手再将所获得的转移支付收入、福利收入和其他收入购买国债，国债得以源源不断地成功发行，而且没有发生类似拉美和欧元区的债务危机。

如此循环往复，整个日本经济就陷入了一个货币和金融的双重陷阱（“流动性陷阱”和“信用陷阱”）而难以自拔。债务越来越大，债务增速高于国内生产总值增速，债务规模与国内生产总值之比自然就越来越高！好多经济学者认为日本经济病入膏肓，得了“不治之症”，多年实施量化宽松货币政策也无济于事。

如何将日本经济拉出流动性陷阱和信用陷阱，一直是日本政府和中央银行的头号政策难题。日本的经验对美国和其他国家非常重要，因为从许多方面看，美国、欧元区以及其他发达经济体甚至包括一些新兴市场经济体完全有可能重蹈日本长期衰退和超低速增长的覆辙。

2012 年安倍晋三再度出任首相之后，提出“安倍经济学”，发誓以无限宽松的货币政策将日本拉出通缩陷阱。深受安倍器重的黑田东彦担任日本央行行长之后，立刻重新确立通货膨胀指标（2%），宣告将货币供应量增长数倍或无限倍，直至通胀目标达到 2% 为止。日元汇率应声暴跌，股市应声暴涨，一年多的经济增长率达到 2.6% 的历史纪录。短期看，安倍经济学和黑田东彦的货币政策似乎有些效果。然而，进入 2014 年之后，安倍经济学的政策效果却快速消失。无限量货币宽松是否能够真正将日本经济拉出通缩陷阱，还需要时间来证明。

民主制度的内在缺陷

20 世纪法国有名的经济学家、银行家和政治家李斯特曾经说过一句名言：“民主扼杀了金本位制！”意蕴何其深远！李斯特的意思是，现代西方民主体制摧毁了稳健的财政政策和货币政策，摧毁了基本的货币纪律和约束机制，直接导致了民主国家财政赤字和货币供应量的持续扩张，不仅金本位制在劫难逃，任何货币秩序都在劫难逃。很大程度上，布雷顿森林固定汇率体系的崩溃，无锚货币时代的来临，全球金融资本主义时代的来临，也是西方现代民主体制和福利制度演化的一个必然结果。

现代西方民主制度下，政客必须迎合选民的各种福利要求甚至是过分的福利要求。选民一方面要求高工资、高福利，一方面又要求舒适工作、少工作甚至不工作。目标当然美好，也似乎无可非议。然而天上从来不会掉馅饼，“鱼与熊掌”难以兼得。

怎么办呢？政客们为了拉选票，保权位，就大搞财政赤字、“寅吃卯粮”、大肆借债，暂时满足选民愿望，将债务负担转嫁给下一代。日积月累，高赤字、高债务就导致肆无忌惮的货币扩张和通货膨胀，任何良好的货币制度也不可能守得住。经济学有一个著名的公共选择学派，主要贡献就是证明了民主制度必然意味着肆无忌惮的财政赤字和过度举债。本书从多个角度说明，美国财政赤字、政府债务、通货膨胀是导致布雷顿森林体系崩溃的直接原因，是导致无锚货币时代和全球金融资本主义时代来临的直接原因。

20 世纪人类的货币乱象，无一例外皆源自各国政府财政赤字和债务的过度扩张。民主、赤字、债务扼杀了金本位制，扼杀了布雷顿森林体系和固定汇率制度，扼杀了持续稳定快速的经济增长，几乎断送了欧元的美好前程。平心而论，民主体制、选举政治、福利制度如何与审慎的财政政策和货币稳定目标协调一致，或者是否能够内在协调一致，是经济学和政治学远远没有解决的重大难题，也是人类共同面临的根本性大难题，是所有国家面临的真正政策困境。

2008 年金融危机之后，人们开始醒悟过来，深知发达国家的赤字财政和债务扩张空间已经非常有限，甚至完全没有空间了（譬如欧元区多个国家的债务规模已经不可能再增加了）。依靠财政赤字来刺激解决几乎无计可施了，各国就转而实施量化宽松、零利率、负利率货币政策。然而，当经济体系深陷去杠杆化和负循环时，货币政策又基本失效。财政政策不行，货币政策也不行，各国政府确实左右为难，黔驴技穷。

为了更深入理解美联储和其他发达国家实施量化宽松货币政策的根本原因和动机，我们需要进一步透视发达国家经济制度的内在缺陷。且让我先从自己经历的小故事谈起吧。

2010 年 7 月 8 日，我从北京飞往罗马，打算再转火车前往意大利北部的美丽小镇西耶那，参加“欧元之父”蒙代尔教授主持的国际货币圆桌会议。傍晚 7 点半飞机抵达罗马，一出海关就快速奔向火车站，却被告知自当晚 9 点开始，意大利全境火车罢工 24 小时，所有公共汽车同时罢工。无奈之下，只好坐高价出租车（高达 350 欧元）深夜赶往西耶那。

6 天后的 7 月 14 日，我从欧洲转飞美国芝加哥大学，参加科斯教授主持的“生产的制度结构”研讨班。漫步在芝大校园，却发现好些路段乱七八糟，凹凸不平，显然是整修工程尚未完成。我忍不住问研讨班秘书小姐怎么回事。她反问我：“你不知道吗？芝加哥全市建筑工人宣布罢工两个月。现在才过去 20 天。我搞不明白，他们每天工资比我高那么多，还要经常罢工！”

意大利和芝加哥的罢工故事，只是冰山一角，却恰好深刻揭示了发达国家经济制度的基本问题，那是一个并不令人愉快的结论：民主制度和福利制度很大程度上扼杀了经济活力和经济增长。许多人可能对这个结论相当吃惊，非常反感。其实，它不过是人类经济制度演变一般规律的推论而已。人类经济制度演变的一般规律是：任何制度安排最终都必然走向它的反面。这是人类行为无可奈何的悖论和困局，谁也摆脱不了。

“二战”之后的西方民主制度有三大支柱：充分就业成为政府最高目标、最低工资标准和高福利成为法律制度、工会和压力团体勃然兴起，成为社会新主流和权势阶级。西方经济学的政策辩论风起云涌，热闹非凡，说到底无非是如何实现充分就业、经济增长和低通货膨胀（最好是零通货膨胀）三大目标。

稍微思考一下，我们就会发现西方民主制度的三大支柱或三大目标自相矛盾，难以协调。最简单的供求价格机制分析就可以告诉我们：最低工资标准、高福利、工会和压力团体，本身就是对价格机制的极大扭曲，或者很大程度上取消了价格机制，怎么可能同时实现充分就业呢？20世纪60~70年代，整个西方宏观经济学围绕著名的菲利普斯曲线展开。弗里德曼和菲利普斯“自然失业率假说”异军突起之后，失业率—通胀率此消彼长的“菲利普斯曲线理论”日渐式微。然而，二者孰是孰非至今没有定论，仍然是西方主流宏观经济学的主要争论。经济现实却是发达国家微观层面的制度安排和价格机制越来越僵化，就开始大肆扩张货币，希望用负债和通胀来实现持续的充分就业。这才是美联储和发达国家普遍实施量化宽松货币政策最深刻的根源。

实际上，美国和西方世界的货币管理早就失控。如果我们放宽历史的视野，看看发达国家过去40年的货币扩张、通货膨胀、金融危机和资产价格的泡沫发展历史，我们就会明白，自20世纪70年代以来，过度扩张的货币政策早就成为常态了，尽管没有量化宽松之名，却有滥发货币之实。

自从1971年8月15日美国总统尼克松摧毁布雷顿森林体系以来，全球货币就持续高速扩张，全球性通货膨胀愈演愈烈，资产价格泡沫一浪高过一浪，金融危机频繁爆发。根据国际货币基金组织的数据，1971~2013年，全球基础货币或国际储备货币从480亿美元激增到超过12万亿美元，增速接近300倍，而全球实体经济实际增长不过5倍。若不是20世纪80年代之后，以中国为首的发展中国家纷纷加入全球竞争，为全球提供廉价产品，全球性通货膨胀将要严重得多。美联储前主席格林斯潘的自传《动荡岁月》，对过去数十年的全球性货币扩张做了详尽论述，认为假如没有以中国为首的新兴市场国家供应廉价产品，发达经济体系就不会出现所谓的“通货膨胀大缓和”（Great Moderation）。

即使如此，顶级经济学者如蒙代尔、卢卡斯、麦金龙以及美联储前主席格林斯潘都承认，20 世纪 70 年代以来，西方世界和全球的平均通货膨胀超过以往一切时代的总和。货币的泛滥导致信用的泛滥，信用的泛滥导致高杠杆经营的泛滥，货币泡沫、信用泡沫、资产价格泡沫越吹越大，势不可当，终于酿成全球金融海啸和经济衰退。遗憾的是，以美国为首的西方发达国家竟然还是指望（或不得不）再次用量化宽松货币政策和货币泡沫来刺激实体经济复苏。

第四章　颠覆世界的逻辑：量化宽松如何影响世界和中国

2010年12月10~11日，我到巴黎参加“重建布雷顿森林体系委员会”和法国政府联合召开的国际货币会议，议题包括美联储的量化宽松。大家辩论的焦点是量化宽松靠什么机制来刺激实体经济复苏。号称成功预测2007~2008年金融危机的“末日博士”、纽约大学教授鲁比尼和其他几位学者均认为，美联储量化宽松的主要目的，其实是迫使美元汇率走弱和贬值，希望借此刺激出口增长。理由很简单：美国反复要求人民币大幅度和快速升值，中国却坚持缓慢升值甚至拒绝升值。无奈之下，美联储只好实施量化宽松，让美元主动贬值或维持美元弱势，间接迫使人民币升值或保持强势。2013年日本“安倍经济学”出笼，黑田东彦启动无限量宽松，一年之内日元贬值幅度超过30%，刺激日经指数涨幅超过57%，日本许多企业出口利润大涨，譬如丰田汽车公司2013财年利润突破200亿美元，创造新的历史纪录，主要就是日元贬值的贡献。由此可见，美联储量化宽松让美元贬值，以刺激出口之说，并非完全没有道理。观察美国量化宽松之后的出口增长情况，也能够验证这个观点。

从全球汇率“战略博弈”的角度来考察美联储量化宽松，是一个重要的视角，对中国尤其重要。

量化宽松对中国的影响

2009 年以来，几乎每次美联储启动量化宽松，人民币就开始加速单边升值，国际热钱大规模涌入，立刻成为影响中国货币政策和利率水平的关键力量。譬如，2010 年 11 月 4 日，美联储启动第二轮量化宽松，人民币汇率就一直持续单边升值，对无数中国出口企业造成巨大压力。根据各地海关数据，美联储第一轮量化宽松启动至 2010 年圣诞节期间，由于人民币升值、原材料涨价和劳动力成本上升，浙江温州地区出口订单下降幅度曾经高达 50%。2012 年 9 月 13 日美联储启动第三次量化宽松货币政策之后，人民币立刻开始单边升值，升值预期异常强烈，迅速成为左右中国货币政策的主导力量。香港所受冲击尤其剧烈，港币联系汇率面临严峻挑战，香港金融管理局连续两周内十多次入市干预，买入美元卖出港币，热钱汹汹再度成为香港经济和金融稳定的主要威胁。

第一轮和第二轮量化宽松对中国的影响尤其剧烈。某种程度上，今天我国宏观经济面临的诸多困难和麻烦，皆与联储量化宽松有直接关系。美联储第一轮和第二轮量化宽松期间，我国外汇储备增幅和人民银行外汇占款数据就清楚表明：美联储量化宽松直接刺激国际投机热钱加速流向中国。回顾当年的舆论，我们清楚记得，包括中国银监会主席在内的许多主管部门负责人都曾经一再坦承：投机热钱流入房地产市场和其他商品以及资产市场，是中国房地产价格持续飙升和通货膨胀预期恶化的重要推手。

关于量化宽松对中国的严重影响，一个基本的结论是：美联储连续多轮量化宽松，事实上让我国经济增长的外部环境严重恶化。

第一，每次量化宽松期间，全球大宗商品价格持续攀升并维持高位运行，迫使中国必须应对严峻的输入性通胀压力。譬如，2012 年 9 月美联储第三轮量化宽松启动以后，输入性通胀就曾经再次成为国内货币政策的焦点问题。

第二，美元维持长期弱势，美国和中国的基准利率维持很高利差，必然诱发热钱套利，进一步加剧人民币单边升值压力。直到 2014 年，汇差和利差双重套利压力，始终困扰着中国货币政策的独立性和国内流动性的有效管理。

第三，人民币升值压力和单边升值预期推动我国资产价格上涨预期，是导致房地产调控政策无法达到预期效果的核心原因之一。自 2005 年以来，我国房地产价格持续反复出现严重泡沫，人民币单边升值预期是重要因素。2009 年之后美联储的量化宽松则起到推波助澜的作用。

第四，我国对外部能源、原材料和其他大宗商品的需求越来越大。量化宽松推动全球大宗商品价格持续上涨和维持高位运行，必然大幅度提高中国经济增长的成本。能源危机和粮食危机就像达摩克利斯之剑一样，始终悬在我们头上，一刻也不容轻松。

第五，人民币升值和原材料、能源价格上涨，将削弱我国出口竞争力，经济转型和失业压力加剧。事实上，2012 年以来的数据表明，我国劳动密集型出口产业的竞争力已经开始出现快速下降趋势。

如果鲁比尼等人对美国实施量化宽松货币政策动机的解释是正确的，那么，除了希望借助美元贬值来刺激出口外，美国还有什么其他目的呢？美联储量化宽松货币政策对中国的危害究竟有多大呢？

鞭打中国（China Bashing）的战略目的

与此相关者有两个重要问题：第一，美国施压人民币升值和汇率浮动的真正意图是什么？第二，从中国自身国家利益出发，假如完全没有美国的压力，人民币到底应不应该升值？

第一个问题实际上已经有共识，那就是美国的人民币汇率战略完全是出于美国国家利益的战略考虑，目的是通过人民币的升值和汇率的浮动来制造中国经济泡沫和金融危机，从而打乱中国工业化、城市化和现代化进程，从根本上遏制中国的崛起和中华民族的伟大复兴。有人认为这种观点是危言耸听，是故弄玄虚，或者是阴谋论。然而，一个基本的问题是，美国政府要求或施压人民币升值的理论或理由是否成立？

实际上，自2002年开始，美国政治上施压人民币升值和浮动的主要理由都不能成立。理论站不住，事实无根据。美国强压人民币升值和浮动的理论有如下数种："全球经济失衡论"、"全球储蓄过剩论"、"美国贸易逆差论"、"人民币汇率低估论"、"中国工人抢夺美国工人饭碗论"、"不公正竞争优势论"、"汇率升值和浮动对中国有益论"、"汇率浮动确保货币政策独立性论"等，皆是稀奇古怪的谬论。许多学者都曾经详细分析和驳斥过美国政府要求或施压人民币升值的诸多谬论。①

宣称人民币汇率低估，是美国政府和国际货币基金组织要求人

① 参见向松祚著《不要玩弄汇率》和《汇率危局——全球流动性过剩的根源和后果》。

民币升值的主要理论依据，从 2002 年开始，这种论调一直鼓吹到今天。美国和国际货币基金组织反复重弹人民币汇率低估的论调已经长达 13 年之久，到 2014 年还在老调重弹。2002 年，人民币汇率为 1 美元兑 8.3 美元时，他们说人民币兑美元的名义汇率低估幅度达到 28.5%。自 2005 年以来，人民币相对美元的名义汇率升值幅度已经接近 40%，美国政府和国际货币基金组织又说人民币汇率还至少低估 20%，这里的科学根据在哪里呢？事实上，国际货币基金组织和美国政府那么多的经济学博士和经济学家是无法自圆其说的，他们用于计算人民币汇率低估的理论模型是错误的。

前面已经反复论述，全球金融资本主义时代，购买力平价理论已不能分析和判断汇率走势，已不能作为汇率政策的基础。

如何判断人民币汇率是低估还是高估？如果是低估，那么低估幅度是多少？美国政府有多个智库，智库学者有许多堂而皇之的异常复杂的数学模型。根据这些模型，他们估算出许多稀奇古怪的结果。有人说人民币汇率低估 60%，有说 50%，有说 40%，有说 30%，有说 20 % 或 15%，各执一词，莫衷一是。他们自己都没有统一的结论。仅此一点，足以说明那些模型和估算数据之无稽，足以说明“人民币汇率低估”理论完全错误。

从经济学理论上说，要判断汇率低估或高估，首先必须计算出一个货币相对其他货币的均衡汇率。然而，究竟什么是均衡汇率？有没有均衡汇率？如何计算均衡汇率？西方经济学教科书始终是一笔糊涂账。我曾经深入剖析过各种版本的购买力平价理论，说明所谓均衡汇率完全无法计算，理论上不能成立，“均衡”理念根本就不能成为经济政策的基础。西方经济学教科书中的理论错误极多，理论基础如沙滩一般极不稳固，漏洞百出。许多基础的经济学概念和政策理念需要深刻反思和重建，全球金融资本主义时代里，尤其如此。

美国政府施压人民币升值的另一个重要理由是：人民币汇率低估抢走了美国人的饭碗。那么，中国人抢走了多少美国人的饭碗呢？美国智库的数据也是众说纷纭，有的说是480万，有的说是360万，有说是240万。美国著名的华盛顿彼得森国际经济研究所总裁伯格斯坦说是60万~120万，著名经济学家、诺奖得主克鲁格曼则将美国失业和全球经济复苏缓慢完全归罪于人民币汇率低估。哈佛大学著名的经济和金融历史学家弗格森则坦承这些计算纯属无稽之谈，没有任何根据。2002年以来，美国一些政客始终以“中国人抢美国人饭碗”为政治口号来忽悠选民、竞争选票。2012年美国总统大选，两党候选人故伎重演，继续拿人民币汇率大做文章，令世人啼笑皆非。

实际上，如果我们仔细拜读美国那些“御用”智库和学者的文章和研究报告，我们就会发现，那些貌似公正的智库和学者其实是非常“讲政治的”。他们貌似高深的学术理论和模型计算，实际是为美国政治和国际战略服务的幌子和外衣。①

量化宽松和人民币汇率升值的七大危害

人民币单边升值对中国究竟产生了哪些重大伤害呢？概而言之，有七大危害。第一，遏制中国出口增长；第二，削弱中国出口竞争力；第三，加速中国经济泡沫化，制造“中国式金融危机和经济危机”；第四，加剧中国财富向美国政府转移；第五，加剧中国

① 对全球汇率战略博弈有兴趣的朋友，可以重新参考笔者的《不要玩弄汇率》和《汇率危局》两书。

财富向国际投机者转移；第六，加剧中国财富向富裕阶层转移，贫富分化和收入差距严重恶化；第七，导致中国货币政策部分丧失独立性。

将七大危害综合起来，我们就可以明白美国十多年来不遗余力从政治上强压人民币升值和浮动的真正意图，是挫败我国工业化和城市化过程，打乱中国现代化进程。

美联储量化宽松对中国最主要和最直接的冲击，就是加剧人民币单边升值的预期和压力。人民币单边升值预期的主要危害，则是强化中国资产价格上涨的预期，从而导致资产价格的巨大泡沫和贫富两极分化日益严重，泡沫破灭后则是金融危机和经济危机。

贫富分化的幕后推手

事实上，美国的上述战略目标至少已经部分实现。根据不完全统计，2005 年 7 月 21 日人民币开始单边升值以来，至少有超过万亿美元的投机热钱流入中国市场，绝大多数进入楼市和股市。美国胡佛研究所和多家其他机构曾经估算：2006~2008 年中国所累积的庞大外汇储备，至少有一半是国际投机热钱。

仔细观察过去 10 年的中国经济历程，自 2005 年人民币开始单边升值之后，中国经济泡沫化程度确实愈演愈烈。全国平均房价上涨幅度远远超过居民可支配收入增长速度，导致 80% 以上的城市居民无力购买住房。2006~2013 年，上海、北京等一线城市的房价上涨幅度最少也超过居民可支配收入增速 40 个百分点，房价最高涨幅超过收入增速 150 个百分点，房价平均飙升 6 倍以上，某些地方飙升幅度超过 8 倍乃至 10 倍！ 2011 年，美国著名投资银行高盛集团曾经发布研究报告：假如将房价列入消费价格指数，2009~2012 年我国消费价格指数的涨幅实际超过 12%。

一个国家经济泡沫化的本质是什么呢？那就是收入和财富的大幅度转移和集中，从而大幅度加剧收入和财富分配的两极分化。近10年来，收入分配差距的急剧扩大和贫富的两极分化，迅速成为中国最严重、最受百姓关注、最易刺激百姓不满情绪的重大社会问题。根据多家机构的调查，过去10年来尤其是过去5年来，我国贫富分化差距快速扩大，基尼系数迅速跃升到0.48，有的估计甚至达到0.55，已经达到世界最高水平之列。还有估算表明，2012年，中国10%的富裕人群掌握了80%的国民财富。收入差距和贫富分化急剧恶化的首要原因是房地产价格飙涨，人民币单边升值和升值预期是重要推动力量之一。

拉美化困境和中等收入陷阱

人民币单边升值和升值预期的另一个严重后果，就是遏制和扰乱我国工业化、城市化和现代化进程。此进程一旦被打乱，中国将陷入所谓“拉美化”的困境。社会将分化为极少数巨富群体和绝大多数的贫民群体和农民工，分化为与国际资本有千丝万缕联系的精英群体和基本生活缺乏保障的低收入群体。一旦陷入此类中等收入陷阱，中国社会就没有和谐可言，可能出现持续动荡，经济平稳增长和人民生活改善将成为一句空话。这并不是危言耸听。中国共产党十八大报告和新一届领导班子的多次讲话，表明我国领导人已经深刻认识到中国经济社会发展所面临的重大挑战和难题。

操纵汇率，转移财富

美联储实施量化宽松还有一个重要目的，那就是通过操纵美元与世界其他货币的汇率，赢得巨大经济利益。

美国如何通过操纵汇率来赢得巨额利益呢？赢得了多少利益呢？根据两位法国学者的详尽研究，以2001~2006年为例，当时正是美元相对世界主要货币大幅贬值时期，也是美国施压人民币升值的最激烈时期。该时期美国累计对外借债净增加3.209万亿美元，然而净负债竟然还减少了1 990亿美元，相当于美国同期净赚了3.408万亿美元。其中仅汇率贬值一项就让美国赚8 920亿美元，资产——负债收益差距让美国赚了1.694万亿美元，其他手段赚了8 220亿美元。①

3.408万亿美元是怎样巨大的利益呢？它相当于美国6年的国防军事开支总和。也就是说，美国通过操纵美元汇率所创造的超级利益，意味着世界各国为美国庞大的军事开支埋单！这就是美元超级霸权所创造的超级利益。

英国《金融时报》著名专栏作家马丁·沃尔夫曾经说：作为一个国家，美国是全球最大的对冲基金、最大的风险投资公司和最大的私募基金，而且它不需要任何资本金。它具有近乎无限的融资和创造信用的能力。美元长期贬值符合美国根本利益。美国根本不会或没有任何意愿发起和参与国际货币体系改革。②

宽松货币对全球经济的影响

美联储实施量化宽松，对全球货币、金融和经济体系已经产生和必然继续产生深远和持久的重大影响。

---

① Pierre-Olivier Gourinchas and Helene Rey, "From World Banker to World Venture Capitalist: US External Adjustment and the Exorbitant Privilege," NBER Paper.

② Martin Wolf, *Fixing Global Finance*, The John Hopkins University Press, 2008.

第一，美元是当今世界最主要的国际储备货币，美元占全球储备货币比例高达 65%。美元钞票滥发实际等于美国向全球征收铸币税，意味着全球财富向美国转移。

第二，美元滥发导致全球通胀恶化，等于美国向全球征收通货膨胀税，从而迫使全球大量财富向美国转移。受量化宽松货币政策影响，许多发展中国家的通胀已经加速恶化。第二轮量化宽松货币政策之后，印度、俄罗斯、阿根廷、墨西哥等国家的通胀水平曾经超过或接近 10%。第三轮量化宽松之后，许多新兴市场国家再度面临输入型通胀的巨大压力，被迫重新实施资本管制。就连矢志推进全球金融自由化的国际货币基金组织，也不得不承认国际热钱是一把双刃剑，同意成员国可以采取资本管制措施。当然，美国凭借储备货币地位向全球所征收的通货膨胀税远不止此。

第三，美元钞票滥发导致美元汇率长期贬值和全球通货膨胀预期恶化，意味着外国持有的美国政府债券持续贬值，美国实际上是以通货膨胀和美元贬值的方式间接赖债或抵消对外债务。持有大量美国国债和其他美元资产的国家（譬如中国）、公司和个人都要相应蒙受巨额损失。美联储前主席格林斯潘和许多美国政要都自豪地宣称，美国从来没有欠债不还。然而，以通货膨胀和美元贬值方式赖债，却是绝妙的财富转移和“小鬼搬家”法门，神不知鬼不觉，债权人无可奈何，唯有一声叹息。

第四，美元钞票滥发导致全球大宗商品（尤其是粮食）价格持续上涨和高位运行，大幅度增加新兴市场国家经济增长所急需的原材料和能源的成本，也是变相改变全球收入分配和转移新兴市场国家的财富。譬如，美联储启动三轮量化宽松时，全球能源价格和粮食价格均曾经大幅度飙升。能源价格牵一发而动全身，是输入性通胀压力的主要推手。前面我们已经阐明，量化宽松货币政策与全球能源价格具有高度相关性。

第五，美元货币滥发和美元汇率动荡加剧全球汇率和金融动荡，增加了企业经营的汇率风险和风险对冲成本，严重遏制了全球贸易的稳定增长。

第五章　货币理论新思维：金融如何服务实体经济

假如有好事者愿意去检验2008年金融危机之后的各种预测，结果必然令人大跌眼镜。金融危机爆发以来，各种预测漫天飞舞，充斥所有媒体，喧闹各种论坛，正面负面，乐观悲观，科学神学，有据无据，皆粉墨登场，倏忽而来，倏忽而去。

至少有五个重要预测被事实证明错误，令预言家无地自容。第一，美元崩溃；第二，欧元区解体；第三，新兴市场经济体与发达经济体“分道扬镳”（所谓decoupling）；第四，量化宽松将推动实体经济快速复苏；第五，量化宽松将导致全球陷入恶性通胀。

我们不打算追溯谁是上述预测的始作俑者，或者谁对谁错，也不打算详尽考察上述预测为何全错。前一章集中讨论量化宽松的实际效果，本章则继续深入讨论经济学最重要的基础理论——货币理论和宏观经济学，因为它们对各国经济政策具有直接的指导意义。量化宽松6年来的经验，给我们提出许多尖锐的问题：货币政策是否真的失效了？货币理论是否真的无用了？假如如此，我们又需要怎样新的货币理论和货币政策呢？譬如，欧央行行长德拉吉反复强调欧元区深陷通缩的原因是货币政策的传导机制失效。那么，货币政策的传导机制为什么会失效呢？货币政策究竟具有哪些或者需要哪些传导机制呢？

三大经典货币理论

西方经济学的货币学说演变繁复，大浪淘沙，基本骨干是三大理论：一是决定货币供应量与通货膨胀关系的货币数量论，二是决定汇率与物价（货币供应量）关系的购买力平价理论，三是决定各国利率水平与汇率走势关系的利率平价理论。三者共同构成当今各国货币政策的理论基础。

以经验事实来检验，购买力平价理论的解释力和预测力最差。众所周知，该理论有两个直接推论。第一，货币供应量扩张或通货膨胀将导致本币贬值；反之，收缩货币供应量或通货收缩将导致本币升值。第二，一国经济快速增长或生产力快速提升，本币必然随之升值（实际汇率和名义汇率皆可能升值，或者名义汇率不变，实际汇率升值）；反之，若经济增速或生产力增速相对较低，则本币必然随之贬值。

过去数十年的历史事实表明，购买力平价理论既不能预测汇率走势与货币政策的关系，也不能解释汇率与经济增长的关系。简言之，购买力平价理论无法解释汇率的变化。

2008 年金融危机之后的情形尤其令人惊叹，汇率的变动时常与货币政策逆向而动。当美联储宣布实施量化宽松政策时，美元汇率不贬反升；当美联储暗示不再实施量化宽松或可能退出量化宽松时，美元则不升反降。欧元也如此，2010 年底，当欧央行宣布实施“长期再融资操作”时，欧元应声上涨；2012 年第二季度，当欧央行行长德拉吉迟迟不愿公布债券购买计划（即欧央行版本的量化宽松）时，欧元则应声贬值。当 2014 年欧央行宣布实施负利率政策、扩大量化宽松规模时，欧元汇率应声上涨。

放长一点眼光来看汇率与总体经济的关系，购买力平价理论的解释力则更糟糕。1999 年欧元诞生之时，与美元的汇率一度贬到 0.8，后来开始一路升值，最高突破 1.6，升值幅度超过 100%，然而，同一时期，欧元区经济表现却比美国差很多。汇率走势与经济表现完全脱节。

利率平价理论的解释力比购买力平价理论略好一点，却也远远达不到一个实证理论的基本要求。利率平价理论断言，如果以同一单位计量，无论以哪种货币进行储蓄，其预期收益率必然相等。然而，利率平价所衡量的预期收益率是名义货币收益率，没有涵盖风险溢价（风险收益）和流动性收益，所以现实中利率平价关系很难成立。即使是资本账户完全开放、资金近乎完全自由流动的美元、欧元、英镑、日元货币市场之间，如果采用利率平价公式来预测汇率或利率走势，绝对达不到及格水平，甚至与实际走势完全相反。

当代货币理论最大的麻烦，则是决定货币供应量和通货膨胀之间关系的货币数量论。弗里德曼曾经断言该理论最符合实证经济学的要求，实际结果却令人非常沮丧。根据该理论，理想情况下，通胀率与货币供应量增长率具有一对一的对应关系；即使考虑现实经济生活的诸多复杂动态因素，货币供应量或基础货币增长率也应该是预测通货膨胀的最佳指标。

许多人正是据此预测或断言各国量化宽松货币政策必然导致全球恶性通货膨胀。2008 年金融危机之后，美联储资产负债从 9 000 多亿美元扩张到接近 3 万亿美元，增幅接近 250%。同期英格兰银行资产负债从 852 亿美元扩张到超过 4 000 亿美元，增幅超过 300%。欧洲央行资产负债从 11 544 亿欧元扩张至 26 557 亿欧元，增幅超过 130%。其他许多中央银行也是开足马力大印钞票，全球基础货币量增幅和规模超越以往一切历史时期。依照经典货币数量论，如此超级宽松的货币政策，要么能够刺激实体经济尽快复苏，让经济摆脱通货收缩，要么必然导致恶性通货膨胀。

事实如何呢？量化宽松货币政策既没有像一些人乐观预期的那样，刺激经济快速复苏，也没有像另外一些人悲观预测的那样，导致全球出现恶性通货膨胀。这究竟是为什么呢？过去 5 年来，二十国集团国家里，平均通胀率最高是 7%，最低是 0.8 %，怎么也算不上恶性通货膨胀。尽管量化宽松曾经一度恶化了全球通胀预期，并导致许多新兴市场国家出现严重的输入性通货膨胀，然而，许多发达经济体（美国、欧元区和日本）实际是通缩。

基础货币快速扩张没有导致通货膨胀，却反而导致通货收缩。事实迫使我们需要修正甚至放弃经典的货币理论——货币数量论，从新的角度来改造货币理论。新的货币理论必须着力阐释几个基本课题。

第一，经济体系为何会陷入负利率的流动性陷阱。凯恩斯《通论》首次系统阐述了流动性陷阱，但他强调的是低利率水平下的流动性陷阱，他不认为名义利率会降低到零以下，成为名义负利率。过去数年里，美欧日等发达经济体深陷负利率的流动性陷阱，确实是一个完全崭新的现象，我们至今没有满意的解释。名义负利率条件下，不仅常规货币政策失效，非常规的量化宽松货币政策也失效。传统货币政策和非传统的量化宽松政策均难以奏效，这是理论家和决策者共同面临的大麻烦。

第二，名义负利率条件下，货币政策传导机制与通常情形下的货币政策传导机制显然不同。一旦经济堕入名义负利率的流动性陷阱，货币传导机制究竟会如何呢？有许多理论模型试图回答此问题，不过满意的答案还没有找到。

有一点可以肯定，一旦经济体系堕入名义负利率的流动性陷阱，中央银行所创造的货币洪水，就无法流入实体经济，或者主要流不到实体经济体系里。原则上，中央银行创造的流动性或基础货币，至少可以流到四个池子里。第一个池子是货币市场（此处货币市场包括债券市场和外汇市场），第二个池子是股票和房地产等金融资产市场，第三个池子是银行体系内部，从而形成银行体系的超额储备和过剩流动性，第四个池子才是实体经济体系。

一旦经济体系堕入名义负利率的流动性陷阱，银行、公司、家庭和个人都开始了漫长而艰苦的去杠杆化过程，信贷供给和需求必然受到严重遏制。基础货币难以形成信用创造，货币之水就流不到第四个池子里，而主要流到另外三个池子里了。

各国实施多轮量化宽松货币政策之后，商业银行体系超额储备急剧增加，资产价格持续上涨、资产通货膨胀日益严峻，债券市场持续火爆，外汇交易与日俱增，衍生金融交易恢复天量，股票指数连创新高，都说明新的货币传导机制完全取代了传统货币政策传导机制。

既然央行创造的货币洪水没有流入商品服务市场等实体经济，通常意义上的恶性通货膨胀就不会发生。当然，资产价格通胀，虚拟经济暴涨，虚拟经济与实体经济严重背离，也是另外一种意义上的通货膨胀，也可能最终导致实体经济的恶性通胀。它们之间的传导机制也是货币理论需要重点研究的课题。

第三，本书卷二曾经指出，我们需要明确区分货币和信用。货币和信用有本质区别。货币是任一时点上，现货商品相互交易的媒介（空间交易）；信用则是跨期交易或时际交易的媒介（跨期交易）。决定实体经济与虚拟经济的分化和背离，决定经济的周期波动，决定通货膨胀的最重要变量的，不是货币而是信用。通货膨胀是一个面向未来的预期概念，通货膨胀与信用总量具有更紧密的关系。货币数量论公式（MV=PY）是一个时点概念，不是跨期或预期概念，所以无法准确描述和量度通货膨胀的过程。

从货币总量转向信用总量

美联储前主席伯南克以研究大萧条驰名学术界。1995 年他发表总结性论文《大萧条的宏观经济学：比较研究》，文章开篇气势恢宏："理解大萧条是经济学者一直梦寐以求的高远理想。大萧条不仅催生了宏观经济学，让它成为一门独立而独特的学问，而且 20 世纪 30 年代的经验依然深深影响着经济学者的学术信念、政策建议和研究策略。此影响究竟有多么深远，我们还没有完全掌握。撇开实际运用价值不谈，解释 20 世纪 30 年代颠覆全世界的大萧条，依然是我们面临的巨大学术和知识挑战，令人激动不已。"

伯南克坦承："从任何意义上，我们至今还没有实现这一高远理想。"高远理想是意译，原文是"Holy Grail"，直译为"圣杯"。根据《圣经》传说，圣杯是耶稣最后晚餐所用之杯，引申为人们长期梦寐以求的理想。

2008 年全球金融海啸爆发不久，华裔日籍学者辜胜明发表新著，书名耀眼醒目：《宏观经济学的圣杯：日本经济大衰退的教训》。辜胜明满怀信心地宣布："日本经济大衰退历时 15 年的历史经验和教训，为我们提供了破解大萧条之谜的最终线索。”辜先生言下之意，是他已经寻找到了宏观经济学的“圣杯”。

宏观经济学的“圣杯”，就是要破解金融和经济危机之谜，破解经济体系周期性动荡之谜。说到底，全部宏观经济学旨在回答一个问题：经济为什么会周期性波动，为什么会发生金融经济危机？

如果说我们已经找到了宏观经济学的“圣杯”，那么圣杯里装着怎样的“内容”呢？伯南克相信“圣杯”所装的是货币供应量或货币供应量的变动，辜胜明则相信“圣杯”所装的是资产负债表衰退。

伯南克、辜胜明及众多学者为寻找“圣杯”所付出的艰辛努力，精彩纷呈，令人佩服。仔细分析起来，却仍然觉得诸位大师好像棋差一着。

综合他们的研究成果，我们可以更进一步，明确提出一个非常重要的结论，那就是经济周期波动的决定性变量是信用总量，不是货币总量。我们应该用信用总量取代货币总量，作为分析和推测宏观经济波动的主要指标，作为货币政策的主要监控指标。换言之，信用总量政策应该成为重要的宏观调控政策。为阐释和推测经济周期或波动或危机，信用总量是更好的指标。

一个优秀的经济理论或假说，必须能够阐释尽可能多的特征事实。20 世纪 30 年代大萧条的特征事实是：货币供应量急剧下降+通货收缩+经济衰退。20 世纪 70 年代“滞涨”的特征事实是：货币供应量恶性膨胀+通货膨胀+经济停滞或衰退。2008 年金融海啸以来的特征事实是：货币供应量急剧扩张+通货收缩+经济衰退或低速增长。我们如何以一个统一的理论来阐述上述三大特征事实呢？

阐释 20 世纪 30 年代大萧条的早期理论假说，主要是货币供应量和有效需求不足。前者以弗里德曼和施瓦茨的《美国货币史》为代表，后者以凯恩斯的《通论》为代表。伯南克及其合作者异军突起，将考察和分析大萧条根源的重心，从表面的货币供应量转向金融制度和信用制度的安排，开始重视从金融制度角度探讨货币政策传导机制，重视资产价格波动对实体经济的巨大冲击，重视信用市场的机制或摩擦如何改变总体经济，发现"金融加速器机制"。伯南克已经认识到信用市场和信用总量的极端重要性，他说："货币政策应该更加全面地同时考察货币总量和信用总量，这不仅可行，而且应该如此。"当然，他并未明确提出以信用总量取代货币总量，在实际货币政策操作上，他似乎还是更依赖货币总量。

核心是如何理解货币总量、信用总量和衰退与萧条之间的关系。从经验事实上看，流动性陷阱至少有如下可观察到的现象：（1）实体经济的物价水平持续下降（实体经济通货收缩）；（2）实体经济停滞、衰退或低速增长（经济衰退），企业投资和居民消费低速增长或负增长；（3）中央银行持续下调基准利率，甚至将基准利率下降到零或负利率水平，或者持续入市购买债券资产释放基础货币或流动性，企业和居民个人却毫无反应或反应非常微弱（货币政策失效）；（4）信用总量即信用需求或供给低速增长或负增长。

原则上可以有三种情况：一是银行和金融机构仍然愿意发放贷款和提供融资，然而，企业和居民个人的信贷或融资需求却非常疲弱（信用供给稳定或强劲，需求疲弱）；二是银行和金融机构不愿意或没有能力发放贷款或提供融资，与此同时，企业和居民个人的信贷需求也非常疲弱（信用供给和需求皆疲弱）；三是企业和个人信贷需求稳定或强劲，然而银行和金融机构却不愿意或没有能力提供信贷（信用需求稳定或强劲，信用供给疲弱）。

我们可以从理论逻辑和行为决策两个角度来看。从理论逻辑角度看，依照货币供需等式货币供给（M/P）＝货币需求L（Y, i），流动性陷阱的基本定义是：货币需求L=∞（无穷大）。当货币需求无限弹性或无穷大时，无论货币供应量多么大或如何增长，价格水平都可能不变或者持续下降，经济陷入通货收缩。此时，经济增速（Y）和名义利率（i）皆可能持续下降。

理论逻辑定义的问题是，我们无法判断经济体系陷入流动性陷阱时，各个经济主体的行为动机和方式究竟如何，也无法判断究竟是货币供给（或货币政策传导机制）出了问题，还是货币需求出了问题，如果说货币需求无限大或无限弹性，为什么会出现这样的情形呢？

从经济主体的行为层面考察流动性陷阱的定义，我们可以将经济主体区分为借款人、贷款人和中央银行。现代中央银行的基本特征是，它能够自由收缩或扩张货币供应量，不需要考虑盈利或亏损。当经济体系陷入流动性陷阱时，中央银行至少暂时处于“无能”状态，或者说中央银行的货币政策暂时失效。所以我们考察的重心应该是贷款人和借款人的行为动机和决策机理。此处所说的借款人包括所有对信贷有现实需求或潜在需求的个人和企业，贷款人则指一切可以创造信用或有能力创造信贷的银行和金融机构。

据此我们可以将流动性陷阱区分为“借款人流动性陷阱”、“贷款人流动性陷阱”和“借贷双方的流动性陷阱”。“借款人流动性陷阱”是指无论贷款人多么愿意提供信贷，贷款人持续降低贷款利息和其他条件，就是不愿意借款，换言之，借款人的信用需求持续萎靡或下降。“贷款人流动性陷阱”则是指借款人的信贷需求正常或强劲，然而贷款人却无法或不愿意供应信贷。“借贷双方的流动性陷阱”则是指信贷供给和信贷需求都非常萎靡。

上述分类似乎显得非常枯燥乏味或者了无新意。但是，为了深入理解和分析流动性陷阱背后的机制，并找到帮助经济体系摆脱流动性陷阱的办法，我们却不得不分别详尽地去分析不同类型的流动性陷阱条件下，各个市场主体的心理预期和行为机制。更加重要的是，20世纪人类经济体系曾经发生过的大萧条、大衰退和流动性陷阱案例，确实属于不同的情形。

根据伯南克等人的深入分析，20世纪30年代大萧条的核心原因，一是深受金本位制的约束（艾肯格林称为“黄金枷锁”①），各国中央银行无法扩张货币供应量，二是危机初期，美国和欧洲各国任由大量银行倒闭，公众对银行金融体系失去信心，银行和金融机构挤兑成风，人心惶惶。为求自保，所有银行和金融机构不仅无力创造新的信贷，而且千方百计收回贷款，千方百计保留或增加现金储备，以避免陷入破产倒闭的危机。

弗里德曼和施瓦茨的《美国货币史》与伯南克的结论异曲同工。二师以详尽数据表明，20世纪30年代大萧条时期，尤其是30年代初期，美国银行体系的储备与贷款资产的比例、公共手持现金与存款的比例皆大幅度上升，显示出银行金融体系无力或根本不愿意创造信贷。即使到了30年代中后期，即使许多国家已经放弃了金本位制，中央银行开始扩张货币供应量，银行金融体系的放贷意愿仍然非常微弱。如果我们将这类情形也称为流动性陷阱，它应该属于“贷款人流动性陷阱”。当然，我们完全可以不把这种情形归类到流动性陷阱。

然而，20世纪90年代之后日本经济“失去的20年”则完全是不同的情形。根据辜胜明的详尽分析，日本20世纪90年代泡沫经济崩溃之后，银行和金融机构并没有如外界所想象的那样，饱受债务的

---

① Barry Eichengreen, *Golden Fetters: The Gold Standard and the Great Depression 1919–1939,* Oxford University Press, 1995.

沉重压力，没有意愿创造信贷。相反，银行金融机构的放贷意愿一直相当稳定或强劲。日本“失去的20年”的秘密不是银行和金融机构没有能力或没有意愿放贷，而是企业和家庭个人深陷“资产负债表衰退”，完全没有意愿和能力需求新的信贷。

换言之，日本“失去的20年”的秘密是日本企业的行为从“利润最大化”转向了“负债最小化”。泡沫经济崩溃之后，之前累积天文数字债务的企业被迫彻底改变行为模式。主流经济学的“利润最大化”模型完全不适应日本经济。辜胜明提出“债务最小化”的分析模式，非常具有启发性。他的数据给“债务最小化”假设以强有力支持。依照他的分析，日本经济“失去的20年”属于典型的“借款人流动性陷阱”。

那么，2008年之后，主要发达国家的经济情况究竟是怎么回事呢？综合分析过去6年来的情况，似乎2008年金融危机之后的情形属于“借贷双方皆陷入流动性陷阱”。首先是各国银行体系皆累积天文数字般的超额储备，譬如美国银行体系2008年之前的超额储备不足2亿美元，如今已经逼近2万亿美元，欧元区、英国和日本银行金融体系也出现超额储备剧增的情形。其次是企业和家庭个人的信贷需求始终疲弱不振。美联储之所以不遗余力地实施所谓“扭曲操作”，核心目的就是为了大幅度降低长期利率，以刺激居民家庭和个人的长期信贷需求。

如何创造推动实体经济增长的信用

货币理论新思维的关键是区分信用与货币。

第一，货币是一个时点概念，信用是一个时际或跨期概念，是一个面向未来的概念，是一个预期概念。第二，货币是交易融通媒介，核心用途是降低交易费用；信用是风险分散工具，核心用途是分散系统风险。第三，货币创造机制与信用创造机制有本质区别。原则上，若无中央银行和存款类金融机构（商业银行体系），货币创造和货币乘数将基本消失，然而信用创造和信用乘数则不依赖中央银行和存款类金融机构（商业银行体系）。第四，从人类货币信用的长期历史演变趋势来看，我们可以做出一个推测：货币可消失，信用将永存。

根据对信用和货币做出的基本区分，上一节里我们提出一个基本想法：经济周期波动的决定性变量是信用总量，不是货币总量。我们应该用信用总量取代货币总量，作为分析和推测宏观经济波动的主要指标，作为货币政策的主要监控指标。换言之，信用总量政策应该成为重要的宏观调控政策。为阐释和推测经济周期波动或经济危机，信用总量是更好的指标。

这个论点其实也算不上原创。历史上许多学者都高度重视信用创造机制，试图以信用总量来推测宏观经济波动。然而，论点虽然一样，理由各不相同，大家对信用创造机制的认识可能大相径庭。天下殊途而同归，一致而百虑，科学辩论的本质大体如此。

反对以信用总量推测宏观经济波动者也很多，著名者非伯南克莫属。说起来颇为奇怪，伯南克是当代深入探讨信用创造和传导机制的领袖人物，他宣称自己重新唤醒了费雪的货币理论主题，为此颇感自豪，为什么却反对以信用总量来推测宏观经济波动呢？反对以信用总量替代货币总量，作为中央银行货币政策的指南呢？

首先，伯南克不遗余力地批评20世纪70年代之后的主流宏观经济思想，也就是以理性预期学派为代表的“完美金融市场模型”和以莫迪利亚尼–米勒定理为代表的“金融市场结构无关论”。他指出：

“宏观经济分析其实很早之前就有另外一套思路或模型，起自费雪和凯恩斯。为了解释经济周期动态过程的扩展和持续，费雪–凯恩斯模型将信用市场变动置于中心地位。根据费雪–凯恩斯模型，信用市场条件恶化，譬如资不抵债和破产企业急剧增加，真实债务负担加重，资产价格崩盘，银行体系危机，并不仅仅是实体经济活动下滑的简单被动反映，它们本身就是导致经济衰退和萧条的主要力量。半个世纪之后，伯南克重新唤醒费雪的主题。”

以费雪–凯恩斯的思想为逻辑起点，以 20 世纪 30 年代大萧条为实证基础，伯南克发展出自己的信用机制理论。它主要由两个渠道构成：第一，企业资产负债表渠道；第二，银行借贷渠道。资产负债表渠道是基于显而易见的事实，企业面临的外部融资额外成本取决于企业的财务状况。特别是，企业净资产越大，其外部融资额外成本就越低。银行借贷渠道亦然，货币政策改变金融中介机构的信贷供给总量，尤其是商业银行贷款供给总量，从而改变企业的外部融资额外成本。

与费雪和凯恩斯等前辈相比，伯南克的信用机制理论有两个重要创新：第一，他的货币政策传导机制是基于明确的成本理念。“只要存在市场摩擦，诸如信息不对称、不完全或合约执行成本高昂，我们就会观察到外部融资成本与内部资金的机会成本之间出现一个差额，我们称之为外部融资的额外成本（譬如发行债券，此债券的抵押或担保无法消除一切相关风险）。”外部融资额外成本是伯南克首创的一个成本理念，是其货币理论中最重要的概念。第二，为量度外部融资额外成本，自然就要详尽考察经济决策者面向未来的决策行为，包括个人、家庭和企业。显然，金融制度或货币制度的安排，是外部融资额外成本的决定力量。因此，伯南克的货币政策传导机制最终归结于对金融、货币制度的考察。

与外部融资额外成本相关，还有一个衡量信用市场摩擦的成本理念，伯南克称之为“真实信用融通成本”。该成本的定义是：“银行将资金从最终储蓄者或贷款者手上融通到好的借款者手上所需要付出的成本。它包括识别、监督、会计或审计成本，以及预期坏的借款者所造成的损失。”伯南克用一个替代指标来量度真实信用融通成本，那就是“信用等级为Baa的公司债券收益率与美国国债收益率的差额”。

既然伯南克如此高度重视信用传导机制和信用市场的各种摩擦和信息不对称，为什么他却反对用信用总量来推测宏观经济波动，反对将信用总量作为货币政策的监控指标呢？

他的理由有三。第一，他认为信用总量不是影响经济活动的独立变量。“除了极少数情形之外，信用总量本身不是左右经济活动的原始推动力量。相反，信用条件则是经济体系的内生变量，它决定货币政策改变之后，整体经济如何随之动态变化。因此，货币政策传导的信用渠道理论，并没有阐明信用总量推测经济活动的相对能力。”第二，他认为信用总量往往与经济周期反方向变动。“与货币总量一样，信用总量也是由供给和需求共同决定的。尤其是，货币需求跟随经济周期同方向变化，而信用需求很大程度上跟随经济周期反方向变化，因为家庭或企业希望抹平或缓解经济周期对支出或生产的影响。”第三，伯南克认为，信用传导机制虽然非常重要，却仍然只是货币政策传导机制的补充。“不是说信用渠道多么特别，完全孤立于传统的货币政策传导机制，相反，信用渠道机制并非完全独立的传导机制，而是一个被放大、被扩展的货币政策传导机制。”

我对伯南克的上述三点反对意见不敢苟同。多年来，通过阅读理论和历史文献，我逐渐形成与伯南克恰好相反的三点想法。

首先，信用总量和货币总量都是经济体系内生变量，说货币总量是独立变量，信用总量是非独立变量，难以成立。我们需要从一个新的角度来检验货币总量、信用总量与宏观经济波动的关系，看看哪个变量是阐释和推测经济波动的较佳指标。

其次，信用总量不是与经济周期反方向变动，而是同方向变动。1929 年之后“世界大萧条”，20 世纪 90 年代之后“日本大衰退”，2008 年之后“全球大衰退”期间，信用需求、信用供给、信用总量都急剧下降。

最后，信用创造机制绝非货币传导机制的补充或“附庸”，相反，信用创造机制是一个独立机制，重要性远超货币传导机制。货币政策传导机制主要是利率机制，信用创造机制则远超利率机制，范围和渠道非常广泛。

第六章　反思经济学的哲学基础和道德基础

全球金融危机和经济危机不仅深刻改变了全球经济、金融和货币格局，而且正在深刻改变人类的经济思想，经济学乃至全部社会科学正在酝酿革命性的变化。我们需要反思和重建经济学的哲学基础和道德基础。

经济危机和经济学的危机

每一次金融危机和经济危机都刺激人们重新审查自己的世界观和方法论，经济学者尤其如此。经济学者声称可以解释和推测经济体系的运行规律，可以设计让经济持续稳定快速增长的大政方针，可以规划人人共享福利和幸福的宏伟蓝图，可以制定摆脱金融危机和经济危机的财政政策和货币政策，甚至可以帮助人类实现长期繁荣和持久和平。

曾几何时，经济学者似乎无所不能。他们到处宣扬自己的世界观和方法论，认为那是放之四海而皆准的普遍真理。他们虔诚地传播市场原教旨主义的新人类福音，认为那是全人类唯一的出路。他们用自己独特却偏执的世界观和方法论去诠释人类历史，他们创造出许多令外行人匪夷所思的名词和术语，宣告那是人类的普遍真理和普世价值。

然而当金融体系轰然崩溃，经济体系陷入危机，经济增长急剧放缓和衰退，失业人口迅速飙升，社会矛盾不断恶化时，经济学者却突然变得那么束手无策，黔驴技穷。他们对眼前发生的一切茫然不知所措，慌不择路地试图为自己找到逃避的借口。经济金融体系的突然变化，让貌似高深的经济学理论变得荒谬绝伦，让经济学者无地自容。尽管他们依然到世界各地高谈阔论，内心深处却充满不安、惭愧、内疚、耻辱甚至恐惧。他们生怕一个贩夫走卒站起来，高声责骂他们的理论是空中楼阁，是自欺欺人，是胡说八道。他们生怕一个草根企业家站出来，随便举出一些日常生活的铁的事实，将他们那些故弄玄虚的名词术语打出原形。他们甚至害怕那敢于说出“皇帝没穿衣服”的小孩子，直指那似乎无所不能的经济学理论，其实什么也解释不了，什么也预测不了，唯一的作用可能就是混淆视听。

看起来如此荒诞和怪异的一幅景象，绝非是危言耸听。经济学者历来不乏“人贵有自知之明”的贤人雅士。早在20世纪40年代，芝加哥学派的开山宗师弗兰克 · 奈特就曾经非常严肃地致信芝加哥大学校长，建议取缔经济学这门学科，理由是经济学本身毫无用处，却无端增加人们思想的混淆。奈特认为经济学既不能加深我们对人类生存环境的理解，更不能为社会秩序提供任何新的理论基础。人类社会秩序的唯一基础是宗教和道德。既然弊大于利，干脆取缔为妙。奈特的名言是：“经济学家真正明白的，普通人也完全明白；普通人不能明白的，经济学家也不明白。”同属芝加哥学派的诺奖得主、新制度经济学的一代宗师科斯教授曾经专门著文，说全世界经济学者对人类财富的贡献，绝对抵不上他们所赚取的收入，大多数经济学者应该引咎辞职，以谢国民。2008年的诺奖得主、《纽约时报》大名鼎鼎的专栏作家克鲁格曼教授，2009年6月到伦敦政治经济学院参加“罗宾斯纪念讲座”，他说过去30年的宏观经济学，说得好听一点儿，是百无一用，说得不好听一点儿，则是贻害无穷。

到底是怎么回事？即使没有公开承认，全世界负责任的经济学者其实都在深刻反思自己的职业和学问。我们确实需要新的世界观和方法论。或许我们暂时或很长时间都无法找寻到令人满意的新世界观和方法论，但我们却不能坐以待毙，更不能故步自封，我们必须以谦卑的态度，重新审视经济学的哲学基础和分析逻辑；我们必须放弃所谓经济学帝国主义的傲慢心理，高度重视其他学科特别是哲学、历史学和自然科学所揭示的许多重要真理；我们必须以建设性的批判精神，去检讨过去200多年来经济学的发展，吸取精华，剔除糟粕；我们必须脚踏实地，让经济学回归真实世界，回到人间百态，关注人间疾苦；我们必须正视自身的无知和愚钝，明白我们对几乎所有重要的人类经济现象其实还知之极少，甚至连发生了什么事情都还蒙在鼓里。

让经济学陷入如此尴尬境地的基本原因，是现代经济学的世界观和方法论。这种世界观和方法论曾经让经济学取得如此辉煌的成就，以至于许多经济学者坚信那是我们理解人类经济体系唯一正确的路线。经济学辉煌成就的主要标志之一，是1969年诺贝尔经济学奖的设立，它宣称经济学已经获得与物理学同样“尊贵”的“硬”科学地位。然而，恰恰是让经济学曾经如此成功和辉煌的世界观和方法论，却不断地将经济学引入死胡同。要想为这门学问开辟新空间，我们就必须深入检讨西方主流经济学的哲学基础和分析逻辑。

经济学的哲学基础

现代经济学起源于18世纪的欧洲，以英国、德国、法国和意大利为主要发源地，经过200多年的发展和演变，逐渐成为一种居于支配地位的全球性思维模式。追根溯源，西方经济学是西方整体思想的一个组成部分，是西方哲学思维数千年演变和进化的产物。经济学的世界观和方法论直接来源于西方科学的世界观和方法论。

西方科学的世界观和方法论，或者一般而言的西方哲学思想，有一种特别的精神。哲学家熊十力说："西洋形而上学以宇宙实体当作外界的物事而推穷之。西洋哲学的方法是析物的方法，所谓一元、二元、多元等论，则是数量的分析；唯心唯物与非心非物等论，则是性质的分析。此外析求其关系则犹若机械论等等。要之，都把真理当作外界存在的物事，凭着自己的知识去推求它，所以把真理看作有数量、性质、关系等等可析。"分析的方法或析物的方法，实在是西洋整个哲学思想和科学思想最基本的特征，也是其最殊胜之处。西方许多著名科学家将西洋科学方法总称为"约化论"（reductionism）。约化论让西洋科学取得令人叹为观止的伟大成就，绝不可轻视，更不可忽视。西方经济学实在是西洋整体哲学思想的支流，其哲学基础和分析逻辑也是秉承约化论的基本意蕴。

概言之，主流西方经济学的世界观和方法论由五个方面构成：人类行为的自私决定论、经济体系的机械决定论、人类发展的西方中心论、人类认识的实证方法论、政策哲学的自由竞争论。从哲学角度来审视，上述五论就是西方主流经济学的本体论、宇宙论、知识论和人生论。200 多年来，经济学演变繁复，流派纷呈，恰如滔滔江河，又如涓涓细流，溯其源流，就是上述五论。

经济科学背后的本体论、宇宙论、知识论和人生论，直接源于西方科学的世界观和方法论。17 世纪欧洲兴起的科学大潮，彻底改变了西方世界的思维模式，改变了人类历史的演进方向。科学和技术的兴旺发达，不仅让欧洲拥有了征服物质世界的绝对优势，而且让欧洲拥有了征服精神世界的巨大优势。那些惊世骇俗的科学发现和发明创造，让全人类叹为观止。欧洲人凭借科学技术的神奇魔力，成功征服全世界。世界观和方法论的胜利或许更加彻底。西方崛起的科学世界观和方法论以摧枯拉朽、雷霆万钧之势，迅猛席卷全人类。一切社会科学和精神学问，包括宗教、哲学、历史、法律、伦理、心理学、社会学、经济学和所有一切学问，无不深受科学方法论的影响。科学思维对经济学哲学基础的影响尤其深远和全面。若要检讨主流西方经济学的成功和失败、优势和劣势，若要为经济学的未来开辟新的方向，我们首先需要总结西方的科学世界观和方法论，才能理解科学世界观和方法论如何决定了经济学的基本性格。

西方科学世界观的核心就是决定论、机械论或命定论，此为西方学术界的共识。1979 年，诺贝尔化学奖得主、非平衡热力学开拓者普里戈金和助手斯唐热出版名著《从混沌到有序：人与自然的新对话》，吹响了重新塑造科学世界观和方法论的嘹亮号角。该书开篇就说："我们对自然的看法正经历一个根本性的转变，即转向多重性、暂时性和复杂性。长期以来，西方科学被一种机械论的世界观统治着，按照这种观点，世界就像是一个庞大的自动机。"①

① 伊 · 普里戈金、伊 · 斯唐热，《从混沌到有序：人与自然的新对话》，曾庆宏、沈小峰译，上海译文出版社，1987 年。

《第三次浪潮》的作者托夫勒为《从混沌到有序》撰写长篇序言，很好地描述了西方科学的世界观和方法论："西方科学占统治地位的世界观或所谓方法论，源自 17 世纪和 18 世纪的经典科学或牛顿体系。它们描绘出这样一个世界，其中每个事件都由初始条件决定，这些初始条件至少在原则上是可以精确给出的。在这样的世界中偶然性不起任何作用，在这样的世界中所有的细部聚到一起，就像在宇宙机器中的齿轮一样。这种世界观把拉普拉斯引向了他那著名的主张，只要给出充分的事实，我们不仅能够预言未来，甚至可以追溯过去。而且这个简单、均匀、机械式的宇宙不仅塑造了科学的发展，它还旁及其他许多领域。它影响了美国宪法的缔造者，使他们创造了一个统治用的机器，它的控制器和平衡轮像钟表的零件那样滴答摆动。当梅特涅为创造欧洲势力均衡体系而驰骋的时候，他的行李袋中带着一部拉普拉斯的著作。"①

决定论的世界观和方法论孕育出许多基本信念。我们将会看到，经济学和几乎所有社会科学命题，皆源自这些基本信念。

第一个基本信念：决定天地万物或宇宙演变的是自然定律，自然定律具有普适性和永恒性。西方科学的伟大奠基者们始终强调自然定律的普适性和永恒性，他们虔诚追求的科学理想，就是放之四海而皆准的普遍图式和普遍真理。

对普适和永恒自然定律的信念，激励无数天才物理学家穷尽毕生智慧去忘我地追寻宇宙万物的基本规律，从而创造出人类有史以来最伟大的科学奇迹。的确，物理学家们曾经多次坚信他们已经找到了那个神秘莫测却又充满无限魅力的终极定律。譬如，19 世纪后期，物

① 伊 · 普里戈金、伊 · 斯唐热，《从混沌到有序：人与自然的新对话》，曾庆宏、沈小峰译，上海译文出版社，1987 年。

理学家们非常乐观地宣称，宇宙间的一切皆可以按照连续物质的性质予以解释和推断，物理学的天空只剩下微不足道的一点儿乌云了。然而，爱因斯坦的相对论横空出世，粉碎了物理学家的乐观情绪，开辟了物理探索的崭新天地。原子结构和量子力学不确定性原理的发现，甚至在某种程度上摧毁了决定论的信念。

然而，乐观情绪总是反复出现。1928 年，由于英国物理学大师狄拉克发现了电子运动方程，使得诺贝尔物理学奖得主马克斯 · 波恩非常自信地告诉一群来自哥廷根大学的访问者："据我们所知，物理学将在 6 个月之内结束。"他相信当时所发现的另一个基本粒子——质子——肯定遵从与电子一样的运动方程，这就意味着理论物理学的终结。很快，中子和核力的发现让波恩的预言破产。下一次激动人心的时刻是爱因斯坦宣告可以将物理学的一切定律浓缩为一个"统一场论"，物理学家致力于统一自然界几个基本力的工作确实也取得了重大进展。然而，爱因斯坦的相对论本身也是一个基于决定论信念的"经典理论"，无法融合量子力学和不确定性原理。爱因斯坦最著名的格言是：上帝从不掷骰子！然而，引力与其他自然力无法统一。物理学家再一次意识到，我们离终极定律还有漫漫长路。

霍金的《时间简史》是有史以来最畅销的科普著作之一。全书激荡着那个意志坚强的残疾天才对自然世界普适和永恒定律的信念忠贞不渝的伟大情怀，激荡着对宇宙演化终极规律不懈追求的豪情壮志。当霍金论及"物理学的统一"时，他满怀信心地说："在谨慎乐观的基础上，我们可能已经接近于探索自然终极定律的终点。"

霍金将决定论的科学观推到极端。他写道："爱因斯坦曾经问道，在制造宇宙时上帝有多少选择性？如果无边界假设是正确的，在选择初始条件上它就根本没有自由。"初始条件的确定性加上自然定律，意味着我们可以完全准确预测宇宙发生的一切，这当然也包括人类社会，因为人类自身不过是茫茫宇宙的沧海一粟，怎么能够逃脱自然定律的命令和规范？

因此，早在17世纪后期和18世纪早期，自然定律的普适性和永恒性，就一直激励着欧洲哲人去追寻人类社会的普遍规律，成就最突出者当属苏格兰启蒙运动的诸位大师。剑桥大学曾经出版一本专著《苏格兰启蒙运动》，详尽说明牛顿科学尤其是著名的力学三定律是苏格兰启蒙哲学家的灵感源泉。斯密和他的老师们坚信人类社会同样存在着与牛顿三定律一样普适和永恒的自然定律，《国富论》的伟大贡献就是发现“看不见的手”原理。斯密为自己的奇妙发现惊喜万分，深信自己已经找到了支配人类经济活动的“自然铁律”。《国富论》因此成为经济学史上最重要的著作，“看不见的手”原理则成为经济学者最根本的精神支柱。

决定论和机械论的基本信念塑造了经济学的基本性格，牢牢统治着我们的理论思维和政策模式。第一，人类社会演变有一个确定的方向。“实现最大多数人的最大幸福”的完美市场制度，欧洲建构主义的理想社会，李嘉图的“完美静态经济体系”，马克思人类社会演变的“五阶段论”，直到20世纪后期所谓的“历史终结论”，皆源自经济学的决定论信念。第二，既然人类经济体系的演化有一个确定的方向，我们就一定能够准确推测人类行为的结果。实证经济学方法论的主旨，就是准确推测经济趋势。弗里德曼的有名论文《实证经济学方法论》，宣称检验经济理论正确性的唯一标准就是预测的精准。事实上，许多经济学者喜欢动辄就以“预言家”自居。第三，数学模型完全支配了经济学，哲学、历史和人文思考退居其次，甚至被完全漠视。近百位获奖者多数都是数学模型高手和数学家。第四，决定论和机械论思维经过复杂的数学模型，终于蜕变成为市场原教旨主义和有效市场学说，它们将市场描绘成为一架精巧的机器，总是可以自动迈向完美均衡，给人类创造出最大的福利。市场原教旨主义和有效市场假说是过去半个世纪西方经济政策的理论依据，直接催生了货币信贷扩张、资产价格泡沫、全球经济失衡和全球金融危机。

反思经济学的道德基础——人性自私假说的起源和危害

前文我们指出，西方主流经济学的世界观和方法论由五个方面构成。若细思之，经济学逻辑方法的决定论、机械论和均衡论，追根溯源，则是源于人性自私论。人性自私假说是西方先哲对人类行为的最基本公设，是经济学巍峨大厦的最后基础。人的自私欲望无限和自然资源有限之间构成难解难分的矛盾和冲突。经济学应运而生，冀图解决这个特殊矛盾。

张五常教授说，斯密的《国富论》主要是阐释自私的好处。《科学说需求》如是写道："经过多年对《国富论》的消化，我认为斯密的自私观点有两处需要补充。第一，斯氏正确地指出自私可以给社会整体带来很大的利益，但却忽视了自私也会给社会带来害处。后者重要地牵涉到交易费用及产权的问题，是我自己研究的重心所在。可以说，在哲理上，重视自私之害是我这本《经济解释》与《国富论》的主要分歧。"①

埃德温 · 坎南为《国富论》标准版撰写了精彩序言，其中有云："渗透整个《国富论》的基本信念，就是自私能够创造经济社会利益。

① 张五常，《经济解释》(四卷本)，香港花千树出版有限公司，2010 年。

自斯密之后，该信念遂成为经济学的起点。”当然，对自私的最佳描述仍然是《国富论》那不朽的段落：“每个人都会尽其所能，运用自己的资本来争取最大的利益。一般而言，他不会意图为公众服务，也不自知对社会有什么贡献。他关心的只是自己的安全，自己的利益。但如此一来，他就好像被一只无形之手引领，在不自觉中对社会的改进尽力而为。在一般的情形下，一个人为求私利而无心对社会做出的贡献，远比有意图做出的要大。”①

17~18 世纪的欧洲，一大批哲学家深入研究人性规律，直接催生经济学和现代社会科学，人性自私论则成为经济学的哲学基础。曼德维尔“私恶即是公利”，“人类所有值得颂扬的功绩和行动，背后动机都是虚荣和自利”等著名观点，对斯密和经济学的影响极其深远。200 多年来，人性自私论和逻辑思维的决定论、机械论与均衡论结合起来，经过无数天才高手的谋思运筹和实证考究，打造了西方主流经济学的辉煌成就，也演变出西方经济学的多重流弊。主要流弊就是经济学者将自私理念极端化和庸俗化，经济学者构造的模型几乎完全忽视或漠视了自私的巨大破坏力。张五常《经济解释》反复阐述了一个重要真理：某些局限条件下，人类的自私可以导致自我毁灭。

然而，斯密之后的经济学发展，恰好漠视了自私导致人类灾难的可能性和多种途径。这应该算是经济学对人类思想和意识造成的最大误导和危害。概括起来，约有三端。

第一，人性自私假设被逐渐异化和极端化。斯密之后，边沁将自私假说简化为效用最大化，商业资本主义和工业资本主义时代的效用最大化，演变为全球金融资本主义时代的个人财富（或身价）最大

① Adam Smith, *The Wealth of Nations*, The Modern Library, 2000.

化、企业利润（或市值）最大化、国家国内生产总值最大化，终于成为一种改变整个世界和整个人类的价值观、人生观和经济政策理念。

在全球金融资本主义时代，马克思曾经深刻讽刺和批判的“商品拜物教”，早已变为彻底的“金钱拜物教”。为了追求个人财富最大化、企业利润最大化、国家国内生产总值最大化，我们甚至可以牺牲一切人类高尚的精神、道德、文化、情感、责任、义务，换言之，西方经济学人性自私假设演变至今，造就了全球金融资本主义时代彻头彻尾的“金钱至上”文明。本书卷二将“金钱至上”的人类文明比喻为全球金钱“老鼠赛”。金钱“老鼠赛”就是市值社会、市值文化、股票社会、股票文化、资产社会、资产文化的形象写照。

或许我们不能武断地认为西方主流经济学就是造就“金钱至上”文明的唯一原因，但是，从人性自私假设衍生出来的一整套人类行为假设、理念和政策哲学，肯定是“金钱至上”文明的重要原因，可能是最重要的原因。

第二，20世纪下半叶，基于人性自私假设的基本信念，逐渐演变为全球金融资本主义时代的“市场原教旨主义”和“华盛顿共识”。理论学说方面，人性自私假设从“看不见的手”开始，逐渐演变为完全竞争理论、理性预期学说、有效市场假说等数之不尽的精妙理论。意识形态和经济政策方面，人性自私假设则从自由放任、自由贸易一直发展到20世纪后期的“市场原教旨主义”和“华盛顿共识”。然而，历史反复证明（2007~2008年的全球金融危机再次证明）：毫无约束的自由竞争并没有像斯密宣称的那样，可以促进社会的最大利益。相反，毫无约束的人性自私和自由竞争可以造成巨大灾难。

第三，通过宣称人性自私假设的普适性，经济学者将阶级关系和国家民族利益完全排除，声称经济学是所谓“纯粹科学”，是放之四海而皆准的普遍真理和普世价值。经济学从最初的道德伦理学说，蜕化为一门“没有价值判断”的所谓“纯科学”。19 世纪后期，马克思就斥责其为“庸俗经济学”。20 世纪后期，庸俗经济学变本加厉，形成一种新的蒙昧主义。经济学领域的新蒙昧主义将西方经济学的教条绝对化、简单化、抽象化，将西方经济学的一些理论假设和政策建议不分条件地输送和强加给所有国家，将西方经济学衍生出来的价值观和国家政策神化为人类普世价值、终极价值和最后统治方式，并以此为借口和幌子去侵占、抢夺、损害其他国家的根本利益，这是新蒙昧主义最赤裸和最极端的表现，它们已经且正在继续给中国经济造成重大伤害。

对全球金融资本主义的反思和救赎，首先必须抛弃简单化、庸俗化和极端化的人性自私假说，重建经济学的道德和伦理基础。列宁说过：真理往前多跨一步，就会成为谬误。任何科学真理都是有条件的真理，没有放之四海而皆准、无须任何前提条件、约束条件或局限条件的所谓绝对真理。人性本质是否真的自私，哲学家和生物学家至今没有完全一致的结论。将自私作为基本假设以解释人的行为，是实证科学方法的精髓，我们可以不同意而采取其他假设，皆无可厚非。若将自私假设简单化、极端化和庸俗化，则必然导致一些危害极大的意识形态判断和政策建议。

抛弃极端化、庸俗化和简单化的人性自私假说，与妥善保障私有产权没有任何冲突和矛盾。人类历史正反两方面的经验反复证明，唯有保障私有产权才能创造人间繁荣，唯有保障私有产权，才有可能建设公平正义的良好社会，消灭和破坏私有产权制度，最可能的后果就是民不聊生。产权和交易费用理论是 20 世纪经济思想最重要和最精彩的发展，不仅深刻改变了我们认识世界的方式，而且深刻改变了人类命运，对中国划时代的改革开放贡献巨大。

从经济学术史上看，斯密之后，张五常对“自私”理念的阐释最为中肯和恰当。张五常将经济学的“自私”假设重新阐释为“在局限条件下个人争取最大利益”，有多方面的重要含义，值得仔细深入思考。

第一，自私是否能如斯密所描述的那样，“一个人为求私利而无心对社会做出的贡献，远比有意图做出的要大”，关键要看自私行为所面临的局限条件，这些局限条件范围极广，包括宗教信仰、道德规范、社会习俗、法律法规、历史传统、时尚潮流等，其中最重要的约束条件是产权制度。原则上，人性自私能够创造出无限多样的制度安排，不同的制度安排反过来又制约自私行为的结果。一个良好的制度可以让自私行为尽可能朝着有利于社会整体利益的方向迈进，一个糟糕的制度则可能诱使或迫使自私行为危害社会。

如何设计制度和机制，以便促使自私行为创造最大社会利益，是经济学200多年来的核心课题。证明私有产权制度是人类迄今为止，能够找到的最有可能和最大限度促进社会整体利益的制度安排，是产权和交易费用学说的主要贡献。其他各种制度和机制，无论是以等级界定权利、以管制界定权利、以武力界定权利、以资历界定权利、以种族界定权利、以姿色美貌界定权利，皆必然导致社会资源的巨大浪费。经济学著名的“租值消散定律”，清楚阐释不同制度安排下的资源浪费或租值消散方式。张五常对此重要定律有开拓性贡献。悠悠岁月里，上下数千年，人类尝试过多种多样的产权制度，直到18世纪之后，才开始以宪法规章自觉保护私有产权。自此之后，凡是致力于妥善保护私有产权的国家，皆成先进富裕之邦；凡是致力于消灭弱化私有产权的国家，皆沦为贫穷落后之域。我国30多年来改革开放的主要成功经验，就是不断努力保护私有产权，以此鼓励自由竞争。

妥善保障私有产权，其实比登天还难。现实世界的许多法律规章，在保护一些人的私有产权的同时，可能损害其他人的私有产权。说私有财产神圣不可侵犯，是大原则，如何具体落实则千差万别。因此之故，哈耶克的名著《自由宪章》就提出，任何保障个人权利和自由的法律规章必须是超越和一般性的，即不能有利于某些人却不利于另外一些人。科斯 1960 年发表《社会成本问题》，以无数精彩案例阐释私产保护的难度和权利之间的相互纠缠，成为多个学术领域共同尊奉的经典文献。少有人提及的是，科斯大作有一个隐含的意思，那就是究竟应该保护谁的产权，必须诉诸价值判断！奈特有一句耐人寻味的名言：人类一切经济活动，都是在价值领域的无尽探索。既然是在价值领域的无尽探索，我们就不能不做出价值判断。当奈特讨论经济效率和所谓帕累托改进时，他反复强调效率首先是一个价值概念，而不是一个物理和机械学概念。

第二，哪种局限条件下，人的自私行为会危害社会，甚至导致人类自我毁灭，是一个极其有趣而重要的问题。张五常反复强调，某些局限条件下，自私可能导致人类自我毁灭，他的思想路线极具启发性。拙作《张五常经济学》一书试图进一步回答此问题。我问："人类为什么会选择交易费用明显高昂的合约或制度？"答案要点有四：一是无知或信息费用极高；二是信息不对称；三是成本收益不对称；四是集体行动的困境。思来想去，我认为可能导致人类毁灭的制度局限条件里，最关键的是信息费用和知识压制。历史上数之不尽的专制君主和极权霸王，垄断信息，压制知识，消灭自由，借以宣称为他所用的那个制度是人类唯一的美好制度，结果民不聊生，哀鸿遍野。由此观之，教育的普及，知识的传播，思想的解放，言论的自由，则是降低交易费用、增进生产组织效率和资源利用效率，避免人类选择

“自我毁灭”制度安排的最重要途径。

第三，当我们希望解释和推测某个人类行为和某种经济现象时，首要任务是探寻行为和现象背后的局限条件，这是张五常独创的真实世界经济学，是顺着斯密、马歇尔、费雪和弗里德曼传统的自然发展，然而这个传统似乎早已不是西方经济学的主流了。

前文已经指出，将人性自私假设简单化、极端化和庸俗化的后果，主要表现为金钱至上、市场原教旨主义和新蒙昧主义，尽管人性自私假设不能为此担负全部责任。

经济学者从方法论上忽视自私行为的约束条件和局限条件，从而漠视或忽视了自私可能对社会造成的巨大危害，主要表现则是数理模型被推上神坛和价值判断被逐出殿堂。

数理模型被推上神坛经过了一个漫长过程。法国重农学派经济首开先河，古诺和瓦尔拉斯的一般均衡思想大放异彩，萨缪尔森、阿罗、莫莱和德布鲁的数理模型登峰造极，奠定了主流经济学的基本规范。博弈论异军突起，横行天下无敌手。斯密时代单纯质朴的价值观被扫荡净尽，片甲不留。自私假说先是被边沁简化为效用学说和功利主义，杰文斯、门格尔和瓦尔拉斯三杰开启边际效用革命，为数学模型主导经济思想大开方便之门。萨缪尔森《经济分析基础》继往开来，将全部经济学归结为一个“最大化问题”。1970 年萨缪尔森荣获诺贝尔经济学奖，其诺奖演说即以此为题。

数理模型被推上神坛之后，价值判断必然被逐出殿堂。举凡无法数学化的人类行为要素，尤其是人类生活须臾不可离的价值判断，譬如宗教信仰、文化精神、制度传统、信任承诺、道德情感、预期愿望等，皆被逐出学术殿堂，游荡于主流学术边缘，偶尔才被召回装点一下门面。

最大化假设和约化论思维

凡事有利必有一弊，所谓利害相伴而生，天下万象莫不如是。价值判断被逐出殿堂，可能是经济学最不幸的发展，却促成了经济学的辉煌成就，即经济学发展成所谓“纯粹科学”。纯粹科学要义有二：一是这门学问有统一的范式和方法，二是这门学问有检验“真理”的基本标准或唯一标准。

大体而言，20 世纪之前，经济学还没有形成统一的规范和方法，也没有检验真理的统一标准。斯密的价值观质朴单纯，他对世事观察入微，思维深沉细腻，文笔优美典雅，颇具约翰逊式的散文风格。《国富论》字里行间洋溢着一位静谧深思的英国哲人和绅士的睿智、幽默、灵感和博学。斯密遍读前贤著作，《国富论》堪称百科全书。

斯密的智慧启发了投机商人李嘉图。海边度假期间拜读《国富论》，成就了经济思想史上的传奇大师。李嘉图从未想过撰写一部系统性学术著作，《政治经济学和赋税原理》是友朋之间往返论难的思维记录，行文不够连贯，后人读之颇觉晦涩难懂。故学界有言，欲真正理解李嘉图，除深知斯密之外，还要明白马尔萨斯和穆勒父子的经济思想。然而，李嘉图血液里同样流淌着欧洲大陆传统的深刻思辨和构造宏伟理论的伟大基因，他构造的静态经济模型，逻辑丝丝入扣，推理层次井然，尤其是他渴望探寻人类经济体系“永恒不变规律”的高远理想，对后世学者尤其是马克思影响至深。奈特对李嘉图经济学有严苛批评，却承认李嘉图构造抽象理论模型的能力举世无双。凯恩斯撰写《通论》的主要任务，就是希望扭转李嘉图经济学的“静态均衡”、“货币中性”、“投资永远与储蓄恒等”等基本公理，他也感叹李嘉图的思维魔力完全征服了整个英国乃至欧洲大陆，就像神圣天主教义征服西班牙那样干净彻底。

马歇尔综合古诺、瓦尔拉斯、杰文斯、门格尔的边际效用革命成果，以供求均衡和边际分析为基础，试图为经济学提供一个统一范式。然而与马歇尔同时代兴起的奥地利学派、德国历史学派和马克思经济学方兴未艾，供求均衡分析仍未成为经济学的主流范式，多数人也不相信经济学可以脱离价值判断，成为一门纯粹科学。

经济学成为纯粹科学的主要标志，应该是1947年萨缪尔森出版《经济分析基础》，首次将经济学全部问题归纳为一个“最大化问题”。1970年，萨缪尔森发表诺贝尔演讲“经济分析的最大化原则”，他说：“经济学这个术语的基本含义就是最大化。最大化原则是这门学问的真正基础。”《经济分析基础》的巨大影响力怎么说也不过分。1995年诺奖得主卢卡斯曾经说：“我花一年时间潜心攻读《经济分析基础》，从而得以进入经济学殿堂。”1999年诺奖得主蒙代尔的多位著名弟子（譬如以色列央行行长雅各布·弗兰克尔）回忆说，当年他们跟随蒙代尔在芝加哥大学攻读博士，每次上完课之后，学生们追问阅读文献，蒙代尔总是只推荐一本书：萨缪尔森的《经济分析基础》。

最大化问题的哲学基础是人性自私假设，从人性自私到效用最大化，经济学终于获得一个完全统一的行为基础和分析方法。从效用最大化推导出人的行为三定律：边际效用递减定律、替代定律和选择定律，据此推导出需求定律和供给曲线。拙作《张五常经济学》曾经阐明，供给定律和需求定律的逻辑推导，本质上完全一样，因为供给和需求只不过是人的行为同一枚硬币的两面。从马歇尔的《经济学原理》到萨缪尔森的《经济分析基础》，经济学者成就了纯粹科学第一要义，不能不说是辉煌成就。

纯粹科学第二要义其实是第一要义的必然推论。第二要义成就的标志，应该是 1951 年弗里德曼发表的《实证经济学》一文。此文宣告："一个假设或一个理论是否能够成为实证科学的一部分，检验标准就是看该假设或理论的推测与事实吻合的程度、范围和精确度。实证科学的终极目标就是创立一个假设或理论，它能够对未来发生的现象做出准确和有意义的推测。"

对于弗里德曼主张的如此极端的真理检验标准，科斯曾经发表《经济学和经济学者》，给予精彩有力的反驳和辩证。此文是我最喜欢的经济学文章之一，令人回味无穷，启发良多。科斯举出经济思想历史上的三个著名案例，说明弗里德曼倡导的真理检验标准并不成立。三个案例分别是罗宾逊夫人的不完全竞争理论和张伯伦的垄断竞争理论；哈耶克的生产周期学说；凯恩斯的《通论》开启的宏观经济学革命。科斯令人信服地说明，人们接受某个学说或理论，绝非因为该理论的预测或预言被事实所证明，而是因为该理论和学说给我们以启发、洞见、观察世界的新角度，和指引我们前进的新方法和新途径。

最大化假设的第一个困难是将价值判断和道德意识从人的经济行为中完全剔除，从而导致经济学和人文、道德、信仰的完全分裂和隔离。经济学本来是研究人的学问，日常经验就能告诉我们，人的行为深受信仰、道德、价值观和情感的影响，然而，最大化假设却将这些更为深刻和基本的因素弃之不顾，人的经济行为变成完全没有道德意识和价值判断的纯粹最大化行为。效用最大化的"效用"其实是一个空洞无物的术语。当然，经济学者对此假设有方法论上的辩护。更为不幸的是，最大化原本是一个实证科学的基本假设，却反过来被异化为一种新的价值观和行为准则。效用最大化、利润最大化、国内生产总值最大化成为新的社会价值和正义标准。马歇尔曾经强调宗教和经济是人类最重要的两大行为，却没有重视两大行为是不可能相互割裂的。

最大化假设的第二个困难是“经济人”（economic man）理念，认为人的任何行为和决策都是经过精确计算的最大化行为或理性行为，理性和非理性成为划分人类行为的一个基本标准。凡是无法纳入最大化方式的行为，则一律被斥为非理性行为，进一步，非理性行为则被认为是该管制、限制乃至禁止的行为，最大化假设因此深刻影响了公共政策理念。经济人理念渗透到整个经济学领域，深刻影响了我们对信息、知识、风险、预期和不确定性的看法。它刺激经济学者“发明”出许多与现实完全不相干的理论，譬如理性预期、完美知识和信息、有效市场假设。

最大化假设的第三个困难是“约化论”思维，即将人类经济体系的一切现象，包括经济政治制度演变、朝代更迭、集体行动、公司企业、科学创造乃至道德伦理、家庭婚姻，皆归结为个人的效用最大化行为。这就是西方科学数百年以来的“约化论思维”或“牛顿思维模式”：将宇宙自然和人类一切现象最终归结为基本粒子运动。譬如约化论思维模式下的生物学，将复杂、动态、不可预测的生命演化过程约化为分子行为，分子约化为原子，原子约化为质子、中子、电子，再约化为夸克和其他基本粒子，最终约化和归结为“弦理论”，一切复杂精彩的生命演化最终都受制于“弦”的物理学运动规律。最大化假设下的经济学也是一样，国家和人类社会被约化为各个组织（政府、企业、家庭、非营利机构等），组织被约化为个人，个人被约化为最大化的经济人或经济动物，经济人和经济动物的行为则被归结为自私和效用最大化，自私和效用最大化则被约化为自私基因，自私基因当然最终也归结为“弦”的震动。科学界今天终于开始明白，复杂、动态、演化的生命体系不能简单约化为基本粒子的物理学定律。同样，复杂、动态、演化的人类经济体系也无法简单约化为个人行为的最大化和人类基因的所谓“自私”本质。

最大化假设的第四个困难就是如何从个人最大化行为过渡到集体和组织行为，它恰好摧毁了约化论的逻辑基础。约化论的逻辑基础是，个人行为可以加总（或相互作用）为集体行为，个人行为的结果可以加总为集体行为的结果，微观经济现象可以集合成为宏观经济现象。然而，事实上，个人行为及其结果是无法简单加总的，更无法简单加总为最大化的社会结果。换言之，个人自私和最大化行为并不能加总和保证社会总体结果的最大化和最优化。阿罗著名的“不可能性定理”深刻揭示了这一困难。不过对此重要问题，经济学至今仍然是一笔糊涂账。教科书仍然简单地将个体供求曲线横向加总，以得到宏观经济整体的供求曲线，借以解释宏观经济现象。这一思维路线缺乏坚实的逻辑基础。从这个意义上说，经济学的全部逻辑基础仍然建立在沙滩之上。

第七章　人和自然的新对话

要重建经济学的科学、哲学、道德和伦理基础，就必须重新开创人和自然的对话，重新深入系统思考宇宙、自然和人生的本质，重新思考宇宙、自然和人类文明的相互关系。

文明兴衰的三大问题

要理解经济体系、人类文明乃至民族和国家的兴衰，首先必须透彻理解人类个体的行为本质。

一切组织、家庭、政党、企业、团体、民族、国家和文明的动态演化过程和内在动力，取决于个体行为以及个体行为之间的相互作用。[1]个体行为与社会整体的关系，牵涉到许多重大问题，始终是哲学、经济学、政治学、法学、社会学研究的中心。第一，个体行为是否可以确保社会整体福利最大化和每个个体的自由发展？这是西方个人自由主义和市场原教旨主义的核心理念。第二，哪种个体行为（或个体行为之间的制度安排）有可能确保社会福利最大化和每个人的自由发展？这是制度经济学或者全部经济学研究的核心课题。

个体行为之间的制度和规则安排原则上只有三种：（1）每个人都完全自行其是、自由竞争、自由决策、处于无政府状态。（2）所有个体的思想和行动都接受某个“独裁者”或“至高无上者”的命令或指示，个体完全服从“外部指令”，就像一架机器里的每个部件一样。

---

① 20 世纪经济学最重要的发展方向之一就是探索个人选择、集体行动和社会福利之间的关系。尊重个人自由选择如何可以实现全社会福利的最大化，以及每个个体的自由发展，始终是经济学最重要的课题。亚当 · 斯密发现“看不见的手”能够实现这个目标。后来经济学的发展，从很大程度上说，是对斯密“看不见的手”原理的注脚。边沁发明效用理念，开创功利主义哲学和经济学，经过穆勒等无数人的发展，到罗尔斯登峰造极。功利主义哲学和经济学的主要结论是，个人自由选择和市场竞争可以实现全社会福利最大化和个体自由发展，但需要满足一些必要条件，譬如收入分配的补偿原则。政治经济学领域的主要研究课题，则是民主政治是否可以实现社会最优结果，阿罗著名的“不可能性原理”是一个里程碑式的成果。阿马蒂亚 · 森是另一个里程碑。关于个人自由和社会发展（社会福利）的关系，本书后面将详论。本书所探讨的核心问题与经济学领域的个人决策和市场竞争、政治学领域的个人决策和民主投票（民主政治）不同。我所探讨的问题是：不论民主还是专制，不论市场竞争还是集权计划，个人行为的不可逆性将使所有的经济制度和政治制度都是暂时的存在。由此引申出一个完全崭新的问题：市场竞争与集权计划相比，民主与专制相比，优越性究竟何在？从任何制度安排和组织形式都是暂时的这一点来说，它们是等价的，并没有优劣之分和好坏之分，那么它们的区别究竟何在呢？民主是否是一个全新的组织形式，可以像毛泽东预言的那样，可以让人类社会、政党和国家跳出治乱循环和兴衰循环的怪圈？回答这一关键问题，是本书理论的核心任务。

（3）中间状态，个体行为有自由也有约束、有民主也有集权、有冲突也有合作、有竞争也有垄断。问题是：哪种制度安排最佳？即哪种制度安排可以确保社会整体福利最大化和每个个体的自由发展？

第三，个体行为及其相应的制度安排，是否可以像毛泽东所期望的那样，能够确保任何组织、家庭、政党、企业、团体、民族、国家和文明永远摆脱治乱循环和兴衰循环的怪圈，实现永久繁荣？如果答案是肯定的，那么确保永久繁荣的机制是什么？如果答案是否定的，那么无法摆脱治乱循环和兴衰循环的机制又是什么？这不仅是政治学和历史学的最大课题，而且也是经济学的最大课题，因为经济学说到底，就是要弄清楚经济体系为什么会出现周期性或无规律的波动？为什么经济体系不可能永远持续平稳地高速增长下去？为什么每个国家不可能维持永久的繁荣？

经济学者长期致力于回答前两大问题，本章试图为回答第三大问题提供一点儿线索。

不确定性：人类行为的基本困境

20 世纪经济学最伟大的成就是发现不确定性是一切人类行为和一切制度安排最基本的约束条件，没有不确定性则不需要任何制度安排。从公司到国家，从最简单的合约形式到国家宪法，一切组织和制度，皆源自不确定性。

如果说整个西方经济学是斯密《国富论》的一连串注释，那么，20 世纪的西方经济学就是对弗兰克 · 奈特《风险、不确定性和利润》的一连串注释。我以为整个西方经济学历史上最深刻的思想家非奈特莫属。1921 年他出版博士论文《风险、不确定性和利润》，石破天惊，开启了崭新的人类经济思维。今日大行其道的交易费用经济学、不对称信息经济学和博弈论，追根溯源，都受到了奈特的启发。

奈特从一个最简单的问题出发：为什么我们会看到形形色色的各种组织？为什么会有企业和企业家？企业和企业家的本质功能和作用是什么？他独创性地将风险和不确定性区分开来，成为他对经济思想最具启发力和最持久的贡献。风险与不确定性的根本区别在于，风险事件是可以预知或预测的事件，至少是从概率意义上我们可以预知或预测的事件，既然我们可以预知或预测风险事件发生的概率或概率分布，我们就可以计算出事件发生的后果（预期损失或收益），从而可以买保险（分散风险）或分享收益的方式来清晰地界定每个人的责任、损失和利益，从而为每个人的行为选择提供清楚的指南。假如人的行为所面临的局限条件或约束条件只是风险，没有不确定性，则个人行为选择空间的选择项皆明确和固定，尽管此时他还需要选择，其实已经不是经济学意义上的选择了，因为既然选择空间里的各种选项皆是清楚和固定的，最好或最优的选择一目了然，人的行为就总是会朝着最佳选择的方向进行，此时他可以说是别无选择或只有独一无二的选择。譬如，一个人面前有 10 个且只有 10 个明确的选择项，其中一个肯定最优（或几个选择项等价），那么个人必定选择最优项，而不会选择次优项，人的本性规定如此。假如人的每个行为和每次决策都是如此，则人永远面对着最佳选择，由此规定了他全部人生的最佳方向，他只需要沿着这个最佳方向前进就可以了，完全不需要进行选择，因为其他的选择项对他而言毫无意义。此时的个人，已经是全知全能（等同于基督教的上帝和佛教的佛祖），经济学意义上的选择和制度安排对他早已失去意义，经济学本身也失去意义或存在的价值。

不确定性改变了一切。奈特认为不确定性是人类生活最重要的事实和最重要的约束条件。他有许多著名的论断，精辟地阐明了不确定性是宇宙和人生的本质特征。

正是因为世界充满不确定性，我们从来不知道或不能肯定哪个行动方向是对是错，是劣是优，所以我们必须做出选择或抉择，并承担因此而产生的成本和收益，经济学意义上的成本和收益由此产生，由于不确定性而产生。

与“二重性困境”所揭示的人类选择原理相比，奈特所揭示的不确定性要深刻得多。的确，假如没有不确定性，人类所面临的一切选择都是那么明确和固定，纵然有二重性困境，选择也不会成为问题，因为最优的行动方向早已不言自明，人类早已确知奔向极乐胜景的康庄大道，没有困惑，没有疑虑，没有犹豫，没有彷徨，不需要知识和信息，不需要探索和追寻，不需要冒险和企业家精神，不需要英雄和领袖，不需要科学和技术，生活平淡无奇，毫无精彩，人人沿着早已确定的道路毫无悬念地生活着，没有激情，没有成功冒险的喜悦和狂欢，没有冒险失败的沮丧和痛苦，没有对英雄和领袖的赞美和崇拜，没有对失败者的同情和悲悯，没有诗歌，没有艺术，没有任何想象的空间和创造的活力。那是怎样一潭死水般的生活，那是怎样毫无生机的社会。一句话，这样的生活和社会不会存在。因为那不是真实的宇宙、自然、人生和社会。真实的宇宙、自然、人生和社会，充满着不确定性。

不确定性的世界是一个无限丰富的世界，机遇和挑战无处不在，成功和失败同时并存，冒险和探索比翼齐飞。因为世界充满着不确定性，我们才去冒险，去探索，去开辟，去挖掘。正如一位诗人所说，生活最大的乐趣是我们不知道明天将会发生什么。不确定性是宇宙、自然、人生和社会的一个基本性质。每个人的内心深处都充满了无限的好奇心和探索未知世界的意识，与生俱来，因为它就是人的本性，源自宇宙自身的不确定性（人只是宇宙的一个微小的组成部分）。我们总想知道得更多，我们总想将不确定性转化为确定性，总想将不可知转为可知，内在的好奇心和求知欲望驱使我们去从事科学研究，它是人类一切科学和知识进步最根本的动力，求知是人类的本性。巨大的不确定性阴影始终伴随着人类，始终笼罩着我们的心灵，迫使我们永不停息地去追求，试图破解不确定性之谜。然而，宇宙和人的根本性质决定了一个永远也无法破解的矛盾：我们知道得越多，不确定性不减反增！新的不确定总是以加速度涌现，给予人类更多的困惑。

奈特有一句名言：生活就是在价值领域的无尽探索。此语意境深微，殊堪玩味。价值领域的无限探索，就是努力发现新的价值，努力扩大选择的空间，努力寻找新的可能性，努力消除不确定性对我们行为的制约和困扰。经济学有一个基本原理：选择的机会或选择项越多，行动的成本则越低，创造的价值就越高。价值领域的无尽探索，就是不断降低行为的成本。降低成本只有一个方法，那就是努力探索尽可能多的选择项。选择项越多，选择的成本就越低，创造的价值就越高。

人类通信手段和交通工具的进步是最显著的例子。山头鼓角（喊声）相闻、专人信使、烽火台、官办驿站、邮政局、固定电话、电报、移动电话、互联网即时通信，人类信息传递的渠道不断丰富，沟通的成本极大降低。今天的人们可以根据自己的需要，从异常丰富多样的通信手段里进行选择，选取成本最低的通信方法。交通工具的进步尤其令人惊奇：步行、轿子、牛车、马车、自行车、有轨电车、无轨电车、摩托车、汽车、木筏、帆船、电动船、远洋轮船、飞机、宇宙飞船、航天飞机。未来必定还会出现更多方便快捷的交通工具，人们不仅能够非常舒适快捷地环球旅行，而且能够进行太空旅行。即使与几十年前相比，今日人类环球旅行的成本不知下降了多少倍，今日人类从通信和交通方便里所获得的享受（价值），先辈们完全无法想象。人们可以根据自己的需要和偏好，从异常丰富的交通工具里进行选择，从而极大地降低了全球人口流动和旅行享受的成本。通信和交通工具的不断进步，是推动全球化时代的最主要动力。

通信和交通的精彩演变，让我们明白选择和成本的本质。不确定性迫使我们做出选择，刺激我们寻找新的选择项，探索新的选择空间。

成本是经济学唯一重要的概念。成本源于选择，选择源于不确定性。没有不确定性就没有经济学意义上的选择，也就没有成本概念。成本概念的精髓是帮助我们理解、解释和推测人类行为的方向。奈特说人的行为就是在价值领域的无尽探索，用成本理念表述，就是人的行为总是力图朝着降低成本的方向迈进。

不可逆性：人类行为最基本的约束条件

人类行为最基本的约束条件是不可逆性。不可逆性最终决定每个人、家庭、组织、政党、国家、民族乃至整个人类的兴衰循环和新陈代谢。不可逆性不仅是决定宇宙自然演化规律的最基本法则，而且是决定人类社会演化规律的最基本法则。不可逆性是最普遍的法则，任何事物都无法逃脱不可逆性的制约。如果不深入理解不可逆性，我们就不可能深入理解复杂性、风险和经济体系（以及一切社会系统）的运行机制。

每个人、每个家庭、每个企业、每个社会组织、每个国家、每个民族、整个人类和茫茫宇宙，无时无刻不处于永恒变化之中。一切变化规律的最基本法则就是不可逆性，它是宇宙间最普适的法则，是我们思考宇宙自然演化、宇宙命运、人类社会演化历程、人类命运的最基本出发点。

不可逆性应当是一切哲学最基本的出发点，一切自然科学最基本的出发点，一切社会科学最基本的出发点，因为它是一切人类行为最基本的出发点。

中国哲学经典《易传·系辞》第八篇有言："圣人有以见天下之赜，而拟诸其形容，象其物宜，是故谓之象。圣人有以见天下之动，而观其会通，以行其典礼，系辞焉！以断其吉凶，是故谓之爻，言天下之至赜而不可恶也，言天下之至动而不可乱也。拟之而后言，议之而后动，拟议以成其变化。"

其所谓"不可恶、不可乱"者，正是宇宙万事万物（包含人类社会）运动变迁最本质的法则。易学揭示的最本质规律即是不可逆性，我华夏贤哲数千年之前（乃至上万年之前，伏羲画八卦是万年前的创举）就体悟到不可逆性，体悟到万事万物兴衰循环、荣枯更替、新陈代谢、否极泰来、剥极必复的永恒法则，不能不说是人类思想史上的最大奇迹。

不可逆性并非我们头脑里构想的概念，相反，它是我们日常生活所面临的最基本事实，时刻左右着我们的行为。物理世界（无机物）、动物植物（有机物）、人类社会（智慧生物），概莫如是。

破碎的杯子不会自动修复，滚落的山石不会自动复原，坍塌的宫殿不会自动重现往日的辉煌，消失的流星不会自动回归原先的位置，被地震和海啸撕裂的地球永远不会恢复旧貌。

物理学家霍金的名著《时间简史》如此描述不可逆性："在日常

生活的时间中，前进和后退的方向之间还是有一个大的差异。想象一个杯子从桌子上滑落到地板上被打碎。如果将其录像，你可以容易地辨别出它是向前进还是向后退。如果将其倒回来，你会看到碎片忽然集中到一起离开地板，并跳回到桌子上形成一个完整的杯子。你可断定录像是在倒放，因为这种行为在日常生活中从未见过。如果这样的事发生，陶瓷业将无生意可做。”

霍金接着问了一些基本的问题：“为何我们从未看到碎杯子集合起来，离开地面并跳回到桌子上？过去和将来之间的差别从何而来？为何我们记住了过去而不是将来？”

宇宙万事万物，自然、植物、动物、人类，山石草木，鸟兽虫鱼，横尽虚空，竖穷来劫，没有任何事情的演化历程是可逆的，没有任何生命的进化过程是可逆的，没有任何生命可以死而复生，与原先生命完全一样，回到之前的起点重新开始新的进化历程，没有任何自然现象可以让时光倒流，没有任何动作或思想或哪怕是转瞬即逝的思维，可以原汁原味重新开始。没有任何破产的企业可以完全恢复原样，没有任何崩溃的经济体系可以原样回归。

古希腊哲学家赫拉克利特的至理名言历久弥新：“人不可能两次踏进同一条河流。”我们还可以说：“人不可能踏进以前的河流。”孔子著名的川上之叹，“逝者如斯夫，不舍昼夜”，是对自然世界不可逆性最生动的慨叹。

为什么不可逆是人类行为最基本的约束条件？详尽回答此问题，需要深入检讨人类哲学思想的发展历史。一切哲学（包括神学）的最高目标，就是要给人寻找到最后的归宿，给人的行为指明方向，给人生目标以确定不移的证明。一切社会科学致力于回答的都是同一个问题，那就是人类演化的历史趋势。

经济学的最高问题是人类社会经济制度演化的历史趋势，政治学的最高问题是人类政治制度演化的历史趋势，法学的最高问题是人类法律制度演化的历史趋势，历史学的最高问题是人类社会整体演化的历史趋势。

因此，一切哲学和社会科学首先要解答的基本问题就是人类行为的局限条件，即人类行为（个体行为和集体行为）究竟受什么条件制约。要破解人类行为的约束条件，则必须对人的本质、本性和本体有透辟深刻的认识，必须对宇宙人生万事万物的变化规律有透辟深刻的认识，同时还要对人的认识能力、人认识自身和宇宙的过程和方法有透辟深刻的认识。换言之，要破解人类行为的局限条件，就必须系统解决本体论、宇宙论、认识论（知识论）和人生论四大问题。“四论”涵盖了哲学的一切。

迄今为止，人类历史出现了三大主要的哲学系统：基于基督教的哲学系统，基于佛教的哲学系统和基于儒家的哲学系统。三大哲学系统对本体论、宇宙论、认识论和人生论各有独特精辟的系统见解，对人的行为的约束条件各有独特精辟的系统见解。三大哲学系统决定了各自分支学科（譬如经济学、政治学、法学、社会学等）对人类行为认识的哲学基础。

熵增原理：经济学的根本基础

为了深入展开人类和自然的新对话，我们需要谈谈经济学的一般方法论和一般理念。我们认识世界的一切方法，最终总结起来，都必须是辩证的方法，所谓辩证的方法，就是任何事物的发展和演变，永远是两种对立力量相反相成的结果。

从形而上学的辩证思维具体化到实证科学的辩证思维，一切自然现象和社会现象，无不是两种力量辩证发展和演化的结果。物理学的物质与反物质、电子和质子、作用和反作用、引力和反引力（斥力）、宇宙膨胀和宇宙坍缩、熵增和熵减、时间之矢、时空隧道，等等，概莫如是。经济学里的供给和需求、成本和收益、正效用和负效用、通胀和通缩、增长和衰退、封闭和开放、自由和管制，等等，无不是两种对立力量的动态演化和此消彼长。

只有从辩证思维的角度，我们才能够深刻理解技术进步、技术创新和"创造性毁灭"的本质。技术进步和技术创新的本质，就是发现或发明物质转换的新方法。

任何技术创新，皆必然遵守物理学的基本原理，即物质不灭定律、热力学第一定律（物质和能量守恒定律）和热力学第二定律（熵增定律或简称熵定律）。根据物质和能量守恒定律（又称为物质和能量不灭定律），宇宙间的物质和能量总量永远恒定不变。物质和能量不能被创造或毁灭，只能被转换。热力学第一定律尤其是热力学第二定律，一直被科学家公认为最具普遍性和普适性的自然规律。爱因斯坦认为热力学第二定律是所有科学的首要定律。这位科学巨匠曾经认真思考过哪一条科学定律在未来最不可能被推翻或被重大修改，最后他认为只有热力学第一和第二定律应该最能经受时间的考验。爱因斯坦写道：

"一种理论的前提越简单、涉及的内容越纷杂、适用的领域越广泛，它给人们的印象就越深刻。因此经典热力学给我以深刻的印象。它是仅有的具有普遍意义的物理理论。我确信在其基本概念所适用的范围内，它是绝不会被推翻的。"

阿瑟·爱丁顿爵士认为，热力学第二定律是整个宇宙的超级形而上学规律。热力学第一定律指出，宇宙间的物质和能量不能被创造或毁灭，只能被转换。第二定律则指出，宇宙间物质和能量的转换有一个确定的方向，这个方向被科学家称为“时间之矢”，物质和能量的转换永远朝着一个确定的方向：从有用到无用，从有序到无序，从可得到不可得，从结构严谨到混乱不堪，从秩序井然到混沌迷茫，从富有价值到废物充斥。这的确是一个最令人惊异的规律，甚至是一个彻头彻尾、不可救药的宿命论和悲观主义定律。人类乃至整个宇宙必定有一个末日，人类乃至整个宇宙无可救药地、每时每刻地、一步一步地走向混乱、混沌、无序、迷茫，以至最终的毁灭！

不仅如此，热力学第二定律还有许多令人难以置信的含义，完全彻底地颠覆了主流经济学的所有假设和结论。根据热力学第二定律，宇宙、自然和人类社会的任何一个部分，如果出现或被创造出某种新的秩序，必然是以整体系统更大规模的无序和混乱为代价。换言之，任何新秩序的建立，必然意味着宏观整体系统出现更大的无序和混乱。任何新物质的转换、新能量的转换，必然意味着更多的物质变成无用之物，更多的能量被耗散或损失掉。

热力学第二定律的核心概念是“熵”和“熵增”。所谓“熵”，就是任何物质和能量转换过程中所损失或被耗散掉的物质和能量。热力学第二定律又称为“熵增定律”，也就是说，宇宙、自然和人类社会的任何物质和能量转换过程，皆毫无例外是一个“熵增”过程。无论何时何地，只要我们希望转换一部分物质和能量来满足人类的需求，必然要以耗散或损失掉更多的物质和能量为代价。物质和能量转换过程中被耗散或损失掉的物质和能量，才是我们必须或必然要付出的代价或成本。

显然，如果我们自觉地将热力学第二定律的基本原理和含义引入经济学和所有社会科学，我们就必须抛弃经济学和社会科学里几乎所有习以为常的假设和理论。经济学的主要支柱——诸如成本、收益、风险、利润、效率、效用、利润最大化、国内生产总值和国民收入核算体系，等等，都将轰然崩塌。如果我们承认热力学第二定律的普适性和普遍性，我们就必须重新确立经济学的理论基础。经济学旨在研究财富积累和经济增长，经济增长本质上就是物质和能量转换过程。经济学者没有任何理由拒绝或否认热力学第二定律。遗憾的是，至今没有多少经济学者幡然醒悟，自觉地运用热力学基本原理来重塑整个经济学。

技术创新和技术进步的本质，是人类找到一种新的方法，将原先不能满足人类需求的物质形态，转化为新的能够满足人类需求的物质形态。物质即能量，能量即物质。财富本质是能量，而宇宙或地球所吸收或转换的能量里，只有一小部分才是我们人类所认可的“财富”，即能够满足我们人类心理和生理需要的那种“能量”形态。任何新的物质转换形态亦即新的能量转换形态。技术创新就是将无法满足人类需求的能量形态转换为新的能够满足人类需求的能量形态。任何技术创新的本质都是一种新的能量转换过程，或者都是一种新的质能转换形态。任何经济活动或经济过程的本质也是如此，也必然作如是观。我们只有从能量转换过程或质能转换的角度来认识技术创新或技术进步，我们才能够真正理解经济增长的内在机制。

热力学第一和第二定律所推导出的熵增原理告诉我们：宇宙永远超着熵增的方向演化。熵增意味着宇宙秩序日益混乱；熵减意味着新秩序的建立。熵增原理意味着，局部的有序状态（局部领域的熵减）必然是以整个系统更大的熵增（整个系统的更加无序或混乱）为代价的。将一种无法满足人类需要的物质形态或能量形态，转换为新的能够满足人类需求的物质或能源形态，意味着建立某种局部的有序状态或局部熵减状态，它们必然意味着整体体系更大程度的熵增或无序。然而，是否存在某种自然过程或经济活动，在创造局部秩序（创造财富）或局部“熵减”的过程里，同时也创造着宏观大系统的秩序或系统整体的“熵减”。换言之，是否存在着某种技术创新或技术进步，在创造着局部秩序（熵减）或能量转换过程里，同时也创造着系统整体的“熵减”或秩序呢?

令人惊异的是，早在科学家发现热力学第二定律或熵增原理之前，马克思的《资本论》就创造性地发现了资本主义经济制度运行的一个基本规律或基本矛盾：个别企业生产的高度组织性和计划性与整个经济体系的无序性和混乱。马克思将这个基本矛盾归咎于资本主义经济制度的生产资料私有制。实际上，翻译成热力学第二定律的熵语言，马克思所阐述的这个基本矛盾，其实是宇宙、自然和人类社会体系基本规律的一个具体表现，那就是个别系统的有序或熵减，必然以整个经济体系的无序或熵增为代价。

热力学定律对经济学乃至整个人类的重大意义，远远不止“熵增”那么简单。恰如1922年诺贝尔化学奖得主索迪（Frederick Soddy）所说：热力学定律“最终控制着政治制度的兴盛和衰亡，国家的自由与奴役，商务及工业的命脉，贫困与富裕的根源，以及人类总的物质财富”。

确实，正如索迪近百年前所努力尝试的那样，将物理学的基本规律尤其是热力学定律引入经济学，必将彻底改变财富、收益、效用、成本、资本、机会成本、规模收益递增或递减、技术创新、风险、组织、秩序和制度等几乎一切经济学理念。我们原先以为的规模收益递增实际上是规模收益递减，原先本以为收益大于成本的经济活动或过程，很可能是成本大于收益，我们原先以为是财富积累或财富创造的活动，实际上却是财富毁灭，我们原先以为是风险递减或无风险的经济活动，实际上却是风险递增或高风险。

以此方法论观之，我们对技术创新或技术创造至少能够有两点新的认识。第一，任何技术创新都是新秩序的建立和旧秩序的破坏或毁灭，这是熊彼特“创造性毁灭”的真实含义。①新秩序从企业组织结构、治理结构或层级结构、从市场结构一直延伸至宏观经济秩序和社会政治秩序。技术创新或技术进步与社会政治秩序的关系，一直是历史学者尤其是政治学者致力研究的重要课题。②历次工业革命皆重塑了整个社会的经济结构、政治结构和社会关系。今天，人们正在广泛讨论互联网或第三次工业革命对社会秩序和政治制度的深刻影响。毫无疑问，互联网或第三次工业革命已经重塑了社会关系和政治秩序。

人类经济体系从商业资本主义到产业资本主义再到金融资本主义，从农业文明（社会）到工业文明（社会）再到信息文明（社会），便是人类社会新秩序不断创生、旧秩序不断毁灭的过程，是新秩序不断取代旧秩序的创造性毁灭的过程。

第二，任何新秩序的建立必然意味着整个人类社会或人类经济体系乃至整个宇宙的“熵增”，意味着社会经济政治整个的无序性或复杂性持续增加。局部的秩序或有序性增加必然意味着系统整体的混乱

---

① 毛泽东经常说，我们不但善于破坏一个旧世界，我们还将善于建设一个新世界。自有人类历史以来，创造新世界的主要力量之一就是技术创新。

② 17~18 世纪开始，东方文明和西方文明出现划时代的“大分岔”，大分岔的根本原因究竟是什么？历史学者一直争论。毫无疑问，17~18 世纪兴起的科学技术革命是最重要原因。罗素的《西方哲学史》将 17~18 世纪称为科学技术时代。科学技术时代的兴起不仅改变了西欧的经济和物质文明，而且深刻改变了西欧的政治制度，重塑了社会秩序。

或无序性增加。转换为经济学术语，无序、混沌、混乱、复杂性、熵增等，就是系统风险或系统性成本的增加。换言之，人类每一次技术创新，从表面上或者从某个局部来看，似乎是人类经济生活或政治生活或社会生活的秩序不断提升，社会似乎变得日益有序或秩序井然，经济社会体系的风险似乎不断下降，社会生活成本似乎日益降低。其实不然，如果我们站到人类生活体系全局或整体来观察（不仅是经济体系，而且包括人类政治体系、环境生态体系，我们应该称之为人类宏观大体系或者说人类与自然共生共存的大体系），人类每一次的技术进步，其实必然是提高了体系的整体风险、成本、复杂性、混沌、无序。换言之，人类千百年来的技术创新，实际上不断增加了宏观大系统的无序性、成本和风险。我们可以称之为风险递增原理。

风险递增原理的基本要义是：随着人类的技术创新或技术进步不断创造出新的巨大的物质财富，或者说不断创造出新的经济社会秩序[①]，人类与自然共存共生的宏观大系统必然呈现“熵增”或成本风险日益上升。这似乎与普通常识背道而驰。人们总是认为，与数百年和数千年之前相比，我们今天生活的社会肯定更加安全、更加稳定、更加舒适、更加有序，或者说风险成本日益降低。其实不然，因为我们考虑的成本、风险，往往都只是局部的，而不是社会的，也不是整个宏观大系统的，更不是人和自然共存共生的宏观大系统的。[②]

与工业文明相比，工业文明之前的农业文明或者说现代社会诞生

① 财富的创造就是一种新的物质秩序的创造，是一个从无序到有序的过程，是一个熵减的过程。

② 个人成本与社会成本、个体风险与社会风险、个体利益与社会利益的分离，是经济学长期争论的大话题。所谓外部性的研究文献可谓汗牛充栋，以奈特、庇古、科斯、张五常为主要代表人物。然而，他们仍然没有从熵增和宏观大系统的角度考虑这个基本问题。

之前的传统社会，从物质财富角度来看，显然是异常的贫乏、单调、孤立和封闭，绝大多数人面临着普遍的匮乏和贫穷，饥饿和营养不良时刻伴随着绝大多数人类，大饥荒、传染病和自然灾害爆发的频率非常高，人均寿命只有今天的1/2或1/3。从这个角度考察，我们或许会认为农业文明时代或传统社会的系统性风险要高得多，那时的人类经济体系或社会体系应该是普遍的无序、混乱和混沌，而工业文明之后的人类社会，则是普遍的有序、富裕和繁荣。

经济学家经常自豪地宣称，今天一个贩夫走卒的物质生活水平，可以与数百年前世界上最奢华的帝王相媲美，工业革命之后，人类真实平均收入平均数十年就翻一番，工业革命之前却需要长达6~7个世纪的时间。政治学家经常自豪地宣称：人类的政治制度和政治秩序一直朝着政治文明的康庄大道快速前进，对基本人权的尊重、民主自由理念的深入人心、权力制衡机制的普及和完善，已经大大削弱和遏制了政治权力滥用对人类生活能够带来的巨大伤害。历史学家和哲学家自始至终一直传播着普遍和持续进步的思想理念和人类愿景。概而言之，工业文明和现代文明诞生之后，人类经济体系和社会体系的风险似乎已经大幅度下降，技术进步和工业革命似乎完全彻底地否决了"熵增"或风险递增原理。启蒙运动时期的思想家们甚至相信，人类经济活动是一项能够推动地球和人类无限制物质进步的线性活动。只要自由市场机制存在，"看不见的手"就可以自动调节供求关系，供给永远自动创造需求，直至人类的普遍富裕和无限富裕。法国启蒙思想家孔多塞如此表述对自由市场和物质进步的乐观情绪："人类的进步没有界限，人类的完美也没有尽头……在追求完美的过程中，只有地球的生命年限才是阻碍这种追求的唯一限制。”①

然而，经济学家、政治学家、历史学家和哲学家的乐观主义和进步愿景，却是狭隘的观察视野所必然导致的结果。我们的视野只是局限于人类社会这个体系自身，而不是人类与自然共存共生、相互依赖的大系统。我们从来没有认真考虑技术进步和工业文明的真正成本。

如果我们认真地从热力学的角度或基本物理学规律的角度来考察人类经济活动，那么，我们就应该重新定义经济增长、发展和财富创造。所谓经济增长，就是将自然界不能满足人类需求的物质形态或能量形态，转换为能够满足人类需求的物质形态或能量形态。以能量转换或质能转换来定义经济增长，或许更为直接和明确，因为人们往往最容易忽视经济活动过程中的能量转换及其伴随的能量损失。将经济活动定义为能量转换过程，我们就能够以更准确的方式来定义收益和成本。所谓收益，就是最终为维持人类生命而真正消耗掉的那部分能量，所谓成本，就是为了获取那部分“真正能量”的过程中，必然或不得不损失掉的那部分能量。②人们当然会认为，那部分消耗掉或损失掉的能量可以回收利用。能源或物质的回收利用，正是现代“可持续发展”、“环境友好型增长模式”或者“循环经济模式”的核心战略。

然而，“熵增定律”告诉我们一个异常悲观的事实：就人类经济活动的整体而言，或者就人类经济体系整体而言，为了获得人类真正所需的那“一小部分能量”，所耗散或损失的可能是“一大部分能

① 杰里米·里夫金，《第三次工业革命》，中信出版社，2012 年。

② 经济学者里，现代利息理论和货币理论主要奠基人欧文·费雪对收入的本质有着最深入的理解。《利息理论》开篇就区分四大类收入：货币收入、真实收入、物质收入、享受收入。费雪认为对人类真正重要的是最后阶段的享受收入，即真正用于维持人类生命和生活享受的那部分收入。然而，以能量的概念来刻画收入的本质则更为基本和准确。

量”。换言之，从能量转换的角度考察，人类经济增长过程或许永远是一个成本大于收益的过程，是一个负效用或负收益过程，是一个熵增过程，是一个自我毁灭的过程，一个注定自我失败的悲剧。真正的可持续发展，或者自然环境友好型发展模式，应该是能量损失或耗散小于能量吸收的过程。人类是否能够找到这样一个增长方式或发展模式呢？至今还没有肯定的答案。

人类最基本的需求是衣食住行。衣食住行的本质就是吸取和消耗能量。所有食物的生产过程，都是一个大量能量被耗散或损失的过程，最终到达人体以满足人体真正需求的能量，只是整个食物生产过程中所转换或消耗的能量的一小部分。人类进食过程本身，同时也是巨大的能量消耗或损失。科学家已经做出了精确的估计，生物（包括人类在内）进食的过程里，有80%~90%的能量被浪费了，或者以热的形式消散到环境中。[①]生产食物的能量损失同样惊人。以广受欢迎的美味牛排为例，生产1磅牛排需要消耗9磅标准饲料，而在饲养过程中，只有11%的饲料最终转化为牛排。从能量转换的角度来看，生产所谓的高级或美味食物，所耗散或消耗的能量，远远超过生产普通的食物。这自然一点儿也不奇怪，因为越是美味或高级的食物，意味着更精细和更高级的生物或植物组织形式（秩序）。熵增原理告诉我们，越是高级组织形态的形成，必然意味着越大规模的能量耗散或熵增。弗朗西斯·拉佩在其《一座小行星的新饮食方式》一书中指出：以1英亩土地的四种生产方式为例——生产饲料然后饲养牛、生产谷物、生产豆类和蔬菜。以最终的蛋白质总量（亦即能量）来衡量，后三种生产方式分别是饲养牛的5倍、10倍和15倍！

① 杰里米·里夫金，《第三次工业革命》，中信出版社，2012年，第209页。

维持生命最终所需要的就是蛋白质。然而，为了口舌之福，现代文明的人类不断追寻所谓高精尖的美味食物，甚至穷奢极侈，却从来没有想到，越是追求高级食物，其能量耗散或损失就越严重。科学家估计，畜牧养殖业所排放的温室气体占温室气体排放总量的 18%，这个数值甚至超过全球交通所排放的气体总量。畜牧养殖业是气候变化的第二大黑手，仅次于建筑业。牲畜（大部分是牛）所排放的二氧化碳占人类经济活动排放总量的 9%，其排放的温室气体比重甚至更高，牲畜所产生的一氧化碳占人类相关活动所排放总量的 65%（一氧化碳的气候变暖效应是二氧化碳的 300 倍）。大部分一氧化碳来自动物的粪便。牲畜所排放的沼气占人类相关活动所排放总量的 37%（沼气的气候变暖效应比二氧化碳大 23%）。[①]

上述例子清晰地告诉我们，必须从一个新的角度来考察人类经济活动的成本，尤其是要从人与自然共生共存的宏观大系统角度来考察经济体系的成本、收益、风险和报酬。如果我们同意“熵增”的本质就是成本上升或风险增加，那么，人类经济活动整体自始至终就是一个“熵增”或风险递增过程，这一点是再明白不过了。

熵增定律或热力学第二定律实际上揭示出自有人类以来，一直困扰所有伟大思想家和普通大众的一个最基本问题：人类究竟是在持续进步和持续繁荣的康庄大道上前进，还是在自我衰落、自我堕落、自我毁灭的死亡之路上瞎撞或狂奔？持续进步的观念绝非人类思想和观念史上的绝对主流，甚至在相当长的时间里，人类最主要的思想者坚信人类确实是行进在衰落和毁灭的道路上。[②]

---

① 杰里米 · 里夫金，《第三次工业革命》，中信出版社，2012 年。

② 许多历史学家也从不相信人类永远进步或持续进步的观念。20 世纪早期德国思想家斯宾格勒《西方的没落》是一个典型例子。

古希腊哲学家一致认为，历史就是持续衰落的过程。罗马人贺拉斯的名言——“时间永远让世界的价值不断贬低”①，恰好就是热力学第二定律的简要概括。人类曾经有过一个令人向往的黄金时代，这个基本思想一直令许多人类最优秀的思想者神往不已，从古希腊一直到启蒙时代的卢梭和许多空想社会主义和共产主义思想家。释迦牟尼和佛教基本理念也坚信人类日益增长的物质欲望必然将人类堕入万劫不复的深渊。基督教失乐园的著名寓言，也表示人类从一个无忧无虑的理想社会秩序开始堕落成日益混乱和物欲横流的乱世，需要上帝派遣自己的儿子（耶稣）来为人类赎罪，才能挽狂澜于既倒，拯救人类于毁灭边缘。原罪和失乐园，是整个基督教历史哲学最基本和最原创的理念。根据基督教神学思想体系，人类历史只有三个阶段：创生、救赎和末日审判。人类自身完全没有创造和改变历史的能力和机会，上帝时刻掌握着人类历史的一切乃至人类生活的每一个细节。人类的堕落和罪孽是因为受到魔鬼的诱惑，漠视上帝的福音。人类没有能力改变自己，当然绝谈不上什么进步、财富积累和经济增长。人类的唯一使命和出路就是等待救赎和末日审判。

今天的人们很容易将古希腊、基督教和佛教的历史观念视为历史宿命论而嗤之以鼻。然而，即使从学术辩论的角度，任何认真研究科学尤其是研究社会科学的人，都不能忽视伟大宗教思想者的感悟、启示和预言。事实上，人类任何高深伟大的科学发明，从最基本的理念上看，没有一个能够逃出神学和哲学的感悟、思辨、启示和预言。人类跨入科学技术时代不过数百年。进步、增长、发展和繁荣的理念，则是工业革命之后才逐渐深入人心。18 世纪后期，英国自由主义思

① 杰里米 · 里夫金、特德 · 霍华德，《熵：一种新的世界观》，上海译文出版社，1987 年。

想家埃德蒙·伯克深刻感受到时代风尚的变化，他不无惋惜地写道："骑士和巫师的时代一去不复返了，经济学家的时代终于来临了！"

的确，正是经济学家率先开始传播普遍繁荣、进步和增长的理念。1750年，当第一次工业革命刚刚从地平线上冉冉升起时，法国重农学派经济学大师和著名政治家雅克·图尔哥（1727~1781年）在巴黎发表著名演讲："人类心灵不断进步的哲学阐释"（A Philosophical Review of the Successive Advances of the Human Mind, 1750)，首次全面系统阐述了人类进步的观念。图尔哥所阐释和充满信心的人类进步，不仅仅局限于人类的艺术、科学和心灵，而且涵盖人类生活和文明的全部——生活方式、道德水准、制度、法律、经济和社会。26年之后，斯密发表《国富论》，成为现代经济学的奠基之作。斯密坚信自由市场"看不见的手"能够最有效地协调人性自私和对财富的渴求，从而开辟出人类经济增长和财富积累的无限空间。现代经济学兴起之后，永恒的经济增长、财富积累和生活改善很快就成为人类的新福音和新宗教，以至于现代经济学鼻祖之一的马歇尔在《经济学原理》中不得不承认：经济和宗教并驾齐驱，是影响人类历史和日常生活的最重要的两大力量。

20世纪之后，数学被普遍运用到经济学领域，增长理论成为经济学皇冠上的明珠，人类的普遍繁荣和不断进步获得数学的精确量度和科学公式的有力支持。寻求无通货膨胀的持续高速增长，不仅是经济学者梦寐以求的目标，而且是各国政治家矢志追求的高远理想。随着经济学者发明的国民收入核算体系被全世界广泛采用，国内生产总值成为衡量各国经济成就的首要目标，也是世界各国竞争能力和竞争优势的主要标志。国内生产总值甚至取代宗教和价值观，成为各国政治家凝聚民心和治国理政的核心理念。国内生产总值崇拜与商品拜物教、货币拜物教、金钱拜物教一起，成为支配人类生存模式的精神支柱。人们普遍相信，只有不懈追求国内生产总值增长（国内生产总值总量和人均国内生产总值增长），才是解决人间一切苦难和问题的最佳良方；只要不懈追求国内生产总值，人间面临的一切问题终将迎刃而解。几乎没有人去思考问题的另一面：人类是否有能力实现普遍繁荣和持续进步？过去数百年和数十年的经验是否足以证明普遍繁荣、持续进步和永恒增长是人类历史的必然趋势？

事实似乎是彻底否决了人类持续堕落和永恒衰败的思想。科技时代和工业革命来临，物质财富的闸门被打开，滚滚洪流一样的物质商品，极大地提高了许多人的生活水平，让无数人摆脱饥饿和赤贫，人类持续进步的观念开始深入人心，人类持续衰落和堕落的思想逐渐被人们遗忘，甚至被嘲弄为可笑的臆想。今天，如果有人断言人类社会是一个逐渐走向混乱、无序、混沌的社会，是一个风险、成本、危机日益上升的社会，是一个日益接近自我毁灭的社会，多数人会将此视为疯言疯语。如果有人断言技术进步和技术创新永远不可能从根本上解决人类的基本问题，甚至恰好适得其反，只会增加人类经济体系和社会体系的风险和成本，绝大多数人都会嗤之以鼻。

然而，进入21世纪之后，金融危机、经济危机、生态危机、社会和政治危机的频繁爆发，似乎正在迫使人们重新思考所谓进步和增长的信念。

第八章　东西方文明的新对话

人类历史的转折点往往呈现出惊人的巧合。

公元 2000 年，当世界人民欢呼新千年降临之际，很少有人意识到：全球经济新时代的曙光正从地平线上喷薄而出。全球经济新时代最重要的标志是世界经济重心向发展中国家转移。就像阳光普照大地一样，全球经济新时代很快就成为左右人类事务的重要力量，成为时代的主旋律。全球经济新时代是当今人类或当今世界的重要现实，或许是最重要的事实。假以时日，它必将彻底改变世界权力格局，重塑世界秩序和世界文明。

2000 年是一个重要里程碑。当年，发展中国家对全球经济增长的净贡献首次超过发达国家，成为带动全球经济增长的主要引擎。2007 年次贷危机和 2008 年金融海啸之后，发展中国家与发达国家对全球经济净增长的贡献度差距进一步扩大。

发展中国家对人类经济增长的贡献首次超越发达国家，标志着 19 世纪后期第一次全球化时代所形成的全球经济权力格局开始发生逆转，标志着第二次世界大战之后形成的发展中国家—发达国家的“南北格局”开始发生决定性位移，标志着自1492年西班牙探险家哥伦布发现新大陆、1498年葡萄牙探险家达·伽马首次航海抵达印度之后，欧洲（以及后来的美国）始终占据全球舞台重心的格局开始动摇。

事实上，自1990年开始，发展中国家整体的经济增长速度就开始超过发达国家。根据世界银行和国际货币基金组织的统计数据，1992~2001年，世界年均经济增长速度为3.2%，发达国家为2.8%，发展中国家为3.8%，超过发达国家一个百分点。2002年之后，发展中国家与发达国家经济增速的差距扩大到4个百分点以上。2007年之后，差距扩大到5个百分点以上。2009年，发达国家经济整体负增长3.2%，发展中国家整体正增长2.4%，差距达到5.6个百分点。根据多家国际权威机构的预测，2011~2015年，发展中国家经济增速将始终超过发达国家经济增速3~4个百分点。预计到2020年，发展中国家经济总量（以国内生产总值衡量）将占到全球经济总量的60%，发达国家将下降到40%，正好将目前的位置颠倒过来。

换言之，2000~2020年的20年时间里，全球经济格局将发生不可逆转甚至可以说是天翻地覆的巨变。事实上，1990~2010年的20年时间里，发展中国家和发达国家的经济实力已经发生重大变化。1990~2010年，以国内生产总值计算，中国经济占全球经济的比重从4%上升到7.77%，一跃成为全球第二大经济体；印度从3%上升到5%。相应地，美国经济占全球的比重则从23%下降到20%，欧洲从27%下降到20%，日本从9%下降到7.28%，此起彼落的态势相当显著。2010年之后，发展中国家与发达国家之间的差距进一步缩小。自全球金融危机以来，发展中国家对全球经济增长的贡献达到63%，中国的贡献达到30%。

发展中国家经济增长的代表是中国和印度，它们是世界上人口最多的国家，是人类文明史上最古老的国家，是亚洲文化（宗教、哲学、文学、科学）的主要发祥地。很大程度上，发展中国家的崛起就是亚洲的崛起，亚洲崛起的代表是中国和印度。因此中国和印度的高速增长得到全球广泛的关注和辩论，中印比较、龙象之争始终是全球热门的政经话题。许多研究机构一致预测，未来30~50年里，亚洲是带动全球经济增长的主要引擎。

2010年10月，印裔英籍著名学者、伦敦政治经济学院退休教授、英国上议院前议员德赛先生发表一篇激情澎湃的文章《迎接亚洲的新千年纪元》，他满怀豪情地宣告：

> 未来50年，亚洲各国必将崛起为世界经济强国。中国和印度已经成为全球经济增长的引擎，恰如德国和日本是20世纪70年代全球增长引擎一样。中国甚至赢得了堪与美国并驾齐驱的国际地位（G2并非完全戏论）。亚洲不是金融危机之源，却很好地应对了经济衰退，成功帮助世界经济避免了可怕的二次探底。中国是世界经济复苏的领导者，她成功实施了人类历史上规模最为庞大的经济刺激计划之一。印度的一揽子经济刺激方案，涵盖了城市工业的振兴和农村腹地的繁荣。亚洲的崛起与其说是突如其来的爆发，倒不如说是过去辉煌的复兴。它标志着亚洲缺席500余年之后，重返世界舞台中央。
>
> 直到20世纪末，历时500余年的全球势力格局才开始发生变化。第二次世界大战之后25年里，西方世界的充分就业和通货膨胀政策，逐渐耗尽了其产业赢利能力，削弱了它的竞争优

势。亚洲四小虎静观其变，等待时机，迅速利用西方技术赢得海外市场。20 世纪 80 年代，中国猛虎下山。很快，马来西亚、印度尼西亚、泰国和菲律宾就跻身经济高增长国家之列。20 世纪 90 年代，印度也加入亚洲高速增长俱乐部。

1970 年以来，布雷顿森林体系崩溃、浮动汇率时代来临、西方纷纷迈向金融自由化、里根经济学、撒切尔革命、邓小平发动中国改革开放、柏林墙倒塌、苏联解体、东欧剧变、个人电脑、无线通信、互联网风云激荡，这些划时代的历史事件，共同汇聚成第三次工业革命和第二次全球化浪潮。第三次工业革命和全球化浪潮相互促进，相互加速。发展中国家满怀热情地拥抱全球化，拥抱全球金融市场，拥抱自由贸易，纷纷加入世界贸易组织。

第三次工业革命和第二次全球化时代，亚洲各国充分利用自身的比较优势，大胆实施各项改革开放政策，全身心加入全球产业和贸易竞争的滚滚洪流之中。亚洲各国制造的廉价产品源源不断地流入欧洲和美国，不仅实现了亚洲各国的快速经济增长，而且极大地提升了发达国家人民的消费水平，帮助发达国家长期享受低通胀的好处。世界各国人民都从亚洲的快速发展中受益无穷。

20 世纪 70 年代以来，东西方的经济和产业合作卓有成效。亚洲的增长模式和西方发达国家的增长模式形成良好和恰当的互补。廉价劳动力是亚洲各国的普遍优势，西方的资本则到处寻找高回报。中低端科技从西方漂洋过海来到亚洲，跨国公司纷纷将全球产业链的制造端放到亚洲。制造业快速向亚洲和其他地区的发展中国家转移，迅猛崛起的信息科技产业和金融服务业则填补了西方制造业转移亚洲所造成的空白。亚洲和西方发达国家的经济和产业合作，全方位地重塑了全球产业分工体系和价值链体系，成为全球金融资本主义时代的经济基础架构。

当然，这种全球产业分工体系和价值链体系的重塑并不是完全平等的。西方发达国家始终掌控着全球产业链“微笑曲线”的高端，即掌控着研究、设计、全球销售和服务网络，凭借强大的技术领先地位、全球品牌和销售网络，西方国家的跨国公司从亚洲和其他发展中国家赚取高额利润，发展中国家却只能赚取少得可怜的加工制造费。

与此同时，亚洲和西方发达国家的货币和金融合作同样经历了划时代的快速增长和剧烈转变。亚洲的快速增长吸引了大量外商直接投资、海外贷款和债券，追逐短期投机利益的国际热钱自然也不会放弃亚洲。国际债市的迅速发展，让西方国家的政府、公司和金融机构越来越多地依靠海外债务融资。西方国家个人和政府的储蓄率日益降低，亚洲国家个人、公司和政府的储蓄率却始终维持高水平。西方国家凭借掌控国际储备货币的特权，能够肆意创造货币和信用，借此分享亚洲和其他地区发展国家创造的物质财富。西方国家掌控着全球价格体系，亚洲和其他发展中国家加工制造的产品，在亚洲和其他发展中国家的售价往往还要高于发达国家的售价。西方发达国家的老百姓可以充分享受亚洲和其他发展中国家加工制造的廉价产品，发展中国家的劳动者却还需要节衣缩食，他们的收入水平和消费水平仍然只有发达国家的十分之一甚至数十分之一。

于是，人类货币和金融历史上奇特的一幕开始上演。贫穷国家的储蓄率持续居高不下，积累越来越庞大的外汇储备，庞大的外汇储备大量投资到发达国家收益率极低的国债和其他债券市场。贫穷国家向富裕发达国家输出大量资本。与此同时，发展中国家却必须或愿意以最优惠的投资条件来吸引西方发达国家的直接投资和技术转让。

东西方发展模式形成鲜明对照。东方大量储蓄，西方大量消费；东方顺差，西方逆差；东方盈余，西方赤字；东方节衣缩食，西方肆意挥霍；东方赢得制造，输掉研发，西方失去制造，赢得暴利；东方成为制造中心，西方成为货币和金融中心。这就是当今世界制造中心和货币金融中心背离的基本现实，也是全球经济失衡的本质特征，更是全球金融资本主义危机频繁爆发的总根源。

正当亚洲各国准备尽情享受全球化的好处，准备享用西方国家看似廉价的资金时，一场史无前例的危机骤然袭来，让亚洲各国猝不及防。1997~1998 年的亚洲金融危机给亚洲各国的教训极其惨痛而深刻。他们深刻认识到出口导向的增长模式有多么脆弱，本国银行体系和监管架构有多么脆弱，国际货币和金融冲击的威力有多么巨大，因此自己必须努力掌握制造技术的高端，必须建立和完善货币和金融市场。

亚洲金融危机之后的十多年里，亚洲各国和许多西方国家开始迈向南辕北辙的道路。亚洲各国对货币和金融开放变得异常谨慎，开始积累巨额外汇储备，害怕和拒绝货币汇率的升值和大幅浮动，严防资产价格泡沫再度兴风作浪，他们开始重新审视自身的银行和金融体系，并加强监管。与此同时，以美国为首的西方国家却快速迈上放松金融监管的道路，毫无节制的金融创新、长期的低利率货币政策、几乎放弃任何准则的房地产信贷投放、投资银行、商业银行、信用评级公司联手制造看似绝对安全的“次级抵押债券”、希腊、西班牙、意大利国债收益率被看作与德国等量齐观、多个国家房地产泡沫愈演愈烈，所有这一切，为 2007 年的次贷危机和 2008 年的金融海啸埋下了祸根。

2007~2008 年的金融危机以及随后的大衰退，让西方发达国家经济模式和政治模式的弊端暴露无遗，让国际货币体系和金融体系的弊端暴露无遗，让全球经济失衡的本质昭然若揭，让西方几乎所有国家面临全面的政治和社会危机。他们开始深刻反思。美国总统奥巴马发誓重振美国制造业的雄风、约束华尔街的贪婪、约束过度的金融创新和投机、“沃尔克法则”决心树立起投资银行和商业银行之间的“万里长城”、决心禁止银行拿客户资金进行投机炒作，德国总理高声谴责盎格鲁–撒克逊的投机赌博资本主义，法国决定对富人征收高额税收，欧元区一致同意限制衍生金融交易，结构性改革的浪潮席卷所有发达国家。从欧洲大陆到英伦三岛，到扶桑之国，到美利坚合众国，所有政治家都高喊以结构性改革带动经济长期复苏。欧元区发誓强化成员国的财政纪律，扩大欧盟的财政权力，朝着更大幅度的政治整合迈进。

全球性的挑战似乎比国家层面的挑战要深刻和严峻得多。我们面临的任务真是数之不尽。谁都承认国际货币体系需要改革，国际金融体系需要稳定，银行和金融机构需要加强监管，谁都认可宏观审慎监管原则，谁都同意需要限制过度的金融创新和金融投机，谁都坚信需要全球性宏观政策的协调来纠正全球失衡，以免全球金融失衡再次导致经济危机和经济衰退。然而，一到具体的操作层面，西方发达国家的傲慢和霸权心理却挥之不去，他们不愿意承认全球经济权力格局已经发生巨变，他们不承认正是他们主导的国际货币和金融体系造成了全球金融危机和经济衰退，正是他们国家的银行和金融机构违背了宏观审慎的金融原则。他们不愿意放弃对国际货币基金组织和其他国际经济金融机构的主导权和支配权，不愿意承认“二战”之后确立的国际货币和金融体系已经不再适合当今的世界经济了，“二战”之后确立、美国和西方主要大国支配的全球经济治理架构已经过时。他们不愿意将更多的投票权让渡给发展中国家，让人民币进入特别提款权篮子，给发展中国家分配更多特别提款权，让发展中国家的人担任国际金融机构的主要领导者。他们也不愿意就宏观经济政策与发展中国家进行实质性的、具有可操作性的协商。

2008年金融危机发生6年了，全球治理结构（包括二十国集团、八国集团、国际货币基金组织等）并没有给予亚洲应有的位置，布雷顿森林体系下的多个国际组织，并没有给予新兴债权国家以足够的投票权。就连在2010年伦敦二十国集团峰会上确定的国际货币基金组织份额改革计划，也被美国国会粗暴地拒绝。

毫无疑问，"二战"之后形成的国际金融架构——包括黄金/美元汇率平价、特别提款权、国际货币基金组织现存的投票权结构——都已经逝水东流，或者无法发挥其应有的作用了。毫无疑问，美元本位制和浮动汇率体系是全球金融资本主义的主要催化剂和助产婆，同时也是全球金融动荡和反复爆发金融危机的根源。毫无疑问，美元本位制让美国享受近乎无限的特权，美元本位制让华盛顿政府毫无任何动机去实施负责任的财政政策和货币政策。毫无疑问，美元本位制赋予美国的巨额铸币税收益对世界贻害无穷，长期而言对美国自身同样有害。毫无疑问，世界需要一个多元的国际货币体系，需要一个约束美元和美联储货币政策的机制，需要一个稳定的货币和金融体系，让金融能够更好地服务于实体经济，让金融从"主人地位"回归到"仆人地位"。世界需要共同努力，来消除本书竭力阐述的三个"两极分化"。毫无疑问，美元本位制和美元霸权必有终结之日。

国际金融监管体系的理念和政策架构同样需要深刻检讨和重新设计。2007~2008年金融危机表明，《巴塞尔协议II》本身问题重重，并没有防止资产价格泡沫、金融过度投机和金融危机。设计和规划全球金融监管体系，西方国家需要认真听取和研究亚洲各国的金融监管经验，甚至需要认真研究和借鉴亚洲国家数千年的金融发展经验。

历史一再表明，西方世界的金融监管当局及其设计的监管架构，压根儿就没有预见或警惕到金融危机正在酝酿或即将发生。他们不但没有及时遏制资产泡沫，反而煽风点火，让泡沫愈演愈烈。许多亚洲国家相信，依赖西方监管当局设计新的全球金融监管体系，可能并不会产生什么好的结果。围绕全球宏观审慎监管的各种辩论，经合组织各国继续唱着主角，而且作用和声音被过度放大，实在令人不安。西方国家的领导人和行业精英们应该放下身段，虚心听取亚洲和其他发展中国家的意见和建议。

2007~2008 年金融危机自后，亚洲地区实际上并没有经历严重的经济衰退，只是增长速度略有调整。正如德赛先生所说：

> 亚洲各国银行体系稳健。他们从 1997 年的金融危机中吸取了教训。亚洲各国对自己的经济金融结构和银行体系进行了改革，并没有被海妖的声音迷惑，去追随西方模式亦步亦趋。亚洲各国有充足储蓄，他们将储蓄用于生产性投资。亚洲各国充分利用国际市场开放的机会，充分显示了亚洲各国生产的产品，无论是质量还是价格，都能够与西方世界平等竞争。亚洲各国有能力设计出一个多元平衡的国际金融经济秩序，消除单一货币主导全球金融体系的霸权格局，让逆差国家和顺差国家能够公平分担国际失衡调整的成本或负担。亚洲各国有能力重塑国际货币基金组织和世界银行，消除各种对贸易和投资的限制，确保全球经济体系持续增长。
>
> 亚洲有能力帮助人类重新找到可持续的经济发展和增长模式，那就是鼓励储蓄才是持续增长的正确道路，而不是像西方那

样债台高筑。亚洲各国的成功经验清楚地表明：我们能够控制市场力量为我所用，而不是完全被市场力量所支配和颠覆。亚洲各国可以而且应该提醒西方：勤俭储蓄的个人美德和稳健经营的银行传统，不可抛到九霄云外（西方确实早就忘记了）。

亚洲有自己独特的声音。亚洲的声音必须唱响到全球经济金融治理结构的最高层。无论是全球货币金融体系的重建、全球金融监管的改革，还是全球经济模式的再造，亚洲的声音都将越来越高亢，越来越受到高度重视。

一言以蔽之，为真正挽救全球经济，我们需要真正平等的东西方对话。

第九章　世界范围的新蒙昧主义的破产

某种程度上，2008 年的全球金融海啸，预示着一个长达数百年、广泛影响全世界甚至改变过很多国家命运的思潮和信念已经破产。金融海啸席卷而去的，不仅是华尔街庞大的赚钱机器和赚钱模式、盎格鲁–撒克逊式的投机性金融资本主义和美元霸权的神秘光环，更重要的，金融海啸已经颠覆了世界许多人头脑中的一种根深蒂固的盲目崇拜和迷信，颠覆了盎格鲁–撒克逊知识精英和统治者数百年深信并不遗余力灌输给世界人民的一种历史观和文化观（甚至包括种族观）。对于那些毕生致力于传播此种迷信和教条的盎格鲁–撒克逊传教士们（包括许多经济学者），对于世界各地（也包括中国）那些盎格鲁–撒克逊历史观、文化观和种族观念的忠实追随者和传播者来说，2008 年的金融海啸和随后长期的经济衰退无疑是重大打击。

6 年来，关于全球金融危机的深入检讨和系统研究，已经形成了基本的共识。这个基本共识就是，从大历史角度和经济金融运行的内在逻辑来考察，正是盎格鲁–撒克逊的经济哲学和历史观念造就了华尔街的极度贪婪和疯狂投机，造就了全球金融资本主义的过度增长和泛滥，世界人民共同为此付出了惨痛的代价。我深信，未来很长一段时间内，哲学家、历史学家、经济学家乃至文化学者，还将全方位深入检讨华尔街金融海啸最深层次的根源。因为全球金融危机所暴露的问题，正是人类金融和货币秩序、经济发展模式和生存方式面临的重大问题，是关乎人类命运的根本问题。

那种曾经弥漫世界的思潮和迷信究竟是什么呢？我们可以给这种思潮和迷信一个简洁的名称：新蒙昧主义。

所谓新蒙昧主义，我愿意引用毛泽东的精彩描述。1949 年 8 月 14 日，毛泽东发表著名评论《丢掉幻想，准备斗争》。在这篇言辞犀利、充满激情和智慧的伟大评论里，他嘲弄那些真心期望美国总是会为中国利益着想的幼稚而可爱的人们，说他们相信“美国什么都好，希望中国学美国”。是的，相信美国什么都好，希望中国学美国，的确就是对新蒙昧主义最简洁、最形象、最生动的概括。推而广之，上述那种弥漫全世界的思潮和迷信就是：美国什么都好，不仅仅是好，而且代表了人类历史和进步的方向，全世界都要学习美国，依照美国模式来改造自己的民族和国家。

为什么叫新蒙昧主义？因为我们要用旧蒙昧主义来描述文艺复兴之前、中世纪欧洲的专制黑暗时代。那是宗教迷信和教会教条统治人们思维意识的时代，是异端权利和思想自由惨遭迫害的时代，是罗马教廷企图以他们的价值观来塑造整个欧洲和世界的时代。历经千辛万苦和无数天才斗士的不懈努力，欧洲终于摆脱旧蒙昧主义的统治。地理大发现、文艺复兴和工业革命将黑暗的欧洲改造成为全人类多方面的领袖和开拓者。尤其是人口仅仅数百万的英国，率先发起工业革命，迅速崛起为世界强国，到了 19 世纪，英国竟然统治着地球一半的土地和70%的海洋。然而，人类命运的确符合物极必反的辩证哲理。当摆脱旧蒙昧主义的欧洲各国凭借坚船利炮征服世界各国的时候，一种新蒙昧主义应运而生。最初也是最持久的理念就是“西方中心论”或“欧洲中心论”。其核心思想认为唯有欧洲（主要是英国）代表着人类的前途。无论是政治制度、经济体制、形而上学、道德价值、语言文化乃至吃穿住行，欧洲都代表着人类进步的唯一方向。当然，西方中心论的背后，是殖民征服的巨大物质利益。大英帝国最强大最悠久的殖民先锋——英国东印度公司，其使命不仅仅要为帝国攫取无限的财富，而且要将大英帝国的思想文化传遍世界每个国家。必须承认，大英帝国取得了前所未有的成功，以至于当年德意志帝国的铁血宰相俾斯麦，曾经以一种无可奈何的口气说道：“当今世界最重要的事实，是英国和美国讲同一种语言。”

然而，西方中心论或者说新蒙昧主义，要等到20世纪才登峰造极。最极端和最典型的代表，就是美国精英阶层发明的“历史终结论”。许多人都熟悉福山的有名著作《历史的终结及最后之人》，福山是美国新保守主义的重要人物，当年曾经联合数百名美国新保守主义知识精英，公开签名支持布什攻打伊拉克。福山著作实际上是美国模式最极端的宣言书。历史终结学说宣称，“美国模式的自由民主制度是人类意识形态发展的终点”，“是人类最后的一种统治形式”。冷战之后，各种形态的历史终结论已经渗透到美国意识形态的所有方面。譬如，美国外交战略的所谓单边主义和单极世界策略，正是历史终结论的生动体现和具体实施。

1994年，基辛格博士出版了他的经典著作《大外交》，最后一章的题目就是“世界秩序的重建”。他认为整个20世纪的历史，就是美国试图依照自己的理想来塑造整个世界的历史。苏联东欧的崩溃和冷战的结束，给美国重塑世界秩序提供了最佳机会。基辛格写道："冷战谢幕，美国迎来本世纪第三次机会。它郑重宣告：要把美国的价值观推广到全世界，以此来构建一个崭新的世界。冷战谢幕让美国第三次登上世界舞台之巅。1918 年，美国完全主宰了巴黎和会，因为美国的欧洲盟友是如此依赖美国，以至于他们完全丧失了自身的话语权。"二战"结束之时，罗斯福和杜鲁门同样高居世界之巅，有能力以美国模式来重塑整个世界。冷战谢幕给美国以更大的机会和更难以遏制的冲动，要完全依照美国的构想来重建国际秩序。"什么是美国模式呢？美国前总统克林顿说得最清楚："我们压倒一切的目标，就是必须在全球范围内推广和强化以自由市场为基础的民主制度。"

以自由市场为基础的民主制度或者说美国式的民主制度，是一个极其广义和宽泛的概念，包括美国信奉的政治制度、经济体制、宗教信仰、哲学文化直到好莱坞大片和华尔街赚钱方式。美国著名的国际战略家布热津斯基在他那本《大棋局》里面，不无自豪地宣称："美国的政治制度和自由市场经济为雄心勃勃的和不迷信传统偶像的发明家创造了前所未有的机会。美国的民族文化绝无仅有地适宜于经济增长。这种文化吸引很快地同化了来自海外的最有才能的人，从而也促进了国家力量的发展。美国被广泛地视为代表着未来，是一个值得钦佩和仿效的社会。"

我们应该清楚地指出：我们批评新蒙昧主义，绝不是全盘否定美国制度和文化的优越性，绝不是不承认美国建国 200 多年来赖以取得巨大成就的宝贵经验。任何稍知美国历史的人，都对美国的开国史和建国史充满敬意。公正客观地认识和评价每一个民族制度和文化的优越性，公正客观地承认和尊重每一个国家有自身独特的发展道路和选择发展道路的权利，不把任何国家的发展模式偶像化、抽象化、绝对化、形而上学化，不把如此绝对化和简单化的制度模式和发展模式不分彼此地强加给所有国家，不以推广如此绝对化和简单化的发展模式为借口，去抢夺、侵占或损害其他国家和民族的根本利益，恰好是新蒙昧主义的真正对立面。相反，将美国模式绝对化、简单化、抽象化，将美国模式不分条件地强加给所有国家，将美国模式神化为“人类普世价值、终极价值和最后统治方式”，以此为借口和幌子去侵占、抢夺、损害其他国家的根本利益，就是新蒙昧主义最赤裸和最极端的表现。

新蒙昧主义是一个世界现象。客观上，哥伦布发现新大陆以来，英国、美国和欧洲统治着世界主要地区，他们凭借坚船利炮和先进科技抢夺和创造的巨大财富，让世界上许多人士衷心佩服乃至崇拜西方的典章制度和思想文化，“全盘西化”曾经在世界许多国家广泛流行，至今余音袅袅。美国、英国和世界其他国家，的确有大量知识精英和各界人士，深信美国模式代表着人类的未来，他们是真诚的，因为在他们的信念里，并不掺杂多少个人和利益集团私利的成分；他们是辛勤的，因为他们夜以继日地努力工作，希望从自然世界和人类社会的终极真理角度，证明美国模式的确代表人类的未来。《历史的终结及最后之人》说出了他们希望说的话，所以曾经广泛流传。主观上，以美国为首的西方世界，尤其是他们的统治阶级利益集团，深深明白一个道理：为了最大限度地攫取或强占其他国家的财富，最好的办法是依照美国模式去彻底改造那些国家，让那些国家从心理上、精神上、法律制度上完全服从他们的要求。因为如此一来，最大限度地占有那些落后国家的财富就不再会背上侵略和掠夺的骂名，反而是以大救星或大恩人的姿态，心安理得地去享受殖民者的荣耀和财富。与此同时，那些甘愿替西方主子或老板献身的“买办”阶级，尽管内心深处并不相信历史终结论、西方中心论或美国优越论，但眼前的巨大利益却让他们成为新蒙昧主义最勤奋的传播者和实施者。

世界范围的新蒙昧主义已经存在数百年了。它们的具体表现方式可谓花样繁多。譬如国际战略领域推行的单极世界和单边主义，政治制度领域推行的美国式民主、自由和人权，经济领域倡导的“华盛顿共识”，宗教领域信奉的基督教一神论或科学论，娱乐领域推崇的好莱坞和百老汇，乃至语言领域盛行的英语崇拜等。

我不想详细讨论新蒙昧主义在各国的具体表现。我想转而谈论新蒙昧主义在经济、金融、货币领域的具体表现形式。前面已经提到：经济、金融和货币领域的新蒙昧主义，已经到了非常完善和非常简洁的形态，那就是众所周知或者说臭名昭著的“华盛顿共识”。我不准备追溯“华盛顿共识”的历史起源，我只想简要概括“华盛顿共识”的基本政策主张及其危害，以及为什么“华盛顿共识”是新蒙昧主义在经济、金融和货币领域最完善的形态。事实上，“华盛顿共识”正是金融资本主义泛滥全球、酿成多次全球和地区性金融危机的思想根源。

简而言之，“华盛顿共识”是美国和国际货币基金组织极力主张和努力强加给发展中国家的一套经济、金融和货币政策。它们包括：（1）主张不论任何条件的彻底私有化，包括毫无保留和毫无限制地允许外资掌控本国所有的产业和企业；（2）主张不论任何条件的资本账户自由化和完全放任资金跨境自由流动，包括对一切国际投机资金和各种对冲基金完全不加监管；（3）主张绝对静态的、简单化和绝对化的所谓比较优势原理，反对发展中国家发展自身的战略产业和民族产业，反对一切形式的进口替代和产业政策；（4）主张完全自由放任的浮动汇率体系，反对任何形式的汇率稳定和汇率干预；（5）要求或强压发展中国家尽快全面对外开放资本市场和整个金融体系；（6）肆无忌惮地、不受监管地发展衍生金融交易和推广一切形式的金融创新。

任何稍知西方经济思想史和西方国家经济发展历史的人都应该明白：上述主张绝对不是西方国家自身经济发展历史的正确总结，也绝对不是西方经济学术一致的或毫无争议的主张或真理，更没有任何严格逻辑和事实为依据。相反，“华盛顿共识”是冷战结束之后，美国和国际货币基金组织在试图蛮横地改造发展中国家经济体系的过程中，逐渐形成的一套完全不顾各国实际的极端政策措施。人们正确地将“华盛顿共识”称为“市场原教旨主义”。

美国政府不遗余力地向中国和其他国家推销浮动汇率、解除金融管制、实施金融和外汇交易的彻底自由化，国际货币基金组织跟着起哄，充当美国国际金融战略的急先锋。这就是著名的“华盛顿共识”。历史早就证明：所谓“华盛顿共识”的政策方案不仅没有给发展中国家带来稳定增长，反而酿成巨大灾难。当年迫于美国政府和国际货币资金组织的压力，接受“华盛顿共识”的几个亚洲国家早就将其抛弃。事实上，没有多少尊重真理的经济学者会认同所谓“华盛顿共识”。然而，美国财政部和国际货币基金组织却依然到处贩卖。

美国政府和国际货币基金组织竭力贩卖“华盛顿共识”的基本目的，是将世界各国经济金融政策的主导权牢牢把握在自己手里。当年欧洲反其道而行，创造欧元与美元抗衡，美国政府的一些经济学者甚至用“欧元将重新把欧洲拖入战争深渊”的论点，来强烈反对欧元诞生，因为欧元是唯一有希望与美元抗衡的国际货币。有识之士早就指出：美国最不愿意谈论和实施有关国际货币制度的改革，因为它是该制度最大的既得利益者。2014 年，美国国会粗暴地拒绝国际货币基金组织的投票权份额改革计划，引起世界各国的普遍不满，连国际货币基金组织总裁拉加德都直率地批评美国的自私和傲慢。须知国际货币基金组织投票权份额改革方案是2010年二十国集团伦敦峰会所确定的，美国政府当时有明确承诺。国会断然拒绝投票权份额改革，就是不愿意让新兴市场国家（主要又是中国）获得较多的投票权。尽管即使完成此次改革，美国和欧洲等发达国家仍然牢牢占据国际货币基金组织的多数份额，美国一些政治精英们却颇有"铁公鸡一毛不拔"的顽固劲儿。

经济学的理论逻辑和最近30年的历史事实充分说明：一旦世界各国真的依照"华盛顿共识"，完全彻底放开金融市场、彻底取消外汇管制、完全彻底实施浮动汇率，那么，世界各国的经济金融对美元的依赖就会更加彻底，美国将在更大程度上左右世界各国的经济金融发展。非常可悲的是：中国某些经济学者食古不化、食洋不化，跟着起哄，说什么"只要人民币汇率完全浮动，中国就能够拥有自主的货币政策"！再没有比这更加荒谬的无稽之谈了。30多年的历史彰彰在目：汇率越是浮动，一国货币政策就越是受到外汇市场的牵制，当然就是美国的牵制了；汇率越是浮动，中国所需要的美元储备将越多，而不是越少！货币政策将更加不自主！然而，一些享有大名的经济学者，却抱着美国教科书的老生常谈，跟着美国政府起哄，主张中国要有自主的货币政策，就必须要搞彻底的浮动汇率，并且让人民币自由升值。

其实，美国国内就有一些学者强烈反对"华盛顿共识"。斯蒂格利茨曾经担任美国克林顿政府经济顾问委员会主席和世界银行首席经济学家，荣获2001年诺贝尔经济学奖，是如假包换的西方经济学大师。2002年，斯蒂格利茨专门著书，力斥"华盛顿共识"之非。他的精彩论述直接以中国为例证：

美国要求中国实施金融市场自由化，不会促进全球经济稳定。它只会促进美国金融利益集团的狭隘利益，美国财政部就是这个利益集团最坚定的代言人。华尔街金融巨头们坚信：对他们从事的金融行业而言，中国意味着巨大的市场。华尔街必须超越竞争对手、捷足先登、抢占制高点。没有什么比这更重要的事情。

斯蒂格利茨警告中国："资本市场完全自由化，意味着旨在控制热钱忽来忽去的一切措施都要被连根拔起。热钱不过是赌汇率波动的短期借贷资金，这些投机资金绝不会去建立工厂、创造就业。……为了吸引真正致力于实业发展的直接和长期投资，我们并不需要什么金融市场的完全自由化。中国自己的经验就是最好的证明。"

"华盛顿共识"是新蒙昧主义在世界经济、金融和货币领域最突出、最完善、最明确，自然也是危害最大的集中体现。中国改革开放30年的伟大经验，是对"华盛顿共识"最有力的驳斥。然而，我们必须警惕：世界金融和货币领域以"华盛顿共识"为代表的新蒙昧主义思潮，正在对中国的经济学术发展乃至金融货币政策方针产生重要影响。

我简要描述一下经济、金融、货币领域的新蒙昧主义信条对中国造成的影响。中国的新蒙昧主义者们相信如下信条：（1）美国模式尤其是华尔街的赚钱模式，就是中国的明天和未来，所以他们坚信中国必须老老实实地以美国华尔街为师；（2）资本账户完全自由开放、投机热钱不受监管是历史必然，因为那是华尔街老师们所谆谆教导的真理；（3）中国资本市场和整个金融体系必须完全对外资开放，最好让外资全部控股，而美国金融体系却不需要对等地对中国开放，因为这是华尔街大佬们的利益所在；（4）美元霸权、美元本位制和浮动汇率体系就是最好的国际货币体系，甚至是某种不可改变的自然规律所支配的货币体系，各国应该完全服从，一切挑战美元本位制和浮动汇率体系的想法都是徒劳的；（5）中国不需要发展自己的战略产业和民族产业，依照美国老师谆谆教导的比较优势原理，中国人民永远做低端产业、做全世界发达国家的“打工仔”才是唯一出路；（6）中国所有产业和企业都要毫无保留地对外开放和让外资参股和控股；（7）中国学生和教授都要老老实实地拜读美国老师的教科书，哪怕是美国的三流学者所写的三流著作，中国学者也必须将它们虔诚地翻译过来，奉为至宝；（8）中国不需要发展自己独立的经济学和金融学体系，盎格鲁–撒克逊的经济学体系已经穷尽了人间的真理；（9）中国学者以中文发表文章和著作是算不得学术的，必须要到美国和英国的杂志去发表英文文章，才算得上学术，美国和英国的标准就是我们中国学术的最高标准；（10）中国自己人的观点和建议是不值得听取的，我们制定政策，必须要请华尔街的大佬和他们在中国的首席经济学家们来充当最高顾问，因为只有他们才代表着真理和前进的方向。

然而，还没有等到我们可爱的新蒙昧主义者们完成他们在中国的使命，新蒙昧主义本身就已经江河日下，甚至是彻底破产了。毛泽东嘲弄当年那些迷信美国什么都好、希望中国学美国的人们，说：学生的确希望老师对他好，却发现老师总是来欺负学生，甚至侵略和屠杀学生。同样，迷信“华盛顿共识”、崇拜华尔街模式的人们，被华尔街的金融海啸和由此引发的世界金融危机、经济危机完全搞蒙了。财雄势大、不可一世的金融帝国像多米诺骨牌那样，顷刻间轰然崩溃；全球财富所蒙受的损失高达数十万亿美元；毫无约束的美元霸权和华尔街肆无忌惮的金融创新制造了全球金融体系的核武器和大规模杀伤性武器，核武器和大规模杀伤性武器终于引爆了，立刻炸毁了全球金融市场；浮动汇率体系和国际投机资金的快速流动将核武器爆炸的巨大冲击力瞬间传递到世界的每个角落，没有谁能够独善其身。

金融危机已经过去 6 年，全球金融体系依然高度动荡，世界经济衰退和萧条已成长期趋势。现实迫使我们必须深刻反思人类的经济增长和发展模式，反思全球货币和金融体系，反思华尔街模式和“华盛顿共识”的内在弊端，反思全球金融资本主义泛滥的巨大危害。

我们必须走自己的路，过去 30 年中国伟大改革的历史经验完全证明：我们有能力走出中国独立自主的发展道路，我们完全不需要听从美国政府“御用智囊”和华尔街投行首席经济学家们的高谈阔论，更不需要美国政府和国际货币基金组织到处推销的“华盛顿共识”。一句话，我们必须彻底地抛弃一切形式的新蒙昧主义。中国必须发展自己独立自主的经济学、金融学和其他一切学术，同时最充分地借鉴所有国家的优秀学术文化思想。中国必须建立自己独立的学术标准，不能唯美国和西方马首是瞻。一个没有独立自主学术思想文化体系的民族和国家，永远不可能真正自立于世界民族之林。

全世界都在持续反思和批评美国华尔街模式，持续辩论如何重建国际经济、金融和货币体系，美国政府和国际货币基金组织狂热推销“华盛顿共识”的时代已经一去不复返了。我们已经看到一个国际货币的“战国时代”正在来临，国际政治格局已经进入多边时代，单极世界已经终结。我们即将看到学术思想文化真正的多元时代。再过 30 年，中国不仅会成为经济、金融和货币领域的世界大国和世界强国，而且必将成为一个学术、思想、文化和意识形态的世界大国和世界强国。

第十章　中国模式的世界意义

2009 年 10 月 1 日，适逢中华人民共和国诞生 60 周年，全球媒体皆以极大的篇幅报道中国已经成为世界第二大经济体。美国《纽约时报》头版刊登多篇文章，采访美国、日本和欧洲各国人士，分析和展望中国崛起成为世界第二大经济体对世界格局的重大意义和深远影响。

赶超发达国家、实现中华民族的伟大复兴，是无数中华优秀儿女和仁人志士梦寐以求的崇高理想。20 世纪初期，伟大的革命先行者孙中山先生就曾经设想，只要推翻帝制、建立共和，中华民族有望在 50 年之内赶上和超越先进之邦。

1956 年 8 月 30 日晚，在中国共产党第八次全国代表大会预备会议第一次会议上，毛泽东首次明确提出要在五六十年内赶上和超过美国的设想。毛泽东以政治家和战略家的雄伟气魄和高度自信阐述了自己的宏伟设想：

> 假如我们再有五十年、六十年，就完全应该赶过它。这是一种责任。你有那么多人，你有那么一块大地方，资源那么丰富，又听说搞了社会主义，据说是有优越性，结果你搞了五六十年还不能超过美国，你像个什么样子呢？那就要从地球上开除你的球籍！所以，超过美国，不仅有可能，而且完全有必要，完全应该。如果不是这样，那我们中华民族就对不起全世界各民族，我们对人类的贡献就不大。

按照毛泽东的设想，中国今天早就该被“开除”球籍了！从1956年到2013年，时间已经过去57年，中国的经济规模还没有赶超美国，即使按照大幅升值的人民币名义汇率来计算，也还只有美国的60%，人均国民收入和财富的差距则更大。

然而，1956年至今，中国的经济增长至少被耽误甚至中断了20年。“八大”本来明确指出中国国内的主要矛盾“已经是人民对于经济文化迅速发展的需要同当前经济文化不能满足人民需要的状况之间的矛盾”，明确提出党和国家的主要任务是“保护和发展社会生产力”。可惜的是，“八大”确立的正确路线很快就被搁置或背弃，直至演变成为史无前例、空前浩劫的“文化大革命”，中国经济濒临崩溃的边缘。假如从1956年起，中国就实施1978年改革开放之后的经济政策，毛泽东的伟大设想或许早已实现了。

直到1984年10月6日，邓小平再次提出中国赶超发达国家的宏伟目标：“我们第一步是实现翻两番，需要20年，还有第二步，需要30年到50年，恐怕是要50年，接近发达国家的水平。两步加起来，正好50年至70年。”依照邓小平的设想，我们的目标是到2054年接近发达国家水平。

从目前全球多家权威机构的推测来看，邓小平的设想似乎还算是比较保守的目标。目前全球机构比较一致的估计，依照国内生产总值总量来看，中国最迟 2025 年就会超越美国，跃居世界第一大经济体，人均收入水平也将跻身中上等国家之列。

自 2009 年以来，中国是否必将超越美国，成为全球第一大经济体并进而成为世界超级大国，已经成为当今世界最重要和最有趣的问题之一。“中国模式”是否已经成为一个可持续和可供其他国家借鉴的模式，已经成为全球热烈争论的重要话题。

历史的巧合

某种意义上，2008 年是人类历史上一个划时代的转折点，是一个重要的里程碑。2008 年是中国改革开放 30 周年，改革开放则是决定当代中国命运最伟大的历史事件。30 年前，邓小平以他无与伦比的智慧和勇气，毅然决然地率领中国踏上改革开放的伟大征程。

中国的改革开放是人类历史上的恢宏创举和伟大冒险，它决定性地改变了 13 亿中国人的命运。很大程度上，它同样改变了世界人民的命运，改变了世界政治和经济力量的格局对比。依照中国的文化传统，2008 年是中国改革开放的而立之年。

一个人迈入而立之年，需要仔细思考和重新规划人生；一个国家的改革开放迈入而立之年，也需要反思过去和规划未来。未来中国能否延续过去 30 多年的经济奇迹？中国是否能够不仅成为经济上的世界大国和强国，而且成为一个学术、思想、文化乃至道德价值和意识形态领域的世界大国和世界强国？这是所有中国有识之士严肃思考的重大课题。也正是从 2008 年开始，中国领导者、学者和企业家开始系统思考面向未来全面深化改革的蓝图和规划，思考的结晶就是中共十八届三中全会《关于全面深化改革若干重大问题的决定》。

不知是历史的巧合还是有某种神秘力量的刻意安排，正当我们回顾和反思中国改革开放的重要时刻，全球金融危机以迅雷不及掩耳之势、以摧枯拉朽之力，席卷了整个世界。从地球最西边的美国和英国到地球最东边的日本和韩国，从最南端的新西兰和澳大利亚到最北端的冰岛和俄罗斯，从最富裕的工业国家到最贫穷的发展中国家，无一幸免。曾经是那么财雄势大、不可一世的金融巨头，顷刻之间就轰然倒塌、灰飞烟灭；数十万亿美元的财富烟消云散，数千万人面临失业和收入锐减；从高不可攀的总统、财长、央行行长到街头徘徊的贩夫走卒，所有人手足失措、慌作一团；全球经济从此进入长期衰退、萧条和低速增长时期。

而立之年的中国改革开放和席卷全球的金融海啸，二者之间有什么联系呢？表面上看，二者似乎没有任何联系。然而，假如从历史和哲学的角度稍微深入思考一下，我们立即就会发现：两大历史事件恰好将许多严肃而深刻的问题，以赤裸而猛烈的方式撞击到我们面前，迫使我们给出答案。这些问题就是：中国经济奇迹的历史经验是什么？中国的经济和社会发展是否已经形成独特的模式？如果确实有一个独特的中国模式，那么它对世界各国有什么借鉴价值？中国模式是否能够为挽救全球金融资本主义的全面危机提供有益的启示和有效的办法？是否能够为医治全球金融资本主义的各种顽疾提供良方？

具体地说，为改革国际货币和金融体系，为推动全球治理结构的完善，为实现全球经济较好的平衡，身为世界第二大经济体和第一制造大国的中国能够贡献什么？中国自身的全面深化改革应该如何展开？中国应该如何提升和加强学术思想和文化发展，为全球化时代人类的新文明和新文化提供新的灵感，注入新的活力？

美国模式陷入危机

2008 年 12 月 28 日，辞旧迎新之际，美国《华尔街日报》发表长文，题目是：《美国经济模式遭受重创，为中国模式走向世界铺平道路》。文章详细引述美国著名《外交》杂志最新一期发表的两篇文章：一篇是《西方世界的衰落》，作者罗杰 · 阿特曼是美国财政部前任副部长；另一篇是《中国模式的崛起》，作者哈罗德 · 詹姆斯是普林斯顿大学历史学和国际关系学教授。

罗杰 · 阿特曼在《西方世界的衰落》一文里深表忧虑："盎格鲁–撒克逊式的以自由市场为基础的资本主义，目前正面临极大挑战，可以说阴云密布。美国的金融体系失败了，这对于美国在世界范围的道德号召力绝对是一个坏消息。"

哈罗德 · 詹姆斯的论点则更加直截了当："中国肯定要利用全球金融危机的大好时机来扩大自己的政治影响力。全球许多发展中国家的金融体系都陷入困境，然而，中国式的政府集中控制的资本主义模式却较好地避免了金融危机的冲击，对于许多发展中国家而言，相比美国自由放任的资本主义，中国模式太具有吸引力了。美国正面临巨大危险，那就是发展中国家将抛弃美国模式，转而向中国模式学习。我深信：全球金融危机必将意味着中国全球影响力的巨大提升。"

《华尔街日报》总结两位作者的核心论点："两篇文章的作者讨论了奥巴马政府即将面临的一个异常棘手却很少有人涉及的重大战略问题。那就是：美国金融市场的崩溃不仅极大地损害了美国的经济，而且严重地破坏了美国模式的光辉形象。它必将削弱华盛顿左右整个世界的能力。”

《华尔街日报》接着给出详细分析：“首先，此次全球金融危机，中国蒙受的损失相对较小，因为中国的金融体系与西方金融市场的融合程度还非常低，目前整个西方金融体系正惨遭债务损失的重创，中国却大体置身事外。尽管全球消费低迷也会对中国造成很大影响，然而，由于中国蒙受的损失相对较小，因此中国的相对实力就增强了。譬如，中国累积了庞大的外汇储备，现在它可以用外汇储备去进行各种战略投资，跌倒在地的西方大国此时就无能为力了。中国还具有较强能力去援助遭受金融危机损失的其他国家，从而赢得更多的朋友；中国还将在世界范围内，加速对大宗商品和其他资源的直接投资。

“奥巴马政府马上就要直接面对如此重大的战略难题。尽管有许多办法来减少对美国利益的损害，然而，美国却更加迫切地需要避免向国内退缩，采取鸵鸟政策。具有讽刺意味的是：为了和中国争夺全球影响力，美国反而需要更加紧密地与中国合作。”

《华尔街日报》大声警告：“全球金融危机对美国最严重的打击，美国目前面临的最严峻的战略挑战，不是有形财富烟消云散，而是无形财富付之东流。那就是美国经济模式被推下神坛。从里根宣称美国是地球这座圣山上闪闪发光的圣城，发誓要在全世界推广美国模式，到柏林墙的倒塌和苏联解体、东欧剧变，从美国1990年牵头拯救拉丁美洲债务危机到最近几年的股市繁荣，美国一直在率领全世界奔向自由市场经济、提倡自由贸易和尽可能少的政府管制。

“美国模式的全球扩张给美国带来了巨大的全球影响，从东欧到东亚，美国模式曾经所向披靡。美国模式鼓励资本和货物更加自由地流通，给美国带来了巨大的经济利益。

“然而，美国模式今天的确遇到了危险：发展中国家很可能转向中国模式。如果越来越多的国家转向中国模式，并且采取各种贸易政策和汇率操纵政策来保护本国市场，那么，全球经济衰退必将持续更长时间，美国经济复苏必将等待更长时间。”

独特的中国模式

1992 年 9 月 12 日，美国著名的中国史学权威费正清教授，终于完成自己最后一部著作《中国新史》。费正清的自序深沉悲怆，充满惋惜之情：

“19 世纪 90 年代，中国思想终于开始现代革命。人们很快就明白：没有任何外部的发展模式符合中国的现实，的确有许多模式可供中国借鉴，却不会有哪一个适合中国。富有创造性的中国人民只能依照自己独特的方式，为自己寻找救赎之路。中国人民拥有自己独特的过去，必将也会拥有自己独特的未来。然而，令无数人深感不安的是，当我们就中国的命运得到上述结论时，人们突然意识到：整个人类（我们一直自以为高明的人类）却正在跌入危机深渊。20 世纪里，人类自作自受的各种灾难、死亡、对环境肆无忌惮的攻击和破坏，业已超越以往一切世纪的总和。或许，中国此时加入外部宏大世界的毁灭竞赛，正好加速人类自身的彻底崩溃。当然，有少数不那么悲观的观察者，相信最终只有中国可以挽救人类。因为，过去 3 000 多年来，中国人民证明自己具有独特的生存能力。”①

费正清的悲怆惋惜和深沉期待源自他对中国文明模式的毕生研究和真挚热爱。哲学家冯友兰先生说过，凡研究中华文明越深者，对中

① John King Fairbank and Merle Goldman, *China: A New History*, Enlarged Edition, The Belknap Press of Harvard University Press, 1992, pp.xviii–xix.

华文明的热爱就越深。唯有长期深入系统研究中华文明模式之人，才能明白中国不仅自古就有伟大高深的文明和自我生存发展独特的中国模式，自古就在人类文明的所有领域皆有独到伟大的贡献，而且面向未来，中国只能走自己的路，必然走自己的路，只能是中国模式，必然是中国模式。

凡是对中华文明有过深入研究的外国学者（本国学者自不必论），皆承认中国悠久伟大文明的博大精深。英国著名学者李约瑟的巨著《中国科学技术史》的基本结论是：直到 14 世纪前后，中国科技仍然比欧洲优秀。另外一个重要结论是：公元 1400 年以前，科技转让主要是由中国传向欧洲的。古代许多重要的发明都起源于中国。著名的四大发明——印刷术、火药、指南针和造纸——对古代世界文明的影响，绝不亚于蒸汽机、电力、汽车、飞机、电脑和互联网对现代文明的影响。欧洲近代科学启蒙的巨匠弗朗西斯 · 培根曾经极力推崇这些重大发明，虽然他不知道它们是中国人的发明：

> 纵观今日社会，许多发明的作用和影响是显而易见的，尤其是印刷术、火药和指南针。这些都是近代的发明，但是来源不详。这三种发明改变了整个世界的面貌和一切事物。印刷术使文学改观，指南针使航海术改观。可以说，没有一个王朝，没有一支宗教派别，没有任何伟人曾产生过比这些发明更大的力量和影响。①

然而，自公元 1400 年之后 200 年时间里，中国的科技文明却彻底落后于西欧了。今天的学者们一致同意，到了公元 1600 年，中国

① 杨振宁，《杨振宁文录——一位科学大师看人与这个世界》，海南出版社，2002 年，第 94~95 页。

的科技已经远逊于欧洲[①]。著名的"李约瑟难题"[②]至今吸引许多学者去研究中国文明史。东西方文明的"大分岔"或"大分流"始终是史学界最具挑战性的课题之一。正如印裔英国学者德赛所说：

> 人类历史古典时代的巅峰国家是罗马、波斯和中国。尽管统一的印度帝国从来都是昙花一现，然而印度大陆却始终是一个繁荣的社会。古典时代的世界贸易蓬勃发展，丝绸、纺织品、香料、马匹和黄金是最主要的贸易产品。欧洲长期维持对亚洲的贸易赤字。从罗马帝国衰亡到大约15世纪，伊斯兰军队纵横驰骋，创建了繁荣昌盛的伊斯兰帝国，地域横跨北非和南欧。此一时期，印度与地中海地区的贸易依然发达——经由陆路，跨越中亚，直到意大利——马可·波罗的描述举世皆知。
>
> 15世纪后期，世界轴心开始朝西方倾斜。伊比利亚半岛诸国奇迹般崛起，成为海洋帝国先驱。值此关键时刻，中国竟然抛弃自己强大的皇家海军，原因至今仍是一个难解之谜。携带轻型火炮的机动船舶，是海洋帝国扩张时代最重大的技术创新，它赋予西方国家决定性的军事优势。航海新技术探寻到好望角，从而打通了欧洲和亚洲之间的海上联系，极大地刺激了国际贸易的扩展。西班牙和葡萄牙人从南美洲掠夺大量黄金和白银，运往亚

---

① 杨振宁，《杨振宁文录——一位科学大师看人与这个世界》，海南出版社，2002年，第95页。

② "李约瑟难题"是李约瑟在《中国科学技术史》里提出的著名问题："尽管中国古代对人类科技发展做出了很多重要贡献，但为什么科学和工业革命没有在近代的中国发生？"1976年，美国经济学家肯尼思·博尔丁称之为"李约瑟难题"。很多人把李约瑟难题进一步推广，提出"中国近代科学为什么落后"、"中国为什么在近代落后了"等问题，统称为"李约瑟难题"。

洲，以购买亚洲的香料、纺织品和丝绸。1750~1850 年的 100 年间，欧洲赢得并巩固了对亚洲的军事统治。欧洲军队规模尽管较小，但是训练和组织却相对完善——其实好多欧洲军队都是由亚洲本地人构成。实际上，在工业革命创造更强大的优势之前，西方世界就已经控制了一个庞大的全球性帝国。亚洲惨败，欧洲全胜。

人类历史上有太多难解之谜，永远也不可能得到完整的解释。1400 年之后，欧洲惊现一系列划时代的伟大创举：文艺复兴、宗教改革、科学崛起让欧洲摆脱中世纪的黑暗和蒙昧时代。地理大发现、政治革命、金融创新、工业革命随之而起，工业化、城市化和现代化成为欧洲文明的新主流和代名词，原本小小的欧洲诸国迅速跃居成为世界列强，凭借坚船利炮，他们在全球范围内展开殖民掠夺，并且发誓要将欧洲文明模式输送和强加给世界其他地区。欧洲文明中心论开始主导世界范围内的思想文化意识形态。

中华民族对自己固有的伟大高深的文明充满自豪感和优越感，然而，自豪感和优越感往往会转变为傲慢、自大和无知。当欧洲文明的坚船利炮屯兵国门之时，我们对西方科技、军事、政治和经济的飞速进步却一无所知，对西方列强通商和贸易的要求不屑一顾。英国国王乔治三世派遣特使马嘎尔尼到访中国，几经周折才到承德避暑山庄单腿下跪觐见乾隆皇帝。马嘎尔尼代表英帝国政府提出与中华帝国开展贸易的要求，被乾隆皇帝和帝国精英们断然拒绝。乾隆皇帝给乔治三世的著名回信，将中华帝国统治者的傲慢无知表现得淋漓尽致。乾隆皇帝和帝国贵族精英们对世界大势的懵懂无知达到令人震惊的程度。他们根本不知道，被他们贬斥为蕞尔小国的英伦岛国，实际上已经快速迈上全球性帝国扩张之路，大英帝国正进入其全球殖民的巅峰时期。

进入19世纪，东西方形势急转直下，西方人再也不耐烦了，他们开始用赤裸裸的武装侵略来夺取他们用外交手段没有得到的东西。中华文明开始面临“三千年未有之大变局”（李鸿章语）。欧风美雨如惊涛骇浪，坚船利炮似泰山压顶。内忧外患、战乱频仍、亡国灭种、救亡图存，成为19世纪中叶到20世纪中叶，整整百年中国历史的四个关键词。19世纪后期，华夏民族的精英们终于开始怀疑、检讨、反思古老的中国模式，并试图融会中西文明以重建中国模式。“中学为体，西学为用”,“师夷长技以制夷”等一系列战略和策略纷纷涌现。正如费正清所说：“19世纪90年代，中国思想终于开始现代革命。”

1949年，中国共产党领导中国人民历尽艰辛，终于赢得人民解放和民族独立。毛泽东宣布，未来中国人民的任务就是要建设一个富强、民主和文明的国家。然而，国际关系风云激荡，从冷战铁幕到朝鲜战争，从西方封锁到苏联反目，和平环境始终未得；国内局势复杂曲折，路线之争从未停止，10年浩劫惨绝人寰，经济社会濒临崩溃。直到1978年邓小平力挽狂澜，拨乱反正，中国人民才真正进入一个致力于经济建设的崭新时期。

中国模式的思想基础：毛泽东思想和邓小平理论

上述简要历史已经说明，任何国家的发展必然形成自己独特的模式。中国是一个历史悠久、幅员辽阔、人口众多、民族多样、经济和社会发展极不平衡的世界大国，中国的发展所面临的问题和困难不同于世界上其他任何国家。中国模式并非是学者发明的术语，它本身就是一个事实，一个现实，一个必然。中国模式的思想基础深深扎根于中国数千年的文明历史，同时又具有每个时代的具体背景及特殊问题。19 世纪以来，欧风美雨激荡中华大地，无数志士仁人真诚希望中国学习英国模式、德国模式、美国模式和日本模式，新中国建立初期，我们曾经真诚执着地学习苏联模式。然而，无论我们如何虔诚地学习，永远也不可能成为任何外国模式中的一个，正如世界其他民族永远不可能照搬中国模式一样。一个民族的文化基因和血脉代代相传，注定它只能走自己的路。

中国共产党的领袖们对中国的发展模式进行了长期艰苦的探索。建国初期，毛泽东曾经多次说，在中国这样一个贫穷落后、人口众多、情况十分复杂的东方大国怎样建设社会主义，是一个非常困难而复杂的问题。从马列主义的书本上找不到现成的答案，照抄、照搬苏联的模式又不符合中国国情，更不可能凭主观去想象。这个问题，只能从实践中逐步认识，逐步解决，首先要求对实际情况进行系统而周密的调查研究。

1949 年新中国成立前夕，毛泽东发表著名政论《论人民民主专政》。在那篇不朽的鸿文里，毛泽东对中国人探求真理的过程有极其生动的描述："自从 1840 年鸦片战争失败那时起，先进的中国人，经过千辛万苦，向西方国家寻找真理。洪秀全、康有为、严复和孙中山，代表了在中国共产党出世以前向西方寻找真理的一派人物。那时，求进步的中国人，只要是西方的新道理，什么书也看。向日本、英国、美国、法国、德国派遣留学生之多，达到了惊人的程度。国内废科举，兴学校，好像雨后春笋，努力学习西方。我自己在青年时期，学的也是这些东西。这些是西方资产阶级民主主义的文化，即所谓新学，包括那时的社会学说和自然科学，和中国封建主义的文化即所谓旧学是对立的。学了这些新学的人们，在很长的时期内产生了一种信心，认为这些很可以救中国，除了旧学派，新学派自己表示怀疑的很少。要救国，只有维新，要维新，只有学外国。那时的外国只有西方资本主义国家是进步的，它们成功地建设了资产阶级的现代国家。日本人向西方学习有成效，中国人也想向日本人学。在那时的中国人看来，俄国人是落后的，很少人想学俄国。这就是19世纪40年代至20世纪初期中国人学习外国的情形。”

然而，数十年学习西方文明，结果却并不理想。“帝国主义的侵略打破了中国人学西方的迷梦。很奇怪，为什么先生老是侵略学生呢？中国人向西方学得很不少，但是行不通，理想总是不能实现。”后来的事实继续说明，向苏联学习，照搬苏联模式，同样没有产生理想的结果。

新中国成立初期经济所面临的特殊困难，以及照搬苏联模式正反两方面的经验，刺激毛泽东深入思考中国的发展模式问题，思考的结晶就是1956年发表的著名的《论十大关系》。这部著作堪称中国共产党领袖将经济学、政治学和社会学很好地结合起来的高水平著作，比西方经济学只是专注于谈论政府和市场的关系要高明得多。

毛泽东概括的十大关系是：重工业和轻工业、农业的关系，沿海工业和内地工业的关系，经济建设和国防建设的关系，国家、生产单位和生产者个人的关系，中央和地方的关系，汉族和少数民族的关系，党和非党的关系，革命和反革命的关系，是非关系，中国和外国的关系。毛泽东说：“在十大关系中，工业和农业，沿海和内地，中央和地方，国家、集体和个人，国防建设和经济建设，这五条是主要的。”

邓小平曾经对《论十大关系》有过这样的评价：“这篇东西太重

要了，对当前和以后，都有很大的针对性和理论指导意义。”即使今天，十大关系也能够很好地概括中国经济社会发展所面临的各种问题。我们可以说，毛泽东的《论十大关系》是现代中国模式的重要理论基础之一。

邓小平继承和发展了毛泽东对中国模式的理论探索。1982 年 9 月 1 日，在“中国共产党第十二次全国代表大会开幕词”中，邓小平明确指出：“我们的现代化建设，必须从中国的实际出发。无论是革命还是建设，都要注意学习和借鉴外国经验。但是，照抄照搬别国经验、别国模式，从来不能得到成功。这方面我们有过不少教训。把马克思主义的普遍真理同我国的具体实际结合起来，走自己的道路，建设有中国特色的社会主义，这就是我们总结长期历史经验得出的基本结论。

“中国的事情要按照中国的情况来办，要依靠中国人自己的力量来办。独立自主，自力更生，无论过去、现在和将来，都是我们的立足点……任何外国不要指望中国做他们的附庸，不要指望中国会吞下损害我国利益的苦果。”

这就是中国改革开放的总设计师为中国指明的发展道路，是中国模式最深刻的理论基础，是过去 30 多年中国取得伟大成功的根本保证，也是未来中国取得更大成功的根本保证，是中华民族实现伟大复兴的中国梦的根本保证。

“中国的奋斗就是全人类的奋斗”

邓小平所开创的中国模式是对世界文明的重要贡献。占全人类 1/5 的人口、资源贫乏和土地贫瘠创了世界纪录，百多年来饱受列强的侵略、欺凌和掠夺，曾经尝试了那么多办法，希望吃饱穿暖，繁荣富强，自立于世，却总是没有取得成功。1978 年，邓小平毅然决然地率领中国人民踏上改革开放的伟大征程。只用了 30 年，天翻地覆，物换星移。今天，没有人能够否认中国人民创造了人间奇迹。人们喜欢谈论美国的勃兴、英国的工业革命、日本的明治维新、“二战”之后日本和德国的经济奇迹、亚洲四小龙的崛起。当然，那都是人类历史上的辉煌篇章。然而，论人口多、底子薄、发展经济的艰难，没有哪个国家可与中国相提并论。让人类 1/5 的人口吃饱穿暖，走向富裕，毫无疑问是对整个人类的重大贡献。

现代产权和交易费用经济学的宗师科斯说：“中国的奋斗就是全人类的奋斗。”我认为这个总结相当精辟和正确。正因为此，2008 年 7 月 14~18 日，当时已经 98 岁高龄的科斯教授亲自主持召开“中国经济制度变革 30 周年国际研讨会”。他坚持不要其他人赞助，宁可将自己的诺贝尔奖奖金花光。科斯经常说：过去 30 年，中国究竟发生了什么事，中国以外的人并不真正了解，但我们都清楚：中国的变化对全人类而言，具有最高的重要性。

我们需要从许多方面来总结这个“最高的重要性”。

首先，中国是人类历史上第一个完全依靠和平手段崛起的大国，仅此一点，就是世界文明历史划时代的大事件。纵观历史，凭借坚船利炮去疯狂掠夺其他国家和民族的资源，是世界主要大国发达富强的重要手段，没有例外。当然，西方经济学和历史学教科书，很少讨论武力掠夺对于西方列强崛起的极端重要性，甚至只字不提那数百年惨绝人寰的殖民历史，反而将它们的繁荣富强完全归因于自由竞争和某些特别的制度安排，这并不是尊重历史的客观立场。

其次，有其他制度安排可以解决中国的根本问题吗？这是一个有趣的重要问题。新制度经济学的主要奠基人张五常教授，始终密切跟踪研究中国的改革开放，数十年从未间断。对那些认为没有中国模式或者中国模式、中国制度一无是处的人，他经常问他们一个基本的问题：这么多人口，这样少的资源，要吃饱穿暖，要让差不多10亿农民富裕起来，你们有什么好的办法呢？你们能够发明出什么新鲜的制度安排有效地解决这个世界难题呢？

2008年，张五常为科斯教授的中国研讨会撰写《中国的经济制度》，认为县级政府之间竞争或地区之间的竞争是中国经济奇迹的秘诀。西方经济学教科书大谈特谈的，其实只有企业之间的竞争，很少讨论政府之间的竞争，尤其是地方政府之间的竞争。《中国的经济制度》视角独特，实证事实和理论分析令人折服，无疑是深入分析当代中国模式的经典之作。

基于对地区竞争机制的深入研究，张五常得出一个基本结论：自己平生没有见过这么好的制度，全世界历史上没有见过这么好的制度。他明确指出：西方的经济学术无法解释中国奇迹和中国的经济制度。《中国的经济制度》有一段颇为动情的话："党领导和指挥了改革行动。然而，成功的主要原因还是中国的人民：刻苦、聪明、有耐力。只要能看到明天有希望，他们可以在今天忍受着巨大的艰辛。"①

张五常强调："中国奇迹的出现是中国人自己造出来的，中国的制度是中国人自己做出来的，我们试了很多办法，试得可以了再考虑推开。邓小平说试一试、看一看，这么多县，就在某些县试，为什么要引进西方的东西呢？可以考虑西方的东西，但是中国的制度要靠自己。"

---

① 张五常，《中国的经济制度》，中信出版社，2009年。

中国模式的基本经验

19 世纪中期至 20 世纪初期的第一次全球化时代，见证了美国、德国、日本等国家的崛起，20 世纪后期至 21 世纪初期的第二次全球化时代，则见证了中国、印度、韩国等国家的崛起。第一次全球化时代，世界经济出现美国模式、德国模式和日本模式；第二次全球化时代，世界经济则涌现出中国模式、印度模式和韩国模式。各国经济增长和社会发展必然形成各自独特的模式，此乃“事有必至理有固然”，原本是一个常识。我们需要做的，是认真总结各国独特模式的共同经验，以资相互借鉴。

从经济角度看中国模式和中国奇迹，主要有三条基本的经验：一是中国共产党领导的政治体制优势与市场经济自由竞争的经济制度优势的相互结合；二是全球大市场与中国大规模制造业的相互结合；三是全球产业大转移和全球产业分工体系的重塑与中国要素成本比较优势的相互结合。

共产党的政治优势和市场竞争的经济优势相结合，应该是中国模式最独特的经验。中国学者对此有许多深入分析和精彩总结。海外睿智的学者很早就洞察到这一点。1990 年，现代产权和交易经济学创始人罗纳德 · 科斯教授就曾经明确地将中国经济改革的成功经验总结为“共产党+私有产权”，这是一个形象和准确的概括。我们可以将中国模式进一步简要概括为“共产党+产权+市场”。

这个政治体制的第一大优势是目标和政策、意志和行动的高度统一，第二大优势是集中力量办大事，第三大优势是决策速度快、行动速度快，第四大优势则是中央和地方的分权体制所刺激的地区竞争。前面已经提到张五常教授的《中国的经济制度》一书，就是对地区竞争的精彩理论分析。

一个拥有近 9 000 万党员的庞大政党，将 13 亿人民的意志凝聚起来，坚持“发展才是硬道理”，“聚精会神搞建设，一心一意谋发展”，这本身就是一个人间奇迹，必然释放出巨大的经济能量。纵观历史，世界上最庞大的政党将世界上最多人口的国家的意志和行动高度统一起来，全身心地投入经济改革、增长和发展，应该是第一次，这是中国经济长达 30 年超高速增长的主要秘诀。与此同时，持续的市场化改革让竞争的活力充分释放。据统计，到 2010 年，我国私营企业对国内生产总值、财政收入和就业的贡献度已经分别达到 60%、70%、80%，还有统计说这三个比例分别达到 70%、80% 和 90%。私营企业实际上已经完全主导了中国最具活力和最具成长性的行业，包括互联网、零售、餐饮、电影电视制作、旅游及其他服务业。

“共产党+产权+市场”的中国模式是世界政治和经济史上的伟大创新和创举。众所周知，经典共产主义思想的核心目标是消灭私有制。历史经验证明，消灭私有制必然带来经济灾难。中国共产党果断放弃消灭私有制，确定保护私有产权为国家的基本政策，这是政治思维的重大创新。中共十八届三中全会通过的《中共中央关于全面深化改革若干重大问题的决定》，再次将产权保护写入党的政治文件：“完善产权保护制度。产权是所有制的核心。健全归属清晰、权责明确、保护严格、流转顺畅的现代产权制度。公有制经济财产权不可侵犯，非公有制经济财产权同样不可侵犯。”同时再度重申：“公有制经济和非公有制经济都是社会主义市场经济的重要组成部分，都是我国经济社会发展的重要基础。必须毫不动摇巩固和发展公有制经济，坚持公有制主体地位，发挥国有经济主导作用，不断增强国有经济活力、控制力、影响力。必须毫不动摇鼓励、支持、引导非公有制经济发展，激发非公有制经济活力和创造力。”应该承认，两个“神圣不可侵犯”和两个“毫不动摇”的思想，在国际共运思想史和中国共产党思想史上都是史无前例的创新。

经典共产主义的第二个核心目标就是消灭市场，其实消灭私有产权就等于消灭市场。中国共产党果断摒弃了这个经典教条，将鼓励市场竞争、激发市场活力确定为基本的经济政策。1992 年邓小平著名的南方谈话明确指出，资本主义也有计划，社会主义也有市场，市场和计划不是资本主义和社会主义的本质特征。这当然是政治思想和经济思维的重大突破。

中国模式之弊

凡事有利必有一弊。必须承认，创造中国经济奇迹的三条基本经验，同样产生了巨大的负面后果甚至是恶果。“共产党+产权+市场”的模式，滋生了大量的制度性的贪污腐化、权力寻租、钱权交易，加剧了收入差距和贫富分化，极大地削弱了共产党和政府的公信力。我们离邓小平为中国特色社会主义所确立的本质特征——共同富裕——似乎越来越远。

某种程度上，共产党确实面临生死存亡的严峻考验。从理论角度看，基本的问题是，在全球金融资本主义时代，在市场经济和全球化时代，在财富和金钱逐渐成为主流价值追求的时代，共产党如何确保其先进性和执政地位？如何贯彻其崇高的执政理念？如何修正其执政理念以适应新的时代？

客观上说，“共产党+产权+市场”的模式就是某种形式的国家资本主义模式。权力高度集中，无所不在，无边无际，渗透到社会生活的每个层面，每个角落，在迅速激发高速经济增长、创造史无前例经济奇迹的同时，也导致了惊人的无效投资、低效投资、浪费投资。宝贵的矿产资源被随意低价贱卖给私人企业主，宝贵的土地资源被产能过剩行业大量侵占和损害，环境污染和水污染达到令人难以容忍的程度，已经严重威胁到中华民族的基本生存条件。无所不在和无孔不入的权力、官本位的理念和游戏规则，严重腐蚀和侵害了整个社会肌体，钳制思想市场，扼杀自由创新，是中国科学技术和学术思想创新未能跃居世界前列的主要原因。

“共产党+产权+市场”的模式很容易演变为经济增长领域的“三依靠模式”，也就是增长依靠投资，投资依靠信贷，信贷依靠货币，遂造成许多制造业的严重产能过剩。“出口导向”和“以市场换技术”的两大战略，客观上让中国“赢了制造，输了研发”，自主创新能力仍然非常不足。虽然中国已经跃居世界第一制造大国，却依然位居全球产业链的中低端。研发和品牌是制约中国制造业跃居世界产业链高端的两大主要瓶颈。

尽管累积了史无前例的 4 万亿美元的庞大外汇储备，中国对国际货币和金融的话语权和主导权却仍然相当弱小。人民币的国际地位与世界第二大经济体、第一出口大国、第一制造大国的地位极不相称。面对全球金融资本主义汹涌浪潮的冲击，中国仍然主要采取守势，有时甚至相当被动。与此同时，人民币名义汇率长期的单向升值和升值预期，房地产政策全方位的失败或失效，地方政府过度依赖土地财政，金融危机之后近乎疯狂的货币信贷和债务扩张，共同制造出中国惊人的房地产泡沫，不仅极大地扭曲了产业结构，扭曲了企业家的投资意愿和投资方向，极大地加剧了收入差距和贫富分化，而且让整体经济面临“脱实向虚”的巨大危险，如何让金融更好地服务于实体经济，纠正经济泡沫化的趋向，成为中国宏观经济政策的当务之急。

未来之路

本书的基本结论之一，就是人类经济体系已经演变为全球金融资本主义主导的经济体系。这一体系的核心特征就是三个两极分化，即虚拟经济和实体经济的两极分化，真实收入和财富分配的两极分化，信用资源分配的两极分化。三个两极分化互为条件，相互加强，造成了当今世界许多令人困惑也是最重要的经济和社会现象。譬如收入差距和贫富分化的加速恶化；金融体系和经济体系的日益动荡，资产价格泡沫和泡沫破灭频繁引爆金融危机和经济危机；物质资本积累速度远远低于虚拟经济增速和虚拟资本的积累速度，真实国内生产总值增速持续下降；各国真实消费普遍疲弱，失业率居高不下，“增长性失业”或“结构性失业”成为常态。

这些极其尖锐的经济和社会问题，中国同样存在。消除或缓解三个两极分化是全人类共同面临的重大理论和政策挑战，当然也是中国面临的重大理论和政策挑战。根据本书的分析，要解决三个两极分化，关键是在政治、经济和社会政策的各个领域里，全方位实现货币和金融的民主化，教育、医疗和社保等公共服务的均等化以及税收的累进制和差别化。

货币和金融的民主化，核心是通过缓解或消除信用资源分配的两极分化，遏制虚拟经济的恶性膨胀和财富分配的两极分化。

第一，货币的发行和创造必须受到有效约束，必须为无锚信用货币设计一个有效和妥善的“锚”，以防止政府肆意扩张货币、制造通货膨胀和资产价格泡沫。通货膨胀本质上是政府向公众征收“通货膨胀税”，资产价格泡沫则加剧了财富分配的两极分化。

第二，应该从根本上解决银行和金融机构“大而不能倒”的问题，遏制某些银行和金融机构的规模无限度膨胀并形成垄断势力，鼓励中小金融和社区金融发展，让信用资源尽可能多地配置给中小企业和普通百姓，支持中小微型企业的创新和创造，支持普通百姓适度利用信用资源享受较好的消费、教育和医疗服务。

第三，货币和金融政策要避免制造资产价格投机狂潮和资产价格泡沫。过度宽松的货币政策刺激资产价格泡沫，资产价格泡沫诱使经济资源流向泡沫经济领域，“脱实向虚”就愈演愈烈。房地产政策尤其要慎之又慎。历史上多次出现的房地产价格泡沫，无一例外都引发金融危机和经济危机，加剧财富分配两极分化。过去十多年中国房地产政策重大失误的教训值得深刻总结。

教育、医疗、社保等公共服务的均等化则是缓解收入差距和贫富分化的最佳途径。众多经济学者的研究结论几乎完全一致，那就是教育和就业机会的公平不仅是促进实体经济增长、消除贫困和贫富分化、增加社会流动性和创新活力的最佳途径，而且是实现社会公平正义的最佳途径。教育和就业机会的不平等或两极分化往往导致整个社会贫富分化、停滞不前、僵化堕落、缺乏创新，甚至会导致社会解体和暴力革命。

医疗、社保、医保、失业保障、公共交通等公共服务不仅应该实现均等化，还应该尽可能向低收入群体倾斜。经济学和社会学的研究表明，医疗服务缺失，社会保障匮乏，公共交通不完善，往往是制约贫困人口和弱势群体摆脱贫困的重要障碍。纵观世界，基尼系数最低的国家（譬如斯堪的纳维亚国家）和地区，都实现了教育、医疗和社会保障服务的全面高效覆盖。哲学家的思考告诉我们，要实现社会的公平正义，最有效的途径就是救济和帮助弱势群体，首先就是社会公共服务要向弱势群体倾斜。

税收制度的累进制和差别化，旨在消除世袭财富所造成的社会等级分化，消除不事生产和创造的食利者阶级，消除权力寻租的动机。当然，一个最优的税收制度，应该既能鼓励创业家、企业家和资本家的创造力，又能够避免财富过度集中。历史经验证明，累进制所得税是一个行之有效的办法，关键是妥善设计税率和税基区间。除个人收入所得税之外，还应该适当征收遗产税、赠予税、资源税、环境税、资本利得税等。

中共十八届三中全会通过《中共中央关于全面深化改革若干重大问题的决定》，为中国模式的发展和完善描绘了清晰的路线图。深化改革是社会主义制度的调整和改革，是中国模式自身的发展和完善。面向未来，在一个全球金融资本主义的时代，在一个全球化不可逆转的时代，在一个第三次工业革命风起云涌的时代，要发展和完善中国模式，要最大限度地激发中国模式的生命力，我们既要充分利用全球金融资本主义、全球化和第三次工业革命所创造的历史机遇和市场机会，又要尽可能防止和规避全球金融资本主义的破坏力；既要全力弘扬中华民族固有的博大精深的文明，又要积极主动地学习和借鉴其他一切文明优秀的制度、科技、文化和思想。中国模式必须为全球化时代的人类新文明和人类发展的新模式做出自己独特的贡献。

附　录　约翰 · 劳和密西西比泡沫

——兼论低利率、资产泡沫和金融危机的一般规律

1715 年，44 岁的约翰 · 劳（John Law）从荷兰阿姆斯特丹转战法国巴黎。凭借三寸不烂之舌，他说服路易十六王室的亲信大臣奥尔良公爵，接受他为法国量身定制的金融改革宏伟规划。劳非常清楚：千载难逢的机会终于来了，必须全力抓住，以实现自己毕生最恢宏的梦想。过去 10 年里，他虽然混迹于世界金融中心阿姆斯特丹，却时刻关注着法国的财政金融局势。他知道：路易王朝的专制君主连年穷兵黩武，早已导致法国王室的财政金融濒临绝境，国库枯竭，债务危机，通货紧缩，经济萧条，民不聊生。王朝第三次破产近在眼前，路易十六急需金融奇才为他排解燃眉之急。

劳胸有成竹，他告诉奥尔良公爵："首先是创建一家可以自由发行钞票或扩张货币的银行。当然，创建银行只是我宏大规划的第一步。我发动的金融改革将震惊整个欧洲，为法国创造巨大财富。我的金融战略给法国和欧洲带来的巨大变革，必将超越哥伦布发现美

洲大陆给欧洲带来的变化。”尽管劳娴于辞令，夸夸其谈，却绝非完全吹牛。

1671 年生于苏格兰富裕小商人之家的约翰 · 劳，是一个天生的冒险家和赌徒。21 岁只身闯荡伦敦金融市场，嗜赌之余，尝试过一些金融生意。23 岁与人决斗致人死亡被投入大牢，旋即越狱逃往荷兰阿姆斯特丹。那是当时全世界最主要的金融中心。令人眼花缭乱的金融创新让约翰 · 劳心醉神迷。他认为阿姆斯特丹股票交易所比世界上任何赌场都令人兴奋。很快，他就学会了买空卖空、透支炒股、制造假消息操纵股价，并且开启了一项天才般的金融创新：为购买荷兰国家彩票的人提供保险（这可能是当代债务保险合约CDS的始祖吧）。

当然，约翰 · 劳的真正兴趣绝非赚点小钱那么平庸。阿姆斯特丹的三项伟大金融创新给他无限想象和灵感，让他坚信金融创新是国富民强的不二法门。第一项伟大金融创新是成立于 1609 年的是阿姆斯特丹汇兑银行（Amsterdam Exchange Bank），那是人类历史上第一家中央银行，发明支票交易和清算系统，从而极大提高了贸易和金融交易的效率。第二项伟大金融创新是荷兰东印度公司发明了有限责任公司制度，实施公司股票公开自由买卖。第三项伟大创新就是阿姆斯特丹股票交易所了（成立于 1608 年，最初目的是为了公开买卖荷兰东印度公司的股票）。中央银行（信用创造和清算系统）+股份公司（发行股票和创造利润）+证券交易所（自由买卖股票），是人类金融系统的“铁三角”，皆为阿姆斯特丹人所首创。

约翰 · 劳很快发现了阿姆斯特丹金融创新的不足之处。他特别关注两件事。其一，阿姆斯特丹汇兑银行实施 100% 金属货币储备制度。流通的货币不过是商人们的黄金和其他贵金属货币的银行存单

（商人们将实实在在的黄金和贵金属铸币存入汇兑银行，银行开具的凭证可以流通，成为流通货币），中央银行不具备扩张货币和信用的功能，既没有部分储备制度的货币乘数效应，更不能发行完全的信用货币（纸币）。约翰 · 劳发现：中央银行的首要神奇之处，其实是无限度扩张货币和信用的功能。

其二，荷兰东印度公司没有根据市场需求增加股票数量。他亲眼见证了荷兰东印度公司股价的急剧上涨和投资者的巨大回报。（该公司的历史数据表明：从 1602 年到 1733 年，长达一个多世纪的时间里，荷兰东印度公司的年均回报率高达 27%，或许是有史以来最赚钱的公司！）投资者对荷兰东印度公司股票的需求如此旺盛，为什么该公司不大量增发股票、募集资金，从事大规模扩张呢？约翰 · 劳深感困惑。

阿姆斯特丹的“金融炼金术”让约翰 · 劳如获至宝，他的“恢宏金融构想”日渐成熟，却苦于找不到一个理想的试验场。随后十多年里，他先后转战热那亚、威尼斯、都灵和欧洲多个商业重镇，从事外汇、股票、彩票等多种金融交易。“白天交易，晚上豪赌”的约翰 · 劳，始终不忘寻找试验他本人的“金融炼金术”的机会。1705 年，回到故乡苏格兰的约翰 · 劳，向苏格兰议会提交了一份金融计划书，核心思想是创建一家能够发行纸币的新型银行。结果议会否决了他的设想。失望却绝不灰心的约翰 · 劳又跑到欧洲大陆碰运气。尽管有好几个王公贵族对他的新金融思想深感兴趣，却没有人愿意冒险。

今天的读者或许以为约翰 · 劳的新金融思想算不上新奇。各国皆有中央银行，信用货币或纸币早就成为世界潮流；根据市场需求发行股票，是多数国家资本市场惯例；发行新股进行收购兼并或产业整合，几乎无日无之；以股票抵押或质押贷款，也是平常金融交易。然而，200 年前，这些思想无一不是独创。从某种意义上，约翰 · 劳确实抓住了现代金融最核心的本质。他说："国家信用的唯一基础是公众信心。只要公众具有信心，纸币就与金属货币完全等价，功能相同。我发现了困惑古往今来一切哲学家的最大秘密，那就是如何从纸币里面创造黄金！"

1716 年 5 月，约翰 · 劳梦寐以求的银行获得路易十六王室批准，正式开张营业，他给银行取了一个极富想象力的名字：通用银行，经营期限 20 年，拥有发钞权，不过最初规定该银行所发钞票必须以固定价格与黄金和白银铸币兑换。显然，贵金属储备的要求将严重束缚银行货币和信用扩张能力，这并不是约翰 · 劳想要的银行。

他的策略是步步为营。1717 年，他说服王室政府发出敕令，规定王国所有税收皆以约翰 · 劳的银行钞票缴付，从而为银行纸币的流通开辟了广阔空间。1718 年 12 月，约翰 · 劳再次创造惊人之举。路易十六批准他的银行更名为"皇家银行"（Royal Bank）。起初，为了增加钞票的吸引力，皇家银行宣称钞票可以依照固定价格兑换为白银铸币或依照市场可变价格兑换为黄金铸币。然而，半年时间不到，1719 年 4 月，皇家银行就宣布钞票价值与白银价值脱钩，不再保证兑换。在不到 3 年的时间里，约翰 · 劳的"金融炼金术"让古老的法国诞生了第一家中央银行，并迅速从金属货币本位制转向彻底的信用货币或纸币本位制，那是当时全世界闻所未闻的惊人壮举。

创建信用货币或纸币本位制的中央银行，只是约翰 · 劳庞大金融梦想的序曲。基于他的信用理论和专制君主理论，约翰 · 劳告诉路易十六：君主的信用就是法国的信用，信用的本质就是动员资源的能力。国王将信用授予给皇家银行，让银行拥有凭空创造货币的能力，只是完美运用君主信用的第一步。法国不仅本土市场庞大，而且拥有广阔无边的海外殖民地，尤其是远在北美的路易斯安那（面积相当于今日美国的 1/4），拥有取之不尽、用之不竭的资源。倘若法国能够利用信用手段动员人力资源去开发路易斯安那，那将为王室创造无法想象的巨大财富。他建议国王批准他以荷兰东印度公司为蓝本创建一家公司，垄断法国与路易斯安那之间的贸易、全面负责路易斯安那的开发和内政管理。

约翰·劳开发密西西比河三角洲的宏伟方案立刻得到批准。1717 年，国王授权西部公司（The West Company）成立，经营期限 25 年，公司股权每股定价 500 利弗尔（当时的法国货币单位），国内外投资者皆可以自由购买，资本金上限确定为 1 亿利弗尔，是当时全世界资本金最庞大的公司。西部公司最初只拥有与路易斯安那贸易的完全垄断经营权。伴随着王室接二连三赋予该公司各种垄断权利，一系列眼花缭乱的兼并整合开始了。两年之后的 1719 年底，约翰·劳的西部公司已经成为无所不包、无所不能的巨无霸了（西部公司此时已经更名为密西西比公司，The Mississippi Company，从而成为金融危机或金融泡沫历史上一个不朽的名字）。

密西西比公司同时拥有如下经营特权：（1）垄断与路易斯安那的贸易、开发和内政管理权；（2）垄断法国与非洲的全部贸易（通过兼并之前存在专营非洲贸易的塞内加尔公司）；（3）垄断法国与印度、中国和其他亚洲各国的贸易；（4）负责征收所有与烟草买卖相关的一切税款或其他收入；（5）承包王室一切间接税和直接税的征缴；（6）获得政府铸币厂 9 年的经营权。

约翰·劳"金融炼金术"的第三大支柱当然就是活跃的股票交易。密西西比公司总部所在地，同时就是巴黎股票交易所。股票发行和交易规则自然完全出自约翰·劳的手笔。

凭借在阿姆斯特丹积累的宝贵经验，约翰 · 劳深知操纵股价的各种技巧：（1）让公司拥有别人难以企及的各种政府垄断特权。人们所能够想象到的垄断特权，密西西比公司几乎全部拥有。（2）向股民描绘充满想象力的美好前景。譬如他向股民宣告：一座崭新的都市已经巍然屹立于密西西比河河口，为了向奥尔良公爵致敬，城市取名新奥尔良！（当然，百多年后，新奥尔良的确成为美国的一座名城！）（3）许诺难以置信的高额回报。约翰 · 劳承诺密西西西西公司每年的投资回报不低于 40%！最初两年的确履行了承诺。当然，他自己控制着发钞银行，履行承诺易如反掌。（4）给股民融资，鼓励他们购买股票。他允许所有股民以密西西比公司的股票做抵押，向黄金银行申请贷款，再以贷款购买股票！

至此，约翰 · 劳“金融铁三角”的宏伟构想大功告成。著名金融史学家尼尔 · 弗格森如此描述约翰 · 劳的“金融经济帝国”：“约翰 · 劳好比独自一人同时掌控美国《财富》500 强、美联储和财政部”，当然还要包括最大的商业银行（约翰 · 劳的皇家银行同时具备中央银行和商业银行双重职能）和纽约股票交易所。约翰 · 劳对自己的成就颇为自豪：“人类以往的金融体系不过是一个简单的支付系统。我设计的金融体系却是一个环环相扣、相互支持的信用和财富创造机器，每一环节都源于牢不可破的基本原则。”

看似如此完美无缺的“金融铁三角”为什么会轰然垮台，制造出金融历史上赫赫有名的密西西比泡沫呢？要寻找答案，我们首先要解决两个基本问题：（1）路易十六王室为什么会相信约翰 · 劳的金融炼金术，从而给予他无条件的信任和支持？（2）约翰 · 劳所设计的金融帝国，究竟存在哪些根本缺陷？

约翰 · 劳的金融构想绝非毫无道理的胡说八道。当时，持续而深重的经济萧条困扰整个法国，经济萧条源自货币供应量不足，金属货币（黄金和白银铸币）严重短缺，通货紧缩，民生凋敝。经济萧条导致政府税收锐减，财政赤字高企，债台高筑，王室已经被迫宣布赖债和破产两次，约翰·劳来到法国的时候，路易十六王室正面临第三次破产和债务危机。

约翰·劳的金融思想可以同时解决法国政府面临的两大难题：（1）创造货币或增加货币供应量，以对付可怕的通货紧缩（现代经济学的术语是"重新通胀"）。发行信用货币或纸币，是当时唯一可行的途径（至少短期内如此）。创造货币和信用，确保货币信用的"弹性供给"，避免经济体系堕入通货紧缩深渊，那是中央银行最基本的职能。约翰·劳深刻认识到此一关键要点，不愧是现代中央银行理论和货币理论的先驱。（2）挽救法国债务危机。约翰·劳创建中央银行、商业银行和垄断性的庞大贸易公司，政府则可以将公债转化为银行和公司的股权（债转股），国债持有人自动成为银行和公司的股东，从而一举消除政府还本付息的沉重负担。公债投资者能够将低利息收入的债券转化为每年回报高达40%的公司股票，何乐而不为呢？（况且公司有政府垄断权的支持）。原则上，此一金融创新方案绝对可行。君不见，今日世界债转股的案例比比皆是，无日无之？（顺便说一句：国内有学者建议美国政府允许中国政府将持有的美国国债转化为某些美国公司的股权，即美国政府持有股份的公司股权。据说此创意得到前总统克林顿的响应。约翰·劳可谓国债转股的始祖）。

然而，恰如伟大革命导师列宁所说：真理向前一步就成为谬误。约翰·劳看似完美无缺的金融帝国，从一开始就有着难以克服的致命内伤。

（1）皇家银行钞票发行或货币供应量的扩张，没有任何约束规则。理论上，任何中央银行的基础货币或高能货币供应，总要遵守一个法则，否则必将失控。其一，规定钞票发行量必须具有贵金属储备支持（100%储备或部分储备）。约翰·劳银行最初也有此规定。其二，贴现商业票据以发行基础货币。其三，购买外汇储备（外国货币）以发行基础货币。其四，购买国债以发行基础货币。当然，每一个规则还必须辅助具体原则和比例。目的皆是为了控制基础货币供应量的无限制扩张。约翰·劳银行的基础货币扩张则是毫无约束。绝对权力导致绝对腐败，货币金融也不例外。

（2）中央银行和商业银行的功能混为一谈。中央银行的首要职能是根据经济需要调节货币供应量，商业银行的首要任务则是赢利。尽管世界上许多中央银行（包括阿姆斯特丹汇兑银行、英格兰银行和美联储）曾经都是私人持股银行，然而中央银行功能必须凌驾于私人股东利益之上，且有政府法律明文规定。约翰·劳的皇家银行则恰好颠倒过来。他大量发放贷款给客户购买股票，几乎没有任何规则约束其贷款行为。

（3）以美好愿景和高额回报诱骗投资者，这是一切“庞氏骗局”的共同特征。约翰·劳实乃金融历史上最大庞氏骗局的创造者。开发路易斯安那确实是前景广阔的事业，但那是100多年之后的事情了。其实，约翰·劳完全用不着许诺40%的回报来迷惑和欺骗投资者。密西西比公司拥有无限特权和垄断权，稍加管理和经营，完全有可能给投资者带来正常回报（至少短期如此）。然而，天生赌徒对于经营管理当然毫无兴趣。

（4）毫无限制增加股票发行量，为防止股价暴跌，则疯狂扩张信贷以支持股价。现代资本市场上，发行新股进行兼并收购乃平常事。简单的供求关系告诉我们：股票供应量持续增加，必然导致股价下跌，除非其他条件发生重大改变。约翰 · 劳的密西西比公司大量兼并其他公司，完全依靠新股。为了吸引投资者购买新股，他一方面继续许诺高额回报，一方面慷慨给股票投资者融资。被诱惑的投资者疯狂购买密西西比公司股票。股价从公司初创时的每股 500 利弗尔，不到两年时间，最高暴涨到 12 500 利弗尔，涨幅达 25 倍！尤其是 1719 年 8 月之后，当约翰 · 劳开始慷慨给投资者融资之后，股价在短短 4 个月时间里（1719 年 8 月 1 日~1719 年 12 月 2 日），从 2 750 利弗尔急速攀升到 12 500 利弗尔，4 个月涨幅接近 500%！为了在如此高位继续吸引投资者购买，约翰 · 劳甚至宣布公司将维持最低股价 9 000 利弗尔，低于此价格则无限量回购！惊天大泡沫终于吹到极致。

与此同时，无限制扩张货币供应量的恶性后果迅速显现。法国竟然从恶性通货紧缩迅猛演变为恶性通货膨胀。如此结果毫不奇怪。从 1716 年 5 月约翰 · 劳的银行创建到 1720 年 5 月，每年物价上涨幅度皆超过 50%。纸币发行量每年增速超过 100%。4 年时间里，纸币发行量就超过之前金属货币供应量（黄金和白银）的 4 倍还多！

如此猛烈的货币扩张，货币贬值和恶性通胀在所难免。“劣币驱逐良币”的格雷欣定律发生作用，金属货币退出流通，并开始大量流出国门；公众要求皇家银行履行纸币兑换金属货币的最早承诺。约翰 · 劳和路易十六王室为了压制公众情绪，稳定货币局势，使出浑身解数。（1）禁止黄金和白银出口，禁止生产黄金和白银物品。（2）公民不得持有超过 500 利弗尔的金属货币。为实施此一荒唐命令，政府甚至派人大规模搜查民宅，愤怒的伏尔泰痛斥“这是人间最不公正的法令，是专制政权最极端的荒谬行为”。（3）随意强行调节纸币与金属货币之间的兑换率，从 1719 年 9 月到 1720 年 12 月间，黄金价格改变 28 次，白银价格改变 35 次，目的是为了让纸币更具吸引力，黑市投机达到疯狂程度。(4)政府朝令夕改。头天允许黄金白银出口，第二天又禁止；今天说要控制纸币发行量，明天又开始肆意印钞；今天说维持密西西比公司股价 9 000 利弗尔以上，明天就反悔。

恶性通胀、股市泡沫、政策混乱，再难以想象比这还要糟糕的金融局面了。1719 年 12 月，当密西西比公司股价攀高到 12 500 利弗尔之时，泡沫拐点终于到来，投机情绪即刻从狂热转向恐慌。从 1719 年 12 月 2 日到 1720 年 5 月 31 日，股价直线下跌到 4 200 利弗尔，跌幅接近 70%！公众玩儿命抛售股票，皇家银行都来不及印制钞票支付投资者（1720 年 2 月 22 日，约翰 · 劳采取了最后的疯狂之举：密西西比公司干脆收购了皇家银行），尽管钞票早已急剧贬值。愤怒的投资者用石头砸坏银行大楼窗户。无数投资者血本无归（好多投资者是卖掉房产和其他资产来购买密西西比公司股票的，包括许多王公贵族）。1720 年 5 月 29 日，议会强烈谴责约翰 · 劳制造金融乱局，宣布立刻解除他的职务，并实施软禁。几天后，皇家银行宣布倒闭。

非常具有讽刺意味的是：软禁约翰 · 劳无法避免法国金融体系的全面崩溃，王室竟然不得不再次请他出山，希望他有什么锦囊妙计可以挽狂澜于既倒。约翰 · 劳以临时商业总监的身份再度出掌密西西比公司，股价竟然反弹高达 30%。然而，青山遮不住，毕竟东流去。返照的回光很快熄灭。1720 年 9 月，股价跌落到 2 000 利弗尔，12 月，跌落到 1 000 利弗尔。谁也挡不住市场恐慌的全面降临，王国金融体系轰然崩溃。10 月 10 日，路易十六王室被迫再度实施金属货币本位制。几个月后，密西西比公司寿终正寝。金融历史上著名的密西西比泡沫彻底破灭。

约翰 · 劳在法国国民的痛骂和媒体的嘲讽声中，黯然离去。临走时，他沉痛地向奥尔良公爵倾诉："尊敬的公爵，我知道我闯下大祸。我之所以闯下大祸，因为我也是人，而所有人都难免犯错。但是，我要郑重向您保证：我犯错绝不是因为我心存歹意或刻意欺骗。我保证我的所作所为没有丝毫的恶意和欺骗。”

密西西比泡沫破灭给法国货币、金融、经济体系以毁灭性打击，其影响深远而持久。无数投资者的财富付诸东流，最后一贫如洗，包括许多王室成员。回归金属货币本位制之后，国家重新陷入通货紧缩和经济萧条。货币信用制度和资本市场停止运转达数十年。王室财政长期捉襟见肘，一次又一次的货币和金融改革尝试均告失败。最终，法国王室财政破产，深陷债务危机难以自拔。王室财政破产直接导致了改变欧洲命运的法国大革命。

约翰·劳和密西西比泡沫给我们深入研究金融危机和资产价格泡沫形成到破灭的内在机制提供了最佳范本。科学研究的最佳案例往往是事物最极端和最纯粹的状态。密西西比泡沫就是资产价格泡沫兴起和破灭的最极端和最纯粹的经典案例。它以最直接最鲜明的方式证明了一个基本的真理：无论何时何地，金融危机或资产价格泡沫都是一个信用现象。换言之，所有经济周期的根源，皆是信用的扩张。没有快速或偏离正常需求的信用扩张，资产价格泡沫和金融危机不可能发生。此乃经济学和金融学最基本的结论之一。

密西西比泡沫给我们最深刻的启示是：要系统解释历史上曾经出现的资产价格泡沫和金融危机，我们必定要追溯危机发生前的信用扩张根源和扩张历程，唯其如此，我们才有可能给金融危机和经济周期以统一而简单的解释。要推测未来将要发生的资产价格泡沫和金融危机，我们必须高度关注和量度经济体系信用指标的变化。经济体系的运行有其内在规律。严重偏离实体经济需求的信用快速扩张，必定诱发资产价格泡沫和泡沫破灭危机，这是经济体系内在规律最重要的特征之一。

后 记

The New Capitalism

2009年7月初，我再次来到意大利北部的迷人小城西耶纳，参加蒙代尔主持的国际货币圆桌会议（朋友们称之为“神仙会”）。地点是小城郊外的蒙代尔庄园，那是一座具有800年历史的城堡。古堡幽深，林木葱郁，分外静谧和庄严，是思想者的好去处。自1971年蒙代尔首创，“神仙会”早已闻名遐迩，每逢聚会，高朋满座，胜友云集。年轻学子有机会见到那些传说中的神奇人物，与他们把酒言欢，纵论天下。

适逢全球金融海啸爆发一周年，2009年的会议主题确定为“国际货币体系和全球金融危机”。也就是在那次会议上，我首次比较系统地阐述了我对全球经济失衡和金融危机根源的看法。

当时我是这样说的：“大家讨论全球经济失衡和金融危机的根源，焦点往往集中在顺差国家和逆差国家的贸易收支失衡，以及债权国家和债务国家的债务和债权失衡。这些失衡虽然客观存在，却只是表面现象。

“我以为全球经济的真正失衡在于另外三方面：一是全球范围的虚拟经济和实体经济加速背离，即虚拟经济和实体经济加速失衡；二是全球金融货币中心和制造业中心加速背离，货币金融中心国家和地区的制造业日益空心化，制造业中心国家和地区却没有货币金融的主导权，没有产品和资源的定价权；三是各国政府和中央银行的宏观经济政策日益丧失独立性，主权国家宏观经济政策的效果日益下降，国际货币金融市场对全球经济的影响力日益上升。全球经济最主要的失衡，是虚拟经济和实体经济加速背离，虚拟经济脱离实体经济，自我循环，自我膨胀，与此同时，实体经济却持续深陷衰退和低速增长。"

我发言之后，蒙代尔立刻回应："松祚，你阐述的观点有趣而重要。我始终认为，过去数十年来金融危机之所以频繁爆发，汇率急剧波动是主要原因。去年发生的全球金融海啸，实际上就是美元—欧元汇率急剧动荡所引发的。浮动汇率是国际货币体系非常不幸的发展。遗憾的是我们当年挽救布雷顿森林体系的努力没有取得成功。如果当时各国愿意做出更多妥协，固定汇率体系原本是能够生存下来的。"

我答："我完全同意您关于浮动汇率引发全球金融动荡和金融危机的观点，不过我认为布雷顿森林固定汇率体系必然崩溃，无可挽回。"

蒙代尔："任何国际货币体系都是人为思想和设计的产物，布雷顿森林体系虽然具有内在缺陷，但并不意味着必然要崩溃。如果当时能够尽早提高黄金价格，或者尽早分配更多的特别提款权，或者各国愿意集体协调汇率的调整，固定汇率体系是可以继续生存下来的。我们也就不会经历那么多的金融危机，就不会有2008年的全球金融海啸了。"

蒙代尔长篇大论之后，与会的众多资深学者纷纷举手发言。大家围绕布雷顿森林体系是否必然崩溃，当时挽救固定汇率体系的各种措施有何不妥，汇率动荡究竟是不是导致金融危机的主要原因等问题，有的阐释理论，有的回忆历史，有的列举数据，各抒己见，精彩纷呈。

参加蒙代尔做东的会议，品尝美食和美酒是最令人神往的节目。意大利美食举世知名，西耶纳小城有几家著名餐厅，独具韵味，风格别致。富饶的托斯卡纳平原盛产上等美酒，是全球著名的红酒之乡，据说是欧洲红酒的发源地。美酒飘香，议论风生，晚宴上争辩的精彩程度一点儿不亚于白天的正式会议。酒过三巡之后，蒙代尔对我说："松祚，你应该将白天谈的想法写成正式论文，能够模型化更好。如果你写出来，明年开会我们可以专题讨论你的论文。"我答应有信心一试。

这次对话是我思考和写作本书的起点，它源自蒙代尔的启发和勉励。后来我写了正式论文，也做了初步模型化的工作。但是必须承认，我的工作没有达到教授的要求，有负老人家的期待。蒙代尔是思想大师，也是数学高手。我不擅长数学模型，偏爱历史和哲学。本书是我过去 6 年思考的一个总结，谨此献给蒙代尔教授，衷心祝愿他老人家健康长寿！

致谢

The New Capitalism

首先感谢蒙代尔教授和张五常教授，二师是我最尊重和最喜欢的前辈大师。每次见面叙谈，都能从两位前辈那里获得新的启迪和灵感。两位前辈对我的问题总是不厌其烦地详细解释。有幸与二师相识，感受学问的美妙和崇高，品味生命的丰富和惬意，人生若此，于愿足矣。

特别感谢中国农业银行的各位领导：蒋超良董事长、张云行长、车迎新监事长、郭浩达副行长、蔡华相副行长、楼文龙副行长、龚超副行长、王伟副行长、李振江副行长。他们邀请我担任中国农业银行首席经济学家，给我提供了弥足珍贵的调研学习机会。中国农业银行的许多同事给我的工作以大力支持和帮助，再次深表谢意！

特别感谢中国人民大学国际货币研究所的各位领导和同事：潘功胜教授、陈雨露教授、张之骧教授、魏本华教授、郭庆旺教授、张杰教授、赵锡军教授、瞿强教授、涂永红教授、曹彤所长、刘珺博士、赵海英博士、宣昌能博士、张晓朴博士、贲圣林博士、宋科博士。大家共同创立中国人民大学国际货币研究所，为我们深入研究国际货币体系和全球经济体系提供了最佳平台。各位教授和同事的研究成果和真知灼见，让我获益良多。

特别感谢中信出版社卢俊先生。没有他的不断激励和辛勤工作，本书不可能顺利出版。本书写作过程中，张希、宋姗姗、许元荣、杨丰、陈佳帮助收集和整理数据，在此一并致谢。

参考文献

The New Capitalism

中文文献

1.（印）阿比吉特 · 班纳吉、（法）埃斯特 · 迪弗洛，《贫穷的本质——我们为什么摆脱不了贫穷》（中译本，景芳译），中信出版社，2013 年。

2.（美）洛威尔 · 布莱恩和戴安娜 · 法雷尔，《无疆界市场》，汪仲译，台湾时报文化出版企业股份有限公司，1997 年。

3.（法）费尔南 · 布罗代尔，《15 至 18 世纪的物质文明、经济和资本主义》（第三卷《世界的时间》）（中译本），施康强、顾良译，生活 · 读书 · 新知三联书店，2002 年。

4. 陈雨露、马勇，《大金融论纲》，中国人民大学出版社，2013 年。

5. 邓小平，《邓小平文选》，中共中央文献编辑委员会编辑，人民出版社，1995 年。

6.（英）尼尔 · 弗格森，《帝国》（中译本），中信出版社，2012 年。

7.（美）傅高义，《邓小平时代》（中译本），冯克利译，生

活 · 读书 · 新知三联书店，2013 年。

8. 高粱，《中国装备制造业的自主创新和产业升级》，知识产权出版社，2011 年。

9.（美）威廉 · 戈兹曼、哥特 · 罗文霍斯特，《价值起源》（中译本），王宇、王文玉译，万卷出版公司，2010 年。

10. 黄达，《与货币银行学结缘六十年》，中国金融出版社，2010 年。

11.（美）罗纳德 · 哈里 · 科斯、王宁，《变革中国》，中信出版社，2013 年。

12.（英）约翰 · 雷，《亚当 · 斯密传》（中译本），周祝平、赵正吉译，华夏出版社，2008 年。

13. 刘珺，《金融论衡》，中国金融出版，2012 年。

14.（德）马克思、恩格斯，《共产党宣言》，中央编译出版社，1998 年。

15.（德）马克思、恩格斯，《马克思恩格斯全集》，中共中央马克思恩格斯列宁斯大林著作编译局编译，人民出版社，2008 年。

16.（德）马克思，《资本论》（第一卷），中共中央马克思恩格斯列宁斯大林著作编译局译，人民出版社，2004 年。

17.（美）彼得 · 马什，《新工业革命》（中译本），中信出版社，2013 年。

18.（英）戴维 · 马什，《欧元的故事》（中译本），向松祚、宋姗姗译，机械工业出版社，2012 年。

19.（英）安格斯 · 麦迪森，《世界经济千年史》，伍晓鹰、许宪春、叶燕斐、施发启译，北京大学出版社，2003 年。

20.（英）戴维 · 麦克莱伦《马克思传》（中译本），王珍译，中国人民大学出版社，2006 年。

21. 毛泽东，《毛泽东文集》，中共中央文献研究室编，人民出版社，1996 年。

22.（美）罗伯特 · 蒙代尔，《蒙代尔经济学文集》（六卷本），向松祚译，中国金融出版社，2003 年。

23. 牟宗三，《从陆象山到刘蕺山》，吉林出版集团，2010 年。

24. 牟宗三，《中国哲学的特质》，吉林出版集团，2010 年。

25. 牟宗三，《中国哲学十九讲》，上海古籍出版社，2005 年。

26. 南怀瑾，《易经系传别讲》，复旦大学出版社，2002 年。

27. 南怀瑾，《易经杂说》，复旦大学出版社，2002 年。

28. 潘功胜，《大行蝶变》，中国金融出版社，2011 年。

29.（美）彭慕兰《大分流——欧洲、中国及现代世界经济的发展》（中译本），史建云译，江苏人民出版社，2010 年。

30.（美）伊 · 普里戈金、伊 · 斯唐热，《从混沌到有序：人与自然的新对话》（中译本），曾庆宏、沈小峰译，上海译文出版社，1987 年。

31.（美）瑟夫 · E · 斯蒂格利茨，《自由市场的坠落》，李俊青、杨玲玲译，机械工业出版社，2011 年。

32.（美）乔治 · 索罗斯，《超越金融：索罗斯的哲学》（中译本），中信出版社，2010 年。

33.（英）阿代尔 · 特纳，《危机后的经济学：目标和手段》（中译本），曲昭光、李伟平译，中国人民大学出版社，2014 年。

34.（美）米歇尔 · 沃尔德罗普，《复杂——诞生于秩序与混沌边缘的科学》，生活 · 读书 · 新知三联书店，1997 年。

35. 吴敬琏，《论竞争性市场体制》，广东经济出版社，1998 年。

36.（美）罗伯特·席勒，《新金融秩序——如何应对不确定的金融风险》（中译本），束宇译，中信出版社，2014 年。

37. 向松祚，《争夺制高点——全球大变局下的中国金融战略》，中国发展出版社，2013 年。

38. 向松祚、邵智宾编著，《伯南克的货币理论和政策哲学》，北京大学出版社，2008 年。

39. 向松祚，《不要玩弄汇率》，北京大学出版社，2006 年。

40. 向松祚，《汇率危局——全球流动性过剩的根源和后果》，北京大学出版社，2007 年。

41. 熊十力，《读经示要》，上海书店出版社，2009 年 7 月。

42. 熊十力，《新唯识论》，商务印书馆，2010 年 12 月。

43.（美）杨振宁，《杨振宁文录——一位科学大师看人与这个世界》，海南出版社，2002 年。

44. 张五常，《多难登临录》，中信出版社，2009 年。

45. 张五常，《货币战略论——从价格理论看中国经验》，中信出版社，2010 年。

46. 张五常，《经济解释》（四卷本），香港花千树出版有限公司，2010 年。

47. 张五常，《卖桔者言》，《信报》出版，1984 年。

48. 张五常，《中国的经济制度》，中信出版社，2009 年。

49. 张宇燕、高程，《美洲金银和西方世界的兴起》，中信出版社，2004 年。

50. 张宇燕，《经济增长和制度选择》，中国人民大学出版社，1992 年。

51. 朱宁，《投资者的敌人》，中信出版社，2014 年。

52. 杰里米·里夫金、特德·霍华德，《熵：一种新的世界观》，上海译文出版社，1987 年。

53. 杰里米 · 里夫金,《第三次工业革命》，中信出版社，2012 年。

54. （德）奥斯瓦尔德 · 斯宾格勒,《西方的没落》，陕西师范大学出版社，2008 年。

英文文献

1. Liaquat Ahamed, *Lords of Finance—The Bankers Who Broke the World*. The Penguin Press, 2009.

2. George A. Akerlof and Robert J. Shiller, *Animal Spirits: How Human Psychology Drives the Economy, and Why It Matters for Global Capitalism*, Princeton University Press, 2009.

3. Economic Forces at Work, *Selected Works by Armen A. Alchian*, Liberty Press, 1977.

4. *Nobel Lectures: Economic Sciences 1981–1990*, edited by Sture Allen, World Scientific Publishing Co. Pte Ltd., 1994.

5. Polly Reynolds Allen and Peter B. Kenen, *Asset Markets and Exchange Rates: Modeling an Open Economy*, Cambridge University Press, 1985.

6. Robert Loring Allen, *Irving Fisher: A Biography*, Blackwell, 1993.

7. Kenneth J. Arrow and David Pines, *The Economy as An Evolving Complex System*, edited by Philip W. Anderson, Westview Press, 1988.

8. Kenneth J. Arrow, *Collected Papers of Kenneth J. Arrow, Volume 3: Individual Choice under Certainty and Uncertainty*, The Belknap Press of

Harvard University Press, 1984.

9. Gary S. Becker, *Human Capital: A Theoretical and Empirical Analysis with Special Reference to Education*, Third Edition, The University of Chicago Press, 1993.

10. Ben S. Bernanke and Michael Woodford(editors), *The Inflation-Targeting Debate*, The University of Chicago Press, 2006.

11. Ben S. Bernanke, *The Federal Reserve and the Financial Crisis*, Princeton University Press, 2013.

12. Ben S. Bernanke, Thomas Laubach, Frederic S. Miskin, and Adam S. Posen(editors), *Inflation Targeting: Lessons from International Experiences*, Princeton University Press, 1999.

13. Peter L. Bernstein, *Capital Ideas: The Improbable Origins of Modern Wall Street*, The Free Press, 1992.

14. Olivier J. Blanchard David Romer Michael Spence and Joseph E. Stiglitz, *In the Wake of the Crisis: Leading Economists Reassess Economic Policy*, MIT Press, 2012.

15. Eugen V Bohm-Bawerk, *The Positive Theory of Capital*, Macmillan & Co. Ltd., 1891.

16. Michael D. Bordo and Anna J. Schwartz(editors), A *Retrospective on the Classical Gold Standard, 1821–1931*, The University of Chicago Press, 1984.

17. Michael D. Bordo and Barry Eichengreen, *A Retrospective on the Bretton Woods System: Lessons for International Monetary Reform*. The University of Chicago Press, 1993.

18. Michael D. Bordo and William Roberts(editors), *A Return to*

Jekyll Island: The Origins, History, and Future of the Federal Reserve, Cambridge University Press, 2013.

19. Karl Brunner and Allan H. Meltzer, *Money and the Economy: Issues in Monetary Analysis*, Cambridge University Press, 1993.

20. Robert F. Bruner and Sean D. Carr, *The Panic of 1907: Lessons learned from the Market's Perfect Storm*, John Wiley & Sons, Inc., 2007.

21. Money, *Capital Mobility, and Trade: Essays in Honor of Robert Mundell*, edited by Guillermo A. Calvo, Rudi Dornbusch and Maurice Obstfeld, The MIT Press, 2001.

22. Alfred D. Chandler Jr., *Scale and Scope: The Dynamics of Industrial Capitalism*. The Belknap Press of Harvard University Press, 1990.

23. Alfred D. Chandler Jr., *Strategy and Structure: Chapters in the History of the Industrial Enterprise*. MIT Press., 1962.

24. Alfred D. Chandler Jr., *The Visible Hand: The managerial Revolution in American Business*. The Belknap Press of Harvard University Press, 1977.

25. Ron Chernow, *Alexander Hamilton*, Penguin Press, 2004.

26. Ron Chernow, *The Death of the Banker: The Decline and Fall of the Great Financial Dynasties and the Triumph of the Small Investor*, Vintage Books, 1997.

27. Ron Chernow, *The Warburgs: The Twentieth-Century Odyssey of a Remarkable Jewish Family*, Vintage Books, 1994.

28. Ron Chernow, *The House of Morgan: An American Banking Dynasty and the Rise of Modern Finance*, Simon & Schuster, 1989.

29. *G7 Current Account Imbalance: Sustainability and Adjustment*,

edited by Richard H. Clarida, University of Chicago Press, 2007.

30. Ronald H. Coase, *The Firm, The Market and The Law*, The University of Chicago Press, 1988.

31. Joshua Coval, Jakub Jurek, and Erik Stafford, "The Economics of Structured Finance," *The Journal of Economic Perspectives*, Winter 2009.

32. Gerald F. Davis, *Managed by the Markets: How Finance Re-shaped America*, Oxford University Press, 2009.

33. Paul Davison, *Money and the Real World*, John Willey & Sons, 1972.

34. Thomas I. DiLorenzo, *Hamilton's Curse: How Jefferson's Archenemy Betrayed the American Revolution and What It Means for Americans Today*, Crown Forum, 2008.

35. Richard Duncan, *The Dollar Crisis: Causes, Consequences, Cures*, John Wiley & Sons, 2005.

36. Barry Eichengreen, *Exorbitant Privilege: The Rise and Fall of the Dollar and the Future of the International Monetary System*, Oxford University Press, 2011.

37. Barry Eichengreen, *Global Imbalance and the Lessons of Bretton Woods*, The MIT Press, 2010.

38. Barry Eichengreen, *Golden Fetters: The Gold Standard and the Great Depression 1919–1939*, Oxford University Press, 1995.

39. John King Fairbank and Merle Goldman, *China: A New History*, Enlarged Edition, The Belknap Press of Harvard University Press, 1998.

40. Niall Ferguson, *Civilization: The West and the Rest*, Penguin Books, 2012.

41. Niall Ferguson, *Empire: The Rise and Demise of the British World Order and the Lessons for Global Power*, Basic Books, 2004.

42. Niall Ferguson, *The Ascent of Money: A Financial History of the World*, Penguin Press, 2008.

43. Niall Ferguson, *The Great Degeneration: How Institutions Decay and Economies Die*, Penguin Books, 2014.

44. Niall Ferguson, *The House of Rothschild: Volume 1: Money's Prophets: 1798–1848*, Penguin Press, 1999.

45. Niall Ferguson, *The House of Rothschild: Volume 2: The World's Banker: 1849–1999*, Penguin Press, 1999.

46. Irving Fisher, *The Nature of Capital and Income*, The Macmillan Company, 1906.

47. Irving Fisher, *The Purchasing Power of Money: Its Determination and Relation to Credit and Crisis*, August M. Kelley, Bookseller, 1963.

48. Irving Fisher, *The Theory of Interest*, the Macmillan Company, 1930.

49. Justin Fox, *The Myth of the Rational Market: A History of Risk, Reward, and Delusion on Wall Street*, Harper Business, 2009.

50. Jacob A. Frenkel and Harry G. Johnson, *The Economics of Exchange Rates: Selected Studies*, Addison-Wesley publishing Company, 1978.

51. Milton Friedman and Anna Schwatz, *A Monetary History of United States*, Princeton University Press, 1971.

52. Milton Friedman and Rose Friedman, *Free to Choose: A Personal Statement*, Mariner Books, 1990.

53. Milton Friedman, *Capitalism and Freedom*, University Of Chicago Press, 2002.

54. Milton Friedman, *Essays in Positive Economics*, The University of Chicago Press, 1953.

55. Milton Friedman, *Money Mischief: Episodes in Monetary History*, Mariner Books, 1994.

56. Milton Friedman, *The Optimum Quantity of Money and Other Essays*, Aldine Publishing Company, 1969.

57. *What Caused the Financial Crisis*, edited by Jeffrey Friedman, University of Pennsylvania Press, 2011.

58. Francesco Giavazzi and Alberto Giovannini, *Limiting Exchange Rate Flexibility: The European Monetary System*, The MIT Press, 1989.

59. Claudia Goldin and Lawrence F. Katz, *The Race Between Education and Technology*, The Belknap Press of Harvard University Press, 2008.

60. *Milton Friedman's Monetary Framework: A Debate with His Critics*, edited by Robert J. Gordon, The University of Chicago Press, 1974.

61. Alan Greenspan, *Never Saw It Coming: Why the Financial Crisis Took Economists by Surprise*, Foreign Affairs November/December 2013.

62. Alan Greenspan, *The Age of Turbulence: Adventure in a New World*, Penguin Press, 2007.

63. Alan Greenspan, *The Map and the Territory: Risk, Human Nature and the Future of Forecasting*, The Penguin Press, 2013.

64. Robin Greenwood and David Scharfstein, "The Growth of Finance", *The Journal of Economic Perspectives*, Spring 2013,pp.18–22.

65. F. A. Hayek, *The Road to Serfdom: Text and Documents—The Definitive Edition* (The Collected Works of F. A. Hayek, Volume 2), University Of Chicago Press, 1944.

66. F. A. Hayek, "The Constitution of Liberty: The Definitive Edition",*The Collected Works of F. A. Hayek*, University Of Chicago Press, 1960.

67. F. A. Hayek, "The Fatal Conceit: The Errors of Socialism", *The Collected Works of F. A. Hayek*, University Of Chicago Press, 1989.

68. Robert L. Heilbronker, *The Worldly Philosophers: The Lives, Times, and Ideas of the Great Economic Thinkers*, Simon & Schuster, 1999.

69. J. A. Hobson, *Imperialism: A Study*, Cosimo, Inc., 2005.

70. Robert D. Hormats, *The Price of Liberty: Paying for America's Wars from the Revolution to the War on Terror*, Times Books, 2007.

71. Stuart A. Kauffman, *Reinventing the Sacred: A New View of Science, Reason, and Religion*, Basic Books, 2008.

72.Henry Kaufman, *The Road to Financial Reformation: Warning, Consequences, Reforms*, John Wiley & Sons, Inc. 2009.

73. John M. Keynes, *A Tract on Monetary Reform*, Prometheus Books, 2000.

74. John M. Keynes, *The Economic Consequences of the Peace*, Penguin Books, 1995.

75. John M. Keynes, *The General Theory of Employment, Interest and Money*, Macmillan & Co. Ltd., 1936.

76. Charles P. Kindleberger, *The World in Depression: 1929–1939*, University of California Press, 1986.

77. Andrei A. Kirilenko and Andrew W. Lo, "Moore's Law versus Murphy's Law: Algorithmic Trading and Its Discontents", *Journal of Economic Perspective*, Spring 2013.

78. Frank H. Knight, Risk, *Uncertainty and Profit*, Beard Books, 2002.

79. Frank H. Knight, *Selected Works by Frank H. knight:" What is Truth" in Economics*, edited by Ross B. Emmett, The University of Chicago Press, 1999.

80. Frank H. Knight, *Selected Works by Frank H. Knight: Laise-Faire: Pro and Con*, edited by Ross N. Emmett, The University of Chicago Press, 1999.

81. Frank H. Knight, *The Ethics of Competition*, Transaction Publishers, 1997.

82. Richard C. Koo, *The Holy Grail of Macroeconomics: Lessons from Japan's Great Recession*, John Wiley & Sons Inc., 2008.

83. David S. Landes, *The Unbound Prometheus: Technological Change and Industrial Development in Western Europe from 170 to the Present*, Cambridge University Press, 2003.

84. *Nobel Lectures: Economic Sciences 1969–1980*, edited by Assar Lindbeck, World Scientific Publishing Co Pte Ltd., 1992.

85. James Livingston, *Origins of the Federal Reserve System: Money, Class, and Corporate Capitalism 1890–1913*, Cornell University Press, 1986.

86. Robert E. Lucas, Jr., *Studies in Business-Cycle Theory*, The MIT Press, 1981.

87. Friedrich A. Lutz, *The Theory of Interest*, Aldine Publishing Company, 1967.

88. Burton G. Malkiel, "Asset Management Fees and the Growth of Finance," *The Journal of Economic Perspectives*, Spring 2013.

89. *New Keynesian Economics, Volume 1, Imperfect Competition and Sticky Prices*, edited by N. Gregory Mankiw and David Romer, MIT Press, 1991.

90. *New Keynesian Economics, Volume 2, Coordination Failures and Real Rigidities*, edited by N. Gregory mankiw and David Romer, MIT Press, 1991.

91. David Marsh, *The Euro: The Politics of The New Global Currency*, Yale University Press, 2009.

92. Peter Marsh, *New Industrial Revolution: Consumers, Globalization and the End of Mass Production*, Yale University Press, 2012.

93. Karl Marx, *Capital*, Volume I, Penguin Classics, 1990.

94. Karl Marx, *Capital*, Volume II, Penguin Classics,1992.

95. Karl Marx, *Capital*, Volume III, Penguin Classics, 1991.

96. Thomas K. McCraw, *Creating Modern Capitalism: How Entrepreneurs, Companies, and Countries Triumphed in Three Industrial Revolutions*. Harvard University Press, 1997.

97. Thomas K. McCraw, *Prophet of Innovation: Joseph Schumpeter and Creative Destruction*, The Belknap Press of Harvard University Press, 2007.

98. Thomas K. McCraw, *The Founders and Finance: How Hamilton,*

Gallatin, and Other Immigrants Forged a New Economy. The Belknap Press of Harvard University Press, 2012.

99. Lawrence G. McDonald and Patrick Robinson, *A Colossal Failure of Common Sense: The Inside Story of the Collapse of Lehman Brothers*, Crown Business, 2009.

100. Warwick J. McKibbin and Jeffrey D. Sachs, *Global Linkages: Macroeconomic Interdependence and Cooperation in the World Economy*, The Brookings Institute, 1991.

101. Ronald I. McKinnon and Kenichi Ohno, *Dollar and Yen: Resolving Economic Conflict between United States and Japan*, The MIT Press, 1997.

102. Ronald I. McKinnon, *Exchange Rates Under the East Asian Dollar Standard: Living with Conflicted Virtue*, The MIT Press, 2005.

103. Ronald I. McKinnon, *Money in International Exchange: The Convertible Currency System*, Oxford University Press, 1979.

104. Ronald I. McKinnon, *The Order of Economic Liberalization: Financial Control in the Transition to A Market Economy*, The John Hopkins University Press, 1993.

105. Ronald I. McKinnon, *The Rules of The Game: International Money and Exchange Rates*, The MIT Press, 1997.

106. Alan Meltzer, *A History of Federal Reserve, Volume I: 1913-1951*. The University of Chicago Press, 2003.

107. Alan Meltzer, *A History of Federal Reserve, Volume II: Book I,1954-1969*, The University of Chicago Press, 2009.

108. Alan Meltzer, *A History of Federal Reserve, Volume II: Book*

II,1970-1986, The University of Chicago Press, 2009.

109. Hyman P. Minsky, "Can 'It' Happen Again?" *Essays on Instability and Finance*, M. E. Sharpe, Inc., 1982.

110. Hyman P. Minsky, *John Maynard Keynes*, McGraw-Hill, 2008.

111. Hyman P. Minsky, *Stabilizing an Unstable Economy*, McGraw Hill, 2008.

112. Franco Modigliani, *Adventures of an Economist*, Texere, LLC. 2001.

113. Robert A. Mundell and Alexander K. Swoboda, *Monetary Problems of the International Economy*, The University of Chicago Press, 1969.

114. Pierre-Olivier Gourinchas and Helene Rey, "From World Banker to World Venture Capitalist: US External Adjustment and the Exorbitant Privilege," NBER Paper.

115. Mancur Olson, *The Logic of Collective Action: Public Goods and the Theory of Groups*, Harvard University Press, 1965.

116. Mancur Olson, *The Rise and Decline of Nations: Economic Growth, Stagflation and Social Rigidities*, Yale University Press, 1982.

117. Kenichi Ohmae, *The End of the Nation State: The Rise of Regional Economies*, McKinsey & Company, Inc., 1995.

118. Don Patinkin, *Keynes' Monetary Thought: A Study of Its Development*, Duke University Press, 1976.

119. Don Patinkin, *Money, Interest, and Prices: An Integration of Monetary and Value Theory*, Second Edition, Harper & Row, 1965.

120. Henry M. Paulson, Jr., *On the Brink: Inside the Race to Stop the*

Collapse of the Global Financial System, Business Plus, 2010.

121. *Nobel Lectures: Economic Sciences 1991–1995*, Edited by Torsten Persson, World Scientific Publishing Co. Pte Ltd., 1997.

122. Edmund S. Phelps, *Microeconomic Foundations of Employment and Inflation Theory*, W. W. Norton & Company Inc., 1970

123. Thomas Philippon and Ariell Reshef, " An International Look at the Growth of Modern Finance, "*The Journal of Economic Perspectives*, Spring 2013.

124. Thomas Piketty, *Capital in the Twenty-First Century*, Translated by Arthur Goldhammer, The Belknap Press of Harvard University Press, 2014.

125. Karl Polanyi, *The Great Transformation—The Political and Economic Origins of Our Time*, Rinehart & Company, 1957.

126. Donald Rapp, Bubbles, *Booms and Busts: The Rise and Fall of Financial Assets*, Copernicus Books, 2009.

127. John Rawls, *A Theory of Justice*, Revised Edition, The Belknap Press of Harvard University Press, 1999.

128. Colin Read, *Global Financial Meltdown: How We Can Avoid the Next Economic Crisis*, Palgrave Macmillan, 2009.

129. Carmen M. Reinhart and Kenneth S. Rogoff, *This Time is Different: Eight Centuries of Financial Folly*, Princeton University Press, 2009.

130. Jeremy Rifkin, The *Third Industrial Revolution: How Lateral Power Is Transforming Energy, the Economy, and the World.* Palgrave Macmillan, 2011.

131. Murray N. Rothbard, *A History of Money and Banking in the United States: The Colonial Era to World War II*, Ludwig Von Mises Institute, 2005.

132. Jeffrey Sachs, *The End of Poverty: Economic Possibilities for Our Time*, Penguin Audio, 2008.

133. Robert J. Samuelson, *The Great Inflation and Its Aftermath: The Past and Future of American Affluence*, Random House, 2008.

134. Joseph A. Schumpeter, *Business Cycles: A Theoretical , Historical, and Statistical Analysis of the Capitalist Process*, Volume I and II. Martino Publishing, 2005.

135. Joseph A. Schumpeter, *Capitalism, Socialism and Democracy*, Harper & Brothers, 1942.

136. Joseph A. Schumpeter, *Essays on Entrepreneurs, Innovations, Business Cycles, and the Evolution of Capitalism*, Transaction Publishers, 2003.

137. Joseph A. Schumpeter, *History of Economic Analysis*, Oxford University Press, 1994.

138. Joseph A. Schumpeter, *Ten Great Economists: From Marx to Keynes*. Simon Publications, Inc., 2003.

139. Joseph A. Schumpeter, *The Theory of Economic Development*, Harvard University Press, 1934.

140. Amartya Sen, *Choice, Welfare, and Measurement*, Harvard University Press, 1982.

141. Amartya Sen, *Development as Freedom*, Oxford University Press, 1999.

142. Amartya Sen, *Inequality Reexamined*, Harvard University Press, 1992.

143. Amartya Sen, *Poverty and Famines: An Essay on Entitlement and Deprivation*, Oxford University Press, 1981.

144. Amartya Sen, *Resources, Values, and Development*, Harvard University Press, 1984.

145. Amartya Sen, *Rationality and Freedom*, The Belknap Press of Harvard University Press, 2002.

146. William L. Silber, *When Washington Shut Down Wall Street: The Great Financial Crisis of 1914 and the Origins of America's Monetary Supremacy*, Princeton University, 2007.

147. Robert J. Shiller, *The Subprime Solution: How Today's Global Financial Crisis Happened, and What to Do About It*, Princeton University Press, 2008.

148. Robert Skidelsky, *John Maynard Keynes, Fighting for Freedom, 1937–1946*, Penguin Group, 2000.

149. Robert Skidelsky, John Maynard Keynes, *Hopes Betrayed: 1883–1920*, Penguin Books, 1994.

150. Robert Skidelsky, John Maynard Keynes, *The Economist as Savior: 1920–1937*, Penguin Books, 1992.

151. Adam Smith, *The Wealth of Nations*, The Modern Library, 2000.

152. Robert Solomon, *Money on the Move: the Revolution in International Finance Since 1980*, Princeton University Press, 1999.

153. Robert Solomon, *The International Monetary System: 1945–1976:*

An Inside View, Harper & Row, 1977.

154. George Soros, *The Alchemy of Finance: Reading the Mind of the Market*, John Wiley & Sons, Inc., 1994.

155. *Landmark Papers in Economic Growth*, selected by Robert M. Solow, Edward Elgar Publishing Ltd., 2001.

156. Andrew Ross Sorkin, *Too Big to Fail: The Inside Story of How Wall Street and Washington Fought to Save the Financial System-and Themselves.*, Penguin Books, 2009.

157. George J. Stigler, *Essays in the History of Economics*, The University of Chicago Press, 1965.

158. Joseph E. Stiglitz, *Globalization and Its Discontents*, W. W. Norton & Company, 2002.

159. Joseph E. Stiglitz, *Making Globalization Work*, W. W. Norton & Company, 2006.

160. Joseph E. Stiglitz, *The Price of Inequality: How Today's Divided Society Endangers Our Future*, W. W. Norton & Company, 2013.

161. Paul M. Sweezy, *The Theory of Capitalist development: Principles of Marxian Political Economy*, Monthly Review Press, 1970.

162. R. H. Tawney, *Religion and the Rise of Capitalism*, Transaction Publishers, 2005.

163. John Taylor(editor), *Monetary Policy Rules*, The University of Chicago Press, 1999.

164. *The Financial Crisis: Inquiry Report-Final Report of the National Commission on the Causes of the Financial and Economic Crisis in the United States*, edited by The U.S. Financial Crisis Inquiry

Commission, Public Affairs, 2011.

165. Jacob Viner, *Essays on Intellectual History of Economics*, edited by Douglas A. Irwin, Princeton University Press, 1991.

166. Jacob Viner, *Studies in the Theory of International Trade*, Harper & Row, 1937.

167. Max Weber, *The Protestant Ethic and The Spirit of Capitalism*, Charles Scribner's Sons, 1958.

168.John Williamson, *The Failure of World Monetary Reform,1971–1974*, New York University Press, 1977.

169. Martin Wolf, *Fixing Global Finance*, the John Hopkins University Press, 2008.

170. Martin Wolf, *Why Globalization Works*, Yale University Press, 2004.

171. Michael Woodford, *Interest & Prices: Foundations of a Theory of Monetary Policy*, Princeton University Press, 2003.

172. Daniel Yergin, *The Prize: The Epic Quest for Oil, Money and Power*, Free Press, 1991.

173. Steven N. Kaplan and Joshua Rauh, "It's the Market: The Broad-based Rise in the Return to Top Talent", The Journal of Economic Perspectives, Summer 2013.